湖北省高等学校哲学社会科学研究
重大项目（课题编号：19ZD060）研究成果

乡村教师补充政策评估研究

刘宗南　章普　杨兴芳　卢会醒　著

WUHAN UNIVERSITY PRESS
武汉大学出版社

图书在版编目(CIP)数据

乡村教师补充政策评估研究/刘宗南等著．—武汉：武汉大学出版社,2022.9
ISBN 978-7-307-23191-7

Ⅰ.乡⋯　Ⅱ.刘⋯　Ⅲ.农村学校—师资培养—教育政策—研究—中国　Ⅳ.G451.2

中国版本图书馆 CIP 数据核字(2022)第 132788 号

责任编辑:沈岑砚　　　责任校对:汪欣怡　　　整体设计:韩闻锦

出版发行:**武汉大学出版社**　　(430072　武昌　珞珈山)
　　　　(电子邮箱:cbs22@ whu.edu.cn　网址:www.wdp.com.cn)
印刷:武汉邮科印务有限公司
开本:720×1000　　1/16　　印张:21.75　　字数:367 千字　　插页:1
版次:2022 年 9 月第 1 版　　2022 年 9 月第 1 次印刷
ISBN 978-7-307-23191-7　　　定价:68.00 元

目　　录

第一章　绪论 ………………………………………………………………… 1

第二章　公共政策执行评估的理论 …………………………………… 29
　第一节　公共政策执行的评估逻辑 ………………………………… 29
　第二节　公共政策执行的评估价值 ………………………………… 43
　第三节　公共政策执行的循证评估 ………………………………… 57

第三章　乡村教师补充的政策过程 …………………………………… 65
　第一节　公共政策过程的理论分析 ………………………………… 65
　第二节　教育政策过程的价值逻辑 ………………………………… 78
　第三节　乡村教师补充的政策过程 ………………………………… 89

第四章　乡村教师补充的政策分析 …………………………………… 97
　第一节　乡村教师补充的政策背景 ………………………………… 97
　第二节　改革开放前乡村教师补充政策 ………………………… 102
　第三节　改革开放后乡村教师补充政策 ………………………… 115

第五章　乡村教师补充的政策经验 ………………………………… 140
　第一节　乡村教师补充的"特岗计划" …………………………… 140
　第二节　乡村教师补充的"湖北经验" …………………………… 146
　第三节　乡村教师补充的"成都经验" …………………………… 158

第六章　乡村教师补充的政策发展 ………………………………… 171
　第一节　乡村教师补充政策本质特征 …………………………… 171

第二节　乡村教师补充政策质量分析 …………………………………… 187

第三节　乡村教师补充政策变革发展 …………………………………… 215

参考文献 ………………………………………………………………… 240

附录 1　乡村教师选拔：人力资本、社会资本与心理资本评估

　　　　——基于 12000 余名新入职乡村教师的调查 ………………… 260

附录 2　乡村新入职教师质量发展的实证研究

　　　　——基于 7000 余名乡村教师的调查证据 …………………… 300

后记 ……………………………………………………………………… 346

第一章 绪 论

本书是湖北省高等学校哲学社会科学研究重大项目"湖北省乡村教师补充政策的循证评估研究"(课题编号：19ZD060)的研究成果。这里，先对本书的问题提出、文献综述、研究价值和意义、概念界定、写作框架等，作简要介绍。

一、问题提出

我国是一个拥有十四亿人口的农业大国，长期以来，我国建设高质量教育体系和促进基础教育发展的重点在农村，难点也在农村。中国农村的基础教育问题，关系到我国教育事业的持续发展，关系到广大农村幼儿园和中小学学生的健康成长和亿万农民素质的提高，关系到整个农业和农村经济的发展，关系到国民经济和社会发展的全局。党的十九大报告提出，中国特色社会主义进入新时代，我国社会主要矛盾已转化为人民日益增长的美好生活需求同不平衡不充分的发展之间的矛盾。乡村教育是"乡村振兴战略"的组成部分。当前，我国城乡教育之间发展的不平衡以及农村教育自身发展的不充分，是制约我国农村教育发展的主要瓶颈，而提高农村教师素质、推动农村教师队伍有序发展，是破解这一瓶颈的重要理路。发展乡村教育，教师是关键，政策是保障。乡村教师补充政策是教师发展的政策源头，是教师专业化发展政策体系的重要组成。好的补充政策，对于稳定乡村教师队伍，推动农村教师队伍建设和提高乡村教育质量有着重要推动的作用。乡村教师补充发展有赖于公共政策供给及其功能的发挥。"十二五""十三五"期间，各级政府在已有的政策框架内进行了多种尝试，教师补充取得了一定成效。然而，当前乡村教师补充仍异常困难，对乡村教师补充政策供给与评估研究相对薄弱，客观上要求加强乡村教师补充政策的评估研究。

从历史角度上看，政策是一种与人类的生存发展相联系的社会历史现象，它是人类社会发展到一定阶段的产物。中华人民共和国成立以来的农村教师补充政策，是与我国社会的宏观政策包括教育政策的变革发展相联系的，主要围绕着农村教师的数量上的补充、质量上的发展、工作生活待遇及其社会地位等方面展开，不同历史时期的补充政策发展，侧重点均有所不同，呈现不同的特征，也积累了丰富的政策经验。中华人民共和国成立以来的农村教师补充政策，价值取向上经历了"大规模扩张—数量稳定—专业合格——高素质发展"①的变化，补充政策的内容由单一走向多元，由封闭走向开放，政策的现实针对性与时代感日益突出。可以说，70余年的农村教师发展积淀了丰富的教师补充政策经验，这些"政策经验"反映出中国农村教师补充政策发展的亮点与特色，也由此开拓出农村教师补充政策的"中国式"特色发展的道路。我国农村教师补充的"政策经验"，在充分证明政策对农村教师发展有着强大影响力与作用力的同时，也寓含着一定的政策代价。而这种代价就是政策在制定和实施的过程中，所产生的非预期性的影响或与政策目标相悖的消极后果，是与不断正视和不断克服的农村教师发展中的补充政策问题相联系的。因此，在乡村教师补充政策的决策与执行过程中，针对现实中的矛盾和冲突，建立代价观念，重视对政策效果的循证评估，对已有的乡村教师补充政策是否实现了预期目标进行分析和判断，采取有效措施和策略减少代价，是保证乡村教师补充政策获得合法性和有效性的前提，是决定政策持续、修正或终结的重要依据，也是乡村教师补充政策研究值得注意的具有长远意义的课题。

二、文献综述

乡村教师补充政策研究是政策科学研究的组成部分，而乡村教师补充政策评估是政策评估的具体应用，一般政策研究方法论和分析技术为其提供了理论指导和分析方法。"乡村教师补充政策评估"的问题，至少涉及"乡村教师补充""乡村教师补充的政策供给"和"乡村教师补充政策供给的评估"这三大主题。围绕这三大主题，国内外学者都进行了卓有成效的研究，其中取得许许多多的原创性研究成果，为本课题研究积累了丰富宝贵的文献与理论基础。

作为教师发展进程中的一个部分，"乡村教师补充"是乡村教师发展进程

---

① 赵垣可，刘善槐. 新中国70年农村教师政策的演变与审思——基于1949—2019年农村教师政策文本的分析[J]. 西南大学学报(社会科学版)，2019(5)：14-23.

中包括招聘、录用、任用、培训、考核、职称评聘等环节的起始阶段。而"乡村教师补充的政策"是关于乡村教师选拔、招聘、配置、任用和流动等的教育政策，是乡村教师补充政策过程中基于乡村教育发展需求的政策"供给"和制度安排。"评估"是乡村教师补充政策过程的核心环节。缺乏这一环节，乡村教师补充政策的措施很难有效实施，政策的效力也得不到有效发挥。为此，以下从"教师发展与乡村教师发展""政策供给与乡村教师补充政策""政策评估与乡村教师补充政策评估"这三个方面进行文献梳理，把握国内外相关研究的学术发展及其研究动态，以寻求"乡村教师补充政策评估"课题研究的学术基础。

（一）教师发展与乡村教师发展的相关研究

1. 教师发展内涵的研究

20世纪80年代以来，教师发展在学校教育中的地位与作用发生了深刻而又根本的转变，教师发展及其围绕教师发展生发的相关问题，成为大多数学校改善方案和教育变革的关键要素。可以说，正是教师发展及其专业的成熟程度决定了学校变革和发展的广度和深度。然而，由于对教师发展的一些基本问题理解存在的差异，致使变革者对各种教师发展方案的选择无所适从。因而有必要澄清教师发展研究领域的混乱，同时把握教师发展的学术动态。

（1）教师发展的"过程说"和"结果说"。综观有关"教师发展"的研究文献，视教师发展为一种过程的学者占大多数。其中，教师发展的阶段论研究者，其实质是承认教师发展需要经过一系列发展阶段，是一个从新手成长为一名合格的、优秀的教师不断成熟的过程。代表人物和理论有：傅乐（Fuller F.）的教师关注阶段理论（1969）、卡茨（Katz L.）的教师发展时期论（1972）、伯顿（Burden P. R.）的教师发展时期论（1979）、费斯勒（Fessler R.）的教师生涯循环论（1984）、司特菲（Steffy B.）的教师生涯发展模式（1989）、休伯曼（Huberman M.）的教师职业生活周期论（1989）等国外学者，以及王秋绒的教师发展阶段论（1991）、吴康宁的教师职业社会化理论（1998）、唐玉光的教师发展阶段理论（1999）、叶澜和白益民的教师发展阶段论（2001）、申继亮等的教师发展阶段论（2002）和傅道春的研究理论（2003）等国内学者。

对教师发展进程的具体研究，英国学者戴（Day C., 1999）、伊文斯（Evans L., 2002）、日本学者今津孝次郎（1996）和我国学者叶澜（2000）、饶从满（2009）等人，都认为教师发展是一个过程。其观点可以表述为：教师发展就是教师作为一个人从入职前、入职后直至退职之间所发生的变化过程。这一过程可界定为"教师的专业性和(或)教师的专业地位被认为可能得以提升的过程"。教师发展的过程性,可以是持续不断的过程,也可以是已经发生并且完成了的;发展的可以是单一的,也可以是多面的,发展的方式可以多种多样。而荷兰学者冯克(Vonk J. H. C., 1995)则认为教师发展是一种结果,即"教师专业发展应界定为在特定的背景下,以获取履行日常业务所需之系统完整的知识、洞见、态度和行为技能为指向的持续经验学习过程的结果"①。发展是一种"矢量",如果将教师的发展视为一种结果,就会将发展中的"挫折与危机""失败与教训",乃至像教师的职业倦怠等现象排斥在教师发展的范畴之外。相反,作为过程的教师发展,既是教师职业的长期性和终身性的表现,也符合实际并有利于对教师发展的研究。

(2)教师发展的"主体论"和"客体论"。作为从事教育教学工作的专业人员,教师发展经历了一个从不成熟到成熟、从新手型教师到专家型教师的发展过程。但在教师发展的实质或发展范式上,存在不同的观点乃至争论。在发展范式上,存在理智取向、实践-反思取向和生态取向这三种取向②,以及技能熟练模式和反思性实践模式。③ 无论是哪一种范式,都涉及教师发展的外在客体式向内在主体式的转向,即"外在客体式的教师教育体系、制度和方法占主导地位的现象将逐渐减少,内在主体式的研修体系将成为主导模式,教师的自主学习、自我反思、教师个人知识(实践性知识)将会受到格外重视"④。而在教师是发展的主体还是发展的客体,抑或既是主体也是客体的问题上,许多学者的研究表明,在充满多样性的教师发展领域里,有着"补缺"模式与"成长"模式之间的紧张与对立(Huberman M., Guskey T. R., 1995)。前者所代表的是教师作为"客体"的进修或培训的发展模式,而后者强调的教师作为"主体"对自身教学的持续性探究的发展模式。多年来,世界上许多国家,教师发展的模式主要是"补缺"模式,但随着教师发展主体性的发现,"成长"模式已经成为教师发展领域的基本趋势。也有学者对教师发展的主体或客体模式采取了包容

---

① 饶从满. 教师发展若干基本问题辨析[J]. 中国教育学刊, 2009(4): 83-86.

② 教育部师范司编. 教师专业化的理论与实践[M]. 北京: 人民教育出版社, 2001: 9-12.

③ 钟启泉. 教师"专业化": 理念、制度、课题[J]. 教育研究, 2001(12): 12-16.

④ 吴永军. 促进教师专业发展: 范式、途径、方法[J]. 当代教育科学, 2007(12): 19-21.

性的理解(Glatthorn A., 1995)。因为这种主体发展或客体发展的歧义和紧张，完全可以在教师发展进程中教师与外部环境相互作用的两个方面加以考察和分析，而不是一个互不关联的模式(饶从满，2009；张华，2014)。特别是，教师发展应该是教师自身的生存的目的和方式，即教师发展是教师的自觉、自为的过程。而"基于工具理性主义的教师发展，却消解了教师的文化身份和对教师人生的终极关怀，遮蔽了教师发展的内在价值，使教师发展从原本的主体性异化为客体性"①。因此，教师发展的目标在于"实现教师的蝶化发展。实现这一目标，必须依据一定的文化，以教师的生命发展价值取向为出发点，推进教师身体、心理以及精神的不断发展完善，从而使教师向主体性发展的方向迈进，最终实现教师发展的主体性"②。

(3)教师发展的维度和内容。学界在教师发展的维度及其内容存在许多的不一致，但对大多数人来说，教师发展即教师专业发展。有学者比较注重教师的知识和技能的发展(Hargreaves A., Fullan M., 1992)，因为这种发展广泛地存在于教育实践中。但忽略教师个人的发展，仅仅从知识与技能方面理解教师发展，并不能完整地展现教师的发展全貌。英国学者尼亚斯(Nias J.)在研究"教学与自我"问题过程中，将教师发展的"专业性"与"个体性"联系起来，探讨教师个人作为整体的发展。其中，对教师教学自我的分析框架包括"本质自我"和"情境自我"两个方面。"本质自我"是教师作为人的教师，而"情境自我"是教师作为教师的教师。③ 这种二分法区分起来有些困难，但作为人的教师发展长期以来相对地受到忽视。伊文斯也主张教师发展的两个维度划分。不仅如此，他将教师个体发展分为两个基本要素：一是态度性发展，二是功能性发展。前者是指教师对待工作态度发生变化的过程，这个过程包括智识性(即反思性发展)和动机性发展。后者是指教师的专业行为得以改进的过程，这一过程包括程序性发展和生产性发展。④ 贝尔(Bell B.)和吉尔伯特(Gilbert J.)

① 伍叶琴，李森，戴宏才.教师发展的客体性异化与主体性回归[J].教育研究，2013(1)：119-125.

② 梁亚敏.高校青年教师发展的客体性异化以及蝶化发展研究[J].中国成人教育，2016(22)：142-145.

③ Nias J. The definition and maintenance of self in primary teaching[J]. British Journal of Education, 1984, 5(3)：267-280.

④ Evansl. What is teacher development[J]. Oxford Review of Education, 2002, 28(1)：123-137.

将教师发展过程进行三维度的划分，他们认为，教师发展"是一个正在发生的个人、专业和社会性发展的过程，一个任何一个侧面的发展都不能单独先行除非其他侧面也得到了发展的过程"①。哈格里夫斯和富兰也曾列举这种三个维度的教师发展观，即教师发展的专业发展、教师的个人发展和教师的社会发展。我国学者对"教师专业化"的误区进行了批判(钟启泉，2003)，有学者认为在无论是个人、专业还是社会性发展的维度中，没有任何一个可以单独涵盖教师发展的所有，真正重要的是它们之间的相互作用与整合(饶从满，2009)，并提出教师的专业发展与自由发展相互依存、相互影响、相互融合(张华，2014)。

2. 乡村教师发展的研究

近年来，随着《乡村教师支持计划(2015—2020年)》的颁布实施和党的十九大的召开，乡村教师发展研究成为乡村教育研究领域的一大热点。目前，学界对"乡村教师发展的研究"主要集中在乡村教师发展重要意义、乡村教师发展存在问题及其支持体系和发展路径等方面。以下对乡村教师发展存在问题、乡村教师发展支持体系和乡村教师发展路径三个方面进行综述。

(1)乡村教师发展的问题研究。对乡村教师发展问题的研究，学界偏好的原因或许是因为乡村教师发展确实存在这样那样的问题，这些问题严重地制约了乡村教育的发展，乃至有不可逆的趋势；或许学界所看到的是乡村教师的不足，因而有一种社会责任而持有的悲观态度。事实上，乡村教师发展的问题既是当下我国经济社会发展问题的一部分，也是我国农村社会发展历史和文化传统的投射与反映。尽管如此，我国乡村教师发展确实存在这样那样的问题，诸如：农村教师数量补充不足、年龄老化现象普遍、工作时间长、工作压力大、教学环境差、发展时间、空间、机会及发展动力不足、教学质量偏低等。这些问题制约了乡村教育的质量发展。相关的学术研究有：农村教师职业问题突出，农村教师专业素质偏低，农村教师所处的环境恶劣(蒋华良，2019)；乡村教师的地位处于社会边缘的一种生存状态。在城市环境中，乡村教师主动或被动地走向社会边缘；在乡村环境中，乡村教师自觉或不自觉地走向社会边缘(陈迎雪，2019)。相关调查研究表明：乡村教师在教学发展中存在的问题，一是职前阶段教育理论掌握不充分，教学实践经验缺乏；二是乡村教师教学发

① Bell B, Gilbert J. Teacher development as professional, personaland social development [J]. Teaching and Teacher Education, 1994, 10(5): 483-497.

展路径多元但缺乏整合，真正可利用资源匮乏；三是教学发展制度不健全，激励与考评机制缺失；四是教师工作任务繁重无暇顾及教学发展等（于桂霞，董克峰，2017）。另外，乡村教师工资偏低导致其对教育教学工作渐渐失去热情；城镇教师存在的兼职现象使教师专业的专注度降低；受社会氛围的影响，教师职业道德水准受到影响，热爱教育事业、忠诚教育事业这些优良传统面临着严峻的挑战；城镇化趋势导致的农村教师居住地的改变，一定程度上影响了教师的专业发展；教师的频繁调动，在影响农村教师队伍稳定的同时，也影响了教师队伍整体的专业发展水平（张志刚，2014）。对于这些问题的分析，学者刘铁芳认为，乡村教师发展的根本问题是"谁来做乡村教师？"，即"乡村教师如何补充？"及"如何让高素质的人来做乡村教师？"，而不仅仅是在"如何提高乡村教师的专业素养？"上面进行思考。这里涉及的问题是"如何建立高素质乡村教师的保障机制？"。这一问题包括在政策和实践层面，乡村教师发展的激励机制、进入机制和发展机制，等等。[1]

（2）乡村教师发展的支持研究。

乡村教师发展的支持问题是乡村教师发展质量及其教师教育振兴行动计划实施的应有之义。特别是 2015 年国务院办公厅发布《乡村教师支持计划（2015—2020 年）》以来，学界主要是从政府层面的支持、社会层面的支持、学校层面的支持和乡村方面的支持等进行了大量的研究[2]。政府是乡村教师发展的主导者。从政府的支持层面，学界给出的建议，一是政府提供的支持要充分考虑乡村教师所处环境的特殊性，要结合乡村教师与乡村社会联系的基础，为乡村教师提供有针对性的支持。比如乡村教师培训政策的支持，就需要在实践情境中为教师创设长期系统的协作学习机会（钟亚妮，2014），而不仅仅是依靠外部的培训等；二是政府要加强乡村教育的投入，提高乡村教师的工资、福利、住房等的物质待遇。对社会支持的研究，学界主要从非政府组织、社会工作、社会舆论等方面进行论述。如有学者在分析乡村教师发展社会支持的内涵和分类的基础上，提出要依托非政府组织，建构乡村教师发展支持服务机构的构想（叶泽滨，2009），而在社会氛围的营造上，也要为乡村教师营造一种宽容、尊重的工作环境，来减轻乡村教师的职业压力和发展困境（韦有华，

① 刘铁芳. 乡村教师：农村教育发展之魂[J]. 中国教师，2018(11)：15-16.
② 李金荣. 乡村教师的社会支持研究[D]. 济南：山东师范大学，2018：3-4.

2002)，等等。学校是教师发展的主阵地，因而学校层面的支持对乡村教师的发展至关重要。在学校环境的优化、学校归属感的获取、发展平台的搭建等方面，学界有着相当热烈的讨论。其中，有学者建议，可以借鉴国外建立"教师中心"的经验，通过教师中心为教师们提供客观的支持(田丽丽，2016)，同时，教育管理者要正视教师的生存状况，充分了解教师的职业追求，在激励教师实现自我价值的同时，实现学校的教育目标(康丽颖，2006)。乡村层面支持的相关研究主要有加强新农村建设，改善乡村教师生存环境；健全乡村社会关爱机制，强化乡村教师乡土归属感(张晓文，张旭，2018)，等。此外，学界在关注乡村教师发展支持的同时，也在研究乡村教师发展支持体系建设的问题。仅在政策支持体系建设上，有学者指出，乡村教师发展的政策支持包括完善的政策供给、改良后的政策工具和评估的政策实施。但政策实施的效应发挥，需要扎根实践并形成保障性支持体系、社会环境支持体系和专业性支持体系，以实现内外支持的相互融合及各类支持体系的有机结合(庄玉昆，褚远辉，2020)。有学者尝试以大学、政府、学校(简称 UGS)的协同，来建构乡村教师专业发展支持体系(闫丽霞，2018)，等等。

(3)乡村教师发展的路径研究。乡村教师发展的路径问题并不单一存在，它总是与上述的两个方面联系在一起，同时，乡村教师的发展离不开其背后存在的动力。这一动力既有外部环境的推动，也是教师自组织的演化逻辑；围绕这两大力量相关的元素、利益、权责就构成了乡村教师发展的动力机制，因此在发展路径上，乡村教师发展必须从内外两个方面进行设计(杨进红，2017)。从外部支持来讲，乡村教师发展的路径包括政策和制度上的保障、社会舆论氛围的营造、学校组织文化的建设和考核评价体系的完善等；从内部支持上，主要是如何激发教师自身发展的内在需求，因而要重塑乡村教育的信念、磨炼砥砺前行的意志、培育矢志事业的忠诚和养成善于反思的习惯。只有这样，乡村教师发展才能有足够的内在发展意识和动力保证。但如何保证乡村教师发展的内在需求，有学者提出通过"文化回应性教学"，走进乡村学生的生活世界，加强乡村教师的身份认同，传承和再生乡土文化，以提升乡村教师专业发展的内驱力(裴淼，蔡畅，郭潇，2019)。如何提高教师在职学习的效果，有学者探索出"本土化专业发展模式"(张艺雯，肖其勇，2020)和"互助式校本研修模式"(张涛，2016)等。在中国社会变革的背景下，有学者针对我国乡村教师的"下不去，教不好，留不住"的现实境况，借助杜威关于教师职能与培养的思想,提出教师是作为一个人,一位教师,一个公民,为民主社会所扮演的角色。因此,需以科学精神与科学方法培养具有探究品质的乡村教师,因为这蕴含着乡村教师发展和乡土社会改进的承诺(沈伟,2020)。总之,不同的研究视角,丰富和发展了乡村教师发展的内涵。

(二)政策供给与农村教师补充政策的研究

1. 政策供给及其模式的相关研究

政策供给是政策科学研究的范畴。政策科学研究以《政策科学:范围和方法的新发展》一书的出版为标志(Harold Lasswell,Daniel Lerner,1951),至今已经取得了很大的成就。政策供给是指政府为解决社会公共问题或满足公共需求而向社会提供的公共产品(物品)。"公共物品"就是指政治体系(政府)向居民提供的各种服务的总称。物质资源形式的公共物品包括国防、道路和桥梁、电视和广播、教育卫生、警察与司法等;而非物质资源形式的公共物品也就包括法律、制度、公共政策以及意识形态等。根据政府供给的内在分类的不同,把非物质资源形式的公共物品称之为政治供给,相应地可以把政治供给的类别分为法律供给、制度供给与政策供给等。对政策供给的研究,首先是对政策供给主体的依据,即公共品到底由谁来供给的问题,归纳起来大致有五种观点:政府供给论(Adam Smith,1776;Erik Robert Lindahl,1919;Arthur Cecil Pigou,1920;Paul A Samuelson,1954;Mancur Lloyd Olson,Jr,1965)认为,公共产品对于消费者来说能提高其福利水平,在市场中很难实现最优配置,需要政府通过政治体系来实现。市场供给论(Ronald H. Coase,1960;Harold Demsetz,1960;H. Demsetz,1970;E. S. Savas,2002)认为市场也可以供给公共产品。自愿供给论(Andreoni,1993;Offerman,1999;Comes Sandier,1984;Steinberg,1987)认为人们也存在主动自愿提供公共品的现象。多元供给论(Adam Smith,1776;Harvey S. Rosen,1985;Vincent Ostrom,2000)认为公共品私人提供和公共提供取决于多种因素,大部分公共服务是由大量不同的公共服务产业所提供,而这种公共服务产业中就含有许多重要的私人成分。社区供给论(Charles Tiebout,1956;Farl Brubaker,1975)认为公共产品供给选择也会存在"以足投票"的现象,而地方公共产品供给模型(Tiebout Mode),就是各个地方政府之间的相互"竞争",也会促使其更有效地提供人们所需要的公共产品和服务。这样,不同的供给主体,形成了不同的公共物品供给模式:政府供给模式、市场供给模式、自愿供给模式和社区供给模式。

2. 农村教师补充政策的相关研究

国外的研究，对农村教师补充的研究，如美国农村教师补充也存在严重的不足，其原因是教师的待遇低、工作满意度不高、老龄化严重、部分科目教师严重不足等因素（Lorna Jimerson，2003）。有学者认为，影响乡村教师补充的最关键因素是学校必须高质量且能够提供吸引教师的教学环境、社区民众的广泛支持。这些环境和支持，可以为新教师提供可信赖的指导，从而为新教师树立足够的教学勇气和信心（Jerry M. Lowe，2006）。对美国乡村教师补充策略的研究，有学者梳理了 14 种较有作为的农村教师补充策略（Hammer Patricia Cahape，et al.，2005）。这些策略既有财政激励的，也有非财政激励的，并贯穿于教师补充过程的所有环节，如教师职前培养、入职指导、在职培训和社区的支持。在财政激励策略上，有学者分析了美国各州为农村教师补充存在的困难和劣势而采取的财政激励（Lorna Jimerson，2003；Lowe J M.，2006）。这些政策包括有竞争力的薪资和福利、签约奖金、住房奖励、教师的税收抵免、国家委员会教师资格认证资助，等等。显然，由于缺乏稳定和优质的教师队伍，乡村教育质量偏低。解决的方法可以鼓励退休教师重返课堂，担任乡村学校教育的部分教学任务（Jerry M. Lowe，2006），以弥补乡村教师的短缺。其他的研究，如农村教师的生活与教师专业性发展息息相关（Goodson，1992）；乡村教师的教学模式镶嵌于教师背景、自传，以及教师何以成为教师的过程中；教师的希望、梦想、机会和期盼对教师专业投入、教师激情和道德伦理有重要影响（Hargreaves，1999）。而教师们过去的生活经历和背景有助于改变教师的教学观念与实践；教师在校内和校外的生活方式及其内在的身份认同对教学观念和实践有深刻影响（Goodson，2003）。近年来，教师发展的实践出现了"范式的转变"，即从通过政策支持的培训转移到让教师成为主动的学习者，从关注提供单一化、补足式教师发展政策和活动，转移到为教师创设发展的时间和空间（Clark D.，Hollingsworth H.，2002）。其中，对英国与荷兰教师教育政策实践问题的反思（Rob Mcbride，2009），对教师发展政策研究具有重要的现实意义。

对乡村教师补充政策的界定，国内有学者认为它是指对乡村教师补充而产生影响的行动准则，包括政党和国家以及各级政府制定政策、法律以及社会团体或组织制定行为准则。① 改革开放以来，围绕相应的政策，许多学者开展了

---

① 陈允波. 农村教师供给政策比较研究[D]. 桂林：广西师范大学，2011：3.

比较丰富的研究。其中，有对教师发展及其政策演变的梳理与概括，试图从整体上建构起教师政策发展的宏大应然框架，尝试对政策内容与政策过程中存在的主要问题进行阐释，并对政策优化提出建议(吴文胜，2013；汪曦，2015；檀慧玲，2016；王红蕾，吕武，2017；庞丽娟，金志峰，吕武，2017；金志峰，吕武，2017；刘阳，2018；卢锦珍，2018；杨卫安，2019)。对改革开放以来我国中小学教师政策的数量及内容进行分析(侯洁，2015；王红蕾，2017)。对中小学教师轮岗政策的分析研究(周晨琛，2015；杨雪，2015；陈栋，2015)。关于特岗教师生存与发展的研究(贾秀丽，2015)。自2007年6所部属师范大学计划招收免费师范生以来，对免费师范生政策的研究比较多，涉及对免费师范生政策的反思(申卫革，2013；罗向阳，支希哲，2014；黎大志，刘洪翔，2015；张松祥，2016；张翔，2017；武天宏，2017；王智超，杨颖秀，2018)免费师范生就业政策(彭兴蓬，邓猛，2011；商应美等，2014、2017、2018；王乃一，何颖，2014；刘欣，郭霖，2012)、免费师范生的教师职业认同(封子奇，姜宇等，2010；张燕，赵宏玉等，2011；赵宏玉，齐婷婷等，2011；魏彩红，张晓辉等，2013)、免费师范生人才培养模式(马敏，王坤庆，2012)和免费师范生学习心理问题(冯廷勇，袁文萍，赵伟华，2011)等研究。对教师资格认证政策、教师聘任政策、教师教育政策、教师工资政策和教师流动等政策出台的背景和意义、不同时期内容的变迁、实施成效及存在问题的研究(杜晓利，2011)。对教师发展与教师政策的关系、教师政策制度的变迁轨迹与创新取向、对农村学校教师政策、民办学校教师政策、民工子弟学校教师政策的研究(白晓明，柳国梁，2011)。对中小学教师政策的理论研究，如：教师政策是教育政策的核心(孙绵涛，2002)、中小学教师政策知觉与政策满意度存在关联(吴文胜，2015)、农村教师的理论研究如何向政策的转化(程宝，2015)。有学者通过广泛的调查和严谨的数据分析处理，形成"教师专业准备及学历学位教育状况""教师工作量与工作负担""教师效能分析""教师教育信息技术的应用""科研活动与教师专业发展""教师在职培训的现状、效果与需求""教师工作满意度及其影响因素研究""教师对教师专业发展政策的认识与政策实施效果分析"等11个专题报告，在每一部分结合调查数据分析的结果提出相应的教师政策建议(丁钢，2010)。这实际上是对乡村教师政策的定性研究和定量研究的结合。类似的研究还有：对改革开放以来乡村教师政策的逻辑分析，即从注重学历补偿转向促进教师专业化发展、从职前职后分离转向推进教师教育一体化和从提供外部支持转向激励教师内生发展。① 而在政策评价上，侧重定性评价，如有学者从关心关系的伦理学视角，分析了乡村教师发展制定政策的教育管理者和乡村教师之间的关系；发现这两者之间存在着意识的对立，乡村教师对教育管理者的关心行为未作出积极反应，两者之间没有建立真正的关心关系，从而制约了乡村教师的发展。②

进入 21 世纪以来，我国学者也关注了国外农村教师政策供给的情况，进行了相关研究。如对美国教师培养政策研究(陈园园，2009；杨娟，丁建福，王善迈，2010；田守春，郭元婕，2010)；对美国教师流向农村学校激励制度研究(商丽浩，田正平，2001；洪明，2010)。美国高校对农村教师培养职责、农村教师教育及其专业发展面临问题及解决措施研究(李国丽，2007；黄白，2007)。有关日本农村教师政策研究，主要集中在农村教师流动政策、教师研修、教师津贴、教师管理制度、教育经费制度研究(于月萍，2006；高向杰，2008；李中国，2009；陈元辉，2009；张华民，2009；李协京，2010；盛迪韵，2010)。韩国农村教师政策研究主要集中在教师职前津贴、教师资格制度、教师在职进修、教师流动及津贴、教师待遇政策、农村教育均衡政策及措施研究(姜英敏，1998；张淼，张鑫，2005；于月萍，2006；谢彦红，2010)，等等。

3. 政策评估的相关研究

政策过程是一个由政策制定、政策执行和政策评估、政策终止等阶段构成的动态过程。随着政策科学的发展，政策评估理论也在不断发展。20 世纪 60—70 年代，爱德华·萨齐曼(Edward Suchman)《评估研究》(1967)，约瑟夫·豪利(Joseph Wholey)的《联邦评估政策》(1970)，艾丽斯·里夫琳(Alice Rivlin)的《社会行动的系统思考》(1971)，卡罗尔·韦斯(Carol H. Weiss)的《评估研究：项目有效性的评估方法》(1972)，推动政策评估成为了一个独立的研究领域。在众多的研究推动下，对公共政策评估建立起了一个概念、评估主体、评估标准及评估模式的研究分析框架。

---

① 白亮，王爽，武芳. 乡村教师发展支持体系研究[J]. 中国教育学刊，2019(1)：18-22.

② 席梅红. 论乡村教师专业发展的政策支持[J]. 中国教育学刊，2018(4)：81-85.

第一，关于政策评估的定义。一般来讲，政策评估是指基于结果导向、运用科学的方法、规范的流程、相对统一的指标及标准，对政府公共政策的投入产出进行综合性测量与分析的活动。但学界的分析不尽相同。Harold Lasswell 在《决策过程：功能分析的七种类别》一文中，把"评鉴功能"(appraising function)定义为：就公共政策的因果关系做事实上的陈述。查尔斯·琼斯在《公共政策研究导论》一书中提出，政策评估是一种政府行为，是政策执行以后的总结性的价值判断属性。1970 年美国"都会研究所"(Urban Institute)在提交给联邦政府的评估报告中，将绩效评估概念引入对政策评估，不仅强调政策"绩效"(effectiveness)评估，而且主张除了对执行的后果实施评估外，还主张对政策过程实施评估，以使政策得以完善。第二，关于政策评估的分类。美国评估研究协会根据工作程式把方案评估分为六类，即前端分析、评估性测定、过程评价、效力评估或称影响力评估、方案和问题监控以及多元评估(或称之为综合评估)，这六种评估类型构成了方案评估的日常内容。美国社区服务管理局曾提出三种类型：方案影响评估、方案策略评估和方案监控。美国学者 R. M. 克朗与 R. 施赖德认为评估是一种循环的问题过程并将评估分为五类：系统评估、投入评估、过程评估、总结评估和预测评估。德尔金斯(D. N. T. Nrkins)则根据政策发展过程建立了六种评估类别，分别是策略评估、顺服评估、政策设计评估、管理评估、干预效果评估和影响评估。第三，关于政策评估的标准。卡尔·帕顿(Carl V. Patton)和大卫·沙维奇(David S. Sawicki)运用巴尔达奇的类型学方法界定了对政策设计目标会产生较大影响并会如期发挥作用的四种主要制约因素：技术可行性、政治可行性、经济和财政可能性以及行政可操作性，而分析人员可以在每一种类型中为每一个政策问题确定相关标准。[①] 威廉·N. Z·邓恩(Willian Dunn)在其所著的《公共政策分析导论》一书中，将评估标准分为六类，分别是：效果、效率、充足性、公平性、回应性和适应性。[②] E. A. Suchman 提出了五种标准，即工作量(effort)或

---

① 卡尔·帕顿，大卫·沙维奇. 公共政策分析和规划的初步方法(第 2 版)[M]. 北京：华夏出版社，2002：161.
② 威廉·N. Z·邓恩. 公共政策分析导论(第 2 版)[M]. 北京：中国人民大学出版社，2002：437.

投入的多寡、绩效(performance)、绩效的充分性(adequacy of performance)、效率和过程，等等。第四，关于政策评估方法的研究。早期方法表现为一系列实证分析技术的结合，如成本-效益分析、准实验研究设计、多元回归分析、民意调查研究、投入产出分析、运筹学、数学模型和系统分析率先进入政策评估领域。之后学者们提出了规范分析的价值，主张体现人类价值的公平、正义等理念与效率同等重要，在方法论上也体现了这种价值取向。佛兰克·费希尔提出了实证辩论的逻辑政策评估的方法。这种方法论框架力求克服甚至解决经验主义与规范分析之间存在的僵局，把经验主义和规范的、能纳入评估的所有因素全面地结合起来。第五，关于政策评估模式的研究。韦唐(Vedunt)在《公共政策和项目评估》中，从政府干预的实质结果入手，按"组织者"的不同，将公共政策评估的模式分为两类：效果模式(effectiveness models)，经济模式(economic models)和职业化模式(professional models)。美国学者在总结 20 世纪各种模式的基础上，提出了 21 世纪适用的九种模式，包括决策/绩效模式、消费者导向模式、认可模式、委托人中心模式、实际利用焦点模式、民主审议模式、建构主义模式、个案研究模式、成果监控/附加价值模式。当前，政策评估研究领域不断拓展，评估标准与价值导向不断更新，在提高政策评估科学性同时，更加关注民主和公平，强调技术理性向价值理性的转变。无论是哪一种模式，政策评估不仅是对政策方案的评估，而且也包括对执行情况和政策结果的评估，目的在于取得政策执行与政策实施结果的有关信息，检验政策的效果、效率、效益，并作为决定政策变化、政策改进和制定新政策的重要依据，对检验政策效果，提高决策质量发挥了重要作用。

目前，我国关于公共政策及其执行的绩效评估还不是很深入，有些融合在政府绩效评估、干部绩效评估、政府执行力评估等研究和应用中。在政策评估的定位上，一种是倾向于基于价值判断的结果评估(陈庆云，1995；陈振明，2003；徐家良，2015)；一种是倾向于行为评估或政策执行评估，关注评估的应用价值(林水波，张世贤，1999；朱志宏，1995；张金马，2004；李允杰，丘昌泰，2008)。在评估标准方面的研究，有学者认为评估标准大致有十个方面：①工作量；②绩效；③效率；④生产力；⑤充分性；⑥公平性；⑦妥当性；⑧回应程度；⑨过程；⑩社会指标(林水波，张世贤，1999)。也有五个标准：生产力标准、效益标准、效率标准、公正标准和政策回应度(陈振明，

2003）或者"首要标准"和"次要标准"的概念（张国庆，1997）。有学者提倡以科学发展观为公共政策评估的标准，认为科学发展观标准不仅内在地包含绩效标准、效率标准、效能标准、效益标准等事实标准，而且更强调了社会公正、以人为本、社会可持续发展等最基本的价值标准（郭渐，2006）。

4. 乡村教师补充政策评估研究

乡村教师补充政策评估属于教育政策评估。教育政策评估的现实需求来自公众对政府处理教育问题能力的不满。早期的研究关注成本与效益分析，侧重事实评价（James Coleman，1966）。著名的教育评估研究首推美国教育家科尔曼（James Coleman）1966 年出版的《教育机会均等》，即"科尔曼报告"。20 世纪 90 年代后，更多关注公平与效率的整合（Collins，Timothy，1999；Lowe J M，2006），方法论上呈现后实证主义的倾向，并与实证主义形成一种相互竞争的势态。目前的研究主要集中在政策评估标准及其体系、政策评估模型、政策评估分析方法体系等方面。评估标准主要包括政治、经济、法律角度的评估标准；评估模型主要使用绩效评估模型和利益相关者模型；评估的分析方法，注重事实与价值的结合，并尝试建立规范分析和实证研究相统一的政策评估框架。[①] 而对农村教师补充政策评估的研究，有农村补充教师的适应性研究（Karen Eppley，2009）、招聘与保留问题研究（Hammer Patricia Cahape，2005）、特殊来源研究（Collins，Timothy，1999）、保留财政激励研究（Lorna Jimerson，2003）、政策效果研究（Tom Torlakson，2012）和补充特殊个案研究（JohnHolland，2011）等，揭示了农村教师补充问题及其政策评估研究具有艰巨性和复杂性，因而，需要将绩效评估引入政策评估活动（Hammer Patricia Cahape，2005；Peter B. Swanson，2011）。不同的政策评估模式各有优势和缺陷（L. Wamsley，1982；Evert Vegung，1997），OECD 绩效审计的"4E"的评估框架被广泛应用。近几年，诸如"效率与公平""先前的评估与样本选择""亲使用者的工具"等关键词不断出现，反映出研究者对教育政策评估的效果与公平关系问题的平衡与争论。[②] 2007 年以来，"基于证据的政策"（EBP）成为欧盟教育政策研究与教学实践的焦点（Robert Boruch，芮宁，2009；Marzano R. J.，

---

① 高庆蓬. 教育政策评估研究[D]. 长春：东北师范大学，2008：6.
② 白贝迩. 师范生免费教育政策评估研究[D]. 西安：陕西师范大学，2016：12.

Waters T., 2016)。

我国最早研究乡村教育和教师并亲身实践的是陶行知、晏阳初、梁漱溟等。建国后至20世纪80年代，乡村教师补充政策研究成果较少，多是国家政策阐释。21世纪以来，教师政策评估研究的意义不断扩展。研究集中在：教师政策演变及存在的问题；具体教师政策如"特岗计划""新机制"教师补充研究；教师招聘政策和教师补充机制分析等(涂怀京，2003；石长林，2005；邬跃，2010；范先佐，2013；邬志辉，2016；金志峰，2017)。评估研究既有理论阐释，也有实证调查，成果丰富，但多是对政策评估要素的独立分析，在政策供给与评估层面的聚焦仍然不足。近年来，学界对评估指标的构建，开始关注事实和价值或伦理标准的统一(白贝迩，2015；黄明东，2016)，并通过介绍国外"循证评估"理论与实践成果，推动我国"基于证据"乡村教师补充政策评估研究(杨文登，2012；李刚，2015；俞可，陈丹，赵帅，2017)。

三、研究意义

(一)对已有研究的讨论

国外教师发展和教师政策评估研究比较丰富，为本书研究提供了理论上、方法上的借鉴和操作启示；国内学界对教师发展和"乡村教师补充政策"的实施现状、存在问题进行了有益的探索。特别是对"乡村教师补充政策"的评估研究，虽然散见于不同的文献之中，但都为课题研究提供了丰富的文本资料，成为本书的逻辑起点。值得注意的是："乡村教师补充政策"和"乡村教师发展"两者，不是一个互不关联的领域，相反，两者之间相辅相成。一方面，"乡村教师发展"需要"乡村教师补充政策"的有力支持，不仅如此，政策的数量和质量，影响到教师数量和质量的发展。这实际上有一个对"教师补充"概念界定的问题。或者说，乡村教师补充就应该是指根据乡村教育发展需要，为幼儿园、中小学校补充足够数量且具有相应资质的教师。它包含量与质两个方面，目的在于满足并优化乡村教师资源配置，在促进乡村学校发展的同时促进乡村儿童的发展。另一方面，"乡村教师补充政策"也需依据"乡村教师发展"的实际需求或乡村教师发展的客观要求，有目的、有组织、有计划地供给，而不是相互脱节。因为，政策的供给和需求只有匹配起来，才能真正地发挥出政策促进乡村教师发展的作用。其中的关键，一是乡村教师必须参与相关政策的制定过程，二是建立起对政策执行效果定期评估、收集一手资料的模式，形成一个基于证据的政策决策概念。正如 1999 年英国政府在《政府现代化》(*Modernizing Government*)白皮书中明确指出的那样："本届政府对政策制定者有更多的期望。期望有更多的新思维，更主动地质疑传统的行为方式，更好地利用证据和研究的方法来制定政策，更多地专注于能产生长期影响的政策。"①

尽管如此，从现有的研究来看，仍存在遗憾之处，"乡村教师补充政策"评估的相关研究还不充分。主要表现为：(1)系统研究相对比较薄弱，简单移植国外政策评估理论，直面我国乡村教育独特环境的实证性研究不够，理论建构不足，忽视乡村教师的现实问题及背后的深层次机制。(2)多从宏观方面分析，测评证据对解决乡村教师特定问题的适应性和精准性较差，研究范围宽泛，缺乏一种强有力的学理支撑，理论解释不足。(3)研究方式方法尚待改进：评估量表和指标构建缺乏理论逻辑性和方法严密性；偏重对数据的解释性描述，缺少对变量间因果逻辑阐释；"基于证据"理念和多学科综合研究方法尚未形成，等等。

基于上述研究现状，本书研究改革开放以来国家及地方政府关于乡村教师补充政策的供给及其评估，面向中、西部省份选择相关县(市、区)下辖的乡(镇)乡村学校和教师进行调研，通过测评获取的实证性评估数据，重点研究"十二五""十三五"期间颁发与农村教师队伍补充密切相关的规划、意见、办法、通知等政府政策供给及其绩效，实现评估成果转化为乡村教师队伍建设政策咨询与实践改进的目的。本书的研究目标是：以乡村教师补充问题为导向，以促进乡村教师发展的价值视角，研究乡村教师补充政策评估的理论，呈现"十二五""十三五"期间乡村教师补充的政策经验，并通过测评获取的实证性数据，系统诊断乡村教师补充政策存在的问题与不足，为政府和学校提供决策参考。具体来说：(1)研究公共政策评估的一般理论和乡村教师补充政策评估过程理论。(2)获取中华人民共和国成立以来关于我国"乡村教师补充"的有效的政策信息并进行政策分析，总结政策的实践经验，寻求乡村教师补充政策变革和发展的现实基础。(3)以补充的新任教师为对象，分析"十二五""十三

---

① 转引：马小亮，樊春良．基于证据的政策：思想起源、发展和启示[J]．科学学研究，2015(3)：353-362.

五"期间的乡村教师补充政策，并通过设定的指标体系，设计问卷，开展调查，测定新入职教师自身所拥有的"资本"水平。(4)依据教师专业标准的要求，设定新任教师专业发展质量的指标体系，设计问卷，实施调查，采集其发展的状态数据，测定新任教师入职 5~10 年后的专业发展质量和专业发展水平。(5)通过新任教师入职前后专业发展的循证研究，诊断乡村教师补充政策存在的问题，分析乡村教师补充的政策趋势为政府和学校提供反思、干预和完善的线索。(6)运用一般政策评估的理论、方法和中华人民共和国成立以来积累的政策经验，通过评估结果的元分析，研究我国未来乡村教师补充政策变革发展及其优化的方向。

(二) 研究价值和意义

乡村教育是"乡村振兴战略"的组成部分。2015 年国务院办公厅颁布的《乡村教师支持计划(2015—2020 年)》明确指出："发展乡村教育，帮助乡村孩子学习成才，阻止贫困现象代际传递，是功在当代、利在千秋的大事。发展乡村教育，教师是关键，必须把乡村教师队伍建设摆在优先发展的战略地位。"乡村教师发展则有赖于乡村教师发展的政策供给及其支持系统的建立、完善及其功能的发挥。"十二五""十三五"期间，各级政府在已有的政策框架内进行了多种尝试，教师补充取得了一定成效。然而，当前乡村教师补充仍异常困难，对乡村教师补充政策供给与评估研究相对薄弱，很难满足解决乡村教师队伍建设和我国农村基础教育改革发展的现实需要，客观上要求加强乡村教师补充政策的评估研究。

如何面对和解决城镇化进程中乡村教育的诸多问题，实事求是地根据我国乡村教师发展的实际情况，制定服务于乡村教师补充的系列政策，需要从宏观与微观的结合上对我国农村乡村教育和教师发展的形势加以分析和判断，这对我国当下和将来的乡村教育发展至关重要，也对研究者与政策制定者做出基于乡村教育事实的准确分析与判断至关重要。因此，本研究具有重要的学术价值和应用价值。

第一，有利于实证评估研究的创新，丰富公共政策研究的内容和方法。政策是政府的运作手段。按照政策过程理论，政策研究包括政策决策研究、政策执行研究和政策评估研究，相对说来，教育决策和执行研究研究成果较多，教育政策供给和评估研究仍是薄弱环节。本课题属于教育政策领域的研究，依据戈尔登(Gordon et al.)的分类,属于"政策的调控与评价的研究"。本研究尝试寻找公共政策研究的理论与方法路径,通过定性和定量分析,把握乡村教师补充政策实施的客观状况,检验其绩效,以望为学术研究提供基于乡村教师发展的政策供给理论框架和基于乡村教师补充政策评估的一个"简单""敏感"且便于理解的框架,同时,为政策制定提供能够及时把握乡村教师发展动态的事实基础和价值取向,创新并丰富了我国公共政策供给与评估的研究。

第二,有利于完善我国乡村教师发展政策的评估制度建设。我国的教育政策评价起步较晚,关于教师发展政策评价的研究相对不足,缺乏坚实的理论基础和实践经验。本研究借鉴公共政策评估研究的模式,研究乡村教师补充政策评估相关内容,构建适用于我国乡村教师发展政策研究的理论与方法,从宏观和微观层面上,把握乡村教师补充政策执行、实施的客观状况。这对完善我国乡村教师发展政策的评价制度具有重要理论和实践意义。

第三,有利于循证决策的实现,提高乡村教师补充政策科学化水平。全球化、信息化、网络治理造就了政府运作的复杂环境。有教育决策的科学化、专业化,是引领乡村教育健康发展的关键。本书通过乡村教师补充政策支持的理论研究,编制乡村教师补充政策评估的指标体系,对乡村教师在相关政策支持下的发展状况进行定量和定性分析,能够客观公正地反映出评价对象的实际状况和水平,既能为乡村教师发展的决策提供信息参考,又能检查决策执行情况和效果。因此,无论是"基于证据的政策"还是"基于证据的政府",本研究有利于提高政策决策科学化水平,提升各级政府实施乡村教育治理的能力。

第四,有利于乡村振兴战略的实施,促进区域教育发展和社会公平正义。我国是一个农业大国、政策大国。到2035年,我国基本实现社会主义现代化,薄弱环节和短板在乡村。城市化进程中,我国乡村教育面临多种问题。发展乡村教育,教师是关键。尽管社会各界已有共识,但对于乡村教师发展过程中存在的问题,特别是在我国颁发的一系列政策支持的背景下,乡村教师发展的实际状况并没有客观确切的数据信息说明。本书通过科学、规范的乡村教师供给侧研究,深入分析改革开放以来我国乡村教师补充政策的特征、规律,并借由量化数据客观描述乡村教师发展的现状及特点,提出对策与建议,有利于促进乡村教育、乡村教师发展和乡村振兴战略实施,促进社会公平正义。

四、概念界定

(一) 乡村教师

我国古代,"乡"是区域名称,也是最基本的单位,是"家"的集合体。"村"是指那些人烟稀少、远离政治经济中心的聚落。步入近代,"乡村"更多是与城市相对应,一般泛指农村,即以农业(包括种植业、农林业、农牧业和农渔业)作为主要基本生产活动和生活方式的一种聚落的总称。国内外对"乡村"概念的界定不尽相同。《辞源》中的"乡村"是指从事农业、人口分布较城镇分散的地方。乡村是中国行政区划中最低级的一个单位,指向的是县城以下的广泛区域。而以美国学者 R. D. 罗德菲尔德为代表的一些学者认为,乡村是人口稀疏、相对隔绝、经济基础为农业、生活基本相同并且与社会其他部分尤其是城市有很大区别的地方。[①] 本研究认为,乡村是指在我国行政区划中县城以下的各种人口聚居区域,包括乡(镇)和村,它与城市地域相对应。

值得注意的是,作为本课题研究的一个对象,需要正确理解乡村教师补充政策中"乡村"研究的基本理论单位。一般来讲,现有的研究在界定"乡村"时,都是以"村落"为研究单位或研究对象的。这种研究很细致,是作为一种独特的社会现象并超越了某一具体学科界限的跨学科的学术论题,日益为社会学、政治学、经济学、人类学、民俗学、经济学、教育学和法学等学科学者所关注,研究成果颇丰。但是,这种研究有很大的局限。一是这种着眼于村落的视野,是以"村落"的保持和"农户"的永恒存在为前提的,研究单位或研究对象必然会被限制,研究视野必然会被遮蔽。二是这种研究把"村落"类型化,从类型化中寻找具有普遍意义的内容,在特定的时空坐标中去解释村落社会的生存逻辑。但中国是一个超大规模国家,规模大,经济发展的水平差异也大,特别是改革开放以来,农村社会的变化是如此之快,以至学界的学术想象力都应接不暇。所以,本研究主张以"县"为单位和对象进行"乡村"研究,乡村教师和乡村教师补充政策也以"县"为单位进行总体设计和规划。这与当前国家推行公办义务教育学校教师"县管校聘",促进县域内教师队伍优质均衡发展的政策逻辑是一致的。

---

① 黄坤明. 城乡一体化路径演进研究:民本自发与政府自觉[M]. 北京:科学出版社,2009:18.

在《教育大词典》中，教师是学校中传递人类科学文化知识和技能，进行思想品德教育，把受教育者培养成一定社会需要的人才的专业人员。《中华人民共和国教师法》第三条规定：教师是履行教育教学职责的专业人员，承担教书育人，培养社会主义事业建设者和接班人、提高民族素质的使命。从"乡村"和"教师"两个词语可以得出"乡村教师"的含义，即"乡村教师"是指在乡村工作的教育工作者。本研究的乡村教师又指农村教师，是指在我国行政区划中的县(市、区)及其下辖的乡(镇)和村的幼儿园、中小学教师。

"乡村教师"一词最早出现于 20 世纪 50、60 年代，为了解决农村教育问题，各级政府采取措施招收了大量的乡村教师，但并不一定有正规教师资质。其中，民办教师是在 1949 年后长达 30 多年的时间里乡村教师的主要来源，他们是我国中小学(含幼儿园，下同)，特别是农村中小学教师队伍中不列入国家教员编制的教学人员。但是，这些乡村教师对在农村地区教育普及的历史使命中具有无可替代的作用。1992 年原国家教委等联合下发《关于进一步改善和加强民办教师工作若干问题的意见》，明确提出解决民办教师问题的"关、转、招、辞、退"的方针。2000 年完成合格民办教师转为公办教师的工作，结束了长期以来公、民办教师并存的状况。改革开放之初，国家为缓解中小学教师缺乏，选拔初中毕业生到中等师范学校，学习 3 年或 4 年后再分配到中小学任教。至 1988 年，全国中等师范学校数量达到 1065 所，1995 年有 897 所，在校学生人数高达 80 多万。① 改革开放后的 20 余年间，中等师范学校培养了数以百万计合格毕业生，为普及农村初等教育作出了历史性贡献。2008 年后，中等师范学校在"撤并挂升"的转型改制中逐渐退出教育历史舞台。1999 年，教育部发布《关于师范院校布局结构调整的几点意见》，提出逐步推进由三级师范(高师本科、高师专科、中等师范)向二级师范(高师本科、高师专科)的过渡。2001 年，国务院颁发《关于基础教育改革与发展的决定》，提出以现有师范院校为主体、其他高等学校共同参与、培养培训相衔接的开放的教师教育体系。

乡村教师是农村教育"活的灵魂"，是农村学生睁眼看外部世界的"第一面镜子"。2006 年，教育部、财政部等四部委联合实施"农村义务教育阶段学校教师特设岗位计划"。迄今共有 75 万名特岗教师分布在中西部地区的 1000 多

---

① 焦以璇.70 年贵师重傅 兴教兴国[N]. 中国教育报，2019-09-22(4).

个县,为3.7万所农村学校注入了新鲜血液和青春活力。2007年,我国开始实施6所教育部直属师范大学师范生免费教育试点,到2018年公费师范生"改版升级",累计招收公(免)费师范生超过11万人,其中90%的毕业生到中西部省份中小学任教。这一政策带动了28个省(自治区、直辖市)实施地方师范生公(免)费教育,每年培养补充4万余名毕业生到农村中小学任教。① 2015年6月,国务院办公厅印发《乡村教师支持计划(2015—2020年)》,这是中华人民共和国成立以来,党中央、国务院出台的第一部专门指向乡村教师队伍建设的政策文件,从师德荣誉、补充交流、职称编制,到工资待遇、培养培训、管理改革,对乡村教师给予全方位支持。截至2018年年底,全国共有乡村教师290多万人,其中中小学近250万人,幼儿园42万多人,40岁以下的青年教师占58.3%。②

(二)乡村教师补充政策

乡村教师补充政策是乡村教师补充方面的政策,属于教育政策的范畴,是公共政策的组成部分。对"乡村教师补充政策"概念的界定,可以从"教师补充""公共政策"和"教育政策"的阐释中得到启示。

词源上,"补充"一词有两个解释:其一是因不足或损失而加以添补,其二是在主要事物之外另行追加的,即进一步充实。由此,"教师补充"一方面可以理解为教师数量的不足而加以添补,另一方面是在现有教师队伍的基础上,根据教育发展的需要,进一步充实师资力量。综合来看,教师补充是指根据基础教育改革和发展的需要,针对教师队伍中的数量不足和质量短板,以多种方式和手段,为幼儿园、中小学校补充足够数量且具有相应资质的教师,目的在于满足并优化教育教学工作实际需要的活动。

"教师补充"的实质是教师资源的合理配置。这种配置,包括教师队伍的增量的调整和存量的优化。前者是基于教师资源在绝对数量上的不足,通过各种机制和手段引进新教师,其结果是数量缺口的弥补和教师规模的扩大;后者是在现有教师规模前提下所进行的师资流动和置换,其结果教师队伍得到了合理安排和配置。教师补充的机制是多样的,主要有市场化机制和行政化机制,

---

① 朱旭东,赵英. 为建设教育强国提供"第一资源"[N]. 中国教育报,2019-11-21(06).

② 新华网. 全国共有乡村教师290余万人[EB/OL]. 2019-02-26. http://www.xinhuanet.com/2019-02/26/c_1210068385.htm.

其价值导向分别对应于"个体价值"与"公共价值"。"市场化机制"背后的动力在于获取个体利益或个体价值的最大化，"行政化机制"背后的动力则在于实现公共利益或公共价值的最大化，旨在推动教育公平与教育的均衡发展。

基于对"教师补充"的理解，"乡村教师补充"是指根据乡村教育改革和发展需要，为乡村幼儿园、中小学补充足够数量且具有相应资质的教师。从内容上来看，"乡村教师补充"包括乡村教师的职前培养、教师选拔、教师招聘（招募）、教师培训、教师保留、教师流动及不合格教师的退出等环节的工作。值得指出的是，本书探讨的"教师补充"，属于公共价值导向的教师补充，即在当前我国乡村教师补充，依托的是行政力量的政府行为。即便如此，一些市场化手段的引入，也是当前我国乡村教师补充政策调整的现实选择。比如：提高教师工资待遇、增强教师职业吸引力等。其意义在于：通过市场机制的调节，在"准入制度"要求的前提下，吸纳更多的优秀人才到农村教育岗位，变被动引进为主动吸引。

与"教师补充"概念一样，"教师补充政策"也没有一个约定俗成的界定。为此，可先从"政策""公共政策""教育政策"等概念开始探求。

政策又称"公共政策"，学界对它的界定多种多样。但主要有两种方式：一是从外延上界定，例如把政策看着是规范，引导社会组织、团体机构和个人在某些方面的行为准则或指南；二是从内涵上挖掘，例如把政策理解为社会价值的一种权威性分配或某种政治输出。① 百度百科将"政策"解释为国家政权机关、政党组织和其他社会政治集团为了实现自己所代表的阶级、阶层的利益与意志，以权威形式标准化地规定在一定的历史时期内，应该达到的奋斗目标、遵循的行动原则、完成的明确任务、实行的工作方式、采取的一般步骤和具体措施。这一定义强调了政策的权威性、目的性和行动性这三个属性。国外对该"政策"一词的定义较为简洁，也更宽泛。比如 Thomas R. Dye 认为公共政策就是政府根据其关注的任务和目标而对其行为准则与行动方式（即政策）所做出的选择；② Stuarts S. Nagel 认为公共政策就是政府为解决各种各样的问题所做出的决定。③ 因此，公共政策就是政府（政党）以实现公众利益最大化为导向的

① 陈学飞. 教育政策研究基础[M]. 北京：人民教育出版社，2011：30-33.
② Thomas R. Dye. 理解公共政策[M]. 孙彩红，译. 北京：北京大学出版社，2008：56.
③ Stuarts S. Nagel. 政策研究百科全书[M]. 林明，译. 北京：科学技术文献出版社，1995：59.

行为准则和行动方式所做出的一系列选择和决定，是对重要工作的宏观指导和行动方针。而作为公共政策的组成，教育政策体现了国家对教育的关注和取舍，它是政府（政党）为实现其教育发展，对教育公共利益的选择所做出的一系列行动规则和安排。它是"负有教育的法律或行政责任的组织及团体为了实现一定时期的教育目标和任务而规定的行为准则"，① "是针对教育工作的目标、途径和方法的总体规定，是国家或政党为实现教育目标而制定的行政准则"，② 基于此，乡村教师补充政策就是一个国家或地区在特定历史时期制定的关于乡村教师选拔、招聘（招募）、配置、任用和流动及不合格教师退出等的教育政策，是政府（政党）在教师补充问题上的价值取向和利益分配原则。

值得提示的是，"引进"或"增补"只是乡村教师补充任务之一，但并非是乡村教师补充工作的全部。其二，乡村教师补充政策的主体既有一定社会的政府（政党），代表的是公共的意志，同时也有国际组织（如联合国教科文组织）和民间机构，属于公益性的教师补充项目，但它不属于本研究的范畴。

（三）政策评估、教育政策评估、乡村教师补充政策评估和循证评估

"政策评估""教育政策评估""乡村教师补充政策评估"及"循证评估"等，也是本书需要界定的几个核心概念。

评估，字面上是评议估价，又称评价，是指对一件事或人物进行判断、分析后的结论，本质上则是一种价值判断的活动，是对客体（即评价对象）满足主体需要程度的价值判断。美国学者格朗兰德（N. E. Gronlund）认为，一个完整的评价计划将包含测量和非测量两种方法，用公式表示为：评价＝测量（定量描述）+非测量（定性描述）+价值判断，即评价是在量（或质）的描述基础上所进行的价值判断活动。③ 实际上就是对评价对象进行的事实判断和价值判断。"事实判断"是关于客体本身是什么和客体与其相关客体之间的关系的信息，而"价值判断"则是关于主题需要的信息，所揭示的主题需要、客体需要和性质之间的关系。对"政策评估"而言，"事实判断"往往是对政策实施后的产出分析，"价值判断"是在对事实描述和判断的基础上，评价主体从自身需要和愿望或评价目标出发对"事实判断"进行的判断。事实判断的基本特征是

---

① 成有信，张斌贤，劳凯声，等. 教育政治学[M]. 南京：江苏教育出版社，2000：241.

② 萧宗六，贺乐凡. 中国教育行政学[M]. 北京：人民教育出版社，1996：294.

③ 陈玉琨. 教育评价学[M]. 北京：人民教育出版社，1999：245.

客观性，价值判断则是客观性与主体性统一的活动，其中的"主体性"是评价结论与评价主体之间对评价对象"应该怎样"的认识。因此，政策评估是政策评估主体在一定的政策环境下，按照一定的评估标准和程序，运用特定方法，对政策的科学性、可行性以及实施后的效果、效益和效率进行分析、比较、综合后所做出的一种价值判断，以此作为决定政策继续、调整或终结的依据。

"教育政策评估"是政策评估的一个重要组成部分。其含义因不同研究者的不同理解而不尽相同，但大多强调它是对教育政策全过程的价值判断。例如：教育政策评估"是按照一定的教育价值准则，对教育政策对象及其环境发生的变化以及促成其发展变化的诸种因素所进行的价值判断"①"是依据一定的政策评估标准，对教育政策运行的全过程进行系统综合的分析与判断，揭示出政策运行中存在的问题与不足，为修订和完善教育政策提供依据，以实现教育政策的更良性运行"②。由此出发，教育政策评估就是对教育政策满足教育情境中的社会与个体需要程度作出判断的活动。根据这一分析，本书将教育政策评估界定为：在一定的教育政策运行环境下，评估主体依据一定的标准和程序，采用特定的方法，对教育政策的效益、效率、效果进行的价值分析和判断。它是一种对教育政策运行全过程进行分析与研究的社会科学活动，其目的是为一定教育政策的转变、改进和制定新政策提供依据。

我国乡村教师补充政策的评估，就是对乡村教师补充政策的"效益""效率""效果"和"效能"进行的价值分析和判断。这种分析和判断，不仅关注"谁得到什么？"的问题，更关注"为什么得到？""产生什么影响？"以及"有什么意义？"的问题。其中效益是指乡村教师补充政策的全过程所产生的实际效果和利益，包括经济效益、社会效益和教育效益等，涉及乡村教师补充政策的结果及政策目标的实现。效果是乡村教师补充政策活动的成效与结果，是通过一定的乡村教师补充政策的行为、力量、方式或因素而产生出的合乎目的性结果，如教师的从教意愿、扎根精神以及满意度等。乡村教师补充政策的效果主要依赖能否采取什么样的行为、力量、方式，能有助于政策目标的达成，其主要是由乡村教育发展的战略决策所决定的。如何才能取得良好的经济和社会效益

---

① 袁振国. 教育政策学(新世纪版)[M]. 南京：江苏教育出版社，2001：347.

② 张乐天. 教育政策法规的理论与实践[M]. 上海：华东师范大学出版社，2002：82-83.

呢？这是乡村教师补充政策的效率，即以尽可能正确的方式以获得尽可能多的产出，如乡村学校师资力量的改善情况。有学者研究指出："现阶段教育政策评估的价值基础是教育利益、教育公平和教育自主。"①William N. Dunn 则将评估标准分为：效果、效率、充足性、公平性、回应性和适宜性，② Kelman 认为政策评估的标准应是趋向于产生良好的公共政策，用以识别的标志则是政策实施过程是否令公众的热心公益精神达到相应高度，是否培养了我们的尊严及品格。③ 由此，价值理性的判断应在乡村教师补充政策评估中扮演重要的角色；另外，乡村教师补充政策的修正和革新又是一个多方参与、动态构建的过程，它应该重视政策的回应，即乡村学校和乡村教师就其对政策实施的接受程度而作出的信息反馈。因此，乡村教师补充政策的评估，应该"从应然与实然等层面对政策实施过程进行全面的分析，兼顾工具理性和价值理性的双重考虑"④。这意味着，乡村教师补充政策在增进国家和乡村教育利益和公平分配教育利益同时，还要保证个体(包括教师和学生)自主追求和实现教育利益。这就是乡村教师补充政策的"效能"。但"效益""效率""效果"和"效能"是既相联系，又有区别的政策评估概念。乡村教师补充政策评估就是对其效益、效果、效率和效能的评估。

循证评估(evidence-based evaluation)即基于证据的评估，指评估结论应建立在经得起推敲和考验的证据基础之上，证据不仅指量化的研究结果，而且包括政策案例研究和政策工具研究等积累的质性资料。

循证评估是评估理论和方法的发展，而"基于证据的实践"理念，即循证实践(Evidence-Based Practise)，亦为"循证学"，始于 20 世纪末发展起来的循证医学。1992 年，英国牛津大学建立了世界上第一个循证数据库，以生产，保存和传播循证研究的证据。而 David L. Sackett 教授较早界定循证医学(evidence-based medicine)的"循证"定义，即"慎重、准确和明智地应用当前所能获得的最好研究依据，结合临床医生的个人专业技能和多年临床经验，考虑

---

① 高庆蓬，杨颖秀．论我国教育政策评估的价值基础[J]．高教发展与评估，2011(4)：1-11.

② William N. Dunn. 公共政策导论[M]．谢明等，译．北京：中国人民大学出版社，2002：75.

③ Stephen Kelman. 制定公共政策[M]．商正，译．北京：商务印书馆，1990：56.

④ 汪曦．农村教师补充政策有效性研究[D]．武汉：华中师范大学，2015：10.

患者的价值和愿望，将三者完美地结合，制订出治疗措施"①。正是基于循证医学的成功实践，循证的方法和理念逐渐被推广到管理学、公共政策学、政治学、心理学、社会学和教育学等众多社会科学领域。21世纪以来，"循证"一词成为西方发达国家基础教育领域各项改革和政策决策的主导性话语，教育政策评估领域中循证评估也是在这一背景下提出的。

五、研究思路与主要内容

本书采用理论研究与经验总结、规范分析与实证分析相结合的研究方法，依据本研究设定的研究对象和研究目标，演绎逻辑的展开遵循"理论研究—政策经验—绩效评价—改革对策"的思路，围绕以下四大问题进行写作：一是乡村教师补充政策评估的理论基础；二是乡村教师补充的政策经验；三是乡村教师补充政策的循证研究；四是乡村教师补充政策的发展趋势及优化路径。其中：

乡村教师补充政策评估的理论基础描述的是：公共政策是一种有目的、有组织的动态发展过程，而公共政策执行评估的一般理论和乡村教师补充政策评估的过程理论，目的在于为乡村教师补充政策评估提供理论支持与价值支撑。

乡村教师补充政策经验的叙述主要包括中华人民共和国成立以来乡村教师补充政策的发展历程，重点考察中华人民共和国成立以来党和国家在乡村教师补充渠道、师资待遇、职称评聘、教师培训等方面的政策演进，具体分析我国"特岗教师计划"以及湖北新机制教师政策、四川成都区域内城乡教育一体化制度这三类具有典型性的乡村教师补充政策经验，以寻求乡村教师补充政策变革和发展的现实基础。

我国乡村教师补充政策的循证评估，主要是以补充的新任教师及其发展为对象，分析"十二五""十三五"期间的乡村教师补充政策，并通过设定的指标体系，设计问卷和实施调查，一是测定新入职教师自身所拥有的人力资本、社会资本和心理资本水平，二是测定新任教师入职3年后的专业发展质量，通过采集其发展的状态数据，诊断乡村教师发展和乡村教师补充政策存在的问题，为政府和学校提供政策反思、干预和完善的线索。

---

① David L. Sackett, William M. C. Rosenberg, J. Muir Gary, et al. Evidence Based Medicine：What it is and what it isn't[J]. British Medical Journal, 1996, 312：71-72.

　　乡村教师补充政策的变革发展，是在上述研究的基础上，讨论乡村教师补充政策本质特征及政策质量的问题，结合乡村教师补充政策过程理论和中华人民共和国成立以来的政策经验，分析我国未来乡村教师补充政策变革和发展，作为对乡村教师补充政策评估的结论性研究，以期实现提高乡村教师补充政策绩效和质量的目的。

第二章　公共政策执行评估的理论

政策的本质是价值，其核心是价值主体对自身意义的重构，社会就是这种价值存在所构成的世界。公共政策的本质是对社会利益、价值和资源进行权威性的协调和分配。公共政策最基本的功能就是充当政府处理社会问题、进行社会调控以及调整利益关系的工具或手段。公共政策评估是以公共为价值主体及公共政策为评价客体的价值判断活动。对于作为公共政策的表现形式的公共政策执行而言，公共政策评估表现为公共政策执行评估。本章从公共政策执行的评估逻辑、公共政策执行的评估价值和公共政策执行的循证评估三个方面探讨公共政策执行评估的原理，为乡村教师补充政策评估提供理论支持。

第一节　公共政策执行的评估逻辑

人类社会是人类自身对象性活动的产物。作为社会性动物，人类不可避免地处于与他人的联系中，受到公共政策的影响，甚至不同程度地对公共政策产生反作用。公共政策具有资源分配、秩序维护和行为约束等功能。因此，有必要从理论层面探讨公共政策的逻辑基础及其发展轨迹，使公共政策的制定、执行、评估都不偏离其逻辑起点，① 从而进一步推动公共政策的有效执行和科学评估。

一、公共政策的逻辑起点

行政学鼻祖，美国学者伍德罗·威尔逊（Woodrow Wilson）认为，公共政策是由政治家即具有立法权者所制定的，并由行政人员即国家公务人员执行的法律和法规。这一定义强调公共政策的制定和公共政策的执行，突出了政治家和

---

① 李玲玲，梁疏影 . 公共政策的逻辑起点 [J]. 行政论坛，2018（4）：1570-1575.

行政人员的权威性作用，这样公共政策就具有了权威性。但是，制定政策的人不只限于政治家，直接或间接参与政策制定的还有公众、社会不同阶层和各利益团体的代表，以及政府机构的一些公务人员；同时，执行政策者也不仅限于国家公务人员，还应包括一些政治家、司法人员和有关群众。

美国学者詹姆斯·安德森（James E. Anderson）认为，公共政策是某一行动主体或一群行动主体为解决问题或相关事务而采取的有目的的行为。这一定义强调公共政策活动中存在诸多主体及行动主体具有自觉意识，公共政策是以解决问题为最终目标的。① 美籍加拿大学者戴维·伊斯顿（David Easton）认为，公共政策是对社会的公共利益进行权威性分配，而分配是全社会的。这一定义强调公共政策是政治系统的输出，是根据政治系统的需求与支持，做出价值财富再分配的方案，而需求与支持则是公民或团体为满足自身的愿望和利益而表现为"共同性"的主张、行为和反映。② 美国政治学家罗伯特·达尔（Robert Alan Dahl）认为，公共性是在民主政治过程中，个人和团体不断互相形成的利益格局。他强调，公共政策过程的互动性是维持与获取公共利益的必要条件。在多元社会中，公共性或公共利益往往通过公民或社群的共享利益或社会的共同利益来具体体现。③

虽然在不同时期，针对不同阶段的社会治理任务，公共政策定义会发生相应的变化，对其定义的理解也有所分歧，无法形成统一的认知，但是综合国内外学者的观点，我们依旧可以看出，公共性是公共政策形成的逻辑起点，是公共政策固有的基本属性，是公共政策分析的理性取向。公共性之于公共政策，是公众在公共领域的政策表达，是有意识的、合理的政策设计与制定。作为公共权力机构的政府来说，公共政策是公民权利的代理者，它按照公民的意愿和利益，面向公共或社会共同需求，提供公共物品，塑造公共秩序，规范公共交易，满足多数和保护少数，由此制定和实施公共政策。公共性对于公共政策主体政府而言，表现为：理念上，公共性是指政府组织应着眼于社会发展长期、根本的利益和公民普遍、共同的利益来开展其基本活动；道德层面，公共性应是每一个政府公职人员的职业态度、观念和信仰；政治过程层面，公共性意味

① James E. Anderson. Public Policymaking（fifth edition）［M］. Houghton Mifflin Company，2003.

② 陈庆云. 公共政策分析（第二版）［M］. 北京：北京大学出版社，2011：5-6.

③ 陈潭. 寻找公共政策的制度逻辑［M］. 北京：中国政法大学出版社，2016：2-3.

着在涉及公共物品提供等集体行动中，存在着有效的决策参与通道和决策选择机制。① 既然公共政策是政府（政治组织）等主体制定的措施、采取的行动或禁止的行动，而为什么制定这些措施，采取什么行动，运用什么手段，要达成什么样的行动目标，这些均与政策制定者的价值观体系密切相关。公共政策常被视为发展和实现政党或利益团体目标的手段，政治上有利是决策的基础原则，公共政策的制定者受其所在政党或政治团体及其服务对象的影响，往往会从这一方面研究和评价政策的制定过程。

如果单纯从公共与政策的概念上来看，公共政策本应是公共利益的集中体现，不应成为政治统治的工具。然而，在阶级社会中，任何政党和政府都是代表特定阶级利益的政治集团，其一切所为，本质上都要为实现本政治集团所代表的利益共同体的利益最大化。由此可见，公共政策的制定是政党和政府（政治组织）的政治行为，公共政策集中体现了统治阶级的利益需要，是源于政治动机的组织产物，因而它具有阶级性的特征，带有鲜明的政治倾向性。在资本主义社会里，公共政策形式上是维护公众利益的，但前提是不损害资产阶级利益；而在社会主义社会里，由于无产阶级和广大劳动人民是领导阶级，因而，党和政府制定和执行的政策也是从维护无产阶级和广大劳动人民的最根本利益为出发点的，公共性在形式和内涵上获得了真正的统一。任何一个社会，政府管理的社会公共事务涉及社会的政治、经济、文化等多个方面，这也决定了具有问题导向性特征的公共政策涉及范围的广泛性和内容的丰富性。随着现代社会的发展，社会公共事务的内容会越来越丰富，公共政策也要随之丰富。

总之，公共政策的目的是追求、实现、维持和保障公共利益，政党和政府（政治组织）的主要任务是通常被声明为服务或提升公共利益。因此，公共利益是公共政策的制定者、执行者、评估者信守的诺言和行动的信条。不管是哪个政党和政府的政策，不论是何种政策，公共利益是公共政策的最初出发点和最终目的。正是因为对公共利益的追求、实现、维系和保障，公共政策才能形成个人偏好和集体选择的制度安排，成为公共的、好的政策。约翰·古德曼（Jone Goodman）和爱德温·都兰（Edwin Dolan）在《公共政策经济学：一个微观的视角》中明确地指出："一项政策如果是有益于社会整体的，该项政策是好的政策；一项政策如果是符合多数人偏好的，该项政策是好的政策；一项政策

① 孙柏瑛. 公共性：政府财政活动的价值基础[J]. 中国行政管理, 2001(1)：23-26.

31

如果是动员或强制人们做应该做的，该项政策也是好的政策。"①

二、公共政策执行与评估的发展

(一)公共政策执行的历史起源

20 世纪 70 年代之前，在传统公共政策范式下，政策执行一直被视为行政系统内的常规过程，处于不重要而被忽视的地位。直到以 H. 乔治·弗雷德里克森(H. George Frederickson)为代表的青年学者掀起了行政管理的改革运动，强调政策制定外——训练有素的公共管理人员的有效执行领域，政策执行研究才开始受到重视。1973 年，美国加州大学的普雷斯曼(Jeffrey L. Pressman)和韦达夫斯基(Aaron B. Wildavsky)出版的《执行—联邦的计划在奥克兰的落空》标志西方公共政策研究领域兴起了一场公共政策执行的研究热潮，形成了声势浩大的"执行运动"。普雷斯曼和韦达夫斯基认为公共执行可以看作在目标的确立与适应于取得这些目标的行动之间的一种相互作用过程。② 琼斯(Charles O. Jones)认为执行是一系列指向使一个项目生效的行动，其中尤为组织(资源、机构和使项目生效的方法的建立或重新安排)、解释(将项目语言转变成可接受和可行的计划和指示)和应用(服务 、款项、工具等的日常供应)三种活动为主。③ 哈佛大学肯尼迪政治学院发表的《公共政策执行问题的报告》指出，公共政策执行的政治与行政方面往往为人们所忽视。哈格罗夫(Hargrove，1975)就指出，在公共政策制定和公共政策终结之间存在着一个被忽略的环节即公共政策执行，必须加以补充，才能使公共政策生效。因此，一般认为公共政策过程主要包括公共政策制定、公共政策执行、公共政策评估和公共政策终结等环节。公共政策的有效执行和评估将是落实公共政策理想或目标的关键所在。简而言之，执行就是"在政策期望(所感知的)与政策结果之间所发生的活动"。④

我国对公共政策执行的讨论，起步较晚，直到 20 世纪 90 年代初才逐渐出

---

① Jone Goodman, Edwin Dolan. Economics of Public Policy：The Micro View[M]. West Publishing Company，1985：8.

② 张骏生. 公共政策的有效执行[M]. 北京：清华大学出版社，2006：7.

③ Charles O. Jones. An Introduction to the Study of Public Policy [M]. Monterey, California Brooks Publishing Company，1984：166.

④ Deleon P. The missing link revisited：Contemporary implementation research[J]. Policy Studies Review，1999，16(3/4)：314-315.

现一些关注公共政策执行的研究，这与我国的特定历史条件是分不开的。我国作为社会主义发展中国家，一直以来采用的是高度集权的行政体制，公共政策以自上而下的行政命令的方式来执行，应该说这种方式在我国社会发展初期这种特定历史条件下也取得了比较好的效果。随着党的十四大的召开，我国初步建立了社会主义市场经济体制，在从计划经济体制向市场经济体制转变的过程中，政府部门的职能也必然适当地调整来适应这种转变。其中，公共政策实践中的主要问题越来越集中于公共政策执行的环节，或是越来越与公共政策执行密切相关，政策执行研究正在凸显它的价值。G. C. 爱德华三世(G. C. Edwards Ⅲ)和 I. 沙坎斯基(I. Sharkansky)认为：政策执行就是发布指令、执行指令、拨付款项、办理贷款、提供补助、签订合同、收集资料、传递信息、安排人事、雇佣人员以及建立组织机构等活动。① 林水波、张世贤受外国学者研究的启示，认为政策执行可谓为一种动态的过程，在整个过程中，负责执行的机关与人员组合各种必要的要素，采取各项行动，扮演管理的角色，进行适当的裁量，建立合理可行的规则，培塑目标共识与激励士气，应用协商化解冲突，冀以成就某种特殊的政策目标。② 简而言之，公共政策的执行是指公共政策执行者通过建立组织机构，运用各种政策资源，采取解释、宣传、实验、实施、协调与监控等各种行动，将政策观念形态的内容转化为实际效果，从而实现既定政策目标的动态活动过程。③

公共政策的实践表明，公共政策既是一个蕴含可拓展价值结构的实体性的客观、孤立性的独立存在，又是一个以拓展自己价值结构状态的客观、联系性的独立存在，是二者的有机统一，正是这种内在的规定性确定了的公共政策及其执行中的一些基本事实。④ 执行发生在政策向行为转化的阶段，是政策实践过程的中介环节，对公共管理者而言，它在很长一段时间内被认为是最困难，最重要的阶段之一。在这个阶段，政策制定或其中所有的不确定性和偶然性都

---

① 张金马. 公共政策分析——概念·过程·方法[M]. 北京：人民出版社，2004：382.

② 林水波，张世贤. 公共政策[M]. 台北：台湾五南图书出版公司，1984：264.

③ 张金马. 公共政策分析——概念·过程·方法[M]. 北京：人民出版社，2004：383.

④ 张远增. 公共政策执行评估学理[M]. 北京：中国社会科学出版社，2018：106-107.

将使政策执行过程的重要性变得非常突出。

(二)公共政策执行的理论基础

如上所述，公共政策执行是一个动态的、非流程性的过程。它是政策执行者通过建立组织机构，运用各种政策资源，采取解释政策内容、宣传政治动向、开展相关实验、具体贯彻落实、实施协调监控等各种行动，将政策观念形态的内容转化为实际效果，从而实现既定政策目标(理想)的复杂活动过程。在这个过程中，不仅各个环节之间相互联系、互相制约、相互影响，而且每一个环节本身都要涉及众多的变量，其中的任何一个环节有了缺陷，都会直接或间接影响到政策功能的有效发挥和政策执行的实际效果。在公共政策执行中，政策执行主体与社会之间的联系也都体现为整体互动，公共政策的执行结构与行动功能是不可分割的整体。公共政策执行作为将政策目标(理想)转化为现实的过程，在政策实践活动过程中具有至关重要的地位与作用。正确的政策方针要变成现实，有赖于政策的有效执行，如果没有政策执行，再好的政策方案也只能是一纸空文，政策目标也实现不了，毛泽东同志说过，"如果有了正确的理论，只是把它空谈一阵，束之高阁并不实行，那么，这种理论再好也是没有意义的。"①正因为政策执行有如此重要的意义，美国政策学者艾利森才说，在公共政策目标的实现过程中，政策方案确定的功能只占10%，而其余的90%取决于有效的执行。任何政策方案不可能一经制定就完美无缺、面面俱到，它需要在执行的过程中得到不断的修正、充实和完善。政策决策者要以事实为依据，根据政策执行过程中具体情况的变化来修正和完善政策，以提高政策的可行性、有效性和科学性。政策执行必须确定政策目标，政策目标既是政策制定的基础，又是政策执行的指南，同时也是政策评估的标准。制定政策目标，应遵循客观性原则、适应性原则、全面性原则和一致性原则，只有政策目标明确、具体，切合实际、积极可靠，政策执行人员才能准确领会政策制定者的意图，从而在政策实践过程中针对确定的目标来调整想法和行为；同时要求政策执行机构内部各职能部门的工作目标和政策目标保持一致，以增强政策的权威性和严肃性，保证政策的科学、有效执行。

公共政策执行是一项复杂的工程，它包含了一系列的功能活动，政策执行者要顺利实现政策目标，必须以系统思维为导向，采取多种有针对性的方法措

---

① 毛泽东选集(第一卷)[M].北京：人民出版社，1991：292.

施，对所要解决的社会公共问题系统地加以解决。公共政策执行具有和其他环节共同的特点，同时又有执行过程所独有的属性。一般认为，公共政策执行具有规范性、形式化和专业性。公共政策执行的规范性反映了其中的"公共性"对所有参与实施公共政策执行之具有正当性和程式化的一般要求。公共政策执行的规范性不仅有利于提高公共政策执行的效率与效益，而且方便对其他主体参与自己的公共政策执行的管理。① 因此，公共政策执行的规范性也是政策"公共性"的内在需求，它不仅建立了公共政策执行的自我保障机制，而且使得公共政策执行成为一种内涵、内容和形式均具有明确的、有效的、可观测的和可交流的价值活动，为公共政策执行彼此借鉴提供了可能。公共政策执行的形式化，是指公共政策执行需严格遵循公共政策执行的规范及操作流程，以证实公共政策执行合理性和科学性，其最鲜明的特征是"公共性"，以公共政策所规定的价值及价值活动规则作为政策执行的逻辑起点，按照公共政策所规定的程式来执行。公共政策执行的专业性，是开展公共政策执行所需的专门知识、技能及能力形成的价值认知结构。主要表现为公共政策执行对实施者在实践活动中所涉及的具有科学认知意义的知识、技能、能力及其基础上所形成综合素质的特殊要求，表现为特定学科所支撑的知识、技能、能力及其所形成的学科和跨学科的综合素养，基于这些综合素养所建立的可观测标准即构成主体获得参与特定公共政策执行资格的专业性标准。达到这个专业标准要求的"公共性"可以自行开展公共政策执行，没有达到这个专业标准要求的"公共性"，可以通过招聘具有专门从事这项价值活动之认知和实践能力的主体代为执行。实践中，对公共政策执行主体资格确定的合理性与恰当性方面的评估，也是公共政策执行评估的主要内容。

国内的学者结合我国的国情，认为公共政策执行必须遵循的原则包括：严肃性原则、创造性原则、协调性原则和反馈性原则等。公共政策作为调节利益分配的工具，是权威性与原则性的统一。也就是说，政策本身具有法的严肃性。公共政策是国家或政党意志的体现，为了指导社会实践，调整社会关系，实现一定的政治路线、方针而制定的行动准则，在公共政策实施过程中，必须坚持高度的原则性。这就要求政策执行者在实施公共政策时，必须严格遵循公

---

① 张远增. 公共政策执行评估学理[M]. 北京：中国社会科学出版社，2018：109-110.

共政策本身的精神实质去贯彻落实公共政策，同时把公共政策的原则性和灵活性统一起来，在不违背政策原则精髓和保持政策方向的前提下，坚持把政策的精神和实际情况相结合，采取灵活多样的方式方法，因时因地制宜，有创造性地去实施政策，真正落实党的政策。公共政策执行是由各种执行机构和执行人员构成的一个整体。协调性原则是指实施公共政策实践活动过程中必须使每一个执行机构、每一个执行人员都能相互配合，协同一致地促使整个执行系统的协调运转。公共政策执行过程中会遇到各种问题，这就要求加强跟踪检查并及时反馈信息，以便确认和修正政策及政策执行过程中的偏差，提高政策执行的效率和效益，以保证整个政策实践活动的顺利进行，对于公共政策的制定也有积极的促进作用。

现实的政策实践表明，公共政策作为一种弥补市场不足的制度安排，要更多体现出追求社会公平、正义、民主，承担社会责任的理念。同时，一项好的公共政策制定出来以后，其执行过程在很大程度上决定了政策的效果。影响公共政策有效执行的主要因素有政策问题的特性、政策本身的因素以及政策以外的因素。[①] 政策执行的有效与否，首先是和所要解决的政策问题的类型和性质、政策对象行为的多样性等密切相关的。越复杂的问题，执行的难度越大。在公共管理领域，许多公共政策不能达到预期效果，执行中困难重重，在很大程度上与公共政策本身的缺陷有关。正确的政策符合事物发展的客观规律，代表人民群众的根本利益，能够促进社会发展，具有科学的性质，因而能得到有效的执行。一项公共政策方案如果不能反映客观存在着的情况，不符合大多数人民群众的愿望、利益和要求，那么这项公共政策就缺乏合理性。因此，公共政策的正确性是政策有效执行的根本前提，而公共政策的明确性是政策有效执行的关键因素。从操作层面和技术层面来看，要顺利执行一项公共政策，必须明确该政策方案的具体目标、政策措施和行动步骤。同时，政策的具体明确性还要求政策目标是符合实际并可以达到的，是可以进行比较和衡量的，政策目标的完成是在政策执行者职权范围内，政策方案应该指出所期待的结果，并要明确规定完成的期限。

(三) 公共政策执行的发展趋势

公共政策是对社会利益、价值和资源进行权威性的协调和分配，公共政策

---

① 张笑. 公共政策创新[M]. 北京：时事出版社，2018：147.

执行是运用制度权威对社会利益进行公正协调和公平配置，因此，公共政策执行实行以中央集权为主，地方分权为辅的有限集权模式，对行政自由裁量权进行科学的配置和合理控制，将是公共政策有效执行的首要发展趋势。毛泽东在《论十大关系》中明确提出，"为了建设强大的社会主义国家，必须有中央的强有力的统一领导，同时又必须充分发挥地方的积极性。"邓小平一直遵循毛泽东这一思想，改革开放以来多次强调这个问题，主张既要克服我国经济、政治体制中权力高度集中这一根本弊端，又"要定一个方针，就是要在中央统一领导下深化改革"①，"不能否定权威，该集中的要集中"②，既要扩大地方和企业自主权，又要"规定比较详细的法令，以防止对自主权的曲解和滥用"③。归根结底，在我国社会主义制度之下，个人利益和集体利益是统一的，局部利益与整体利益是统一的，暂时利益和长远利益是统一的。我们必须按照统筹兼顾的原则来调节各种利益的相互关系。如果相反，违反集体利益而追求个人利益，违反整体利益而追求局部利益，违反长远利益而追求暂时利益，那么，结果势必两头都受损失④。这是邓小平正确处理集权与分权、全局与局部关系的辩证法。

随着新科技时代的到来，我国的公共政策执行将面临更为严峻的挑战与考验。为确保真正落实优质高效的公共政策执行，防止或减少公共政策执行的偏差，就必须完善公共政策的执行机制，建构科学、合理、高效的公共政策执行机制，从而推动政策的有效执行，并最终实现公共政策的目标。民主是公共政策执行的理念之一。美国政治学家罗伯特·达尔（Robert Alan Dahl）认为，民主是社会各利益集团的相互作用和相互制约，公共政策的执行过程就是政治民主化过程，公共政策执行必须以实现和维护社会民主为其价值取向，必须以维护社会大多数人的利益、维护社会公平和公正、维护社会稳定和市场秩序为基本目标。所以，公共政策执行的发展还需构建公共政策执行的参与机制。公民参与是公民依法介入国家社会政治生活，体现民意、反映民情、提高公共政策执行民主化水平的根本要求；是实现公民自我管理、自我教育和自我服务功能的基本途径；是体现"民主自治"原则、增强主体意识和加强民主政治建设的

① 邓小平文选(第三卷)[M]. 北京：人民出版社，1993：278.
② 邓小平文选(第三卷)[M]. 北京：人民出版社，1993：319.
③ 邓小平文选(第三卷)[M]. 北京：人民出版社，1993：362.
④ 邓小平文选(第二卷)[M]. 北京：人民出版社，2002：175-176.

重要内容。优化公民参与机制,一方面要求公共政策执行体现公民有序的政治
参与;另一方面要保证公共政策执行中公民参与的制度化、规范化和程序化。
公民参与机制在公共政策执行中主要表现为公民参与制定政策执行计划、监督
和评估等方面。政治上的民主及其发展必然要求公共政策执行的民主化,这也
是公共政策执行存在和发展的基本依据和根本目标。"在政策执行过程中,人
们通过参加社会事务和国家事务的管理,并通过参与基层组织活动,可以不断
地为政治管理注入活力,有利于政府政策的顺利贯彻","提高对国家的责任
感和政治体制的宽容精神","在参与过程中感受到自己的人格和价值,提高
自己的权利义务意识,增强政治责任感"。①

　　任何一项公共政策的实行都离不开社会环境的影响和制约,适宜的政治环
境、经济环境和社会心理环境等政策环境定然有助于公共政策的顺利实施。因
此,改善公共政策执行系统的政策环境也是公共政策有效执行的未来发展趋
势。在公共政策的实际执行中,应因地制宜,根据执行反馈和实际情况不断追
踪决策,同时对执行决策不断调适,最终取得一个满意的结果。在公共政策的
执行中坚持以人为本,要求我们在公共政策执行中不要拘泥于已有的方案,而
应根据实际情况,不断调整和优化方案,更好地为人民服务。

　　实践证明,公共政策的有效执行直接影响政策效果实现的成败。通过公共
政策执行不仅可以检验政策,还可以不断充实和完善政策,若在政策执行过程
中发现问题和不足,则可以对政策进行调整和修正,促进政策质量的提高,以
期政策问题的最终解决。从这个意义上说,公共政策执行是政策过程的中介环
节,是落实政策理念,实现政策效果的重要阶段。

三、公共政策评估的发展

　　公共政策评估作为一种对公共政策的效益、效率和价值进行综合判断和评
价的政治行为,是公共政策实践过程中的又一个重要环节。威廉·邓恩认为,
政策评估是指这样一个领域的工作:努力"用多种质询和辩论的方法来产生和
形成与政策相关的信息,使之有可能用于解决特定政治背景下的公共问题"。
为了提供复杂的社会问题的信息,为了评价解决问题的过程,评估将焦点集中
在政策或项目的结果("结果"评估或"影响"评估)或政策项目的形成与实施的

---

① 　王浦劬. 政治学基础[M]. 北京:北京大学出版社,1995.

过程("过程"评估)上。而且这种评估可以侧重于对政策预期效果的评估("事前"评估)或者侧重于对其运用之后的实际结果的评估("事后"评估)。因此，可以从决策过程的各个阶段对公共政策进行评估，例如政策问题的提出和确定，政策抉择的备选方案，选定政策方案的实施和政策实施完成后的最终影响。① 只有通过评估，人们才能够判断某一项政策是否收到了预期效果，是否体现了该政策的自身价值，从而决定这项政策是否继续、发展、调整还是终结。同时，通过评估，还能够对政策实践过程的各个阶段进行综合的、全方位的考察和分析，总结经验，汲取教训，为未来的政策实践提供有效的决策参考和借鉴依据。因此，科学、规范、高效的政策评估不仅是政策实践过程中的关键所在，同时也是迈向高质量的公共决策的必由之路，对提高公共政策制定水平和政策执行质量都有积极的影响。

基于公共政策评估已有的研究理论，以下分别从公共政策评估的性质、理论基础、演进和发展三个方面，进一步归纳和梳理公共政策评估的逻辑脉络，并在此基础上，反思公共政策评估理论对乡村教师补充政策评估实践的具体指导。

(一)公共政策评估的性质

公共政策是以"公共"为其价值主体的，"公共性"是描述公共政策评估实践活动的基本性质和行为归宿的一个重要分析工具。因此，公共性是公共政策评估理论最基本的价值范式和思维范式。

随着社会的多元发展，新思想、新观念得以产生和广泛传播，人之无条件享有国家制度规定的权利的公民意识，这种意识，促使公民参政体制逐步形成。基于民主、自由、平等等基本原则逐步确立的生产关系，要求通过平等、自由的竞争来实现社会各集团之间的分配利益，解决社会分化和各阶级、阶层和集团之间的矛盾冲突，而民主思想和社会主义思想的传播职位，则为政党的产生提供了思想理论的前提和条件。② 作为社会资源权威性协调分配途径的公共政策的影响力逐渐增强，公共政策评估就显得格外突出和重要。现代社会，政府利用一系列的公共政策来组织协调、总结评价社会实践活动，已成为国家管理社会生产生活的一个重要途径。随着社会实践活动的日益复杂化，传统以

---

① 弗兰克·费希尔. 公共政策评估[M]. 北京：中国人民大学出版社，2003：2-3.
② 王长江. 政党政治原理[M]. 北京：中共中央党校出版社，2009：30-35.

经验为基础的政府公共决策已不能满足现代政府管理的实际需要，必须实现由经验型向科学化的决策模式转变，而科学、规范、高效的公共政策评估就是促使这个目标实现的关键环节。

需要指出的是，现代科学研究，基本上是建立在某些理论假设基础之上的。对公共政策评估而言，想要探询公共政策评估的一般规律，就需要设定某些基本的假设，以便在此基础上进行深入的分析。因此，认识和掌握公共政策评估的基本规律是公共政策分析科学性的基本保证，把复杂的政策现象抽象为一种理论模型，进而探寻特定的规律性，不仅具有重要的方法论意义，而且使公共政策评估成为必要和可能。我们探讨公共政策评估需要建立在一个以法治为基础的全面责任化政府体制的基础之上。在这种体制中，政府组织是决定包括公共政策评估在内的政策实践过程的直接主体，它在公共政策实践过程中的作用就显得更为突出。在我国社会主义市场经济国家，它决定着社会主义国家意志和人民群众利益的实现方式和程度，是社会利益、价值和资源合理协调和分配的重要组织形式。因此，政府对公共政策评估的影响更为直接，更为重要，也是在责任化体制约束下实现公共政策评估的效率与公平目标的主要途径。

(二) 公共政策评估的理论基础

评估，也称为估量或者评价，通常是指根据一定的标准对某一特定系统的整体，或者系统内部各要素和环节的结构与功能的状态，以及判断系统实际产出与预定目标的差距等做出优劣判断。在人类社会漫长的发展史中，评估活动的历史由来已久，但具有现代意义的公共政策评估历史却很短暂。由于认识上的分歧，在相当长一段时间，政策评估在主流领域一直是倾向于事实层面的技术分析，主张应用实证技术方法测定政策目标与政策效果之间的对应关系。在这一理念的指导下，政策评估主要侧重于效率、效能、效益这类问题上，更多地依赖于量化分析的方法，而忽视了对政策本身价值的评判和伦理的考量。从20世纪70年代开始，学术界越来越清楚地认识到，如果在政策评估中不首先搞清楚合理性、公正性、正当性、社会性等关键问题，而只是从量化分析角度进行分析，无异于本末倒置(因为先有价值判断，才有事实判断)。①

关于公共政策评估的含义，学术界具有代表性的观点主要有以下三种。第

---

① 谢明. 公共政策导论[M]. 北京：中国人民大学出版社，2004：192.

一种观点认为，政策评估主要是针对政策方案或者政策计划进行的评估，即通常所说的事前评估。持这一观点的代表人物如英国学者理查菲尔德（N. Lichfield），他认为，政策评估是一种描述各种解决政策问题的方案，陈述各种方案的优劣点的过程。① 第二种观点认为，政策评估是针对政策全过程的评估，既包括针对政策方案的评估，也包括针对政策执行过程及政策结果的评估，是一种贯穿于政策运行全过程的功能性活动，即通常所说的执行评估。美国著名政策学家斯图亚特·S. 内格尔认为，公共政策分析可以定义为一个过程，即依照政策与政策目标之间的关系，在各种备选的公共政策或政府的方案中，确定一个能最大限度的达到一系列既定政策目标方案的过程。② 第三种观点认为，政策评估是针对政策效果进行的评估，是发生在公共政策执行过程的活动，即通常所说的事后评估。美国学者托马斯·R. 戴伊认为，政策评估就是了解公共政策所产生的效果的过程，就是试图判断这些效果是否是所预期的效果的过程，就是判断这些效果与政策成本是否符合的过程。③ 其中，第二种观点扩大了学者对政策评估的范围和视野，超越了仅对政策方案和政策效果进行评估的局限，认为政策评估必须贯穿政策运行的全过程，使政策评估更为全面。这其中就包括事前评估与事后评估。

公共政策评估作为一个系统性概念，广义层面主要包括评估主体（评估者）、评估客体（公共政策）、评估环境、评估的目的与标准，以及评估的过程与方法体系等多方面的内容。狭义层面主要包括：一是确定公共政策评估得以实施的标准；二是全方面收集有关评估对象的各种信息；三是根据公共政策评估的标准和收集到的信息，运用定性和定量的方法，对公共政策执行效果进行描述并作出分析和价值判断；四是根据分析结论，利用政策评估结果提出建设性的意见和具体措施。随着公共政策活动的日益广泛和复杂，政策评估内容和表现形式也呈多样化的发展趋势。在有效性前提下，根据基本性质和技术特征的不同，政策评估可分为制度化评估和技术性评估；根据评价活动组织形式的

---

① N. Lichfield. Evaluation in the Planning Process [M]. Oxford：Pergamen Press，1975：4.

② 斯图亚特·S. 内格尔. 政策研究：整合与评估 [M]. 长春：吉林人民出版社，1994：3.

③ 托马斯·R. 戴伊. 自上而下的政策制定 [M]. 北京：中国人民大学出版社，2002：203.

不同，政策评估可分为正式评估和非正式评估；根据评价主体地位角度的不同，政策评估可分为内部评估和外部评估；根据政策过程所处阶段的不同，政策评估可分为政策执行前评估、执行中评估和执行后评估。无论是依据不同的标准，还是从不同的角度对多样化的政策评估进行分类，公共政策评估的主要功能和基本目的始终是确保公共政策指向既定目标运动，充分发挥公共政策应有功效，顺利实现政策目标。①

(三) 公共政策评估的演进和发展

作为人类社会活动的一种特殊的政治现象，公共政策评估的存在与政策问题的存在是一体的，其漫长历史与公共政策的实践活动一样久远。在日臻完善的政策学科体系中，虽然政策评估研究起步较晚，研究范式不够完善，学科特征不太明显，但是随着社会科学理论的丰富，在自然科学方法的推动下，现代公共政策评估理论在实践活动中显示出鲜明的跨学科性和应用性等学科特征，政策评估基本理论和分析方法、技术也逐渐趋于成熟、完善和体系化。经过半个多世纪的发展，在研究者和政策实践者的共同努力下，政策评估理论也在不断地推进和发展，形成了具有不同特色的发展阶段。现代公共政策评估理论大体上经历了价值评估、技术评估和系统性综合评估这三个主要发展阶段，每个阶段的转化都是对上一阶段政策评估理念和方法、性质和功能的逐步深化革新和不断充实完善。

从政策评估的起源和发展历程来看，政策评估的基本性质究竟是一种价值判断，还是一种技术分析始终有不同的声音。以经验判断为基础的传统政策评估认为，实现社会的公平与正义是公共政策评估的本源功能，因此有必要对政策评估追本溯源，强调价值判断的重要性，凸显公共政策的政治性。② 甚至一些学者提出了"政治评估"的概念，以区别于"政策评估"，使政治性的价值评估重新进入了传统政治学的研究范畴，而"政策评估"则逐步走上了技术性评估的轨道，并在对专业性评估的强大社会需求推动下得到快速的发展。技术性评估学者认为，政策评估过程可以进行必要的价值判断，但是评估主体的价值倾向不一定非要体现在政策评估过程中，而是需要本着价值中立的态度，对公

① 牟杰，杨诚虎. 公共政策评估：理论与方法[M]. 北京：中国社会科学出版社，2006：31.

② 牟杰，杨诚虎. 公共政策评估：理论与方法[M]. 北京：中国社会科学出版社，2006：41.

共政策本身的价值倾向进行评估，从而得出相应的结论。在这种评估理念的主导下，公共政策评估实践活动更多地关注技术性和事实标准的分析，他们主张在评估实践活动过程中，应用实证研究方法以明晰政策目标的设定与政策结果之间的对应关系，进而把可以验证的明确政策的真实效果作为公共政策评估的主旨。在这种政策评估的主流范式中，其分析的侧重点主要集中于效率、效能、效益一类问题上，并选择了政策执行评估、政策效果评估、政策影响评估作为政策评估的主要对象。但是，由于过分重视政策评估的技术性，在近年来的政策评估实践中，越来越多地出现了质疑公共政策公平公正的声音，为了解决这一日益凸显的矛盾，政策评估的技术派在保持技术性评估的主流思想的同时，开始重视公共政策评估中的价值判断问题，越来越多地吸收价值评估的思想内涵，拓宽了公共政策评估的研究视野，使公共政策评估真正走上系统性综合评估的发展大道。

综上所述，公共政策评估作为完整政策过程的一个重要环节，对检验政策质量、决策政策前途、提高政策水平，吸引更多的人参与政策研究，提高政府决策的民主化、科学化都有着积极的影响，加大公共政策评估工作的力度，加强公共政策评估的理论研究，应成为时代发展的需要。

第二节 公共政策执行的评估价值

作为人类社会巨系统中的一个子系统，公共政策系统是一个由若干个既相互区别又相互联系的政策子系统构成的政治系统。美国学者 E. R. 克鲁斯克和 B. M. 杰克逊认为，政策系统是"政治制定过程所包含的一整套相互联系的因素，包括公共机构、政治制度、政府官僚机构以及社会总体的法律和价值观"。① 公共政策的本质是以合法政党以及其所在利益联合体为价值主体，以意愿性的指向为价值客体，以及二者之间形成的价值关系作为价值的规范和强制性的表现形式，公共政策的本质决定了公共政策是绝对抽象价值与相对具体价值的统一。

---

① E. R. 克鲁斯克，B. M. 杰克逊 . 公共政策词典 [M]. 上海：上海远东出版社，1992：26.

一、公共政策的价值取向分析

马克思指出："价值这个普遍的概念是从人们对待满足他们需要的外界事物的关系中产生的"，是"人们对人的需求的关系的物的属性"。公共政策虽然不同于马克思分析的价值载体——商品，但是作为一种公共品，公共政策同样具有价值属性。目前，政策科学的理论中对价值分析做了许多限定。R. M. 克朗认为，价值分析"在于确认某种目的是否值得为之争取，采取的手段是否能被接受以及改进系统的结果是否'良好'，它要回答的问题包括：'因为什么？为了什么目的？为谁？许诺什么？多大风险？应优先考虑什么？'等等"①。国内有的学者指出，价值分析的作用"主要是制定和应用评判标准来评价政策价值观与政策选择"，主要内容是"提出并评价价值论点正确性的判断标准"，"中心问题是用什么样的标准证明政策行为的正确、有益或公正"。② 也有学者认为，"公共政策中的价值分析，主要是决定某项政策的价值，提供的信息是评价性的"。③ 还有学者则指出，"价值分析是考察人们和社会的价值观念及价值规范，并确定价值准则的一个研究过程与方法"。④ "政策价值的分析是指利用有组织的力量和集体的智慧，在进行政策功能分析的基础上，进行或改进政策设计，达到政策优化，实现政策最优功能。在这里，政策价值是政策功能和政策成本(代价)的比值"。⑤

在社会学领域，"价值是思维沉淀的产物，亦是一种思维定式，它表现为一定的主体之于客观世界的具有相当稳定性的看法或观感。换句话说，价值是一定主体所具有的不依具体情况的改变而转移的期望、肯定、支持、讨厌、放弃事物的评价标准。"⑥由此可见，价值是一种观念形态，是社会存在对于人们的意识的一种反映。价值取向正是在长期的社会环境中逐渐形成、演变并最终稳定的，就政策分析而言，社会的整个价值取向和不同个体的价值取向会直接

① R. M. 克朗. 系统分析和政策科学[M]. 陈东威，译. 北京：商务印书馆，1985：50.
② 陈振明. 政策科学[M]. 北京：中国人民大学出版社，1998：509.
③ 陈庆云. 公共政策分析[M]. 北京：中国经济出版社，1996：82.
④ 沈承刚. 政策学[M]. 北京：北京经济学院出版社，1996：230.
⑤ 沈承刚. 政策学[M]. 北京：北京经济学院出版社，1996：59.
⑥ 张国庆. 公共政策分析[M]. 上海：复旦大学出版社，2004.

影响着社会有限资源的权威分配。因此,我们在渐进的决策过程中要倡导、推动和固化一种合理的、能为社会各个团体所接受的价值取向。

公共政策的核心和灵魂是公共政策的价值取向,它也是正确理解和执行公共政策的切入点。价值是公共政策的伦理性基础,是公共政策分析的内在需求,而事实是公共政策的现实基础,缺乏了事实评价的公共政策评估就是一座"空中楼阁",完全不切实际。所以,公共政策执行的评估要遵循"事实"与"价值"相结合的原则与路径,既要包含非理性的价值判断,又要包含理性的事实评价。公共政策的价值取向是以一定的事实判断为前提的,以公共利益为目标取向,对利益的提取和分配以及对行为管制的选择。公共政策执行系统作为一个复杂巨系统,其组成要素主要有公共政策、政策执行主体、政策资源、政策目标群体、政策执行监督主体等。从其价值取向来说,主要包括政策制定(代表公共政策本身的价值取向)、政策执行、政策评估的价值取向。①

马克思主义的理论指出,利益是阶级社会的人们活动的最深刻的动力,是人们活动的自发的准则和行为规范,人的全部活动都是在追求某种价值目标,价值目标越大,越是同活动主体的需要相一致,人们所激发的潜能就越大。政策制定者所制定的政策价值取向,为阶级社会的不同群体的实践活动提供了行动导向,离开了导向,也就失去了政策存在的意义。实现公共利益是公共政策制定者(政党和政府)的出发点和归宿,也是公共政策分析的目标价值取向。公共利益定作为一种政策行为,它所要解决的就是如何有效地平衡公众的利益需求,使尽可能多的公众接受政府组织的政策选择。政府组织作为社会利益的集中代表者、国家权力的执掌者和公共政策的制定者,不可避免地要成为不同利益群体的不同利益的政策诉求。这一过程,政府官员的行为在很大程度上也受到各个利益团体的影响。但是,在当代民主社会,由于公共政策的制定过程都有着相对严格的程序,个人的价值取向对公共政策制定的影响一般不大,政策制定者的价值取向主要表现为政府政治理性或集体价值取向,公共利益至上成为其主要价值取向。同时,由于政府组织的政策问题都来源于公共领域,目的是解决公共问题,治理公共事务,维护公共秩序;政府的政策资源来源于公共财政等公共资源,以公共权力为保障,因此政府组织公共决策的价值取向只

---

① 邓念国.公共政策执行系统价值取向的分析[J].武汉大学学报(哲学社会科学版),2005(5):692-696.

能是公共利益。

公共政策的社会价值在于解决社会公共问题，即获得可以明确表达的政策效果，而政策执行是决定政策效果的关键之一。公共政策的执行主体，主要是各级各类行政机构，即各级政府及其部门。某些较高层次的行政机构在公共政策的制定与执行过程中担任着双重角色，既是政策的制定者，也是政策的执行者。作为级别较高的行政机关，其机构理性表现得相对比较突出，特别是中央行政机关，其管辖地域为全国，其影响范围也是全社会公民，并且其所执行的政策一般都是属于影响较大、涉面范围较广的行政事务方面的，执行过程一般都有原则和程序，因此，其价值取向更多地体现为公共利益。至于行政部门和地方政府，"上有政策，下有对策"这句话正是出现目标偏向的真实写照，其实质就是一些行政机构以部门利益（保护主义）为价值取向，选择性地执行对本部门有利的公共政策，拒不执行会影响本部门利益的公共政策。

公共政策执行评估，是指在特定的政策制度下，评估主体按照一定的评估标准来判断政策体系、政策过程（或其某一个组成部分）的状态或质量，公共政策评估应该包括技术和价值两个层面。在公共政策评估的价值层面，我们更多关注的是公共政策的正当性、公道性、社会性等问题，通过政策反馈可以有效评估其绩效和价值取向，为以后的政策制定、执行积累经验，进一步矫正价值取向的偏向问题，同时制定相应的防范措施，为更好地贯彻公共政策的公共利益取向服务。

由此可见，在公共政策分析过程的各个阶段，都体现了价值取向，公共政策价值取向分析的过程也是一个多元价值互动、利益博弈、价值整合、行动偏向的过程，它贯穿于公共政策过程的始终，处于在关键而重要的地位，能否处理好各种价值取向对于树立正确的公共政策价值取向具有十分重要的作用。

二、公共政策执行评估的构成要素

公共政策执行评估系统由评估者、评估对象、评估目的、评估标准和评估方法五个基本要素构成，他们互相依存，互相作用，共同构成了一个完整的政策评估系统。[①] 公共政策执行评估就是围绕着政策效果而进行的规范、测度，

---

① 牟杰，杨诚虎. 公共政策评估：理论与方法 [M]. 北京：中国社会科学出版社，2006：54.

分析、建设等一系列活动的总称。它是一个动态过程，是指按照一定的客观标准，对实施中或实施以后的公共政策的效益、效率、效果等进行评估，确定政策实施后是否达到预期目标、达到的程度如何、对社会生活带来哪些正面的或负面的影响等，以此来判断公共政策方案本身的优劣以及公共政策执行中的效率，根据此评估结果作为后续政策的延续、调整、改进、终止以及新政策制定的有效参考依据。

事实上，通过分析公共政策执行评估内部的构成要素结构及其功能，各要素之间的联系方式，可为优化公共政策评估系统，提高公共政策评估效能提供科学依据。因此将重点分析公共政策执行评估的三个基本要素：公共政策执行评估的主体、客体与公共政策执行评估的环境。

（一）公共政策执行评估主体

公共政策执行评估主体就是直接或间接参与公共政策执行评估过程的个人、团体或组织。在公共政策执行评估系统中，评估主体处于中心地位，发挥着核心作用。评估者的评估理念、评估态度、评估经验、职业伦理和能力水平等都会对整个政策评估活动产生举足轻重的影响，它关系到评估目标的明确、评估方式的选择以及评估结果的公正性与有效性，其主导作用的发挥与否，直接影响到评估工作的成败，因而评估主体是决定整个评估系统输出的关键性变量。在公共政策执行评估主体的划分上，依据不同的标准或者从不同角度有多种分类。依据评估主体的活动方式可将其划分为政策评估组织与评估者个体；依据评估主体与行政机构的关系，可将其划分为内部评估者与外部评估者。

公共政策执行评估组织是评估活动的依托和载体，也是整合各种政策资源评估的平台。实践证明，一个国家或地区的公共政策执行评估总体水平与政策评估组织的发展程度有着密切的关系，可以说，评估组织的数量是衡量政策评估水平的一个重要标志。而评估者个体是指那些常常以个人名义从事政策评估活动、生产政策评估知识的人，包括在各种研究机构专职从事政策分析的人员，在大专院校兼职从事政策评估的教师，在政策部门内部专职或参与政策评估的人员，已退休的政治家，受到政策影响的相关利益群体代表和社会公众成员等。公共政策执行评估者个体从表面上看是个人，但这种个人在具体的政策评估活动中，又可以进一步区分为自然人与组织个人，后者是政府、党的组织、民间政策评估组织的代言人或负责人。在一般情况下，政策评估的个体主体与组织主体是合二为一的，之所以要区分政策评估的两类主体，主要目的是强调在某些情况下，为了使政策评估更为科学、合理，在政策评估的某些环节上，有必要让非组织体或自然人参与评估活动，这实际上就是政策评估中的公民参与。

内部评估者是由政府行政部门内部的人员或机构组成，按照评估者所属机构在政治活动中所处的位置来划分，可区分出政策制定部门的评估者、政策执行部门的评估者、政策监督部门的评估者、绩效考核部门的评估者几种类型。由于内部评估者处于政策实践活动的关键位置，对行政组织与政策过程有着更为详尽、透彻的了解和认识，有效的内部评估能够为管理者提供必不可少的支持[1]，因而在持续性的长期方案评估中可能更具有优势[2]。外部评估者是由行政机构以外的组织或个人组成，它又可进一步区分为体制内评估者和体制外评估者。其中体制内评估者主要包括立法机构的评估者和司法机构的评估者，体制外评估者主要包括利益团体、学术科研机构和商业性评估机构的评估者、非政府组织中的评估者、大众传媒以及社会公众成员等。体制内评估并不限于政策执行者与执行者所进行的自我评估，国家专设的评估部门所进行的评估也被认为是体制内评估。由于外部评估者能够超脱于政府部门（政党）利益之外，因而能够不带任何偏见、比较客观地评估公共政策，并能够有效地克服内部评估的其他缺陷与不足。因此要真正实现政策评估的科学性、客观性和公正性要求，最好能够将内部评估者与外部评估者结合起来，实现政策评估主体的多元化、广泛性和代表性。

（二）公共政策执行评估客体

公共政策客体是公共政策评估系统的基本构成要素，它是相对于其主体而言的，没有评估客体就无所谓评估主体，也就不存在公共政策执行评估系统。一般而言，政策评估客体是指公共政策评估的对象，即所要评估的政策，但是并不是所有的公共政策都是政策评估的客体或对象。政策评估客体与政策功能的实现，政策绩效的达成密切相关。把握政策评估客体自身的独特性及其发展变化的规律，把握政策评估客体与评估主体、评估环境之间的互相关系，是做

---

[1]　Evert Vedung. Public Policy and Program Evaluation[M]. New Brunswick and London: Transaction Publishers, 1997: 117.

[2]　牟杰，杨诚虎. 公共政策评估：理论与方法[M]. 北京：中国社会科学出版社，2006：59.

好政策评估工作的基本前提之一。[①] 事实上，公共政策执行评估客体具备公共政策的一般特征。了解和掌握这些基本特征，对于普通公民而言具有特殊的意义，因为"如果公民理解复杂政策问题的能力与以批判的眼光考虑政策研究的能力没有很大程度的提高，那么公民影响政策方面的作用要么会丧失，要么导致更糟糕的政策"[②]；对于公共政策执行评估主体而言，只有掌握了公共政策的基本特征，才能对公共政策评估客体有一个更深刻的认识，也就能更加科学、合理地制定公共政策执行评估标准。这些特征包括公共政策的政治性和权威性、公共性与偏好性、回应性与普遍性、目标性与实效性等。(1)公共政策的政治性和权威性：公共政策是由政府、政党等组织制定的，因此公共政策具有鲜明的政治性。公共政策的权威性是与其政治性紧密相连的，公共政策的权威性是指政治系统的输出在一定的范围内成为起支配作用的意志，他人愿意服从或者不得不服从。公共政策的权威性是由其合法性和强制性决定的，合法性是指公共政策是合法的社会行为准则和行动的方向，强制性是指如果有人违背了它将要受到相应的惩罚。公共政策的政治性和权威性特征意味着在政策评估过程中，必须从政治的高度思考问题。(2)公共政策的公共性与偏好性：现代政府(政党)的根本政治理念是主权在民，政府的权力是公民赋予的公共权力，在广大民众的监督下，政府行使公共权力的目的是解决社会公共问题、实现社会公共目标、谋求社会公共利益，因而作为国家意志体现的公共政策在总体上应当体现广大民众的意愿，代表广大民众的利益，解决广大民众关注的公共问题。总之，应当具有公共性。但是，由于公共政策是一个各种社会力量博弈的过程，尽管政府应当选择那些与社会整体利益相一致的方向，但强势社会群体与弱势社会群体在利益诉求上通常是前者强后者弱，所以政府的选择会更多地反映强势社会群体的偏好，甚至将这种偏好直接转化为政府偏好，从而使公共政策的公共利益受损。公共政策的公共性与偏好性特征意味着在政策评估过程中，评估者应将资源分配的公平性问题纳入到自己的视野，通过科学、合理的方法增进社会公共利益，为名谋求公共福祉。(3)公共政策的回应性与普遍性：政府应当对所有的社会现实问题都有所感知，但没有必要，也不可能对它

---

① 牟杰，杨诚虎. 公共政策评估：理论与方法[M]. 北京：中国社会科学出版社，2006：73.

② 张金马. 政策科学导论[M]. 北京：中国人民大学出版社，1992：49.

们一一作出回应。政府针对特定的社会现实问题而采取的行动或做出的回应,由于适用于同一类别的所有社会现实问题,因而属于公共政策的范围,具有普遍性。在政策主体所框定范围内不因各种各样的个别特点而失效,这就是公共政策的回应性与普遍性。公共政策的普遍性使它具有相对的稳定性,而回应性则使它具有变动性。公共政策的回应性与普遍性意味着在政策评估中,应将公共政策满足特定群体需要、偏好的程度作为重要的评估标准之一。(4)公共政策的目标性与实效性:任何一项公共政策都具有自己特定的方向和目标。公共政策的目标与政策资源紧密相连,如果政策目标过高,则会耗费过多的政策资源,从而导致政策收益的减少。公共政策的实效性是指公共政策过程所包含的成本与效益的关系。公共政策的目标性与时效性意味着在政策评估过程中,需要对公共政策目标的合理性、可行性、协调性、规范性等进行科学的评估。

(三)公共政策执行评估环境

任何公共政策执行评估活动都是在一定的环境中进行的,离开了政策评估活动赖以产生的环境就无法对其进行深入、细致的分析和研究。同时,评估环境也是政策评估系统运行的外部条件,并在相当大的程度上影响和制约着政策评估系统的产出和政策评估过程的性质。为了顺利完成一项政策评估工作,评估者需要不断地对外部环境和他们的工作环境进行生态学评估。从社会生态学的意义上说,政策评估系统的形成与正常运行无法摆脱既定的评估环境而独立存在。公共政策执行评估本身就是一个有着内部结构的系统,而其赖以存在和运行的环境也是一个系统,因此可以将政策评估系统运行的生态环境视为一般环境。

政策评估环境包含众多因素,这些因素对政策评估系统产生着或大或小,或直接或间接,或明显或模糊的影响,一般来说,自然环境和国际环境对政策评估系统的影响相对较小,而社会环境对政策评估系统的影响更为直接,更为重要,它们都具有复杂多样性、巨大差异性和动态变化性。政策评估环境的复杂多样性是指政策评估过程绝不是单纯的技术运用过程,而是一个相当复杂的政治、社会过程;巨大差异性是指要重视评估研究的本土化问题,注意发展自己的评估理论和方法;动态变化性则要求评估者与时俱进,从动态发展的视角不断改进评估策略、技术方法等,以适应变化了的评估环境的客观要求。

尽管政策评估系统的环境包含的要素很多,但一般性环境显示的是社会内部政治、经济、文化、生活的某种稳定的结构,既定的制度和运行变化的趋势，因而它能为人们理解政策评估系统和行为提供宏观的、总体的框架和背景。我们将具体了解国内环境(政治环境、法治环境、技术环境)和国际环境两大类。

政治环境是影响政策评估系统的最重要因素，包括一定社会的政治文化、舆论导向、法治和技术等因素。现代公共政策评估的产生与发展首先源自政治的需要，也就是源于近代民主政治的确立和完善。从政策评估与政治环境的关系看，由于政策评估的对象是公共政策，而政策评估的直接目标是通过一系列有目的、有计划的活动，谋求改善和增进公共福利。因而在政策评估中不可避免地受到政治因素的影响和制约。法治是一种与人治相对立的治理社会的理论、原则、理念与方法，其内在本质与核心是强调社会治理规则的普遍化、稳定性和权威性。法治环境是实施特定的政策评估时可能遭遇到一国或一个地区总的法治状态。法治对于政策评估的价值是不言而喻的，在现代法治社会中，法律天然地具有一种内在的评判功能，也就是说，它不仅根据既定的规范判断人们的行为是否正当，而且评判那些未获得法的形态的政府政策是否合宪、合法，甚至获得法的形态的政府政策也必须接受公正性的考量。而法治为公共政策评估提供了法律理性、法律标准、制度保障以及限制了评估者的行为方式选择和部分政策相关者的行为选择。科学技术的迅猛发展带来了政策评估环境的急剧变化，从而引起政策评估系统的快速演进，从某种意义上说，正是评估技术的产生、发展与完善才使政策评估从经验走向科学，才使政策评估的研究领域不断得以拓展。今天的政策评估结论，如果没有大量的经验数据支持，没有对政策变量进行操作化处理，没有量化分析技术的运用，很难称得上是科学的政策评估，其结论也很难说是可靠的。

国际社会的政治、经济、文化、军事等因素及其相互作用，对公共政策评估也有重要影响。受全球化大环境的影响，政策评估日益国际化，评估活动更加本土化、全球化和跨国化。本土化，是指评估研究在很多国家都得到了发展，用它们自己的设施发展自己的理论和方法；全球化，是指世界上某个地区的发展，常常会影响其他地区的人、机构和项目；跨国化，是指我们所要评估的问题和项目常常会超出某个国家，某个大陆，甚至某个大洲。全球化带来了各种异质文明、文化和价值观念的碰撞与交流。这种影响不仅体现在社会成员所持有的社会价值理念、评估者的价值选择上，也会体现在具体的政策目标、手段选择的道德评判上。全球化使各国政策评估组织的国际横向联系不断加强，各评估组织的交流日益频繁，使得评估的国际比较成为可能，也为优化政策评估系统提供了参照系。

三、公共政策执行评估的标准体系

公共政策执行评估作为一种对公共政策的效益、效率、效果及价值进行判断的一种政治行为，是政策运行过程中的重要一环，既是公共政策执行评估系统的有机组成部分，也是政策执行评估的基本依据。要进行价值判断，就必须建立相应的价值尺度，即评估标准。公共政策评估标准基于多维理性，是衡量公共政策质量高低的尺度，是公共政策执行评估的"准参照物"，只有参照一定的标准，才能对公共政策做出科学、有效、合理的评价，因此，确立科学认知意义上的公共政策执行评估的评价标准体系，必须研究公共政策执行评估的价值标准、技术标准和社会政治标准，它们是公共政策执行评估者在公共政策评估过程中据以对政策方案和政策效果进行优劣判断的准则。

(一)价值标准

价值标准来自主体的本质、存在和内在结构的规定性，来自人的生存和发展同整个世界的联系，与主体存在直接同一，主体的需要和利益实际上就是人们客观价值标准。[①] 对于公共政策而言，其价值标准即公共政策主体寻求、论证、确定和校正公共政策价值的依据，评估过程实际上是从确定政策评估的价值标准开始的，价值标准的不同排列和组合会直接影响评估结论及其合理性、可靠性程度。公共政策执行评估的价值标准在本质上是公共政策的价值标准。

实践证明，主体需要是主体的一种内在尺度，价值主体需要只是一种自发的价值标准，并不是严格意义上的科学的价值标准，科学的价值标准至少满足客观性、准确性，全面性及直接现实性四个条件。[②] 所谓客观性，是指科学的价值标准不以主体的客观意志为转移，不需要其他客观作为前提，其自身就具有无可置疑的客观性；所谓准确性，是指科学的价值标准不会产生既可能是正价值又可能是负价值的矛盾情况，即主客体相互作用过程中客观对主体产生积极效应就是正价值，产生消极效应就是负价值，无效应就无价值；所谓全面性，是指科学的价值标准既肯定价值主体对形成价值的作用，又肯定价值客体

---

① 申永华. 马克思主义价值观及其时代解读[M]. 西安：西安出版社，2006：61.
② 王玉樑. 论价值标准与价值界定[J]. 宁波大学学报(人文科学版)，2006：60-65.

对形成价值的作用，强调并鼓励这种相互作用，主体与客体相互作用是主体性与客体性的统一、主体尺度与客体尺度的统一；所谓直接现实性，是指科学的价值标准是真实可靠，具有充分的说服力的标准。① 价值的结构决定了价值标准由价值客体尺度、价值主体尺度及价值关系尺度作为其尺度的构成要素复合而成。② 对公共政策而言，科学的价值标准也是由其价值客体尺度、价值主体尺度及价值关系尺度作为其尺度的构成要素复合而成。

公共政策是由其价值主体所制定的价值及其政策方案，它必然受制于价值主体的需要、利益、愿望及其价值认知结构和水平，一方面价值主体的价值经历会影响自己制定和执行公共政策的价值取向，另一方面其价值认知能力发展所产生的价值需要，会对其选择制定和执行公共政策的具体价值产生具有决定性意义的影响。实践中，公共政策价值的价值主体尺度主要为度量公共政策的优劣提供基准。客体尺度即价值客体对公共政策价值构造的客观要求，包括公共政策主体对其潜在价值客体所提出的要求：不能违背其价值客体所遵循的运动规律，潜在价值客体具有现实存在的可能性，潜在价值客体之价值属性具有现实性，以及用物的尺度衡量作为物的价值客体的要求。公共政策价值的价值客体尺度建立在对客观事物科学研究的成果基础上，因为在有关科学理论成立的范围内，它是客观的，具有确定、准确的特性，必须严格遵照执行。公共政策价值的价值客体尺度要求公共政策所规划的价值及价值活动必须遵循客观规律，从实际出发，实事求是。价值关系是价值客体与价值主体通过价值活动所建立的实质性的能判明价值有无、价值性质及价值量的关系，因而，也是公共政策之价值有无、价值性质及价值量的重要依据。公共政策价值的价值关系尺度就是以公共政策主体与公共政策客体所形成的实然价值关系作为公共政策的价值尺度。其意义在于它在坚持维护人与自然之间的协调和谐一体关系的基础上，体现了万物一体的原则，对价值主体与价值客体具有价值意义的交互作用方式及其强度及效应做出了明确的规定，使得公共政策的价值含义更加清晰、可观测。③

---

①　王玉樑. 当代中国价值哲学[M]. 北京：人民出版社，2004：277.

②　游焜炳. 价值标准刍议[J]. 现代哲学，1989(01)：12-15.

③　张远增. 公共政策执行评估学理[M]. 北京：中国社会科学出版社，2018：277-280.

(二) 技术标准

技术标准是一种回溯性政策评估标准，主要用于评估执行中或评估执行后的公共政策，即对资源投入和使用情况、政策执行过程、公共政策的效果进行科学的衡量和评价。与之对应，衡量和评估公共政策执行的标准即经济标准、效益标准和效率标准。

经济标准又称资源投入标准，所谓资源投入，就是公共政策执行过程中投入和使用的人、财、物，时间、信息等公共资源。公共资源也必然存在着机会成本，政策投入是实现政策目标、保证政策效果的前提，没有必要、充足的资源投入，政策规定的目标和任务就不可能完成。设置经济标准，能有效地避免公共政策制定和执行中完全不计成本或者计算一部分成本而导致的政策失败陷阱。莎茨曼指出，如果政策资源投入量相当微薄，呈现消极状况，那么可以合理地推论，在达到政策目标的进程上，执行就会显得软弱无力，无成就可言。因此，经济标准是评估政策的一个重要标准。[①]

效益标准又称产出标准，与技术理性和技术可行性密相联系。效益标准主要用于衡量政策资源投入后所取得的成果，并通过比较政策执行的实际效果与规划的预期水平，衡量政策目标的完成程度。政策效益包含政策执行的实际效果和政策效果的充分性。公共政策执行的实际效果是指在不考虑政策资源投入的前提下，政策对象的境况或政策环境是否由于政策执行而得到了改善。由于公共政策效果的广泛性和多样性，一项政策效果往往涉及社会生活的方方面面。政策效果就是由公共政策作用因素所引起的政策对象及社会环境所达到的状态，一项政策实施后，如果能够有效地发挥作用，必然引起政策对象及社会环境状态的某种变化，通过分析这些变化，基本可以确定一项政策所产生的效果。充分性是一种合理性标准，是指特定的政策效益对该政策问题、政策诉求及其目标人群的需要、价值和机会的契合与满足情况，它明确了对政策方案和有价值的结果之间关系强度的期望，[②] 也就是说，在公共政策执行实践活动过程中，解决政策问题的程度是否真正达到了政策规划的目标要求。需要注意的是，政策效果的充分性既是一个绝对标准，也是一个相对标准。也就是说它既

---

① 牟杰，杨诚虎．公共政策评估：理论与方法 [M]．北京：中国社会科学出版社，2006：215-216.

② 威廉·N. 邓恩．公共政策分析导论 [M]．北京：中国人民大学出版社，2002：307.

与政策规划的目标要求有关，也与人们的主观愿望有关，尽管政策效果不符合决策者设计的目标要求，但是如果符合现实中解决问题的主观愿望，获得了公众的赞同和满意，则可以认为政策效果具有充分性。

效率标准与经济理性和经济可行性密切相关。所谓政策效率，就是特定政策效益、效果与资源投入的比值。如果说效益标准是个产出标准，资源投入是与其相对的投入标准，那么效率标准衡量的就是投入与产出的关系和比例。设置效率标准的目的是衡量产生一定绩效的政策执行情况，资源投入和使用是否达到最佳状态。公共政策执行评估的效率标准与效益标准既有联系也有区别，效率标准侧重于政策执行的方式或途径，效益标准则侧重于政策实施后的结果和成就，一种有效率的公共政策执行方式或途径，不一定能获得高成就的公共政策效益；反之，一项能获得高效益的公共政策方案及其执行，也不一定能实现高效率。[1] 当然，这种区别并不是绝对的，某些公共政策执行的方式或途径，也可能是既有效率又能够获得高效益，是效益与效率的高度统一，公共政策评执行估的一个重要目的，就是要探寻这样的最佳途径或最理想的状况。

(三) 政治标准

公共政策应当有助于社会、政治、经济、文化、科技和教育等方面全面发展，并在合理利用资源的前提下维持生态平衡，保护自然环境，做到人与自然、社会与自然的和谐统一。前面通过评估的价值标准完成了对公共政策价值的基本判断，利用评估的技术标准形成了对公共政策的事实判断，因公共政策执行而导致的利益分配格局的变化等问题还需要评估者进行更为深入的社会政治分析，以此透视和反映社会的现实整体状况，挖掘那些更为隐秘的社会问题和政治问题，进而探求社会进步的方式和途径。[2] 公共政策执行评估的政治标准包括公共政策执行评估中的公平性、科学性、正当性和可行性等标准。

公平问题自古以来就是一个相当敏感而复杂的问题，有关分配的正义也一直是哲学、政治学、经济学、伦理学等学科争论不休的核心问题之一。公平标准与法律理性、社会理性密切相关，而且主要是指分配上的公平性。在现实社会生活中，绝大多数的公共政策直接或间接涉及分配的公正性问题，投资政

---

① 刁田兰，兰秉洁，冯静. 政策学[M]. 北京：中国统计出版社，1994：255.

② 牟杰，杨诚虎. 公共政策评估：理论与方法[M]. 北京：中国社会科学出版社，2006：226-227.

策、贷款政策、税收政策、补贴政策，经济发展政策、人事录用政策等，无一不与公平有关。设置公平性标准的目的是，衡量由于特定政策的执行而引起的权利、机会、资源、价值、收益与成本在不同社会群体或成员之间的分配和配置是否符合公平、正义、人道等基本原则。按照分配的公平性标准，如果一项政策在实施后达到了政策总体标准，并完全符合效率和执行过程标准，但却造成了不公正的社会资源和利益的分配，甚至进一步加剧了贫富差距，这一项政策就不能说是符合公平原则。公正性标准能够帮助人们透视政策成本和收益在不同社会群体中的分布状况，掌握资源和利益分配的公平程度，进而探索消除利益分配不公的途径和手段。

政策目标设立的科学性主要是指衡量执行中的公共政策在目标设置上是否理性科学，是否具有回应性和适当性。回应性是指公共政策执行结果满足特定社会群体的需要、偏好和价值的程度。回应性指标是一个指向性标准，主要用于考察公共政策对其特定受益目标群体需要的满足情况。公共政策对社会需求的回应或满足是公共政策系统维持自身的生存、稳定与发展的基本功能。政策系统就是在输入、决策、输出、反馈中不断回应社会各个阶级、阶层、集团对政策系统提出的各种政策诉求的。适当性是关于公共政策的综合性标准，它经常要在上述政策评估标准之间权衡和取舍，特别是在平等与效率、公平与权利、自由与秩序等几组主要矛盾之间进行艰难选择，因此适当性标准与实质理性相联系。适当性标准主要是在考察公共政策的效益、效率、公平、回应性、充分性的基础上，对政策目标的价值以及支持这些政策目标的前提假设是否可靠进行反思，并从总体上判断政策目标和政策本身对社会是否适当、合理、必要。

正当性标准是由公共政策的价值主体最终确定的，它要求公共政策价值的评价标准必须基于习惯和传统、依据公认的程序制定、基于成文法规及基于价值理性。从公共政策价值链的角度看，就是体现出公共政策价值活动的自然性和必然性，是价值主体理性选择和规划价值活动所形成的结果，它与价值主体的价值、信仰及根本追求必须保持一致，有助于价值主体从根本上改进和完善自己的价值状态，并增强自己公共政策价值活动的能力，实现自身的可持续发展。

可行性标准包括了技术可行性、经济可承受性和行政可操作性三个方面。从技术的角度衡量政策方案是否能够达到预期的政策效果，即是否具备实施某项政策方案的技术手段，使政策目标的实现成为可能，或者说在现有的技术水平上达成政策目标的可能性有多大。衡量技术可行性的一个重要标准就是技术标准中的效益标准。经济可承受性即政策可用资源的可能性，包括政策方案占有和使用经济资源的可能性以及实施政策方案所花费的成本。行政可操作性即政策方案的实施必须是现行行政体系可以操作和管理的。

第三节　公共政策执行的循证评估

循证实践，也为循证学，本意是"基于证据的实践"，其理念始于20世纪末发展起来的循证医学。"循证"最初意指医生"将当前所能获得的最佳研究证据与自身的专业技能及患者的价值观整合起来进行治疗"，随后因其科学的理念和严谨的研究方法而迅速被自然科学其他领域乃至人文社会科学领域所借鉴和应用，产生了众多分支学科，如循证社会学、循证教育学、循证管理学、循证经济学、循证政策分析等数十个新兴学科领域。在循证理念的基础上，公共政策过程将走向科学与优化之路。这一遵循证据进行实践的公共政策模式，将推动公共政策制定、执行、评估和监督等过程中的自我反思与优化，对于公共政策效果的提升，以及应对日渐复杂的社会治理环境等方面的问题有着重要的社会价值。

一、循证政策的内涵

循证政策是近年来西方发达国家兴起的一种比较前沿的公共政策理论，它缘起于实证科学，在循证实践运动中逐渐形成和发展，可以说是科学技术思维对公共政策领域的一次全面革新。循证政策是循证实践的理念和方法在公共政策领域的应用，它强调用科学方法获取的客观、连续和系统化的证据取代信息、观点和经验等作为政策制定的依据，从而既克服了传统公共政策制定的被动性、符号化、观点化和意识流等弊端，又实现了学术研究与公共政策之间的结构转型。[①] 与循证政策相对应的概念是循证决策，两者可以说是相伴而生的。公共政策过程是一个系统化的多环节过程，它的每一个环节都离不开决

---

① 张云昊. 循证政策的发展历程、内在逻辑及其建构路径[J]. 中国行政管理，2017
(11)：73-78.

策。决策既贯穿于政策制定的整个过程，又集中体现在政策方案的执行和评估上。因此，基于政策与决策的这种关系，以体现政策过程的每一环节都遵循基于证据的原则，本书不严格区分循证政策和循证决策这两个概念。

随着 18、19 世纪实证方法在自然科学中的发展和成熟，社会科学研究也开始引入实证方法，实证方法在社会科学领域的成功运用，为"基于证据的决策"提供了可能性与可行性。循证决策作为政策决策的一种理论，有着实证主义合理部分，也有着西方经验的公共政策模型的基础。传统实证主义认为科学知识主要来自经验，建立在观察和试验的事实基础上。进入 20 世纪，逻辑实证主义认识到了理论、知识、背景和价值观会影响研究者对事实的解释和观察，为避免结果的偏差，它强调以经验为基础、逻辑为工具，进行推理，努力用实证的方法来修正结论。后实证主义又在此基础上进行了发展，即通过观察到的事实，遵循规律，得到实证知识。20 世纪后的实证主义注重事实、数据和规律，强调逻辑、分析和论证。这促使了公共政策的研究过程将数据、事实通过逻辑连贯起来。基于证据的循证决策在公共政策中发挥着关键作用，以科学知识作为核心是对后实证主义的继承和发展。在西方经验的公共政策决策模型中，经历了理性、有限理性、渐进决策、综合、政治系统、精英理论、博弈理论和公共选择等决策模式。①西方经验的公共政策决策模型从社会稳定、政治系统、利益博弈等几个方面进行了划分，决策因选择的角度不同，就产生了不同的模型，但这些只是对政策决策现象的一种总结，并无统一范式的政策决策。循证政策将政策决策从上述的模型中挣脱出来，它承认了社会稳定发展需求，又认识到政治系统的环境，通过自身的理论方法将各种利益综合实现社会价值最大化。

循证政策概念与证据、技术、制度的发展息息相关。有三个关键的能力因素支撑了循证政策的概念：相关主题领域的高质量信息基础、具有数据处理能力和政策评估能力的专业人员以及利用循证分析理论在政府决策过程中提供咨询。Sanderson 认为循证政策的核心是"使政府的政策行动更具理性，更大程度上建立在明智证据的基础上"②。Davies 则认为循证政策是建立在经过严格检

---

① 曹素璋. 循证管理——西方管理科学化新思潮[J]. 外国经济与管理, 2008, 30 (11): 11-17.

② Sanderson. Evaluation, policy learning and evidence-based policy-making[J]. Public Administration, 2002, 80(1): 1-22.

验而确立的客观证据之上，通过把获得的最佳证据置于政策制定和执行的核心位置，帮助决策者制定最佳决策，他认为循证决策是一种兼具战略性和操作性的活动①。"证据"是循证政策的核心，而获取证据的方法与机制则是关键。证据的基础是高质量、科学和透明的数据，而且得到证据的方法也是科学理性的。因此证据被定义为依靠科学的方法和工具，将各种数据通过系统科学研究、梳理和总结得到的系统性成果。② 但是，证据的科学、高质量的评判实际是非常困难的，受公共政策的实效性、公正性等制约，一方面证据可能源于政策对过去的判断而不符合当下的情况，另一方面政策是否公正的研究和调查不一定足够满足大众的利益诉求。同时，循证政策中的证据只是一种条件证据，与其得到的结论之间并不一定存在严格的因果关系，难以对将来的结果下定论，其效果可能受到影响。因此，循证政策可能陷于无法达到预期效果的窘境而遭受质疑。Matthew Quinn 强调，"基于证据的政策制定应以合作、互动为基础，需要科研机构提供切实可行的证据，政府需要与科研机构、企业加强合作"③。这种合作、互动的目的，就是为了弥补彼此之间的知识缺陷和认识不足，以保证循证为使政策达到效益最大化。

循证政策是"最佳研究证据、专业知识和决策价值的整合"。公共政策的价值目标是政策效益的最大化，是政府（政党）所采取的政策服务于民，为民谋福的政策信念及社会共同进步、共享繁荣的社会价值的综合。循证政策帮助决策者将证据和实践问题联系起来，以最大程度地减少偏差。循证政策的出发点在于明确其效益，确定其价值，这是循证决策的目标，也是权衡证据是否科学、高质量的根本。因而，循证政策的内涵可概括为，立足于决策的价值目标这一出发点，通过建立证据、决策者、循证政策中心、数据库贯穿一体、共同协作，相互监督的合理制度，依靠有效的工具、科学的方法获取和传播证据，公正、公平、实事求是地为政策过程服务的理论体系和方法。

循证政策既有科学内涵，又有指导公共政策过程的实践意义，具有较为突

---

① Davies Nutley. Evidence-based policy and practice：moving from rhetoric toreality［J］. Third International，Inter-disciplinary Evidence-Based Policiesand Indicator Systems conference，2001：6.

② 江珊. 循证决策在发达国家的应用研究［D］. 湖南大学，2017.

③ Matthew Quinn. Evidence Based or People Based Policy Making：A view from Wales［J］. Public Policy and Administration，2002，17(3)：29-39.

出的特征，而将循证政策应用于政策实践却需要明确其要素，建立其机制，才能够有效发挥循证政策的作用。

循证政策的特征之一是强调证据。证据作为循证理念的核心要素，也是实践循证理念的线索，承担着串联整个政策实践过程的作用。从循证实践的启动到运行，再到后来的效果评估与修正，都将围绕着证据进行。因此，循证政策的过程就其本质而言也是证据的动态运行过程。证据的实效性、透明性等要求，使其必须依靠科学的方法获取，它回答政策运行过程中的各因素是如何对政策制定、执行、评估、监督产生影响的问题，需要将与政策实践相关的信息需求转换为结构良好的知识，像实证主义一样让事实说话，但不要求得到规律、探求本质；循证政策的特征之二是强调政策价值观。循证政策要能合理、有效地应用到政策实践过程中，不仅要求科学、准确，而且必须关注伦理、道德和实际应用等关键问题，因此必须考虑政策的价值取向，也就是说以科学、理性的方式对待政策的所有影响因素；循证政策的特征之三是强调技术性。循证政策需要一系列技术的支撑，并且需要不断创新，包括数据获取技术、证据获取方法和传播技术等，政策研究者需要证据管理、检索，评估和存储的技能。[1] 通过技术方法分析各种因素对政策的影响，剖析内在逻辑关系，以此解释证据对政策的作用。但循证政策并没有将这种逻辑关系规范为公理，而是根据政策的变化，不断自我更新。

循证政策以证据代替信息、经验和观点等作为政策运行的依据，在一定程度上既克服了传统公共政策的弊端，又带来了学术研究与政策之间的结构转型，这进一步提高了公共政策的科学化与民主化的程度，可以说是公共政策创新与发展史上的一个重要的里程碑事件。

二、循证政策的发展

循证理念在以英国为首的发达国家经过 20 余年的探索和实践，呈现出明显的特征和发展趋势，形成了一套理论体系与方法，积累了一定的成功经验，主要体现在主体、内容、形式、流程等方面。

从主体上看，政府（政党）是公共政策循证理念的重要发起者和推动者。公共政策具有公共性、公平性、整体性等特征，与社会发展和人们的日常生活

---

① 江珊. 循证决策在发达国家的应用研究[D]. 湖南大学，2017.

息息相关，实现公共利益的最大化至关重要。循证理念在医学领域的成功为循证思维在公共政策领域的发展提供了参考，同时循证政策因其知识论视角，务实、反意识形态特征以及与现代化议程的相关性受到多个国家政府的推崇。英国作为最早倡导循证政策制定的国家，不仅明确地将循证政策作为政府制定政策的基本理念，而且还将循证政策的过程不断制度化，使得循证政策在不同国家被广为接受、实施推广。1999 年英国举行了两次重要的会议倡导循证政策制定，一个是由社会科学研究中心协会赞助，另一个是由伦敦大学和牛津大学科克伦中心联合举办。除此之外，布莱尔政府颁布了《政府现代化》白皮书，指出政府的目的是通过提供政策、方案和服务来改善人们的生活质量，政府需要进行前瞻性地制定政策，并将政策制定与政府现代化进程相结合，明确提出政策决定应该基于实事求是的证据。1999 年英国内阁办公室颁布了《二十一世纪的专业决策》，2001 年英国内阁办公室颁布了《更好地政策制定》，2001 年英国国家审计署颁布了《现代政策制定》等基于证据的政策。其中《更好地制定政策》指出，"更好地制定政策意味着形成一种创新性的方法，一是确保政策的包容性，政策将是公平的，充分考虑所有可能受到影响人的需要；二是避免增加不必要的负担，政策将基于对利益，成本进行认真评估；三是引导公民参与政策辩论，目的在改进政策；四是完善风险管理的方式，政府需要在评估、管理和交流风险方面始终遵循良好的做法；五是从实践中学习，在不断学习的过程中，充分利用证据，试点计划，评价和反馈"。①

从内容上看，循证政策研究内容从循证卫生政策向其他公共政策领域发展，研究内容呈多样化。如循证教育政策、循证科技政策、循证福利政策等其他公共政策领域。2002 年美国颁布《不让一个孩子掉队法案》，法案强调教育科学研究的重要性，规定联邦政府资助的教育项目和实践必须以"科学研究为基础"。2006 年英国政府制定《社会排斥行动计划》，以"基于证据"为指导原则，帮助社会中被排斥的弱势群体。近年来，循证理念在我国公共政策领域的影响力越来越大。2014 年 5 月我国科协年会召开了"基于实证的创新政策论坛"，大会深入探讨了基于实证的相关政策问题，剖析循证理念在政策运行过程中的运用，强调循证政策的重大理论意义，肯定了循证政策在实践中强有力的可操作性，并将其视为当前解决公共政策运行过程中相关问题的重要方法和

---

① 田晨. 大数据背景下循证决策的应用研究［D］. 长沙：湖南大学，2016.

途径。2016 年 12 月中国人民大学公共管理学院和中国人民大学循证治理研究中心联合举办了"治理现代化与循证决策"的学术论坛,与会专家学者分别从医学领域、管理领域、科技领域、教育领域、社会领域、政策领域以及人力资源领域这七大领域进行探讨,展望了治理现代化与循证政策未来的研究方向。循证政策不仅在多个国家受到推崇而且研究内容也不断多样化,这足以表明循证政策在公共政策领域的活力与生机。

从形式上看,循证决策在公共政策领域的运用主要通过试点项目的方式展开,也就是进行可行性研究或实验性试验,通过组织小规模的短期实验,进而为政策的大规模实施提供经验。英国内阁办公室也曾指出"有影响力的试点,过程试点和阶段实施计划,每个都结合了试验、准实验、定性方法和案例研究,有利于促进政策制定"①。事实上,"政策试点"一词在我国政策制定中出现频率较高。韩博天曾将我国政策制定中这种"由点到面"的工作方法模式化、理论化,称之为"分级制政策试验",分级制政策试验模式下,地方政府可以因地制宜探索解决问题的方法,其中成功的经验将被吸收用于中央层面的政策制定。韩博天认为这种中国特色的政策制定模式,有效地提高了政府政策的创新力和政策适应能力。若遵循循证决策的逻辑,我国分级制政策试验的实质就是实践和认识相互作用、相互影响的过程,实践是认识的来源,也正是证据的来源。政策试点的内在逻辑与循证政策其实是相通的,政策试点也被视为循证政策开展的主要形式。循证政策以试点项目的形式展开,将循证政策过程具体化和操作化,有利于证据的获取、评估和有效利用,同时减少成本,保证政策效果和效益。从流程上看,循证政策过程不断程序化,形成不同的循证决策模型。随着循证政策在公共政策领域的发展,循证政策的流程和理论框架不断完善。基于不同的实践和研究视角,当前循证政策模型主要有:循证医学基础上发展来的循证系统模型;结合政策制定过程发展来的循证过程模型,以及循证功能模型等。

循证政策发展特征及其趋势表明,循证理念在公共政策领域发展的空间和潜能。大数据分析与信息化手段将深刻地改变公共政策运行模式,但是无论是何种手段,都应该坚持以证据为基础,从而为公共政策的科学性与有效性提供良好的基础。因此,循证政策在公共政策实践过程中具有深刻的社会应用

---

① 田晨. 大数据背景下循证决策的应用研究[D]. 湖南大学,2016.

价值。

三、循证政策的评估

管理学泰斗德鲁克说:"如果你不能评价,你就无法管理。"公共政策评估作为公共政策过程中必不可少的重要环节,是国家治理现代化的重要组成部分,其核心功能是识别某项政策的因果效应。受循证政策思潮的影响,循证评估的概念得到强化和进一步发展,其领域和范围得到了拓展。循证政策在西方发达国家的应用和推广带动了公共政策评估的新发展,更是对基于证据的高质量评估提出了迫切需求。循证的内涵是"基于证据""遵循证据",循证评估即是"基于证据的评估",其并不只是简单地收集、分析大量数据,而在于如何使用评估数据形成证据来回应问题、制定政策和做出决策。循证评估的核心理念在于搭建理论和实践互动沟通的桥梁,通过建立科学、合理的证据链,回应公共政策过程的具体现实问题,形成指导高质量公共政策制定、执行、评估的实践依据。实践证明,重视基于数据与证据的政策研究,注重打造科技数据信息平台,加强数据的挖掘、集成、监测与共享,为理性决策和科学评估提供了有效支撑。

循证理念下的公共政策评估,目前还处于探索阶段,相关研究也比较少,从本质上看,循证理念要运用到公共政策执行评估过程中,必然要考虑到评估所需要的几项重要因素,其中知识与证据是最为关键的。循证评估,本质上是将可获得的各项证据进行优选,对政策的效益、效率及价值进行事实判断的行为,确定政策实施后是否达到预期目标、达到的程度如何、对社会带来哪些影响,以此来为政府提供更加优质化的科学决策。在评估过程中,评估者需要有更加客观的眼光,必须坚持实事求是,尊重现实行政环境的客观规律,结合一系列证据基础形成评价的证据链,才能够更好发挥评估功能。因此,循证评估将有助于这一科学思维贯穿于公共政策评估始终,形成更加科学的评估模式。

循证理念在公共政策评估过程中具有以下几个特点:多元性、分析性、法治性。由于公共政策的多样性、多层次性以及其所触及利益格局的复杂性,现代的公共政策评估行为必然面临着严峻的考验,这也意味着公共政策评估要坚持多元分析的方式,而循证评估恰好符合这一特征。循证评估对于传统意义上的政策评估模式进行改革,坚持对现实的调查与分析,基于事实收集评价依据,必然是要站在现实与客观的基础上制定一系列实证与技术分析相结合的评估策略，而并非依靠个人的经验或意志做出相对应的评估。分析性是循证评估的核心特征。循证理念擅长于对问题进行深层次分析，并且对问题的成因采取合理的公共决策模式。因此，循证评估是坚持对事实的全方位剖析与思考，站在全方位分析的基础上，将事实和价值整合在一起成为更加系统化的评估。全球化、信息化、网络治理等的出现和发展造就了当今极为复杂多变的政府运作环境和社会信息环境，特别是面临着体量庞大的现实数据环境，必然要采取更加优质化的公共政策循证理念，才能够在各种现实现象的剖析与数据处理中，制定出更加科学的循证评估模式，以应对不断复杂变化的国内外环境。由此可见，这种基于分析发展而来的循证理念，对公共政策的评估具有积极的推动作用。坚持人治还是法治，是一个民主国家在发展过程中的根本标志，而法治国家在本质上是要坚持一定的政策流程，使其行政行为合法。循证评估流程，必然是按照基于证据的循证理念，对现实环境进行分析，从而制定相关的评估策略。因此，循证理念下的公共政策评估流程是一个客观、科学并完善的评估流程，涉及对现实环境的数据收集与分析，以及对政策实施后的效益、效率的充分论证，这样才能够最终形成健全的公共政策评估体制。在这一基础上，对于流程的正确性的强化，是循证评估的主要特征。一旦违背这一流程的正确性，公共政策评估将缺乏科学性，而且也容易受到个人意志的影响，因此基于证据的循证评估是试图从法治思维的基础上，强化对公共政策评估流程的合法性与合理性的平衡。坚持循证理念在公共政策评估过程中的应用，将有助于公共政策评估行为的科学化、合理化。因此，在当代信息科学不断发展的背景下，特别是在大数据的推动之中，能够运用循证评估思维强化公共政策评估的科学性，将有助于实现公共政策效益的最大化。

循证评估就是基于经过系统调查和实践检验而获得的连续性真实信息，将公共政策评估置于连续性的实证证据链条之中，因而具有高度的科学性、客观性、系统性、连续性、民主性和精确性。① 可以说，开展基于证据的公共政策评估，不仅是一场技术变革，更是一场政策治理方式变革；基于循证的政策评估，需要不断优化公共政策评估方式，以提升公共政策评估质量。

---

① 张云昊. 循证政策的发展历程、内在逻辑及其建构路径[J]. 中国行政管理，2017 (11)：73-78.

第三章　乡村教师补充的政策过程

公共政策是一种有目的、有组织的动态发展过程，是政党、政府等社会公共权威组织直接或间接对社会利益进行权威性分配，目的在于规范、引导有关机构团体和个人的行动依据或行动准则。政策过程是公共政策中的一个重要组成部分。政策过程主要由政策制定、执行、评估、调整、监督和终结等组成的动态的政策运行过程。教育政策是政党、政府等政治实体在一定历史时期，为了实现一定的教育目标和任务而协调教育的内外关系所规定的行动依据和准则。教育政策既可以表征某种静态的结果，也可以表征教育政策的现实运行全过程。本章从公共政策过程理论、教育政策过程逻辑和乡村教师补充政策过程三个方面深入探讨乡村教师补充的政策过程。

第一节　公共政策过程的理论分析

一、公共政策的过程分析

政策过程理论作为一种中层理论或中观理论在整个政策科学中占有着重要地位。公共政策是人类文明进步和社会发展的秩序规则与制度安排，它的起步、发展和完善经历了一个长期的演变过程。美国是最早建立公共行政科学的国家，因此政策问题比较早地在美国公共行政科学中得到发展。第二次世界大战以后，现代政策研究作为一门社会科学学科逐步出现在大众视野中。20 世纪 60 年代，美国的公共政策学者致力于研究公共政策的制定，出版了一系列对公共政策制定中议会、政府、政党作用加以分析和评价的著作。在这一时期，对政策制定过程的研究，大多采用的是线性思维方法，将政策制定规划是由若干环节按照程序组成的程序推移的过程。20 世纪 70—80 年代，政策科学在政策系统与政策过程的研究上取得了显著的成就，特别是在政策评估、政策执行和政策终结方面形成了各种理论。① 进入 20 世纪 80 年代中后期，政策科学研究转向有关政策效率、政策信息多元化、政策学与政治学关系的研究。②

现代政策科学的创立者拉斯韦尔(Harold D. Lasswell)认为，政策科学或社会科学中的政策方向可以超越社会科学的零碎的专门化，致力于一般选择理论的研究，主要涉及"社会中人的基本问题"、解释政策制定和政策执行过程以及解释特定时期的政策问题。拉斯韦尔最开始就把注意力集中于"政策过程"，或者是某个给定政府政策(或项目)在其整个"政策生命"中将经历的功能性的时期或阶段。③ 他特别强调他所定义的"政策过程的知识"以及"政策过程中的知识"，而且还构建了一个"概念图系"以便指导人们在总体上了解任何集体行动的主要阶段④，并且命名了他随后称作的"决策过程"的七个阶段：情报、提议、规定、合法化、应用、终止和评估。这个流程反映了有争议但却已被广泛接受的政策科学概念的由来，它们既单个又共同地从概念角度和同样重要的操作角度为思考公共政策提供了一种方法。正是在这个基础上，拉斯韦尔提出了后来被不断发展完善的"阶段启发法"分析框架。

葛恩(L. Gunn)和豪格伍德(B. W. Hogwood)在其合著的《真实世界的政策分析》一书中，吸收高登等人的分析成果的基础上，将政策分析划分成较为全面的七种类型，即政策内容研究、政策过程研究、政策输出研究、评估研究、决策信息、过程倡导和政策倡导。⑤ 他们认为，政策过程研究所关注的是政策制定的动态的过程中，公共问题的产生和发展以及在问题发展过程中各种不同的要素的影响，他们的主要兴趣是剖析对政策规划的各种影响。

而迈克尔·豪利特(Michael Howlett)把拉斯韦尔的阶段启发法中的政策制定过程分解为一系列不连续的阶段和子阶段，由此产生的阶段序列被称"政策循环"。他在分析了这种政策循环的逻辑之后，认为需要一种公共政策循环的模型，能对参与政策过程的行动主体与机构进行更细致的描述，帮助识别政策

---

① 张笑. 公共政策创新[M]. 北京：时事出版社，2018：9-10.

② 战建华. 公共政策学[M]. 山东：山东人民出版社，2011.

③ 何华兵. 政策过程理论回顾与展望——文献述评[C]. "构建和谐社会与深化行政管理体制改革"研讨会暨中国行政管理学会 2007 年年会，2007：275-282.

④ Lasswell H. D. A Preview of Policy Science[M]. New York：American Elsevier, 1971：28.

⑤ Hogwood B., Gunn L. Policy Analysis for the Real World[M]. Oxford：Oxford University Press, 1984：9.

制定者可用的工具，并能指出构成特定政策过程及其结构的基础的因素。还认为，对公共政策过程中的五个阶段：议程设定、政策制定、决策、政策执行、政策评估逐个进行分析涉及一系列特定问题，包括行动主体、机构、工具和沿着上述路线展开的话语。通过这种途径，可能出现一种改进了的公共政策过程模型，在这一模型中，每个政策阶段将不仅包括对发生于某一时点上的行为的描述，也包括勾勒出在该时点上影响行为的一系列变量，并对这些变量之间的关系做出假定。① 保罗·A. 萨巴蒂尔（Paul A. Sabatier）则认为，公共政策的制定包括几个过程：界定问题，并提交给政府，由政府寻求解决的途径；政府组织形成若干备选方案；方案得以实施、评估和修正等。因此，他认为政策过程涉及一系列随着时间的推移而发展的复杂的互动因素。在谈到理论和框架的关系时，萨巴蒂尔指出，除了"阶段启发法"之外，其他新的政策过程理论都远未成熟，因此还不能被称为"理论"，而只是"框架"。但他认为框架是可以通过确认一套指标后，将最小的分析框架转化为更为宽泛的分析框架，最终转化为理论的。② 美国学者詹姆斯·安德森（James E. Anderson）将西方政策分析的研究方法或观点归纳为五种理论：系统理论、团体理论、精英理论、过程理论和制度理论。他认为，政策过程理论是将政策看作一种政治行为或政治行动，通过政治与政策的关系对政策的政治行为进行阶段性或程序化研究，这是行为主义政治学观点在公共政策研究上的反映。因而政策过程被视为是一系列政治活动的构成。③ 安德森在《公共政策》一书中将政策过程的功能活动划分为以下五个范畴：问题的形成、政策方案的制订、政策方案的通过、政策的实施、政策的评价。

在政治学领域，公共政策学是其中的一个相对独立的领域。查尔斯·奥·琼斯（Charles O. Jones）认为，政治学的研究范围是政治过程及其运行。因而，政治学家对问题和政策实体的兴趣应集中在这些问题和政策是如何与政治过程

---

① 迈克尔·豪利特，M. 拉米什. 公共政策研究：政策循环与政策子系统[M]. 庞诗等，译. 北京：三联书店，2006：28-34.

② 保罗·A. 萨巴蒂尔. 政策过程理论[M]. 彭宗超等，译. 北京：三联书店，2004：3-11.

③ 詹姆斯·E. 安德森. 公共决策[M]. 唐亮，译. 北京：华夏出版社，1990：19-20.

发生交互影响的方面，而并非必然是这些问题和政策本身。[1] 琼斯将政策过程看成是由 11 个功能环节或阶段所构成的过程，即感知、汇集、组织、表述、议程确定、方案形成、合法化、预算、执行、评估、调整。广义的政治学研究是在一定经济基础之上的社会公共权力的活动、形式和关系及其发展规律。现代政治学注重研究政治主体和现实政治问题，如政治制度、政治行为、政治决策等。政治学研究范围中对各种不同的理论模型研究对于公共政策的制定有很大的帮助和影响，不同理论模型对于公共政策的不同侧重进行分析和解释，能够使得政策制定者通过不同模型的数据分析得出最终政策的系统制定，有利于细化不同策略的预期影响，帮助决策者通过综合考量得出正确决策，从而实现公共政策的实施和社会效益的公正、公平化体现。公共政策是国家相关权力机关为了实现社会性、公共性的行动和行为，满足绝大多数公民利益要求而制定出的决策，是一种能够实现全民化目标的策略和方案。公共政策过程是服务社会，造福百姓的一种集体性的政策过程，是能够实现社会均衡，利益共有化的一种策略过程。

安德森的分类对后来研究政策过程的阶段产生了十分深远的影响，我国学者大多以这一理论为研究公共政策过程的理论框架。张国庆认为，政策过程应该分为政策制定、政策执行、政策评估、政策监控、政策终结五个阶段，[2] 该理论基本沿袭了安德森的公共政策过程和阶段的看法。我国台湾学者林永波、张世贤等认为，政策过程应该分为政策问题认定、政策规划、政策合法化、政策执行、政策评估和政策终结，并对其意义和功能进行了较为详尽的阐述。[3] 郑传坤把政策过程理论理解为"政策运行理论"。他认为政策运行理论是在 20世纪六七十年代西方政策科学学者对政策运行周期化、阶段化分析研究基础上提出和发展起来的。他提出在研究政策过程的具体运行过程或环节时，必须同时分析和研究政策过程的基本理论。[4] 而谢明在把政策过程理论理解为过程模型或政策生命周期理论。他认为，政策过程理论是试图通过阶段性的描述，对

① 何华兵．政策过程理论回顾与展望——文献述评[C]．"构建和谐社会与深化行政管理体制改革"研讨会暨中国行政管理学会 2007 年年会，2007：275-282.

② 张国庆．公共政策分析[M]．上海：复旦大学出版社，2004.

③ 林永波，张世贤．公共政策[M]．台北：五南图书出版社，1997.

④ 郑传坤．公共政策学[M]．北京：法律出版社，2001：161.

政策进行程式化的分析，也称它为阶段的模型。① 宁骚是把政策过程理论作为公共政策过程的理论模型来谈的。他认为，公共政策分析中运用的模型一般是理论模型。所谓理论模型或者概念模型，指的是一组概念或命题按照其相互间的本质联系被组织在一起，从而形成一个逻辑结构严整的网络或框架。② 他不仅进一步深入认识了政策过程理论，而且还开创性地第一次构架了基于中国经验的"上下来去"的政策过程理论模型。

虽然在不同时期，针对不同阶段的社会公共问题，政策过程理论会发生相应的变化，无法形成统一的定论，但是综合国内外学者的观点，我们依旧可以看出，政策过程是指从公共问题产生到政府提出解决方案的过程、经历的程序或阶段。过程理论侧重的是一个政策从萌芽到成型的各个环节和过程，而不是政策最终制定出来的某个结果。政策过程理论并不等同于拉斯韦尔的阶段启发法，而是一种包含阶段启发法的理论。所谓公共政策过程理论，就是指政策研究者基于一定的经验事实，在一定的理论和分析方法的指导下，通过多种视角或多个维度对政策的逻辑过程或过程中的各要素及各要素之间的关系进行分析和研究，形成的一组本质上相互联系的概念或命题，以及一个逻辑结构严整的框架体系。③

不同的公共政策过程的理论，各具特色，各有侧重；公共政策的决策过程，就是根据实际情况，在相应的理论和价值观的指引下，制定和执行公共政策的过程。可以说，政策过程影响着政策内容，而政策内容同样也不断地影响着政治过程的各个细节。虽然说政策过程对于政策内容有着千丝万缕的影响，但是并不代表政策内容完全决定于政策过程，政策内容主要影响因素还在于权力决策者对于政策目标、社会影响、实施预期等多方面的考量和预估。④

二、公共政策的变迁分析

政策过程也是一个变迁的过程。任何政策都不可能一成不变，也就是说政策变迁贯穿于每个政策过程，即政策变迁本身就是政策过程的一个子循环。因

① 谢明. 公共政策导论[M]. 北京：中国人民大学出版社，2004：77.
② 宁骚. 公共政策[M]. 北京：高等教育出版社，2003：276.
③ 何华兵. 政策过程理论回顾与展望——文献述评[C]. "构建和谐社会与深化行政管理体制改革"研讨会暨中国行政管理学会 2007 年年会，2007：275-282.
④ 张笑. 公共政策创新[M]. 北京：时事出版社，2018：26.

此政策变迁是一种对现行政策所从事的变革活动。① 也就是说，政策变迁是国家政党、政府部门、或者其他公共组织由于社会实际情况的变动，原有的政策不适合而不能继续适用，通过对原有政策目标、政策内容、政策手段等某一方面或几个方面的调整或者重新出台的变迁过程。公共政策变迁是从"旧"的政策向"新"的政策转变的过程，也是从"坏"的政策向"好"的政策转变的过程。辩证唯物主义表明，事物是发展的，事物发展是前进性和曲折性的统一；历史唯物主义也表明，人类社会的历史是由低级到高级、由简单到复杂的发展过程。指导人类社会发展的公共政策也不例外。从宏观的发展过程来看，公共政策就是一个从无到有、从旧到新、从恶到善的安排过程。政策变迁是一个具有承传性的延续过程。②

美国学者詹姆斯·安德森（James E. Anderson）提出，政策变迁是一个或多个政策取代现有的政策，包括新政策的采行和现行政策的修改和废止，一般而言，政策变迁有以下三种形式：现有政策的渐进改变；特定政策领域内新法规的颁布；重新选举后导致的重大政策转变。③ 绝大部分公共政策都经历这样一种线性过程：问题建构、议题设定、政策规划、政策设计合法化、政策执行与结果评估，而没有关注公共政策的变迁过程。詹姆斯·安德森对于政策变迁的界定，描述了政策变迁的结果，即新旧政策间的更替；并没有把政策变迁放在整个政策过程中去考察，也没有体现变迁过程本身的特性，如变迁方式、变迁内容等。

政策变迁必然是一个过程。所谓"过程"，指的是事物状态的变化在时间上延续和空间上延伸。大多数政策领域的特点是停滞。从公共政策过程的环节来看，政策问题是整个政策过程的起点。只有发现了政策问题或者认识了政策问题情境，才可能有政策的相关安排。从问题发现到政策安排，本身说明这是一个有先有后的逻辑过程，同时也是符合人的认识过程的，因而政策安排的滞后性便自然而然。制度变迁的研究表明，一项新制度安排一般具有滞后性。④

---

①　关静. 政策变迁的理论与实践浅析[J]. 行政与法，2012(3)：25-28.

②　陈潭. 寻找公共政策的制度逻辑[M]. 北京：中国政法大学出版社，2016：35-38.

③　詹姆斯·P. 莱斯特，小约瑟夫·斯图尔. 公共政策导论(英文版)[M]. 中国人民大学出版社，2004.

④　L. Hurwicz. On informationally decentralized systems//Radner R., C. B. MC Guire. Decision and Organization[M]. Marschak, North-Holland, 1972：297-336.

在政策变迁这一长久的过程中，如果政策不断地强化原有的政策意图和集体行动选择，那么这就说明旧政策变革的阻力相当强大。政策时滞性这种客观的非人为原因所形成的惯性以及人为原因所形成的惰性，它有可能一度阻止新政策的安排和实施。也由于惯性和惰性的存在，因而必然较多地使用诸如"双轨制"之类过渡性体制安排——旧政策得以保留和新政策得以试验，于是政策变迁过程中体制之间的摩擦和耗损不断增加，从而导致政策变迁成本加大和整个社会的效率缺失。①

间断—平衡理论认为政策变迁是一个政策进行调试性修正，从而呈现出渐进变迁的"平衡"和原有政策经调试后仍不能解决问题。该理论致力于解释一个简单的现象：政治过程通常由一种稳定和渐进主义逻辑所驱动，但是偶尔也会出现不同于过去的重大变迁。② 正如公众对于现存公共问题的理解有变化一样，美国政治和政策制定的许多领域经常发生公共政策的重大变迁。尽管大多数情况下，它们的进展和之前没有两样，但是有时重大的政府项目会有剧烈的变化。观察表明，稳定性和变迁都是政策过程中的重要因素。政策变迁的间断—平衡理论中包含了一个隐含的个人和集体决策理论。从决策的角度看，政策中大规模间断，不是来源于偏好的改变，就是来源于注意力的改变。鲍姆加特纳和琼斯(1993)把变迁的"爆发"和政策的间断解释为来源于图景和制度的互动。当一个获得一致赞同的图景变得有争议时，政策垄断通常受到攻击，一个新动议(一波批判或是狂热)把问题提到宏观政治议程中的可能性就增加了。③

从公共政策过程实践的角度来看，政策主体通过政策评价获得实施中的现行政策效果的信息后，一定会对该项政策的去向做出补充、修正和终止的判断和选择。④ 张国庆认为，政策调整是政策过程中不可缺少的环节。任何一项政策都需要做出一定的调整以适应实际情况的变化。人们在制定政策时，对影响政策的因素及政策产生的可能结果都不可能认识得很全面，因此，随着人们对

---

① 陈潭. 寻找公共政策的制度逻辑[M]. 北京：中国政法大学出版社，2016：35-38.

② 保罗·A. 萨巴蒂尔. 政策过程理论[M]. 彭宗超等，译. 北京：三联书店，2004：125.

③ 保罗·A. 萨巴蒂尔. 政策过程理论[M]. 彭宗超等，译. 北京：三联书店，2004：134-136.

④ 张国庆. 公共政策分析[M]. 上海：复旦大学出版社，2004.

政策问题认识的深化，无论做出怎样的判断和选择，都是对现行政策过程的调整，都会引起现行政策的变迁。陈庆云把政策变迁放在整个政策过程中进行考察，突出政策评估对政策变迁的引发作用，并认为政策评估是选择政策变迁方式的依据。

由于受到外在条件或内在因素的影响，政策变迁意味着很少有政策一直维持不变的形态，而是在持续不断地变化。公共政策变迁是人类社会基本的政治制度变迁模式，是围绕集体行动而开展的自发的或通过人为安排开展的秩序演进过程。公共政策变迁不仅是公共政策过程中的一个环节，它本身也是一个过程，这个过程的核心要素是变革现行不合理政策。在这个过程中，包含以下要素：政策变迁的原因、变迁经历的结果阶段以及变迁的结果。

三、政策过程的阶段分析

任何事物的发展都不是一蹴而就的，而是循序渐进地发展着。西方的政策科学在发展中经历了几个重心的转变。公共政策过程作为政策科学的重要组成部分，它的发展一样经历了几个阶段，比如对政策过程研究的重点，就经历了从前期阶段(政策制定)的研究转移到政策过程的后期阶段及政策的执行、评估和终结的研究，最终又转移到政策过程宏观理论的研究这样一个过程。

(一)公共政策制定

公共政策制定(policy-making)是政策过程的首要阶段，是政策科学的核心主题。政策科学家德洛尔将政策制定理解为整个政策过程，把公共政策执行、公共政策评估等环节称为后政策制定阶段。大多数政策科学家则把公共政策制定理解为政策形成或政策规划，指从问题界定到方案执行以及合法化的过程。

公共政策制定是一个复杂的活动过程，它由一系列环节或功能活动所构成。詹姆斯·安德森认为政策形成涉及三个方面的问题：公共问题是怎样引起决策者注意的？解决特定问题的政策意见是怎样形成的？某一建议是怎样从相互匹敌的可供选择的政策方案中被选中的？[①] 查尔斯·琼斯和迪特·马瑟斯在《政策形成》一文中提出，政策形成包括了这样一些问题：政策问题来自何方？如何分清轻重缓急？问题怎样随时间变化？什么人与提案的形成有关？他们怎么做？如何支持提案？体制对方案的形成有何影响？出现了什么跨体制因素促

---

① 詹姆斯·E. 安德森. 公共决策[M]. 北京：华夏出版社，1990：65.

成方案发展?① 由此可见，政策制定过程包含了议程设置、方案形成和方案的合法化等阶段或功能活动环节，而议程设置是公共政策制定过程中最初阶段的功能活动。

议程是指政策共同体中的政府部门和其他主体，在任何给定时间给予重要关注的一系列议题或问题。议程设置是指政府识别出问题是一个值得关注的公共问题。议程设置有时被界定为多方面群体需求被转化为政府准备付诸行动的项目的过程。这一定义与一个观点有关，即认为公共政策的制定最初由非政府行动者推动，然后由政府管理者给予回应。然而经验证据表明，大部分政策问题事实上是由政府成员而不是社会组织首先提出的。公共管理者必须清楚政策行为的诉求如何被提出，使其处在政府的一些优先议程中。政策议程实际上体现了政治组织尤其是国家(政府、政党)如何确定政策的轻重缓急。社会向政府提出了大量的需要采取行动的要求，而在这成千上万的要求中，只有少数受到公共管理者的注意，被决策者所关注并感到必须加以处理而提上议事日程。科布和爱尔德将政策议程定义为："那些被决策者选中或决策者感到必须对之采取行动的要求构成了政策议程。"②我国学者张金马则认为，政策议程就是将政策问题纳入政治或政策机构的行动计划的过程，它提供了一条政策问题进入政策过程的渠道和一些需要给予考虑的事项。③ 由此可见，政策议程就是将政策问题提上政府议事日程，纳入决策领域的过程。

将一个政策问题提到政府机构的议程之上是解决该问题的关键一步。一个公共问题或社会问题只有以一定的形式，经过一定的渠道进入政策过程，成为决策者研究和分析的对象，才能成为政策问题，这个问题也只有通过政策过程才能得到解决或处理。政策议程的形成过程，也就是问题有望获得解决的过程，就是人民群众反映和表达自己的愿望和要求，促使政策制定者制定政策予以满足的过程，也是政府或执政党集中与综合所代表的阶级、阶层和集团的利益，并通过政策制定予以体现的过程。④

政策方案形成是政策制定过程中一个最重要的环节。政策问题一旦进入政

① S. S. 那格尔. 政策研究百科全书[M]. 北京：科学技术文献出版社，1990：94.
② 陶学荣. 公共政策学[M]. 沈阳：东北财经大学出版社，2006：140.
③ 张金马. 政策科学导论[M]. 北京：中国人民大学出版社，1992：146.
④ 陈振明. 公共政策分析[M]. 北京：中国人民大学出版社，2003：196.

府议程，接着就进入分析研究并提出解决办法即政策方案形成(方案规划)阶段。政策方案形成，指的是对政策问题的分析研究并产生一系列可行的政策备选办法或方案来解决问题的过程，它包括问题界定、目标确立、方案设计、后果预测、方案抉择五个环节。① 问题是一般科学发现的逻辑起点，同样也是政策方案形成的逻辑起点。问题界定构成了政策方案形成的一个极为重要的组成部分，好的开端等于成功的一半，即正确提出或界定问题等于成功解决问题的一半。确立政策目标是政策方案形成的第二个功能活动。目标是决策者凭借决策手段所追求的东西或政策分析所要达成的目的。分析者遇到的一个困难是弄清楚决策者真正要达成的目标。因为这些目标往往被决策者以抽象的语句或笼统的方式所陈述或隐含，以至于相当模糊。如果决策者还没有一定的目标的话，那么分析者就应认真地分析研究，并在目标应该是什么的问题上与决策者或当事人达成一致。在方案设计规划过程中，设计者应该清楚委托人及相关党派或团体的价值观、目标和目的。设定标准应知道委托人想要什么，有助于方案设计者产生备选方案。尽可能考虑备选方案的广泛范围是非常重要的。备选方案是决策者用来达到目标的选择或手段。在不同的场合，它们可以是政策、策略、项目或行动等。备选方案之间不必是明显的相互排斥(相互取代)或相同。备选方案不仅应该包括那些决策者从一开始就知道的选择，而且应该包括那些后来才被发现的选择。政策结果的预测是政策规划过程的另一个关键环节，它构成政策方案的评估、比较与抉择的基础。对政策结果的预测能力及水平的高低直接影响政策分析能否成功以及政策执行能否取得预期结果。通过预测，我们可以获得有关政策，方案的前景及结果的信息，加深对政策问题、目标和方案的认识。根据预测的结果，对备选方案加以比较分析并做出抉择。必须对备选方案的技术可行性，经济可行性和政治—行政可行性方案加以比较。政策规划、备选方案或政策选择的设计和评估，旨在恰当地定义问题，找出可行的和有效的解决办法。这些解决办法是否能被执行，本质上是一个政治问题，这是政策分析过程中的评估阶段必须注意的问题。

政策合法化是政策制定的一个必要环节。在对政策方案做出抉择之后，必须将该方案合法化成为真正具有权威性的政策，使之能得到有效的执行，这就是政策合法化问题。政策合法化是西方政策科学家讨论政策制定过程的一个重

---

① 张笑．公共政策创新[M]．北京：时事出版社，2018：98．

要方面。美国政策科学家琼斯提出，对于任何一个政治系统而言，至少可以辨别出两种合法化：第一种是那种使政治过程包括批准解决公共问题的特定建议过程的合法化；第二种包括那些政府项目被批准的特殊过程。前者可称为合法化，后者可称为批准。① 托马斯·戴伊在把政策合法化分解为三个功能活动，即选择一项政策建议，为这项建议建立政治上的支持，将它作为一项法规加以颁布。②

政策合法化是指法定主体为使政策方案获得合法地位而依照法定权限和程序所实施的一系列审查、通过、批准、签署和颁布政策的行为过程。政策合法化在政策过程中占有举足轻重的地位，在实践上也具有重要意义。主要表现在，政策合法化是政策制定过程的重要阶段，又是政策执行的前提；政策合法化是决策民主化、科学化和法制化的具体表现，是依法治国的需要。

总而言之，决策的决定贯穿于政策制定的整个过程之中，它开始于设置议程，然后根据规划——进行筛选。在政策过程中，制定决策就是对政策问题决定采取一系列行动的政策功能。这是政策过程中一个极其重要的阶段。

(二)公共政策实施

公共政策执行是政策过程的中介环节，是将政策目标(理想)转化为政策现实的唯一途径。公共政策执行发生在决策向行为转化的阶段，对公共管理者而已，它在很长一段时间内被认为是最困难，最重要的阶段之一。在这个阶段，政治设计或外部环境的任何缺陷都将变得非常突出。公共政策执行是一个动态的非流程性过程，政策变迁很少涉及直接的资源动员，这些资源用于完成被广泛支持的、确定的政策目标。与之相反，执行任务则往往牵涉到前面所涉及的政策制定阶段以及其中所有的不确定性和偶然性。③

公共政策执行同样是政治性的。执行过程不仅产生胜利者和失败者，而且在这一过程中，胜利和失败的代价开始得到体现。但是对于许多参与者来说，他们的利益和愿望可能在早期的过程中被遗忘。政策执行同样被视为网络治理

① Charles O. Jones. An Introduction to the Study of Public Policy [M]. Monterey, California Brooks/Cole Publishing Company, 1988：110-111.

② Thomas R. Dye. Understanding Public Policy [M]. Englewood Cliffs. N. J.：Prentice-Hall Inc, 1987：24.

③ 吴逊，饶墨仕，迈克尔·豪利特，斯科特·A. 弗里曾. 公共决策过程[M]. 叶林等，译. 上海：格致出版社，2015：114-115.

的一种形式，因为定义执行的特征需要大范围行动者的广泛协作，特别是当一个特定的项目包含多重政策目标的时候。执行影响行动者，同时也被行动者所影响。这些行动者在既定的政策领域定义问题和解决方案，他们中的一些在之前的政策形成和决策制定活动中可能只扮演边缘的角色，但在执行过程中他们逐渐走上前台。通常涉及执行的政府机构形式是部门。政治家在执行过程中也是一个重要的行动者。在公共政策执行过程中，不同的层级机构(国家、州、省、地方)参与其中，并且有着各自的利益、目标和传统。但是作为决策的权威，政治家和行政人员在公共政策的执行阶段仍然是重要的力量。

与政策相关的一系列任务可以被理解为战略和操作功能的连续。① 这些和执行相关的任务必须被整合到整个政策过程中，起始于高层级的战略设计，直至操作层级的设计，再到稍后阶段的能力建设任务(如项目管理)。如果整合不成功，政策意图和实际执行就会出现明显的偏差。对于政策意图和结果之间的间隙，有两种基本的审视视角。其一是将政策执行看作政策制定者尝试控制结果，即所谓的自上而下的观点，它可以被描述为执行相应论。该理论假定存在清晰表述的政策意图和概念，实践的困难在于如何沿着科层命令的链条如实地将意图传输。与此相对照，是自下而上的观点。即以组织中的个人(参与政策过程的所有行动者)作为出发点，政策链条中的较低及最低层次被当作政策执行的基础，它强调政策的成功与否依赖于参与执行项目的行动者的承诺与技巧。②

执行政策就是实践，在实践中间调查研究，在实践中间认识客观世界，在实践中间发现错误，在实践中间发现新的问题，制定新的政策，因此重要的问题在于执行，在于实践。③ 凡是经过贯彻执行，促进了社会进步和生产力的发展，并得到群众拥护的政策，就是正确的政策。通过政策执行，不仅可以检验政策，还可以不断充实和完善政策，若在执行中，发现问题和不足则需予以修正和弥补，促进政策质量的提高以及政策问题的最终解决。

---

① Brinkerhoff, D. W., B. L. Crosby. Managing Policy Refrom: Concepts and Tools for Decision-Makers in Developing and Transitional Countries [M]. Bloomfield, PA: Kumarian Press, 2002: 25.

② 张笑. 公共政策创新[M]. 北京: 时事出版社, 2018: 127-128.

③ 刘少奇选集(下卷)[M]. 北京: 人民出版社, 1985: 457-458.

（三）公共政策评估

作为一个完整政策过程的一部分，公共政策评估对检验政策质量，决策政策前途，提高政策水平，吸引更多的人参与政策研究，提高政府决策的民主化、科学化起到了其他方式不可替代的作用。

政策评估泛指不同的国家及社会行动者为判定政策实施后的进展和预测将来的绩效而进行的一切活动，评估检视政策实施后所采用的方法和达到的目标。这些评估得出的结果和建议可反映在之后政策制定过程及调整政策的设计及实行中，或罕有的改革或终止政策上。[①] 公共政策评估的主要内容包括政策产出和政策影响，政策产出指的是标的群体或受益者接受政府所给予的财物、服务或资源等；政策影响指政策执行后，对人员或环境原来的行为面或物质面，造成无形的或有形、预期或非预期的实际改变情况。

公共政策评估类似政策过程中的其他大多数阶段，是一种政治性和技术性的活动。自 20 世纪 60 年代以来，公共政策评估在世界各国逐渐成为一种监督政府公共开支，促进政策系统优化的系统工程。全球化、信息化、网络治理等的出现与发展造就了当今极为复杂多变的政府运作环境。各国政府都趋向于将公共政策评估作为政策运行过程中的重要环节，并逐渐将其制度化。

公共政策监控贯穿于整个政策过程的始末，也是政策系统不可缺少的一个组成部分，它制约或影响着政策过程其他各环节，起着重要的作用。在公共政策的制定、执行、评估等环节中，由于信息不充分、有限理性、既得利益偏好以及意外事件，使得政策方案不完善、误解、曲解、滥用政策或执行不力，直接影响公共政策本身的质量及执行结果。[②] 因此，必须对政策过程的各个环节尤其是政策的制定和执行环节进行监控，既有助于实现政策的合法化，也有助于保证政策的贯彻落实，是实现既定政策目标的有力保障。

公共政策监控是政策监督与政策控制的合称，是为了实现政策的合法化与保证政策的贯彻实施而对政策的制定、执行、评估和终结等活动进行监督与控制的过程，其目的在于保证政策系统的顺利运行，提高政策制定与执行的质量，促进既定政策目标的实现和提高政策效率。政策监控是一种多样化的活动，可以从不同角度对政策监控进行分类。按照政策监控在政策过程所处的不

---

① 张笑. 公共政策创新[M]. 北京：时事出版社，2018：139.

② 陈振明. 公共政策分析[M]. 北京：中国人民大学出版社，2003：298.

同阶段，政策监控可以分为政策制定监控、政策执行监控、政策评估监控和政策终结监控四种。按照政策监控的不同时态，政策监控可以分为事前监控、事中监控和事后监控三种。按照政策监控的层次，政策监控可以分为自我监控、逐级监控和越级监控三种。按照政策监控的内容，政策监控可以分为目标监控和关键点监控。按照政策监控的主体，政策监控可以分为立法机关的政策监控、行政机关的政策监控、司法机关的政策监控、政党系统的政策监控、利益集团的政策监控、公众和大众传媒的政策监控等。①

总而言之，公共政策监控贯穿于其他各个基本环节之中，它本身是一个动态过程，在政策过程中起着信息反馈的作用，由政策监督、政策控制、政策调整等功能活动所组成。对于政策系统来说，主要是通过政策监控子系统及监控活动来确定政策方案是否合理、合法，找出政策目标与执行段之间、预期政策目标与实现政策绩效之间的差距，发现问题之所在，并从中寻找解决问题的新办法，如调整政策目标、加大执行力度、重新配置资源等。

第二节　教育政策过程的价值逻辑

自西方 20 世纪 50 年代形成政策科学以来，教育政策研究与其他公共政策研究一样风起云涌。教育政策研究是政策科学研究的重要组成部分和特殊形态。它涉及整个教育政策活动过程，既包括关于教育政策系统和政策问题的一般理论研究，又包括关于具体教育政策决策、实施与评价的应用性研究，分析和研究教育政策的价值取向、教育政策的基本理论和过程在其中具有重要的、核心的地位。

一、教育政策的价值分析

教育源于人及其发展的需要，是人为自身的发展所创造出来的一种价值活动形态，是人类从自身学到的一切，② 发展人自身是教育的第一功能。③ 在人

① 陈振明．公共政策分析[M]．北京：中国人民大学出版社，2003：299-301.

② 国际 21 世纪教育委员会．教育：财富蕴含其中[M]．北京：教育科学出版社，1996：20.

③ 张楚廷．教育基本原理——一种基于公里的教育学[M]．长沙：湖南师范大学出版社，2009：72.

类漫长的教育实践中，从教育政策链的角度看，具有公共政策意义的教育政策及基于这些政策的教育政策过程所追求的价值图景本身就是同一的，它们以不同的教育实践形态及其成果形式所表征，呈现出丰富多彩的现实价值世界。教育政策是公共政策的一种，本身是价值的一种抽象存在形式。教育政策的本质就是遵照价值逻辑，通过连续的具体化，使这种抽象的价值得以通过可观测的具体价值形态呈现出来，其实质就是教育政策作为公共政策的逻辑展开。教育政策过程机制在本质上就是教育政策作为价值实现并维系自身以教育政策价值链形式存在的机制。

教育是一种特殊的培养人的社会实践活动，教育实践活动的主体和客体都是活生生的人，这是现代教育理论公认的结论。价值是思维沉淀的产物，是一种观念形态，是社会存在对于人们的意识的一种反映，它表现为一定的主体之于客观世界的具有相当稳定性的看法或观感。换句话说，价值是一定主体所具有的不依具体情况的改变而转移的期望、肯定、支持、讨厌、放弃事物的评价标准。① 现代人生活的过程就是教育和受教育的过程，学习和教育是贯穿现代人一生的重要特征，这是终身教育思想的基本观点。人的生活与价值、意义等问题是密不可分的。狄尔泰认为，人类的生活是有意义的。② 因为人类的生活具有一种时间的结构，在这里时间的意义表示人类生活的每一刻承负着对于过去的觉醒和对于未来的参与。这种时间结构组成了包括感觉经验、思想、情感、记忆和欲望的人类生活的内在结构，所有这些则形成了生活的意义。李凯尔特认为，没有价值，我们便不复"生活"。这就是说，没有价值，我们便不复意欲和行动，因为它给我们的意志和行动提供方向。③ 由于教育与现代人类生活具有特殊联系，价值和意义也是教育的题中之意。教育政策活动既是人类社会生活的重要部分，同时又是以教育这种特殊的培养人的社会活动为自身的对象，价值与意义因此成为教育政策活动的基本要素，并往往对教育政策活动产生决定性的影响。

在现代国家中，教育早已伴随国家的发展而具有社会公共事务的性质，国家具有办教育、管理教育的权力和责任。因而，教育政策理所当然属于公共政

---

① 张国庆. 公共政策分析[M]. 上海：复旦大学出版社，2004.

② 刘复兴. 教育政策的价值分析[M]. 北京：教育科学出版社，2003：14.

③ 马克斯·韦伯. 社会科学方法论[M]. 韩水法等，译. 北京：中央编译出版社，1999：5.

策的范畴：由公共权力机关制定，是公共政策在教育领域的具体表现。教育政策是一种有目的、有组织的动态发展过程，是政党、政府等政治实体在一定历史时期，为了实现一定的教育目标和任务而协调教育的内外关系所规定的行动依据和准则。① 因此教育政策具有鲜明的政治性、阶级性、选择性和历史性，对教育实践的过程具有强制性的规制作用。

教育政策的本质是有关教育的政治措施，是有关教育的权利和利益的具体体现，是对教育利益的核心分配。② 这里蕴含了政策是对全社会的价值做权威的分配的主张，③ 它将教育权利和利益作为一种价值，并制定分配它的权威方案，但没有涉及如何生产价值的问题。教育政策作为一种价值的核心并不是分配教育权利和利益，而是对教育政策型价值的认定和建构——确保自己能被具有正当性地生产出来，通过这种生产实现对教育政策型价值的分配。因此，可将教育政策界定为，合法政党及其所在利益共同体以自己作为价值主体，和以教育作为价值关系，基于国家制度所确立的价值及其兑现体系。也就是说，教育政策本身是国家制度所确定价值的一种相对具体的表现形式。从价值主体的角度看，教育政策必须对作为其价值主体的公共的资格做出公开、具体、可检测的规定，确保教育政策型价值中不出现价值主体迷失。从教育政策型价值的构成看，即便有了公共作为价值主体，但是这种价值究竟具有什么样的形态及如何将其建构出来，却没有得到有效解决，解决这个问题依赖于价值主体通过自主选择和所构造的教育与客体建立价值联系，使得教育政策所描述的价值能被实质地建构出来。④

教育政策不仅描述了具有抽象具体意义的价值，而且运用价值逻辑规定的其实然具体表现形式，这决定了教育政策型价值是一个价值连续统，规定了其不同价值形态的价值内在联系，按照教育政策既能实质性的构造出具体价值，又能从实然具体价值出发推导出具有一般等价意义的抽象价值。作为价值兑现

---

① 张新平. 教育政策概念的规范化探讨[J]. 湖北大学学报(哲学社会科学版)，1999(1).

② 张新平. 简论教育政策的本质、特点和功能[J]. 江西教育科研，1999(1)：36-41.

③ 戴维·伊斯顿. 政治体系——政治学状况研究[M]. 马清槐，译. 北京：商务印书馆，1993：123.

④ 张远增. 公共政策执行评估学理[M]. 北京：中国社会科学出版社，2018：381-383.

的教育政策，不仅需要在内部能兑现价值，而且还需要使自己所表征的价值与价值世界的其他价值能建立起可价值通约的关系，使教育政策型价值同样具有国家制度所确立价值的意义。教育政策的表现形式是关于价值规划与价值生产规定的统一体。作为教育政策价值逻辑起点的教育政策型价值是最具抽象形式的价值，所描述的是国家制度所追求价值的抽象具体形态，这种抽象具体形态的价值在教育政策中采用的价值规划的方式确定，相应地形成这种价值所需要的主体资格也被确立起来，具有资格的主体只有自己参与这种价值生产才有得到这种价值的可能。显然，作为价值规划与价值生产规定统一体的教育政策，通过教育自身的生成性，激励主体以教育作为价值关系生产出以自己作为价值主体的价值，其本质是挖掘和创造教育利益。①

马克思主义的理论指出，利益是阶级社会的人们活动的最深刻的动力，是人们活动的自发的准则和行为规范，人的全部活动都是在追求某种价值目标，价值目标越大，越是同活动主体的需要相一致，人们所激发的潜能就越大。教育政策的本体形态——教育利益分配，主要是指各种形式的教育政策所共同具有的一致性的目的性特征。当我们对教育政策进行目的性考察时，所形成的认识就反映了教育政策的本体形态。在现实的教育政策实践中，形形色色的不同具体教育政策涉及各自不同的领域，有各自不同的目标，解决不同的政策问题。如果我们把各种具体教育政策目标加以归纳和概括，就会发现这些教育政策具有一个共同点，即它们都有一个一致性的目的性特征——在不同的主体之间分配教育利益：权力、权利、机会、经费、条件等。这个抛开具体的形形色色的教育政策而概括和抽象出来的目的性特征就是教育政策的本体形态。② 美国学者理查德·D. 范斯科德在论述教育政治学的学科意义时，具体涉及了教育政策的目的是进行教育价值分配的问题，认为教育政治学即通过政府的活动合法地借助权力在社会上分配（或分派）教育价值（或资源）的过程。③ 其中"合法地借助权力"即是说教育政策的制定要合乎法律和合乎道德。这些认识和理论都反映了公共政策包括教育政策进行价值或利益分配这一本体形态。

任何一项教育政策都是一种教育领域的政治措施。任何政治措施本身都代

①　张远增. 公共政策执行评估学理[M]. 北京：中国社会科学出版社，2018：384.

②　刘复兴. 教育政策的价值分析[M]. 北京：教育科学出版社，2003：37-38.

③　理查德·D. 范斯科德等. 美国教育基础——社会展望[M]. 北京师范大学外国教育研究所译. 北京：教育科学出版社，1984：71.

表或蕴涵着政府对于教育事务和教育问题的一种价值选择——做什么或不做什么、鼓励什么或禁止什么的一种价值选择。正如托马斯·戴伊所说："凡是政府决定做或不做的事情就是公共政策。"①因而在现象层面上，教育政策的基本价值特征是由政策的价值选择来表征的，即一项教育政策做出了什么样的价值选择。教育政策的价值选择是教育政策制定者在自身价值判断基础上所做出的一种集体选择或政府选择。它蕴涵着政策制定者对于政策的期望或价值追求，体现了政策系统的某种价值偏好，表达着教育政策追求的目的与价值。教育政策的价值选择既包括观念中的选择，又包括实践活动中的选择。观念中的选择是政策价值目标的确定，实践活动中的选择是政策过程中价值目标的实现和获得。因此，教育政策的价值选择是一个过程，包括目标的选择、手段的选择和结果的选择，例如，教育政策问题的认定、政策目标的确立、政策方案和手段的选定、政策评价标准的确立等。因此，在教育政策过程层面上，任何教育政策都要追求顺利、经济地解决教育问题，分配教育利益，调整和理顺教育领域的社会关系。② 这样一个过程，从价值的角度来看，就是政策目标完整、真实地转化为政策结果的过程。政策的成功或政策的失败、失真实际上就取决于政策过程是否有效地实现了政策目标到政策结果的转化，也就是取决于政策过程中获得价值选择和实现价值选择的政策行为过程的有效性。有效性表明理想的教育政策价值目标的确立和政策目标完整转化为政策结果所需要的条件和规范。教育政策有效性是一个与教育政策过程相联系的问题。教育政策的有效性主要是在价值层面上关注教育政策行为过程的性质，它主要指教育政策价值选择的有效获得和价值选择的有效实现，在结果和过程之间不仅重视政策的结果还更关注政策的过程。

由此可见，教育政策是在教育领域实施的公共政策，其调整的是教育领域的社会关系，解决的是教育领域的公共问题。作为连接政府和教育的纽带，教育政策的价值特征应该由分属于不同社会领域的政治领域和教育领域共同制约。教育政策的价值特征是政治价值与社会的教育理想和教育需要之间博弈的结果。教育政策的价值选择、有效性是从形式上描述、认识教育政策价值特征

① Thomas R. Dye. Understanding Public Policy[M]. Englewood Cliffs, N.J.：Prentice-Hall Inc，1987：2.

② 刘复兴. 教育政策的价值分析[M]. 北京：教育科学出版社，2003：48.

的两个抽象的向度。不同的具体教育政策在不同的向度上具有不同的实质性内容，这些实质性的内容是由特定的政策问题、政策价值观、教育政策的特殊性以及不同的教育社会定位来规范和决定的。

二、教育政策的过程分析

政策过程主要是指发展、形成、执行、发布、监督和评价政策等一系列显著性的工作，[1] 关注的主要是政策制定的动态过程中，公共问题的产生和发展以及在问题发展过程中各种不同要素的影响。尽管政策过程研究也关注政策内容分析，但是其主要兴趣是剖析对政策规划的各种影响因素。在对具体公共问题或政策领域进行分析时，政策过程分析的重点是在特定组织、社区或社会中影响政策的要素。[2] 教育政策属于公共政策的一个部门或领域政策。教育政策是与人们获取知识和职业技能的过程有关的政府法规与程序。[3] 一般来讲，可将教育政策过程界定为从发现教育问题到教育政策方案出台、教育政策合法化、教育政策实施和教育政策评估等一系列的功能活动所组成的动态过程，具体包括了教育政策问题界定、设置议程、设计方案、预测结果、比较和抉择方案、方案的合法化、政策实施、政策评估和反馈等环节。这些环节及其功能活动构成了一项教育政策的"生命周期"。其中，设计方案、预测结果、比较和抉择方案以及方案的合法化过程可以看作广义的政策决策和合法化过程。因此，教育政策过程又可简化为教育问题界定、议程设置、政策决定与合法化、政策执行和政策评估五个基本阶段。这一过程各个环节具有内在的逻辑关系，各个环节功能活动相互影响、相互制约。

(一)教育政策制定过程

政策制定是教育政策运行过程的第一个阶段，也是很重要的一个阶段。教育政策制定，是与执行、变迁、评估等其他教育政策环节相对而言的独立阶

---

① Anna Yeatman. Activismand the Policy Process, StLeonards, N. S. W. : Allen& Unwin, 1998：21-22.

② 米切尔·黑尧. 现代国家的政策过程[M]. 赵成根，译. 北京：中国青年出版社，2004：2-3.

③ E. R. 克鲁斯克，B. M. 杰克逊. 公共政策词典[M]. 唐理斌，译. 上海：上海远东出版社，1992：97.

段,① 它指的是有关政府部门为解决某一公共教育问题或实现某一教育理想目标而选择工具和手段的过程,具体可以分为教育政策触发机制的选择、教育政策议程的设置、教育政策规划与抉择、政策合法化等阶段。

　　教育政策制定的过程很复杂,有时某个阶段并不明显,或各阶段之间是循环的。一个社会的教育应该追求什么样的行为准则和价值规范,就意味着政府的公共教育政策应该追求什么样的教育目的和价值。这一看上去十分简单的问题,长期以来却一直困扰着政策科学和教育领域的研究者。问题是教育政策制定的出发点,但是,并不是所有的教育政策制定,都是从问题的认定开始的。有的教育政策的出发点不是现实的政策问题,而是一种主观建构的教育理想,是对未来教育的一种应然判断。某些社会问题沉淀和积累到一定程度,引发对某一政策问题的关注,这在一般的公共政策教材中被称为政策制定的"问题界定"阶段。但对那些由某一政策理想引导和驱动的教育政策来说,启动政策议程的可能主要是政府和学校的某种信仰、憧憬和愿望。② 从政策实践角度,问题确认或理想构建,都可以认为是一种政策触发机制,因而存在问题导向的政策制定和理想导向的政策制定。这是教育政策过程分析的两个不同逻辑起点。

　　教育政策问题是公共政策问题的一个组成部分。在教育政策研究中,教育政策问题即社会上一部分人对教育产生了新的需求或不满,于是便想通过政府行为来加以解决或予以调整。当然,有的问题也可以是政府部门主动寻找的,一旦问题得到解决,将会为其增加政绩。由此可见,教育政策问题的定义既可以是自上而下的过程,也可以是自下而上的过程。林小英认为,问题来自教育现象,在每种教育政策现象中,都可以发现这样几个重要因素:政府、需求、冲突和价值。只要政策过程的某一环节出现阻滞,我们实际上就能看到相互冲突的需求没有得到协调的解决。拥有公共权威的教育行政部门在协调相互冲突的需求时,通常也会提出自己的价值倡导,从而让与所倡导的价值相容的需求得到满足,对其他需求则进行相应的调适。这就是教育政策问题及其产生的根源。③

---

　　① 陈学飞. 教育政策研究基础[M]. 北京:人民教育出版社,2011:136-139.

　　② 陈学飞. 教育政策研究基础[M]. 北京:人民教育出版社,2011:140.

　　③ 林小英. 理解教育政策:现象、问题和价值[J]. 北京大学教育评论,2007(4):44-45.

美国学者邓恩强调政策问题构建在整个政策过程中的重要性，他认为，通过恰当的问题，有些看起来无法解决的问题能够重新建构，进而会凸显问题的解决方案。① 社会上有很多问题，但不是所有的问题都可以进入政策的议程，一般是要从问题成为公共问题，再由公共问题成为政策问题，最后合法地进入政策的议程，建立政策决策。② 议程设置是政策制定过程中起始阶段的功能活动。其重点在于如何认定政策问题的内涵，及公共问题如何透过各种途径进入政府部门，成为决策者必须考虑制定政策的功能活动。托马斯·戴伊指出，"界定社会问题与提出不同的解决方法——设置议程——是政策制定过程最重要的阶段"③。

教育政策议程启动之后，教育政策问题即进入教育政策议程，成为政府或教育行政部门真正要解决的问题。从时间序列上来看，教育政策方案的设计、评估和选择是解决教育问题最关键的环节，"政策方案设计是政策制定中的实质性步骤，也是政策规划中的中心环节"。④这个环节起着承上启下的桥梁作用，不仅对教育政策制定过程的教育政策问题确认阶段、教育政策议程启动阶段具有重要意义，而且，教育政策方案直接影响教育政策执行和评估阶段的实效，从根本上，直接关系到教育问题是否能得以解决。

政策的合法化阶段被视为公共政策决策的最后阶段，是一个在利益集团和政府官员之间进行交易、竞争、说服和妥协的过程。对教育政策制定过程来说，在经过了教育政策方案的选择之后，并非意味着教育政策制定过程的终结。为了保证所选择的教育政策方案的权威性和合法性，已选择的教育政策方案还须经过一定的行政或法律程序，取得合法地位，只有这样的教育政策方案才能付诸实施，才是真正意义上的教育政策。在我国，教育政策的合法化包含两方面意义：一是教育政策的法律化，指国家有关的政权机关依据法定权限和程序所实施的一系列立法活动；二是教育政策的合法性，指国家有关政权机关

---

① William N. Dunn. Public Policy Analysis: An Introduction [M]. New Jersey: Prentice Hall, 1993: 2-3.

② 张国庆. 现代公共政策导论[M]. 北京：北京大学出版社，1997：121.

③ Thomas R. Dye. Understanding Public Policy [M]. Upper Saddle River, NJ: Prentice Hall, 2001: 36.

④ 宁国良. 公共利益的权威性分配——公共政策过程研究[M]. 长沙：湖南人民出版社，2005：90-91.

遵循一般已确立的原则或一般所接受的标准，对教育政策方案的审查活动。①

政策制定是一个反反复复的过程，我国的教育政策制定过程由传统的自上而下向自上而下与自下而上相结合的方向转变。当前的教育政策制定研究，基本遵循了阶段启发的研究思路，将教育政策制定过程视为一种基本的程序和过程，即教育政策制定需要经过教育政策问题的认定、教育政策议程的设置、教育政策决定和教育政策表达与合法化等几个阶段。与其说教育政策制定过程是一个以最小代价取得最好效果的理性主义的科学过程，不如说是一个协商的政治过程，是一个各方面利益的平衡与讨价还价的过程，是一个权力角逐的过程，本质上是一个政治博弈的过程。

（二）教育政策执行过程

政策执行是传统理解上的完整政策过程中的第二大阶段和环节，一般认为是教育决策的贯彻过程。教育政策一旦制定并以律法或其他形式合法地公之于众后，即进入政策执行阶段。艾利森曾指出"在实现政策目标的过程中，方案确定的作用只占10%，而其余的90%取决于政策执行"②。教育政策执行有广义与狭义之分。广义的教育政策执行被认为是从教育问题认定、教育问题建构、教育政策分析、教育政策执行、教育政策评估、教育政策终结到教育政策检讨等的全部过程；狭义的教育政策执行专指"教育主管机关制定完成之教育政策、教育方案、教育预算及教育计划，在教育组织、教育人力及教育资源限定下，某段时间所实行的教育政策"。③ 然而，不同学者对教育政策执行的认识视角不一，袁振国认为教育政策执行是教育目标的实现过程。④ 孙绵涛则认为教育政策执行是一种实践性、综合性、具体性和灵活性比较强的教育实践过程。⑤ 因此可界定，教育政策执行是教育政策执行主体在教育政策颁布和付诸实施以后，借助积极的、具体的、灵活的策略实现教育政策内容，达成教育政策目标的动态复杂的过程。

教育政策旨在解决教育问题，而现实教育问题的复杂性、教育环境与教育系统发展的不确定性，使教育政策执行面临诸多困难与问题，也考验政策执行

---

① 袁振国. 教育政策学[M]. 南京：江苏教育出版社，1996：114.

② Allison G. Essence of decision[M]. Boston：Little, Brown and Company, 1971.

③ 张芳全. 教育政策导论[M]. 台北：五南图书出版有限公司，2001：267.

④ 袁振国. 教育政策学[M]. 南京：江苏教育出版社，1998：179.

⑤ 孙绵涛. 教育政策学[M]. 武汉：武汉工业大学出版社，1997：145.

者的执行能力和实践智慧。教育政策执行即将抽象具体形式的教育政策行价值用等价的实然具体形式的教育政策型价值展现出来,其本质就是构造教育政策链,是教育政策型价值的逻辑展开。① 不同的主体会根据自身的价值认知能力及需要,采取不同的策略和途径,通过教育政策执行获得自己所追求的教育政策型价值。随着教育政策执行的理念不断更新,政策执行的研究与实践表现为三种不同的价值取向:自上而下的政策执行,自下而上的政策执行,政策网络执行。

自上而下的政策执行是 20 世纪 70 年代政策执行研究的主流,其研究途径强调政策制定者的优越性地位,政策执行必须承上级之意执行。这一阶段的特点,强调政策制定与政策执行的分立,政策制定者决定政策目标,政策执行者实现目标,两者是分立的,同处于上令下行的指挥体系之中。自上而下的研究途径容易忽视越来越多元化社会中的广泛参与者的声音,其中的几种教育政策执行的理论模式已不能反映实际的执行情况,为纠正这种理论上的缺陷,20世纪 70 年代后期至 80 年代早期自下而上的研究途径应运而生。自下而上的研究途径强调应该基于基层组织或地方执行机关自主裁决权,重视低层行政人员对政策意义的影响力及其能够应付复杂的政策情境的特性,主张政策方案必须与执行人员的意愿、行为模式相配合。上级决策制定者的核心任务并不是设定政策执行的框架,而是提供一个充分自主的空间,使基层组织和地方执行机关能够采取适当的权宜措施,重新建构一个能够适应执行环境的政策执行过程。这一阶段的特点,是强调政策制定与政策执行功能的互动性,政策制定者与政策执行者共同协商政策目标的达成,两者是平行互动的合作关系。② 政策网络执行,是指在政策执行过程中,政策过程参与者的多个组织或个人之间相互依存形成的一种网络状结构。③ 政策网络执行强调在政策研究时,将所有参与政策执行的主体都纳入分析。政策网络所蕴含的资源依赖、多方参与和平等互动等理念和机制,对于教育政策的执行,包括政策执行的问题分析、效果分析等,都具有重大意义和应用前景。

---

① 张远增. 公共政策执行评估学理[M]. 北京:中国社会科学出版社,2018:392-393.

② 陈学飞. 教育政策研究基础[M]. 北京:人民教育出版社,2011:208.

③ 范国睿,杜成宪. 教育政策的理论与实践[M]. 上海:上海教育出版社,2011:133-137.

教育政策执行是整个教育政策过程中的重要阶段。按照"政治—行政"二分法，如果政策规划主要是政治过程的话，政策执行则主要是行政过程。教育政策执行是由一连串的行为构成的，是一个有组织的、动态的发展过程，包括教育政策宣传、教育政策分解、教育政策资源整合、教育政策实验、教育政策全面实施与推广等阶段，依序运行。

(三)教育政策监测与评估

教育政策在执行过程中总会受到政治、经济和社会因素的多重影响，各利益相关者也会在教育政策执行过程中为了追求"利益最大化"而进行利益博弈，最终影响教育政策的顺利、有效实施。为了及时、准确地了解教育政策的执行情况以及各利益相关者对教育政策的反应，需要加强对教育政策的监测与评估。

在政策研究领域，监测一词常用于描述系统收集数据，以便告知决策者、管理者及其他利益相关者一项新政策或规划的实施是否符合其预期的过程。教育政策监测是对教育政策实施过程的监管，是监测主体借助系统反馈的控制过程，依照法定的权限和程序，通过科学的方法对教育政策实施过程进行观察和检测，关注教育政策实施后出现的变化，衡量并纠正教育政策实施过程中的偏差，或是调整政策目标和内容，加大执行力度，重新配置资源等，从而保障教育政策实施效果和政策目标的达成。[1]

教育政策评估是政策评估在教育领域的应用，是教育评估的一个重要组成部分。那格尔强调将政策评估看作一种系统的分析活动，评估者通过收集信息、运用定性与定量相结合的方法分析政策方案，确认各种方案的现实可行性及优缺点，供决策者参考。沃利将政策评估看作对政策效果的审视，认为政策评估是评价一项国家政策在实现其目标方面的整体效果，或者是评价两个或更多方案在实现共同目标方面的相对效果。[2] 我国台湾学者林水波、张世贤将政策评估看作是对政策全过程的信息搜集与评估过程，他们认为政策评估是有系统地应用各种社会研究程序，搜集有关资讯，用以论断政策概念与设计是否周全完整，知悉政策实际执行情形、遭遇的困难，有无偏离既定的政策方向；指

---

① 范国睿，杜成宪. 教育政策的理论与实践[M]. 上海：上海教育出版社，2011：164.

② Wholey J S. Federal evaluation policy. Washington, DC：Urban Institute，1970：25.

明社会干预政策的效用。①

教育政策监测强调对政策实施过程进行客观描述，是一种事实判断。教育政策评估则是指根据教育政策所要达到的目标，按照一定的标准，通过一定的程序和方法，对教育政策问题确认、教育政策制定、教育政策执行及对教育政策实施过程及其效果进行事实判断和价值判断的过程。② 也就是，教育政策评估是以教育政策监测结果为事实依据，它是一个贯穿教育政策周期的动态发展的活动过程。教育政策监测与评估作为一种对教育政策的实施效果及价值进行判断的一种政治行为，是教育政策运行过程中的重要一环，既是教育政策系统的有机组成部分，也是教育政策执行评估的基本依据。

第三节　乡村教师补充的政策过程

2021 年 1 月 4 日，中共中央国务院中央发布《关于全面推进乡村振兴加快农业农村现代化的意见》。该文件指出，民族要复兴，乡村必振兴。全面建设社会主义现代化国家，实现中华民族伟大复兴，最艰巨最繁重的任务依然在农村，最广泛、最深厚的基础依然在农村。习近平总书记在 2018 年全国教育大会上明确提出"教育是国之大计、党之大计"这一重要论断。总书记还说：教育是民族振兴、社会进步的重要基石，是功在当代、利在千秋的德政工程，对提高人民综合素质、促进人的全面发展、增强中华民族创新创造活力、实现中华民族伟大复兴具有决定性意义。众所周知，乡村振兴的根本在于乡村教育的振兴，教育先行，才能为乡村振兴注入"源头活水"。乡村教育是在"乡村振兴"进程中的教育，是实现中华民族伟大复兴道路上的一项新的重大任务。乡村教育振兴是乡村软实力的振兴。教育是民族振兴、社会和谐的基石，也是传承文明、促进繁荣的基石。随着知识经济的深入开展，知识越来越成为经济社会发展的决定性因素，教育的基础性、先导性地位和作用更加凸显。乡村教育在乡村振兴中具有不可替代的基础性作用。它既承载着传播知识、塑造文明乡

---

① 林水波，张世贤. 公共政策[M]. 台北：五南图书出版有限公司，1984：499.
② 范国睿，杜成宪. 教育政策的理论与实践[M]. 上海：上海教育出版社，2011：179.

风的功能,又能为乡村建设提供人才和智力支撑。① 教师是发展乡村教育的基础支撑,是推进乡村振兴的重要力量。振兴乡村教育,必须加强乡村教师队伍建设。乡村教师是乡村教育的灵魂,没有乡村教师的坚守和素质的不断提升,振兴乡村教育的目标将难以实现。同时,包括补充政策在内的乡村教师政策,为乡村教育振兴提供了有力支撑。

一、乡村教师补充政策概说

教师补充,可以理解为因教师资源的不足或损失而加以补足和充实。由此,教师补充一方面可理解为在现有师资力量基础上根据教育发展的需要,例如教师队伍的现实缺口(包括数量缺口和质量短板),以各种方式和手段进一步充实教师队伍;另一方面可理解为针对缺乏给予补足,特别是数量意义上的补充吸纳。如在本书第一章所述,乡村教师补充是指根据乡村教育发展需要,在一定的教师质量要求(教师任职标准)基础上为乡村学校补充足够数量且具有相应资质的教师。这一"补充"包含量与质两个方面,不仅指向数量的增加,更指通过对优秀的乡村教师的纳新达到加强农村教师队伍建设的目的。② 即为满足乡村教师队伍的优化需要,应提倡乡村教师补充机制,通过各种手段和途径,引进新的教师,吸纳更多的优秀人才到乡村教育岗位。这就不仅仅是强调符合"准入制度"要求,而是更强调乡村教师队伍建设过程中对优秀人才的"吸引"。而这种积极的补充,可以延伸到特殊的职前培训项目、教师保留和退出等方面。③ 具体而言,乡村教师补充包含乡村教师的职前培养、新教师招聘、教师保留及不合格教师(或因其他原因无法正常服务的教师)的退出等环节的工作。

教师补充政策属于教育政策的范畴,而教育政策是公共政策的一种。公共政策就是政府(政党)为实现公共利益的最大化,而对其行为准则与行动方式所做出的一系列选择和决定。教育政策作为公共政策的重要组成部分,体现了国家对公共教育目标的关注和选择,是政党、政府等政治实体为实现一定时期

---

① 董丽娟. 乡村振兴 教育先行[J]. 文化学刊,2018(11):134-136.

② 周湘晖. 农村中小学教师补充问题研究[D]. 长沙:湖南大学,2012:11.

③ 李桂荣. 优化农村教师资源建立积极的"退出"与"吸入"机制[J]. 河南教育学院学报(哲学社会科学版),2008(2):4-6.

的教育目的和任务，依据其对公共教育问题的取舍而做出的一系列行动规则和决定。乡村教师补充政策就是政府（政党）为改善乡村教师队伍建设，依据教师补充工作中的核心任务而制定的一系列行为准则与行动安排。依据前文对教师补充的理解，可将乡村教师补充工作中的核心任务大致分为两类，一是增量调整任务，即教师引进工作，其结果是数量缺口的弥补和教师规模的扩大；二是存量补充任务，即教师交流工作，即通过教师队伍的流动和辐射，使乡村师资力量得到了合理配置。因此，从结构上看，乡村教师补充政策包含了乡村教师引进政策与乡村教师交流政策两个部分，同时还涵盖了围绕这两项任务而展开的一系列配套政策。总之，乡村教师补充政策涉及教育政策的整个周期，涉及教师补充政策的制定、执行、评估、调整与终结。乡村教师补充政策的目的是探究教师补充机制为何制定、如何制定、效果怎样以及政策与效果之间的关联等问题。乡村教师补充政策机制是否合乎规定、教育政策目标是否达成、教育政策效果究竟如何等问题。

二、乡村教师补充政策取向

从教育政策的本质上看，教育政策的制定与实施过程反映了政策主体的利益整合与表达，其中，教育政策的价值取向既是主体的重要组成部分，也是主体的一种重要特征，它对主体的价值选择具有直接决定或支配作用。在教育政策的制定、执行和评估过程中，不同的主体各有其价值取向。这里主要从教育政策制定层面探讨作为政策制定主体的政府以及教育主管部门的价值取向。决策主体是国家利益的至高代表，其价值取向常常具有很强的政治性，政权的维护是其首要的利益，而教育的利益尽管是决策者需要考虑的，但在与政治利益冲突时就不可能最大化。政府以及教育主管部门，其政策行为也需要考虑公众的利益，使其政策的价值取向具有合目的性与合规律性的统一，即最终需要追求国家发展与教育发展的统一。[①] 作为乡村教师补充政策的决策主体，政府及教育主管部门首先代表的是国家的利益，但同时它也代表了社会大众的利益。具体来看，乡村教师补充政策所体现的政府及社会大众对乡村教师补充和配置的价值追求主要体现为关注乡村教师资源的均衡配置和乡村教师教学能力水平

---

① 祁型雨．教育政策价值取向的几个基本理论问题探讨［J］．沈阳师范大学学报（社会科学版），2006，3（3）：9-13.

提升。

教育资源的均衡配置是确保教育公平的应然追求，教育公平中的起点公平、过程公平及结果公平①，教育资源的均衡配置在其中具有举足轻重的地位。每一个体对教育资源的配置和教育机会的供给合理性的认识与价值判断，正是他们判断教育是否公平的重要依据。②《中华人民共和国教育法》第三十六规定：受教育者在入学、升学、就业等方面依法享有平等权利；第三十七条规定：国家、社会对符合入学条件、家庭经济困难的儿童、少年、青年，提供各种形式的资助。《中华人民共和国义务教育法》第二十三条也指出，各级人民政府及其有关部门应保护学生、教师、学校的合法权益。因此，乡村教师补充工作的有效开展，从师资上来说，对确保乡村学生接受良好的教育权利有着重要作用。保障乡村学生的受教育权，追求教育公平，必须保证起点公平，当下乡村学生起点本身就比城市学生要低，对学校而言尤其表现在乡村教师师资短缺和师资素质不高上，那么相应也就迫切需要补充优秀的乡村教师。其中，教师的教学能力是影响乡村教育质量的关键因素。为此，乡村教师补充政策必然关注到乡村教师教学能力的提升。总之，实现教育公平，提高教育质量，走向城乡教育均衡发展，办好每一所学校，教好每一个学生，是当前我国乡村教育事业发展的价值追求。

教育是公益性事业，这是当前社会对教育利益属性和价值特征最基本的判断也是从利益归属、资源配置等方面对教育规律最基本的概括。《义务教育法》明确规定，义务教育是国家必须予以保障的公益性事业。《国家中长期教育改革和发展规划纲要》明确要求，坚持教育的公益性和普惠性。教育的公益性是指教育所提供的产品或服务应该为全体社会成员共同占有，而不是被某一个人或某一个利益集团单独享用。当前乡村教育投入所体现的公益性程度不够，造成城乡之间的教育尤其是义务教育发展不平衡。政府应该切实承担起保障教育公益性和社会公平的最基本责任，让乡村教育投入回归公益性。乡村教育投入包括乡村教师的投入，即乡村教师的补充。优质教育资源不应该被城市师生独享，乡村师生也应该享受和城市师生同样的优质教育资源，这就要求政

① 解韬．近年来我国教育公平研究综述[J]．现代大学教育，2009(2)：20-26.
② 何孔潮，杨晓萍．关怀与理性：教育公平与教育效率的共生[J]．上海教育科研，2011(7)：29-33.

府的乡村教育投入应该对农村地区进行倾斜，加大乡村教师的补充力度。

乡村教师补充政策不止是一种教育政策，实质是一种社会公共政策。教育政策是权力结构的反映，是利益协调的产物，也是资源分配的行动过程。乡村教师补充政策的价值取向在权力运作、利益协调及资源分配方面呈现了一定的特点，体现了一定的原则和倾向，这样的价值取向在政策目标和内容中都有明显的体现。特定的教育政策体现了政策主体一定的价值取向，而政策的价值取向同时也是一种利益倾向。① 由于不同的政策主体存在利益分歧，因此，乡村教师政策的制定和实施必然要协调各方面的利益诉求，而既定政策的出台也将反映各种利益平衡的结果，最终为促进乡村教育的发展提供了一定的政策保障。

三、乡村教师补充政策过程

21 世纪以来，随着国家整体经济实力的显著增强和政府财力的快速增长，国家对教育事业发展的供给能力日益强化，教育事业发展中的责任分担也随之发生了明显的变化，教育逐渐由"人民教育人民办"转为"人民教育政府办"，政府在乡村教育发展中所承担的责任愈发重要。因此，在乡村教师补充政策的实施过程中，政府层面的支持力度也上升到了一个新的高度，为了更好、更公平地推进乡村教师补充工作，中央和各省级政府在统筹全国教育均衡发展方面承担越来越重要的责任。② 随着全国各地不断深入探索乡村教育补充政策的实践，新的教师补充方式也在探索中日臻成熟，这为教师补充新政策的全面实施创造了良好的条件。为协调全国各地的乡村教师补充工作，全面推动乡村教师补充问题的有效解决，中央政府开始就相关工作进行顶层布局，新的乡村教师补充政策开始在全国范围内推广实施，乡村教师补充政策的新格局开始逐渐形成。

2006 年至 2008 年间，是我国乡村教师补充政策新格局的形成时期。在此期间，我国乡村教师补充的新政策开始在全国范围内推广实施。为了能够解决长期以来农村地区义务教育师资短缺问题，有效促进农村义务教育的快速发

① 祁型雨. 教育政策价值取向的几个基本理论问题探讨[J]. 沈阳师范大学学报(社会科学版), 2006, 3(3): 9-13.

② 汪曦. 农村教师补充政策有效性研究[D]. 武汉: 华中师范大学, 2015: 5.

展，从国家层面来说，积极推行"特岗教师计划"政策，目的是将应届大学生引进乡村，补充乡村教师数量不足、质量水平低等问题。① 2006 年 5 月 15 日，随着《教育部、财政部、人事部、中央编办关于实施农村义务教育阶段学校教师特设岗位计划的通知》的颁布，"特岗教师计划"开始在全国范围内推广，这是我国乡村教师补充新机制探索在这一时期的最主要成果。通过"特岗教师计划"的全面实施，能够逐渐提高农村的整体师资水平与质量，在一定程度上缓解乡村师资紧张的困境局面，实现乡村教育的稳定、健康发展。

对师范教育的改革是乡村教师补充政策调整的重要内容，基于师范教育在教师补充渠道上的"失灵"和弱化，以及师范教育收费制改革后产生的一系列问题，为提升师范教育的培养质量，更好地推动师范教育面向农村基层，并吸引更多的高水平人才前往乡村任教，国家开始重拾师范生免费政策的发展思路，以求通过免费政策激励促使更多的高水平人才报考师范教育，并通过相关的制度约束来确保师范毕业生献身教育事业，并为乡村教育作出积极的贡献。② 2007 年 5 月 9 日，即"特岗教师计划"实施的第二年，《国务院办公厅转发教育部等部门关于教育部直属师范大学师范生免费教育实施办法(试行)的通知》，标志着免费师范生政策的实施，形成了与"特岗教师计划"相配合政策安排，在不同的培养层次和制度上形成了对乡村教师补充工作的立体化保障。除了在教师引进政策上的革新和探索外，国家也在同步推进城镇教师支援乡村教育工作，积极探索和改革城乡教师交流机制，并通过相应的政策安排推动了教师交流方面的制度建设。

2009 年以来，促进义务教育均衡发展成为我国教育事业发展中的重要命题，2010 年 1 月 14 日，《教育部关于贯彻落实科学发展观进一步推进义务教育均衡发展的意见》的颁布推动了我国义务教育均衡发展事业发展新局面的开启。次年 3 月，教育部与首批 15 省(自治区、直辖市)签署义务教育均衡发展备忘录，从而推动了义务教育均衡发展由政策到实践的全面进展。③ 在此背景下，对乡村教师补充工作的关注和重视也被提升到一个新的高度。众所周知，教师队伍的建设是乡村教育发展的关键，要实现义务教育的均衡发展，其关键

① 王洁玉. 广西农村中小学教师补充机制的政策研究[D]. 南宁：广西师范学院，2015：6.

② 汪曦. 农村教师补充政策有效性研究[D]. 武汉：华中师范大学，2015：5.

③ 汪曦. 农村教师补充政策有效性研究[D]. 武汉：华中师范大学，2015：5.

就在于实现城乡教师队伍建设的均衡发展，基于此，围绕城乡教师队伍建设均衡发展政策调整和实践工作也开始全面展开，这就给乡村教师补充政策的进一步深化和改进提供了新的契机，从而推动了农村教师补充政策的调整和深化，并促进了农村教师补充机制的不断创新。"深化、发展与创新"是这一时期的农村教师补充政策调整的重要特征，借助义务教育均衡发展的政策推动，并在前一阶段政策实施成果的基础上，这一时期的农村教师补充政策调整出现了一些新的特点和趋势：各项教师补充政策的实施力度进一步扩大；政策之间的衔接与配合进一步加深；制度创新不断推进，配套措施建设逐步完善。

　　2010 年 7 月 29 日，国家中长期教育改革和发展规划纲要工作小组办公室发布《国家中长期教育改革和发展规划纲要（2010—2020 年）》（以下简称"《纲要》"）。《纲要》明确指出，教师队伍建设要以乡村教师队伍建设为重点，努力提高乡村教师的素质，创新乡村教师补充机制，完善有关的制度政策，吸引更多的优秀人才进入乡村教师队伍。2015 年 6 月，国务院办公厅出台《乡村教师支持计划（2015—2020 年）》（以下简称《计划》），从全面提高乡村教师思想政治素质和师德水平、拓展乡村教师补充渠道、提高乡村教师生活待遇、统一城乡教职工编制标准、职称评聘向乡村学校倾斜、推动城镇优秀教师向乡村学校流动、全面提升乡村教师能力素质、建立乡村教师荣誉制度八个方面提出明确的战略规划和具体实施措施。[①] 此后，党和国家连续颁发了如《全面深化新时代教师队伍建设改革的意见》《中国教育现代化 2035》和《关于加强新时代乡村教师队伍建设的意见》等文件。内容涵盖：乡村教师队伍建设的数量补充、准入和招聘、素质提高、编制管理、县管校聘、城乡一体配置、职称（职务）评聘、培养培训、地位待遇、荣誉制度和职业成长等。至此，我国乡村教师补充的政策布局已基本完成。不仅如此，全国各省（自治区、直辖市）相继发布了相应的政策实施意见，全国各县（市、区）也颁发了相应的操作措施，以解决和满足乡村教师队伍建设的需要。我国乡村教师补充政策的实施，对于解决当前乡村教师队伍建设领域存在的突出问题，吸引优秀人才到乡村学校任教，稳定乡村教师队伍，带动和促进教师队伍整体水平提高具有十分重要的意义和社会价值。

---

　　① 吁佩．公共政策视角下《乡村教师支持计划》实施成效研究[D]．武汉：华中师范大学，2018：5.

乡村教师的补充方式在实践中是丰富多样的，与之相关的乡村教师补充政策也是一个庞大的政策集群。不同的乡村教师补充方式，在不同的历史阶段呈现出不同的特点。从政府层面来看，乡村教师补充方式可划分为补充类型与时间长短两个维度。补充类型可进一步分为教师引进与教师流动两类。其中教师引进主要包含师范教育的补充方式，尤其是通过中等师范教育和初等师范教育为农村中小学培养和补充教师；和政策引导下的教师补充机制，如前面提到的免费师范生、特岗教师计划等。时间长短，即补充教师的留任期时间，可进一步分为长期方式与短期方式两种。长期方式所补充的教师能够在一个较长的周期内前往乡村学校任教，其参与者一般都具有正式的教师资格，其补充效果也更具长效性，如农村特岗教师计划等；短期方式所补充的教师则留任期较短，带有志愿服务、支援乡村的夜店，具有临时性、过渡性、实习性等特点，如"三支一扶"中的支教方式以及近年来兴起的顶岗实习方式等。

值得注意的是，乡村教师补充的政策过程是一个较为复杂的系统工程，其中涉及政策制定者与政策目标群体的互动、政策执行环境的变量关系、政策本身与政策执行评估主客体的推动关系。乡村教师补充政策的有效实施，就是要惠及乡村教师，使乡村教师"教得好，下得去，留得住"，并进一步解决乡村教育的问题。乡村教师补充政策的有效实施反映了国家对农村教师补充问题的重视程度的不断加深，尤其是对教师补充质量及水平的关注，更是反映出国家在推动农村教育向更高水平迈进方面的决心和意志。

第四章 乡村教师补充的政策分析

我国乡村教师补充政策是一个动态的历史发展过程，当前的乡村教师支持计划是在原有政策的基础上，在新的历史环境中，为适应乡村振兴计划，解决制约农村发展瓶颈的"三农"问题，顺应时代发展潮流所做出的修正、完善和补充。回顾自中华人民共和国成立以来乡村教师补充政策的发展历程，其重点是考察政府对乡村教师在补充渠道、师资待遇、职称评聘、教师培训等方面的投入与优惠倾斜力度，如何扭转"下不去、留不住、教不好"的困局，让更多的优秀教师扎根农村教育事业，需结合具体时代背景对我国乡村教师补充政策做必要分析。

第一节 乡村教师补充的政策背景

一、乡村教师补充的现实背景

"十年树木，百年树人""教育兴，则国家兴"，从古今中外的历朝历代来看，一个国家、一个民族兴衰成败取决于教育，而教育的核心要义在于教师。习总书记指出：百年大计，教育为本。教育大计，教师为本。国家繁荣、民族振兴、教育发展，需要我们大力培养造就一支师德高尚、业务精湛、结构合理、充满活力的高素质专业化教师队伍，需要涌现一大批好老师。今天的学生就是未来实现中华民族伟大复兴中国梦的主力军，广大教师就是打造这支中华民族"梦之队"的筑梦人。① 我国是一个农业大国，农村人口占全国人口 70%。农业、农村、农民(三农)问题是关系着经济发展、社会稳定、国富民强的大

---

① 习近平. 教师是打造中华民族"梦之队"的筑梦人[EB/OL]. (2014-09-10)[2021-01-08]. http://theory.people.com.cn/n/2014/0910/c40531-25630470.html.

问题，是党和国家一直以来十分关心和重视的大事。农业，主要指农业产业化的问题，如何提高农业劳动生产率，以市场为导向，解决购销体制不畅的问题，应对世界其他国家集约型农业的挑战，是当前我国农业所面临的严峻形势；农村，主要是与城市相比，形成的城乡之间在经济发展、文化提升方面所带来的二元分割的差异；农民问题是核心问题，农民的科学文化素质关系到国泰民安、国民幸福。提升农民的科学文化素质靠什么？靠广大乡村学校的乡村教师。无论哪一个国家，都曾面临过乡村教师发展的有关问题，数量的急剧短缺、质量的有待提升这一客观现实都是乡村教师、乡村学校、乡村教育所面临的严峻问题。

如何成为中国农村教育的"筑梦人"，实现中华民族伟大复兴梦，需要千千万万"传播知识、传播思想、传播真理，塑造灵魂、塑造生命、塑造新人的"[①]人类灵魂工程师。2008 年发展报告指出，农村中小学教师 514.72 万人，占全国中小学教师总数的 49.3%。2006 年，中国普通中小学教师总数为 1043.83 万人，其中小学教师人数为 558.76 万人，初中教师人数为 346.35 万人，高中教师人数为 138.72 万人。中国农村中小学教师人数为 514.72 万人，其中小学教师 352.06 万人，占全国小学教师总数的 63.0%；初中教师 149.92 万人，占全国初中教师总数的 43.3%；高中教师 12.74 万人，占全国高中教师的 9.2%。

在我国，长期以来乡村教师队伍建设主要采取的"将农村教师补充的政府渠道与民间渠道相结合，调动多方力量推进农村教师队伍建设"的模式，其核心可以概括为"选择什么样的方式和路径""什么样的补充""怎样补充"等问题。当然，在不同的历史时期，乡村教师补充的基本格局和发展态势也会有明显的差异。教师补充政策作为教师人事管理中进、管、出三个环节中的首要部分，影响着教师队伍的数量、质量与结构，对乡村学校发展意义重大。[②] 目前，我国乡村教师补充呈现不断递增的趋势，尤其是随着我国乡村振兴战略的实施，乡村教师队伍建设成效显著，师资队伍数量向好发展。

乡村教师队伍数量的补充，并不等于其质量的发展。不可否认的是，乡村

---

① 习近平. 在全国教育大会上的讲话[EB/OL]. (2018-09-11)[2020-04-28]. http://cpc. people. com. cn/n1/2018/0910/c64094-30284598. html.

② 杨卫安. 乡村小学教师补充政策演变：70 年回顾与展望[J]. 教育研究，2019(7)：16-25.

教师的存在，他们不仅仅是在教化乡村孩子，也在承担着在偏远山村传播现代文明、传承社会主流文化、传递国家意志的重要使命。但是，受城乡发展不平衡、交通地理条件不便、学校办学条件欠账多等影响，乡村教师队伍仍然面临职业吸引力不强、优质资源配置不足、结构不尽合理、整体素质不高等问题，制约了乡村教育持续健康发展。

据调查，乡村教师专业发展处于中等水平，其中教学科研和专业能力有待提升，专业知识亟待加强，特别是教龄在 2 年及以下的乡村教师。[①] 有 1/3 的教师课时负担重，呈超负荷状态，自主发展时间极有限;[②] 有 38.5% 的乡村教师对工作的态度一般，11.3% 的乡村教师不热爱本职工作，41.1% 的农村教师会惩罚学生，个别教师会采用体罚的方式管教学生，40% 以上的教师认为最需补充的是学科知识，而不是教育教学等知识。[③] 乡村幼儿教师队伍水平不高的表现更加明显：趋向年轻化，性别与年龄结构不合理，工作压力大，培训机会少，流动性大。[④] 有学者研究指出：乡村教师尽管有着较为强烈的专业发展吁求，但其自主发展动力不足，成效不明显，多止步于低水平的重复与循环;[⑤] 乡村教师缺乏来源于内部的自我发展动力，有量的增长，但没有质的改变，陷入了"内卷化"的困境。[⑥]

这些事实说明，乡村学校教师包括新入职教师的发展状态还存在这样那样的问题，如何增强教师吸引力，均衡城乡教师的发展水平，吸引、保留并提高乡村教师质量，聚焦教师培训、补充及乡村教师短板等薄弱环节，仍然是现阶段乡村教育发展中的难点。应该明确的是，乡村教师从数量的补充到质量的发

① 李森，崔兴友. 新型城镇化进程中乡村教师专业发展现状调查研究——基于对川、滇、黔、渝四省市的实证分析[J]. 教育研究，2015(7)：98-107.

② 赵志纯，吕筠. 农村中小学教师课时量的调查研究[J]. 中小学管理，2007(9)：28-29.

③ 王淑宁. 农村教师专业发展困境及支持体系构建[J]. 教学与管理，2019(6)：52-55.

④ 梁燕飞，李香玲. 教育公平视野下农村幼儿教师队伍建设的困境与建议[J]. 教育观察，2019(34)：119-121.

⑤ 石耀华. 农村教师专业发展的"内卷化"困境与消解[J]. 教育科学研究，2015(10)：72-76.

⑥ 周凤霞，黎琼锋. 农村教师专业发展的"内卷化"困境及其破解路径[J]. 教育导刊，2019(9)：57-61.

展已成为未来乡村教育发展的必然趋势。因此，从发展的角度出发，增强乡村教师职业发展的活力，促进乡村教师发展由数量补充向质量发展转型，有着极为重要的意义。

二、乡村教师补充的政策背景

教育是国家意识层面的反映，是一种政策性存在。教育的所有活动，都打上了政策的烙印。乡村教师发展与教育政策有着深刻的关联，教育政策对乡村教师发展起着特别重要的影响与作用。这种影响与作用是多样的，也是复杂的。新中国成立伊始，《中国人民政治协商会议共同纲领》就明确规定国家的教育性质是"新民主主义的，即民族的、科学的、大众的文化教育。"而国家学制改革所确立的"教育为工农服务的方针"，在保障乡村教育发展的同时，也为乡村教师发展提供了政策空间和多种可能。1956—1966 年是我国全面建设社会主义阶段，也是国家政治平稳、经济发展最快的时期。这一时期，国家确立了广大教育工作者的身份、性质及其工作任务。教师是知识分子的一部分，是国家教育事业的奠基力量，因此要引导教师特别是农村地区的教师，通过函授教育等形式不断提高学历，为社会主义建设做更大的贡献。但是，随着反右运动的开展，以教师为代表的知识分子受到明显影响，被列为思想改造对象。"文化大革命"十年的极"左"路线，严重影响了乡村教师队伍的建设和发展。教师作为反动知识的代表被视为"臭老九"，很多优秀教师被赶下讲台，到农村劳动。这一时期的政治气候变化巨大，教师总是处于被动的地位，教师的主体性、主动性和创造性被忽视。

党的十一届三中全会的召开使教师的地位发生了巨大改变。邓小平提出的"尊重知识，尊重人才"倡议被广泛接受，教师成为工人阶级的一部分。自此，教师的作用受到肯定，政治地位不断上升。随着改革开放步伐的加快和国家、地方经济实力的逐步提高，国家对乡村教师政策做了许多重要调整。1980 年 6 月 13 号召开的第一次全国师范教育会议，重新确立了我国教师培养的三级体制，即高等师范本科培养高中教师，专科培养初中教师，中等师范培养小学和幼儿园教师。这对弥补当时乡村教师队伍数量的不足，提高乡村教师素质，有着重要的意义。1985 年 5 月颁布的《中共中央关于教育体制改革的决定》首次提出，要"建立一支有足够数量的、合格而稳定的师资队伍，"并对现有的教师进行认真的培训和考核，把发展师范教育和培训在职教师作为发展教育事业的战略措施。1986 年颁布的《义务教育法》是我国农村义务教育发展的新的政策目标。在教师发展上，《义务教育法》明确指出：教师享有法律规定的权利，履行法律规定的义务；全社会应当尊重教师；教师应当取得国家规定的教师资格；国家鼓励高等学校毕业生以志愿者的方式到农村地区、民族地区缺乏教师的学校任教等。可以说，这两个文件，基本奠定了我国改革开放以后基础教育教师包括乡村教师发展的政策法律基础。"振兴民族的希望在教育，振兴教育的希望在教师。"1993 年的《中国教育改革和发展纲要》，再次明确了教师队伍建设重要的战略地位。1998 年颁布的《面向 21 世纪教育振兴行动计划》和 1999 年颁布的《中共中央国务院关于深化教育改革全面推进素质教育的决定》，揭开了全国中等师范学校和专科师范学校大规模升格的序幕。我国教师发展的政策形势又将发展重大的变化。

"政策是政府的运作手段。"①21 世纪以来，中国改革开放的进程进入了一个以社会政策带动发展的新的历史时期。党和政府更加重视教师的发展，特别是将教师质量提高到前所未有的高度。党的十六届三中全会提出了坚持以人为本，树立全面、协调、可持续的科学发展观。而肇始于 21 世纪初的基础教育课程改革，为教师发展提供实践舞台，教师与课程改革共同成长。基础教育一线教师队伍包括乡村教师都在这场变革中找到自己的位置，发出自己的声音。② 党的十八大以来，通过建构"以人民为中心"的发展思想，围绕改善民生和社会治理，党中央提出了一系列新思想、新内容、新战略、新政策。"社会政策思维在中国公共治理领域中进一步强化，社会政策进一步实现纵向整合，并呈现出在一些领域重点突破的局面，以人民为中心的社会政策范式正式成型。"③2015 年 6 月，国务院办公厅颁布的《乡村教师支持计划（2015—2020年）》（以下简称"计划"），将乡村教师队伍建设摆在优先发展的战略地位。对于乡村教师队伍建设领域存在的问题，"计划"从乡村教师补充、待遇、编制、培训、流动、荣誉、职称、能力提升等多方面对乡村教师进行政策倾斜，以提

---

① 吴锡泓，金荣枰. 政策学的主要理论[M]. 金东日，译. 上海：复旦大学出版社，2005：442.

② 石鸥，段发明. 课程改革：教师专业发展的新契机[J]. 中国教育学刊，2004(8)：32-35.

③ 黄博函，岳经纶. 新中国社会政策 70 年的演进、成效与挑战[J]. 社会工作，2019(5)：39-51.

高乡村教师的职业吸引力和乡村教育的质量。据调查，"计划"实施以来，乡村教师的来源渠道得到拓宽，乡村教师工作生活待遇有所改善，乡村教师职业发展的活力不断增强，乡村教师辛勤劳动得到了充分肯定，教师"下不去、留不住、教不好"的局面得到扭转。[①] 2018年以来，党和国家相继颁发的《关于全面深化新时代教师队伍建设改革的意见》《教师教育振兴行动计划（2018—2022年）》《关于实施卓越教师培养计划2.0的意见》《中共中央国务院关于学前教育深化改革规范发展的若干意见》《中共中央国务院关于深化教育教学改革全面提高义务教育质量的意见》等文件，对我国教师队伍建设进行了系统的规划。这些顶层设计，标志着我国教师队伍建设事业迈入全面提高育人质量的新时期。

第二节　改革开放前乡村教师补充政策

中华人民共和国成立至改革开放前（1949—1976年）这一时期，我国乡村教师的补充任用主要采用政府配给与乡村自聘相结合的方式[②]，所谓"政府配给"即指以国家独立的师范教育（主要有初等、中等、高等三级师范教育）为核心，其中以中等师范教育为主，为广大农村中小学培养和输送教师；所谓"乡村自聘"即指乡村学校为解决教师紧缺等问题，吸纳民办教师进入农村教师队伍中，从而弥补国家因财力不足而造成农村教师供给缺口问题。各地根据自身实际情况，灵活掌握国家政策，将一大批热爱乡村教育事业、师德高尚、出身学历不同的有志青年补充到教师队伍中，为我国的教育事业做出了卓越贡献。

一、1949—1956年：恢复发展时期乡村教师的补充政策

（一）时代背景

中华人民共和国成立后，我国坚持马克思主义的指导地位，中国广大农村也进行了社会主义文化建设。工农联盟是维护人民民主专政的政治基础，"因

---

　①　付卫东，范先佐.《乡村教师支持计划》实施的成效、问题及对策——基于中西部6省12县（区）120余所农村中小学的调查[J].华中师范大学学报（人文社会科学版），2018（1）：163-173.

　②　胡艳，郑新蓉.1949—1976年中国乡村教师的补充任用——基于口述史的研究[J].北京师范大学学报（社会科学版），2018（4）：15-25.

为这两个阶级占了中国人口的百分之八十到九十。推翻帝国主义和国民党反动派，主要是这两个阶级的力量。由新民主主义到社会主义，主要依靠这两个阶级的联盟"①。在教育问题上，第一次全国教育工作会议提出了教育"应该以工农为主体，应该特别着重于工农大众的文化教育、政治教育和技术教育"②，毛泽东认为要切实抓好农民的文化教育工作，因为"农民教育是一个'严重的问题'，也是一件'巨大的工程'。因为它是一个长期艰苦的工作，同时又是对于巩固联盟，巩固人民民主专政，由分散落后的中国经济变为集体化，现代化经济的一个极其重要的步骤"③。

在漫长的封建社会中，中国农民饱受着统治阶级的剥削和压迫，在教育问题上根本不可能享有教育权和受教育权。《中华民国宪法》是中国历史上首次在宪法中明确"人民有受国民之教育权利与义务"④。然而，在国民党统治下的广大农村，经济的贫困造成教育经费的匮乏、师资力量的薄弱，教育因而也极其落后的。中华人民共和国成立初期，我国在农村文化教育事业上面临的困境是农村日益增长的社会经济发展要求与相对薄弱的农村基础教育、农民科学文化技术水平落后之间的矛盾。据统计，截至1949年，全国仅有28.9万所小学，在校学生人数达到2368万人，而当时6岁到11岁的学龄儿童约有6200万人，入学率仅有20%。在中国农村，绝大多数学龄儿童沦为文盲。到新中国成立时，全国5.5亿人口中文盲总数达2.9亿人（农村青壮年文盲1.65亿人），占全国总人口的80%以上。而在广大农村文盲率高达95%以上，农村青壮年文盲大约有16500万，占农民青壮年的80%。⑤ 在这一情形下，如何扫除农村青壮年文盲，须依赖于农村各级教育。

1949年9月，中国人民政治协商会议通过的《共同纲领》规定："要有计划、有步骤地实行普及教育，加强中等教育和高等教育……以应革命工作和建设工作的需要。"在这一纲领的指引下，党和政府努力恢复各级教育。1950年小学招生696.6万人，仅比前年增加2.4%，但自1950年下半年小学招生人数

① 毛泽东选集(第4卷)[M]. 北京：人民出版社，1991：1478-1479.
② 中国教育年鉴(1949—1981年)[M]. 北京：中国大百科全书出版社，1984：683.
③ 温克敏. 关于农民业余教育中的几个问题[J]. 教育通讯，1951，6(1)：13.
④ 梁馨月. 论宪法中的受教育权[D]. 重庆：西南大学，2000：21-22.
⑤ 中国教育年鉴(1949—1981年)[M]. 北京：中国大百科全书出版社，1984：586.

达 1086.2 万人，比 1950 年猛增 55.9%。[①] 1951 年，政务院颁布《关于改革学制的决定》，新学制最大的亮点便是赋予广大劳动人民，尤其是农民及其子女的切实的受教育权利与机会。[②] 1954 年全国人民代表大会一届一次会议上通过的《中华人民共和国宪法》规定："中华人民共和国公民有受教育的权利，设立并且逐步扩大各种学校和其他文化教育机关，以保证公民享有这种权利。"公民受教育权终于以宪法的形式确立下来，这也是人民当家做主的集中体现，与此同时，党和国家政府还通过各种途径方式来实现公民受教育权，这在历史上是绝无仅有的，充分体现了社会主义的优越性。1956 年全国人民代表大会通过了《1956—1967 年全国农业发展纲要》，这是新中国提出的第二个普及小学教育的计划，它提出"从 1956 年开始，按照各地情况，分别在 7 年或者 12 年内普及小学义务教育"。

和中华人民共和国成立前相比，无论从数量还是质量上，我国基础教育都有很大的改善，旧中国只有 20% 的学龄儿童能够上学，现在学龄儿童已经入学的达 90% 以上[③]。借鉴苏联教育经验的基础，结合国情，20 世纪 50 年代初我国基本建立起了一套比较完备的教育系统，尤其是农村基础教育逐渐迈入正轨，建立起了从小学到高中的统一学校教育的模式，农民子弟从此有了受教育的机会以及接受正规教育的场所。[④]

(二) 师范教育

中华人民共和国成立以后，对于培养教师的师范教育，我国主要借鉴的苏联模式——封闭独立的教师教育体系，教师培养主要由师范院校承担，教师培训主要由相应的培训机构负责，职前培养与职后培训处于相对独立的状态。1951 年 3 月，教育部召开了第一次全国初等教育及师范教育会议。会上明确提出，争取 1952—1957 年全国平均有 80% 的学龄儿童入学，争取 10 年内基本上普及小学教育，并提出"5 年内培养百万名小学教师、工农教育教师 15～20

---

① 中华人民共和国教育部计划财务司. 中国教育成就统计资料(1949—1983)[M].
北京：人民教育出版社，1984：29.

② 张乐天. 中国乡村教育的百年[J]. 江苏教育(教育管理版)，2011(4)：8-10.

③ 吴自强. 从战后日本义务教育的改革试论当前我国实施义务教育的几个问题[J].
抚州师专学报(社会科学版)，1987(3)：64.

④ 王怀兴. 中国农村基础教育政策研究——基于人力资本投资的视角[D]. 吉林大学，2009：55.

万人"的目标，一方面通过吸收城乡失业知识分子进行短期师资训练，另一方面则从工农干部和积极分子中培养新师资。政府将师范教育的发展重点放在了发展初等师范教育之上①。这次会议通过了《师范学校暂行规程(草案)》和《关于高等师范学校的规定(草案)》，提出了当时师范教育的基本方针，即"正规师范教育与大量短期培训相结合"，并指出在一定时期内"大量短期培训为重点"。② 中华人民共和国成立初期，农村师资供给严重不足，为缓解这一矛盾，国家大力发展初等师范教育，举办大量教师短期培训班，通过低门槛、宽来源、速成式的教师补充方式，③ 使农村教师队伍迅速壮大起来，从而减轻农村小学教师严重不足的压力。正规的师范教育与短期培训相结合的方式，对于当时政府财力紧缺、地方师资不足的情形下，普及基础教育、扫除青壮年文盲，扩大农村师资队伍，无疑起到了积极的作用，且效果是十分明显的。中华人民共和国成立初期，我国的师范教育形成了自身的体系，能很好地反映这个时期的特色④。

　　如果说初等师范教育和短期教师培训在中华人民共和国成立初期起到的是培养大量农村小学教师的责任的话，那么中等师范教育在提升小学教师学业能力水平、提高办学质量方面则是国家师范教育发展的重点和方向。国家先后在1953 年和 1956 年两次调整中等师范教育的办学方针，并颁布《师范学校规程》，从而奠定了中等师范教育在培养基础教育师资方面的核心地位，推动了中等师范教育的长足发展，自此以后，在长达半个多世纪的时间里，中等师范教育一直在农村教师补充工作中扮演着主要角色，并为农村教师队伍的建设发挥了不可替代的重要作用。⑤ 中华人民共和国成立初期我国师范教育体系如图4-1 所示。

　　"一五"期间，为有效提高教师补充的质量和水平，国家对中、高等教育层次的人才产生了庞大的需求，使建国初期的师范教育培养格局面临新的挑战，确立了大力发展中等及高等教育的建设思路，国家对师范教育的培养层次

① 胡艳．建国以来师范教育发展的问题及原因分析[J]．教育学报，2005(5)：88-90.
② 刘英杰．中国教育大事典(1949—1990)[M]．杭州：浙江教育出版社，1993：321.
③ 汪曦．农村教师补充政策有效性研究[D]．华中师范大学，2015：69.
④ 马啸风．中国师范教育史(1987—2000)[M]．北京：首都师范大学出版社，2003：189.
⑤ 汪曦．农村教师补充政策有效性研究[D]．华中师范大学，2015：70.

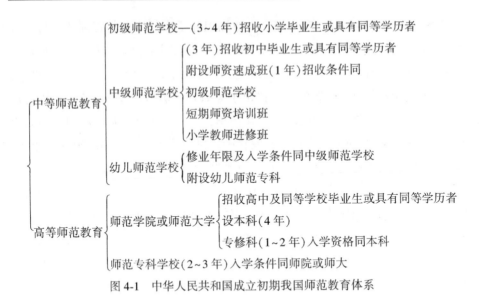

图 4-1　中华人民共和国成立初期我国师范教育体系

做出了适当调整，重点加大了对高等师范教育的投入力度。1953 年，教育部
召开了第一次全国高等师范教育会议，指出高等师范院校在数量和质量上都远
不能适应中等学校需求的现状，并确定高等师范教育应"根据需要与可能，有
计划、有准备地予以大力发展"的方针政策。① 1956 年 6 月召开的第一届全国
人大第三次会议上，教育部长张奚若指出"师范教育不能适应普通教育需要"
等问题，1956 年至 1957 年需求 20 万名小学教师和 9 万名中学教师，不得不减
低任用教师的水平以满足教师数量需求。② 在向高等师范教育倾斜的同时，逐
步提高了中等师范教育的发展比重，初等师范教育则通过裁撤及（向中等教
育）升格等形式加以转化和压缩，其规模大幅缩减（并最终于 20 世纪 50 年代
后期走向终结）③。

（三）民办教师

　　"民办教师"这一概念是 1962 年教育部的 330 号文件中界定的，被定义为
履行教师职责但是农民身份的人，即"不吃皇粮"的教师。④ 民办教师是在中华

---

①　陈永明．教师教育研究[M]．上海：华东师范大学出版社，2002：131-134．
②　陈永明．教师教育研究[M]．上海：华东师范大学出版社，2002：8．
③　汪曦．农村教师补充政策有效性研究[D]．华中师范大学，2015：70．
④　单莹．编外教师的历史考察与现实反思[J]．湖南科技大学学报，2017(4)：172-178．

人民共和国成立伊始国家财力不足，采取集体办学、以民教民的"两条腿走路"的方针指引下应运而生的。1949 年，小学适龄儿童入学率只有 20%，小学教师总数仅 83.6 万人。其中民办教师(主要是私立学校的教师)为 10.5 万人，占当年小学教师总数的 12.6%。① 1951 年民办小学在校学生从 1949 年的 261.5 万人增加到 1426.1 万人，占全国小学生总数的 33%。小学民办教师由 1949 年的 10.5 万人，增加到 1951 年的 42.5 万人，由占全国小学教师总数的 12.6%增加到 34.8%，1949 年中学专任教师为 66640 人，其中初中教师 52645 人，高中教师 13995 人；民办教师(主要是私立学校的教师)为 28239 人。1951 年中学民办教师达到 2.28 万人，占全国中学教师的 31.2%。② 从 1952 年到 1957 年，全国中学民办教师约 1.5 万人，小学教师则在 7 万～15 万人徘徊，其总量占全国教师总量的约 7%。③

1953 年 2 月 11 日，政务院向全国公布了《关于整顿和改进小学教育的指示》。经过整顿，小学民办教师的数量由 1951 年的 43.5 万人减少到 1953 年的 4.3 万人，占小学教师总数的比例由 1951 年 34.8%下降到 1953 年的 2.7%；中学民办教师由 1951 年的 2.28 万人减少到 1953 年 0.8 万人，占中学教师总数的比例由 1951 年的 31.2%下降到 1953 年的 7.5%。④ 截至 1956 年，小学民办教师 9.1 万人，仅占全国小学教师总数的 5.2%；中学民办教师 1497 人，只占全国中学教师总数的 0.8%。这无疑与民办教师政策调整有关。

二、1957—1965 年："大跃进"时期的乡村教师补充政策

(一)政策背景

20 世纪 50 年代末，由于受到极左思想的影响，它影响着我国社会发展的方方面面，1957 年至 1965 年间我国进入了"大跃进"时期，教育事业也随之走上冒进之路。1958 年 9 月中共中央、国务院发布《关于教育工作的指示》，要

---

① 刘英杰. 中国教育大事典(1949—1990)[M]. 杭州：浙江教育出版社，1993(6)：681.

② 刘英杰. 中国教育大事典(1949—1990)[M]. 杭州：浙江教育出版社，1993(6)：682-683.

③ 杨春茂. 世纪之末的思考——教师队伍建设特点透析[M]. 北京：北京师范大学出版社，2000：2-5.

④ 中央教育科学研究所编. 中华人民共和国教育大事记(1949—1982)[M]. 北京：教育科学出版社，1998(1)：128.

求 3~5 年普及小学教育，15 年普及高等教育。1958 年小学在校人数比 1957 年增长了 34.41%，学龄儿童入学率由 1957 年的 61.7%上升到 80.3%。①

　　1958 年 4 月 15 日，中央文教小组组长陆定一发表讲话，论述了教师队伍建设方面的问题：全国教师队伍有 200 多万人，是文教工作中一支最大的队伍。它跟军队和经济部门等都不一样，在这些部门，党的领导巩固得很，有很大力量。教师里面党的领导则不巩固。一定要建立和巩固党在教育工作中的领导权。建立巩固的领导权要解决两个基本问题：一是党委领导还是专家领导，我们主张党委领导；二是党委对教育事业要又红又专，要学会领导教育，学会管教育事业。教育管理权限要下放，等等。②

　　与此同时，陆定一还根据全国教育大会的精神，写了《教育必须与生产劳动相结合》一文，发表在 1958 年第 7 期的《红旗》杂志上。1958 年该文主要涉及如下方面：1958 年以来，全国教育事业有了很快发展。截至 6 月底，据不完全统计，"全国已有一千二百四十个县普及了小学教育，民办中学达六万八千所，地方新办的高等学校达四百余所，全国参加扫盲学习的约达九千余万人，全国已有四百四十四个县基本上扫除了文盲"；中国共产党的教育方针，是教育为工人阶级的政治服务，教育与生产劳动相结合，为了实现这个方针，教育必须由共产党领导。文章还对办教育问题，做了论述：办教育需要依靠专门的队伍，但教育的专门队伍必须与群众相结合，办教育更加必须依靠群众。

　　这一时期，教育事业盲目求快，浮夸风严重，教育规划过度超前，给大中小学教育教学带来严重影响，为纠正"大跃进"的错误，党和国家从 20 世纪 60 年代开始对教育事业进行了逐步调整和纠偏，对之前盲目扩张的教育体系进行了调整和压缩，逐渐使教育发展回归到正常轨道上。这一时期关于农村教师的补充政策主要依据于有所调整的师范教育以及急剧膨胀的民办教师规模。③

　　(二)师范教育

　　1957 年 1 月，中共中央主席毛泽东指出："我们的教育方针，应该使受教育者在德育、智育、体育几方面都得到发展，成为有社会主义觉悟的有文化的

　　① 王英杰，曲恒昌，李家永．亚洲发展中国家的义务教育[M]．北京：人民教育出版社，1997：247.
　　② 何东昌．中华人民共和国重要教育文献(1949—1975)[M]．海口：海南出版社，1998：822-825.
　　③ 汪曦．农村教师补充政策有效性研究[D]．华中师范大学，2015：74.

劳动者。"在这一教育方针的指引下，我们的教育事业如火如荼地开展着。这一时期，由于各行各业的都在追求高速度、高指标"跃进式"发展，师范教育也不例外，师范教育的"大跃进"首先体现在数量上的"历史性剧增"。从全国来看，高等师范院校从 1957 年的 58 所，到 1960 年增加到 227 所，增加了 4倍，中等师范学校从 1957 年的 592 所，到 1960 年也增加近 4 倍。[①]

1958 年，我国农业中学招生规模达到 200 万人，从而推动了农村教育的结构性变革。[②] 这种变革给农村教师补充的格局带来了巨大变化，从而推动师范教育培养结构的调整，高等师范院校为满足农村日益增长的人数规模，适时调整扩大其培养规模，也促进了高等师范教育的发展。1957—1965 年我国基础教育与高等师范生在校生人数见表 4-1。[③]

师资队伍的扩张带来了师范教育的飞速发展，师范学校尤其是中等师范学校分布扩散，在追求数量的同时，带来了师资培养质量的下滑，给农村教师队伍补充带来了不良影响，60 年代开始对师范教育进行了调整。1960 年 5 月，《师范教育改革座谈会关于迅速提高在职教师政治、文化、业务水平的初步意见(草稿)》提出，要建立健全和充实教师进修机构。其中，公社和学校的教师进修机构为乡村教师提供了进修培的机会。1961 年 2 月，《教育部关于保证中小学师资质量问题的两项通知》提出要补充农村中小学师资。同年 10 月 25 日至 11 月 13 日召开了全国师范教育工作会议。会上，教育部副部长林砺儒提出，在招生分配工作中，县镇师范学校主要向农村招收新生，毕业生回原地分配；中共中央宣传部副部长张磐石提出，要使师资培养形式多样化，乡师、简师则主要培养乡村教师；全国人大常委会副委员长林枫提出，要重视农村业余教育，鼓励中小学毕业生到农村当教师。[④] 在重视对农村地区进行倾斜外，师范学校的规模也进行了压缩，如中等师范学校 1960 年达到最高峰 1964 所后，到第三年急剧压缩至 558 所，1965 年只剩 394 所，高等师范院校 1960 年 227所，1965 年短短 5 年间压缩到了 59 所。数量的急剧压缩希冀带来培养质量的

① 中华人民共和国教育部计划财务司编. 中国教育成就(1949—1983)[J]. 人民教育出版社，1984：51，288-289.

② 张乐天. 我国农村教育结构演进六千年化[J]. 教育学术月刊，2009(8)：4.

③ 汪曦. 农村教师补充政策有效性研究[D]. 华中师范大学，2015：75.

④ 段伟丽等. 回顾与展望：新中国成立 70 年来乡村教师教育政策变迁[J]. 中国成人教育，2020(05)：90-96.

提升，能给广大农村学校输送更好的师资力量。

表 4-1 　　　　1957—1965 年我国基础教育与师范教育发展情况

		1957 年	1958 年	1959 年	1960 年	1961 年	1962 年	1963 年	1964 年	1965 年
初中	在校生数（万人）	538	734	774	859	699	619	638	729	803
	专任教师数（万人）	19.9	25.4	28.7	34.6	33.5	31.8	34.0	36.3	37.9
小学	在校生数（万人）	6428	8640	9118	9379	7579	6924	7158	9295	11621
	专任教师数（万人）	188	226	250	269	255	251	260	311	386
中等师范	在校生数（万人）	29.6	38.6	54.0	83.9	46.2	18.2	13.1	13.4	15.5
	学校数（所）	592	1028	1365	1964	1072	558	490	486	394
高等师范	在校生数（万人）	11.5	15.7	19.2	20.4	18.7	13.8	11.4	97.5	94.3
	学校数（所）	58	171	175	227	163	110	61	59	59

（三）民办教师

这一时期民办教师规模也出现了空前高涨。1957 年全国出现群众办学的热潮，民办小学在校学生发展为 500.7 万人，占小学在校学生总数的 7.8%，比 1952 年增长 3%，1956 年到 1957 年间小学民办教师从 9.1 万人增加到 14.1 万人；中学民办教师从 1497 人增加到 16880 人。[①] "1958 年以后，我国教育事业有了很大的发展，成绩是显著的。但是，由于发展过快，规模过大，特别是 1960 年，各级学校的校数和学生数大幅度增加，使教育事业的发展规模超过了国民经济的负担能力，特别是越过了农业生产水平，也影响了教育事业质量

---

① 刘英杰. 中国教育大事典（1949—1990）[M]. 杭州：浙江教育出版社，1993（6）：329，681，683.

的提高。""因此，必须根据中央关于增产节约、精兵简政的方针和减少城市人口的指示，进一步对教育事业进行坚决的调整。"①1962 年，全国小学在校学生数比 1958 年减少 19.7，学龄儿童入学率下降 24.2%。民办小学在校生的比重下降为 21.4%。② 1962 年，小学民办教师 50.6 万人，占小学教师总数的 20.2%；中学民办教师 2.3 万人，占中学教师总数的 5.7%。③

表 4-2　　　　　**1957—1965 全国中小学民办教师发展情况统计**④

年份	小学教师			中学教师		
	总数(万人)	民办教师		总数(万人)	民办教师	
		数量(万人)	比例(%)		数量(万人)	比例(%)
1957	188.4	14.1	7.5	23.4	1.7	7.2
1958	225.7	55.6	24.6	30.5	4.2	13.8
1959	250.3	62.4	24.9	35.0	2.9	8.3
1960	269.3	68.1	25.3	42.6	1.6	6.4
1961	255.4	40.3	15.8	41.8	0.8	1.9
1962	251.1	50.6	20.2	39.9	2.3	5.7
1963	260.1	56.1	21.6	42.0	2.8	6.6
1964	310.8	99.6	32.0	44.2	2.9	6.6
1965	385.7	175.1	45.4	45.7	2.3	5.0

从 1957 年至 1965 年这近十年间，小学民办教师由 14.1 万人增长到 175.1 万人，所占比例由 7.5%提升至 45.4%，几乎占小学教师总数的一半。这一时期，民办教师队伍急剧壮大，这是因为当时适龄儿童入学高峰的到来，导致教师缺口非常大，而国家难以承担如此巨大的教师缺口，各地各学校不得不依靠民间力量来补充教师缺口，由此民办教师应运而生且急剧壮大，成为中华人民

---

① 何东昌．中华人民共和国重要教育文献(1949—1975)[M]．海口：海南出版社，1998(9)：1095.

② 刘英杰．中国教育大事典(1949—1990)[M]．杭州：浙江教育出版社，1993(6)：323，329.

③ 刘英杰．中国教育大事典(1949—1990)[M]．杭州：浙江教育出版社，1993(6)：681，682.

④ 汪曦．农村教师补充政策有效性研究[D]．华中师范大学，2015：76-77.

共和国成立以来民办教师增长的第一个高峰。

三、1966—1976 年：“文化大革命”时期的乡村教师补充政策

(一)政策背景

1968 年《人民日报》发表侯振明、王庆余撰写的《关于将公办小学下放到大队来办的建议》，也就是著名的“侯王建议”，提出“小学应是大队的一部分，大队在政治领导、经济、师资等条件上完全能够自己办小学”，因此“建议所有公办小学下放到大队来办，国家不再投资或少投资小学教育经费，教师国家不再发工资，改为大队记公分”。① 毛泽东关于“资产阶级知识分子统治我们学校的现象再也不能继续下去了”的指令，《人民日报》关于“农村公办小学下放到大队来办”及“马振扶公社中学一个学生不会答题挨批评自杀”的宣传，使农村教育也成了阶级斗争的靶场。

这场史无前例的“文化大革命”给我国政治、经济、文化等各个领域带来了巨大的灾难，然而对于农村教育而言，却一反常态，“在管理体制混乱、教学无序、教师队伍受到严重摧残的情况下，中小学校的数量、规模和入学率却达到了前所未有的水平”②。关于这十年来农村教育的巨大变化，在 1976 年 6 月 1 日《光明日报》刊登的《我国农村教育革命十年来取得的巨大成就》一文中有所描述③：

> 据有关部门统计，目前我国农村 93% 以上的学龄儿童都上了小学。……“文化大革命”以来，不仅平原地区迅速普及教育，而且在广大山区、牧区、边远地区和少数民族聚居的地区，也纷纷传来普及教育的喜讯。1965 年学龄儿童入学率还只有 31% 的西藏自治区，十年后的现在已经上升到 85%。位于黄河源头的青海玛多县，平均 5 平方公里一个人。就是在这样一个人烟稀少的地方，也队队办起了牧读小学，同“文化大革命”前相比，学校增加了 8 倍多，学生增加了 5 倍多。居住着蒙古、汉、

---

① 侯振明，王庆余. 关于将公办小学下放到大队来办的建议[N]. 人民日报，1968-11-14.

② 王慧，梁雯娟.“文革”时期农村普及教育的发展及其历史认识[J]. 内蒙古师范大学学报(教育科学版)，2014(12)：1-4.

③ 我国农村教育革命十年来取得巨大成就[N]. 光明日报，1976-06-01.

回、满、达斡尔、藏、鄂伦春等民族 2 万多人的内蒙古自治区镶黄旗，中华人民共和国成立前没有一个贫下中牧的子女能上学，现在 95% 以上的牧民孩子都上了学，各公社小学还附设初中班，开始普及 7 年教育。曾经被帝国主义国家的一个传教士断言"在 20 世纪内不可能有学校"的云南省怒江傈僳族自治州，今天办起了 1230 所小学和 25 所中学，学龄儿童入学率在 90% 以上。

据统计，全国农村小学 1971 年数量为 93.1 万所，1973 年达到 99.6 万所，1975 年增至最高峰，达到 105.7 万所，1976 年后趋于减少，农村小学生数占全国小学生数的比重逐年上升，1976 年达到 88.5%。全国农村初中 1965 年有 10906 所，学生占全国初中学生总数的 57.9%，1971 年猛增至 75720 所，学生比例增加到 81%，到 1976 年，农村初中的数量是 1965 年的 11.9 倍，在校生总数占全国初中在校生总数的 84.4%。全国农村普通高中 1965 年只有 604 所，在校生数仅占全国高中生比例的 9%，1971 年，农村高中增加到 13,298 所，1976 年又猛增至 53,527 所，学生数的比例增加到 77.3%，短短 6 年时间中，学生数量增加 2.7 倍。[①] 在这种情形之下，需要大量的教师补充到农村教师队伍中来。师范教育一直是教师队伍补充的主渠道，然而 1949—1977 年，中等师范学校毕业生总计仅为 174.56 万人，如果都补充到教师队伍中，还有 348.04 万人的缺口。[②] 怎么办？为了安置城市青少年，让知识青年"上山下乡""接受贫下中农的再教育"，再加上"工农兵学员上大学、改造大学""贫下中农管理学校"与人民公社一夜之间普及中小学，使农村教育在组织上被高度重视，虽然教育目标、教育内容和教育方法已严重背离教育规律，但规模上迅猛扩张，形式上花样翻新。[③] 在这时期没有正规编制的民办教师在农村教育事业发展中所做的贡献可以说是功不可没的。

---

① 王慧，梁雯娟."文革"时期农村普及教育的发展及其历史认识[J]. 内蒙古师范大学学报(教育科学版)，2014(12)：1-4. 数据来源于人民教育出版社 1985 年出版的《中国教育成就统计资料(1949—1983)》相关年份统计数据。

② 杨卫安. 乡村小学教师补充政策演变：70 年回顾与展望[J]. 教育研究，2019(7)：16-25.

③ 谭细龙. 论教育政策与农村基础教育的发展[J]. 湖北教育学院学报，2006(1)：74.

(二)师范教育

1966 年至 1976 年是中华人民共和国成立以来最混乱的十年,党和国家在政治、经济、教育等方面遭受了最严重的灾难和损失,"文化大革命"给文化教育界带来了重大灾难,成为"重灾区",而师范教育则是"重灾区"中的"重灾户"①。1967 年 5 月,中央文化革命小组组长陈伯达在北京师范大学座谈会上宣称:"师范学校是在资本主义制度下产生的,师范大学要不要办,可以讨论。"从 1966 年下半年开始,各地高师院校停止招生达 5 年,高师院校从 110 所减少到 44 所,② 教师教育发展一度陷入瘫痪,各级院校的教师队伍建设面临巨大困境。1971 年 8 月 13 日,由张春桥、姚文元修改审定,中共中央批转的《全国教育工作会议纪要》提出了所谓"两个估计",即中华人民共和国成立后 17 年"毛主席的无产阶级教育路线基本上没有得到贯彻执行",大多数教师和中华人民共和国成立以后培养出来的高等学校学生的"世界观基本上是资产阶级的"。"两个估计"不仅全盘抹杀了中华人民共和国成立后 17 年中中国教育界所取得的成就,而且直接殃及广大教师的政治地位,成为广大教师乃至广大知识分子难以摆脱的沉重精神枷锁。③ 在此期间,师范院校的许多领导与优秀教师受到了迫害,整个教师教育事业发展处于停滞状态。

(三)民办教师

这一时期是我国民办教师急剧膨胀的时期,由于当时"极左路线"的影响,在教师队伍管理上采取的是阶级斗争与革命群众运动的教育战线,教育由此走上畸形发展之路。1968 年 11 月 14 日,《人民日报》发表山东省嘉祥县马集公社马集小学教师侯振民(公社教育组长)、王庆余(公社教育组成员)的一封信。信中"建议所有(农村)公办小学下放到大队来办,国家不再投资或少投资小学教育经费,教师国家不再发工资,改为大队记工分""教师都回本大队工作。""侯王建议"引发国家办学体制的调整。大批农村公办小学改为民办,大批农村公办小学教师被强行下放回原籍,改拿工资为记工分,本人及其子女被转为农村户口,由此民办教师数量迅速膨胀。1971 年 8 月 13 日,中共中央批转经姚文元修改、张春桥定稿的《全国教育工作会议纪要》,提出"教育要同三大革

---

① 马啸风. 中国师范教育史[M]. 北京:首都师范大学出版社,2003:52.

② 中国教育年鉴:1949—1981[M]. 北京:中国大百科全书出版社,1984:981.

③ 孙玉凡. 学术史视野中的新中国师范教育研究[J]. 郑州师范教育,2017(2):58-63.

命实践结合,以厂(社)校挂钩为主,多种形式,开门办学,建立教学、生产劳动、科学研究三结合的新体制。""要充分发挥工农兵学员上大学、管大学、用毛泽东思想改造大学的作用"。该"纪要"还提出,争取在第四个五年计划期间,在农村普及小学 5 年教育,有条件的地区普及 7 年教育。为实现这一目标要"大力提倡群众集体办学"。① 1972 年 3 月 26 日,《人民日报》社论指出:当前农村普及教育的重点应当放在普及小学五年教育上,首先满足广大贫下中农子女上小学的要求;在有条件的地区,普及七年教育。在普及农村小学五年教育中,要采取多种形式办学,把学校办在家门口。让农民子女就近上学。② 1974 年 5 月 30 日,国务院科教组发出《关于 1974 年教育事业计划(草案)的通知》提出:"1974 年发展教育事业,重点是继续大力普及农村小学五年教育","同时积极创造条件,逐步在大中城市普及十年教育,农村有条件的地区普及七年教育"。③

在这样的情形之下,没有经过专门师范教育的非正规师资(民办教师)如潮水般疯长起来。有关数据显示④,从 1949 年到民办教师达到顶峰的 1977 年,小学在校生数由 2439.1 万人增加到 14 617.6 万人,增长近 6 倍。与此同时,小学教师数由 83.6 万人增加到 522.6 万人,增长 6 倍多。1949—1977 年,中等师范学校毕业生总计仅为 174.56 万人,即使都补充到小学教师队伍,也还有 348.04 万人的缺口。如此巨大的缺口完全依靠国家政府是根本承担不了的,因此民办教师在农村普及教育、提高国民文化水平的过程中还是做出了卓越贡献的。

第三节 改革开放后乡村教师补充政策

1978 年十一届三中全会的召开,标志着"文化大革命"及"左倾"错误路线

---

① 金铁宽. 中华人民共和国教育大事记(1—3 卷)[M]. 济南:山东教育出版社,1995:907.

② 何东昌. 中华人民共和国重要教育文献(1949—1975)[M]. 海口:海南出版社,1998:1483.

③ 刘英杰. 中国教育大事典(1949—1990)[M]. 杭州:浙江教育出版社,1993(6):323.

④ 杨卫安. 乡村小学教师补充政策演变:70 年回顾与展望[J]. 教育研究,2019(7):16-25.

的结束，宣告了一个崭新的历史时代的降临，社会主义改革的春天到来了。"解放思想、实事求是"是新时期社会主义各项事业发展的总方针，如何围绕教育事业做到推陈出新，在改革中奋勇前行是时代赋予教育工作者的使命与神圣职责。改革开放40多年来，围绕乡村教师补充的问题，党和国家政府出台了一系列的政策，经历了改革开放初期"以民办教师为中心"的政策重构、20世纪80年代中期后师范生毕业分配与"民转公"两条腿走路的政策调整以及21世纪以来城乡统筹、倾向农村的政策变革。

一、改革开放初乡村教师补充政策重构(1978—1984年)

改革开放初期，社会主义各项事业都面临着恢复与重建，在"文化大革命"中遭受重创的教育事业也需要在总结经验与教训的基础上重新构建。1977年8月8日，邓小平在科学和教育工作座谈会上《关于科学和教育的几点意见》中就明确指出"高等院校学生来源于中学，中学学生来源于小学，因此要重视中小学教育"①。1978年4月22日，邓小平在《全国教育工作会议上的讲话》中指出"要提高中小学教育的质量，按照中小学生所能接受的程度，用先进的科学知识来充实中小学的教育内容"②。1980年，中共中央、国务院发布的《关于普及小学教育若干问题的决定》明确指出"在80年代，全国应基本实现普及小学教育的历史任务，有条件的地区还可以进而普及初中教育""经济比较发达、教育基础较好的地区，应在1985年前普及小学教育，其他地区一般应在1990年前基本普及"，并强调各地应根据经济、教育发展的实际情况，"绝不要搞'一刀切'"，应按照分区规划，分批实现的工作节奏，推动这一目标的稳步实现。③ 分批分步骤普及小学教育是这一时期基础教育工作的重点。1983年，中共中央、国务院发布了《关于加强和改革农村学校教育若干问题的通知》，提出了初等教育普及的任务安排和具体措施，并重点强调了"建设一支稳定、合格的教师队伍是办好农村学校的重要关键"。④ 这一通知明确了乡

---

① 邓小平文选(第二卷)[M]. 北京：人民出版社，1994：54.
② 邓小平文选(第二卷)[M]. 北京：人民出版社，1994：104.
③ 国家教育委员会政策法规司. 十一届三中全会以来重要教育文献选编[M]. 北京：教育科学出版社，1992：65-67.
④ 国家教育委员会政策法规司. 十一届三中全会以来重要教育文献选编[M]. 北京：教育科学出版社，1992：126.

村教师队伍建设是普及义务教育的核心要义。这一时期围绕乡村教师补充问题，从师范教育的发展及民办教师的整顿上出发，其补充结构发生了明显变化，从表4-3中的数据对比中可见一斑：

表4-3　　　　　　　　改革开放初民办教师与师范教育发展情况①

年份	民办教师(小学)		民办教师(中学)		中等师范教育		高等师范教育	
	数量(万人)	比例(%)	数量(万人)	比例(%)	校数(所)	学生数(万人)	校数(所)	学生数(万人)
1978	342.0	65.4	122.5	38.5	1064	30.0	157	25.0
1979	343.5	61.4	110.3	36.7	1053	29.8	161	31.1
1980	337.5	61.4	93.9	30.1	1017	36.0	172	33.8
1981	325.2	58.3	71.5	25.1	962	43.7	186	32.1
1982	298.1	54.1	53.2	19.8	908	41.1	194	28.9
1983	288.1	53.1	46.5	17.9	861	45.5	210	31.3
1984	284.0	52.9	43.6	17.0	1008	51.1	242	36.2

从表4-3中发现，从1978年至1984年间，小学民办教师数从342万下降到284万，所占比例从65.4%下降到52.9%，呈逐年下降的趋势，但民办教师在整个小学教师群体中仍然占绝大多数；中学民办教师数从1978年的122.5万锐减到1984年的43.6万，几乎减掉2/3，所占比例从38.5下降到17%。1978年中等师范院校有1064所，在校生为30万人，到1984年为1008所，在校生为51.1万人，学生数上涨了近40%，高等师范院校1978年为157所，到1984年增加到242所，学生数也由25万人增加到36.2万人。民办教师以小学为主体，但其人数和比例都在逐渐降低。中等师范院校数虽变化不明显，但培养的师范生急剧增加，与中等师范教育不同的是，对高等师范人才的需求逐年加大，无论是院校数还是学生人数都呈梯形状上升中。

（一）民办教师政策

经历了"文化大革命"时期民办教师的急剧膨胀，改革开放初期民办教师

---

① 汪曦. 农村教师补充政策有效性研究[D]. 华中师范大学，2015：84.

数量依然庞大，学历水平偏低、教育教学能力未达标、素质参差不齐是当时民办教师的现状。1978 年 1 月 7 日，国务院批转《教育部关于加强中小学教师队伍管理工作的意见》的通知中明确提出："加强对民办教师的管理，在选用民办教师时，要根据教育事业发展的实际需要，本着节约使用农村劳动生产力的精神，由县教育行政部门统筹规划，民办教师的任用，要本着任人唯贤，德才兼备的原则，经学校、大队提名，公社选择推荐，县教育行政部门审查（包括文化考查）批准，发给任用证书。"①意见提出了加强民办教师管理工作的工作部署，从民办教师的选择、任用、辞退、调换等环节规定了民办教师管理工作的具体要求。② 1980 年 12 月 3 日，中共中央、国务院《关于普及小学教育若干问题的决定》指出："各级教育部门必须大力做好教师队伍的整顿和培训、提高工作"，同时正式提出了民转公的调整思路，指出"国家每年安排一定的专用劳动指标，经过严格考核，将合格的民办教师分期分批转为公办教师。民办教师中的骨干更应早转"③。

1981 年 10 月 28 日，教育部《转发河北省关于整顿民办教师队伍经验的通知》。该《通知》要求整顿民办教师应学习河北省经验，"首先对民办教师的工作态度、业务水平、教学效果、文化程度进行全面考核，以工作态度和教学效果为主，一般都采取听（课）、看（教案、学生作业）、查（学生近年成绩）、谈（开学生和家长座谈会）、测（文化测验）等方法对教师进行考核。经过考核，将民办教师分为三类：合格的，即能胜任教学工作的虽然考核不合格，但还能勉强进行教学，而且有培养前途的；不合格的，即不胜任教学工作，而且继续培养提高都有困难的。对第一类的民办教师发给合格证书；第二类的民办教师发给试用证书，待文化业务水平提高后再经过考核，合格者可换发合格证书，仍不合格者，予以辞退；第三类的为精简转业对象"④。

1983 年 5 月 6 日，中共中央、国务院《关于加强和改革农村学校教育若干问题的通知》再次指出："建设一支稳定、合格的教师队伍，是办好农村学校

---

① 何东昌. 中华人民共和国重要教育文献[M]. 海口：海南出版社，1998：1590.
② 孟旭等. 中国民办教师现象透析[M]. 南宁：广西教育出版社，1999：10.
③ 国家教育委员会政策法规司. 十一届三中全会以来重要教育文献选编[M]. 北京：教育科学出版社，1992：65-67.
④ 刘英杰. 中国教育大事典（1949—1990）[M]. 杭州：浙江教育出版社，1993：693.

的重要关键。必须及早抓好这项基本建设"。① 同年 8 月 22 日，教育部发出
《关于中小学教师队伍调整整顿和加强管理的意见》，指出："从政治思想表现
和工作态度、教育业务能力和教学效果、文化程度三个方面，由县以上教育行
政部门对每个教师进行一次全面考核，作为培训提高和调整安排教师工作的依
据。"对考核合格者发给合格证件；对考核不合格者，根据不同情况，或予培
训，或予调离教学岗位。② 对于民办教师的工资待遇问题，1984 年，国务院
《关于筹措农村学校办学经费的通知》中提出了"农村中小学民办教师全部实行
工资制，逐步做到不再分公办、民办"③的相关决定。

这一时期针对民办教师的治理整顿所出台的一系列政策措施，对于加强民
办教师的管理、提升教育素养、加强民办教师队伍建设都具有十分积极的意
义。强化管理、提升水平、改善素质、向公办转型成为了这一时期民办教师政
策的主题词。民办教师数量在收紧的同时，更侧重于"存量优化"，从思想政
治态度、教育教学能力、文化程度等方面加大对教师的考核力度，提高民办教
师待遇，将优秀的民办教师转入公办等，这对于优化教师队伍，改善良莠不齐
的局面起到了非常重要的作用。当然，民办教师的出现是历史的必然，也会随
着时代的发展终将退出历史舞台。

（二）师范教育政策

改革开放之初，恢复和发展"文化大革命"期间遭受重创的师范教育势在
必行。1978 年，教育部印发《关于加强和发展师范教育的意见》，意见指出"大
力发展和办好师范教育，建设一支又红又专的教师队伍，是发展教育事业、提
高教育质量的基本建设，百年大计""明确中小学教师培训要求""统筹规划，
建立师范教育网，力争在三五年内使现有小学、初中、高中教师大多数分别达
到中等师范、师范专科和师范学院毕业程度"，并提出了"有计划有步骤地新
建若干师范学院，为本省、市、自治区培养高中、中师教师，培训师范专科学
校教师及部分在职高中和中师教师，努力办好中等师范学校"等④，为加强和

① 国务院教育工作研讨小组办公室、国家教委人事司编. 各地改善教师待遇文件汇
编[M]. 北京：中央广播电视大学出版社，1990：9-10.
② 何东昌. 中华人民共和国重要教育文献[M]. 海口：海南出版社，1998：2119.
③ 靳希斌等. 中国民办教师问题研究[M]. 北京：北京师范大学出版社，2004：14.
④ 关于加强和发展师范教育的意见（1978 年颁布）[EB/OL]. [2021-02-24].
https：//baike. so. com/doc/28262097-29676572. html.

发展师范教育提供了基本思路。1980年召开的全国师范工作会议将师范教育定位为整个教育事业的"工作母机"，提出要把发展师范教育作为发展整个教育的基本建设首先抓好①，同年教育部颁布《关于加强高等师范学校教师队伍建设的意见》②，内容包括：高等师范学校要制订师资队伍建设规划；加强管理；建立师资培训协作网，分工承担，通力合作，为师范学校和师范专科学校培训教师。此外，还提出要切实加强对师资队伍建设工作的领导，加强教师的思想政治工作，认真执行党的知识分子政策，每年要分配一定数量的研究生到高等师范学校任教。

1980年还颁布了《关于大力办好高等师范专科学校的意见》和《关于办好中等师范教育的意见》。《关于大力办好高等师范专科学校的意见》规定"高等师范专科学校担负培养初级中学合格师资的任务。管理体制分两种：由省、专区双重领导，以省为主；由省、专区双重领导，以专区为主。对师专的规模和布局、学校领导干部的配备和管理、招生和毕业分配、师资的补充和培养、专业设置、经费、基建、仪器供应等，都要全面规划，统筹安排。学习年限暂不统一规定，两年和三年两种并存。"③《关于办好中等师范教育的意见》④，内容包括：明确中等师范教育的任务；中等师范学校学制三年或四年制；重新制定三年制和四年制的教学计划试行草案；明确幼儿师范学校的任务；适当发展和大力办好民族师范学校；加强盲、聋哑师资培养；加强对中等师范教育的领导和管理。

在国家政府的重视与推动下，师范教育逐渐步入正轨，蓬勃发展起来，师范教育的重心也发生了变化，此时，师范教育的发展重心放在了"有计划地积极地加速发展师专和师范学院"之上，以满足教育发展的长远需要，对于中等

---

① 姚云．改革开放以来中国师范教育的发展及未来挑战[J]．大学（研究与评价），2008(6)：11-12.

② 关于加强高等师范学校师资队伍建设的意见(1980年10月颁布)[EB/OL]．[2021-02-24]．https：//baike. so. com/doc/28620663-30080223. html.

③ 关于大力办好高等师范专科学校的意见(1980年10月颁布)[EB/OL]．[2021-02-24]．https：//baike. so. com/doc/28121254-29532592. html.

④ 关于办好中等师范教育的意见(1980年8月颁布)[EB/OL]．[2021-02-24]．https：//baike. baidu. com/item/%E5%85%B3%E4%BA%8E%E5%8A%9E%E5%A5%BD%E4%B8%AD%E7%AD%89%E5%B8%88%E8%8C%83%E6%95%99%E8%82%B2%E6%84%8F%E8%A7%81/22563046.

师范教育，则应"在中师毕业生基本满足小学教师的需要以后，应该逐步减少中师，增加和加强高师，以适应进一步提高师资质量的需要"①。

二、20世纪80年代中期后乡村教师补充政策调整（1985—1999年）

（一）这一时期教育政策演绎

1984年党的十二届三中全会召开，做出了《中共中央关于经济体制改革的决定》，该决定提出了发展社会主义商品经济，实行按劳分配，扩大对外开放等政策。在经济体制改革的背景下，这一时期国家对基础教育包括农村基础教育加大了投入力度。1985年《中共中央关于教育体制改革的决定》中，提出基础教育薄弱，学校数量不足、质量不高、合格的师资和必要的设备严重缺乏，经济建设大量急需的职业和技术教育没有得到应有的发展，高等教育内部的科系、层次比例失调。该决定还提出了要在今后一段时期内，中央和地方政府教育拨款的增长要高于财政经常性收入的增长，并使按在校学生人数平均的教育费用逐步增长②。1986年4月，国务院发布了《征收教育费附加的暂行规定》，要求扩大地方教育经费的资金来源，凡缴纳产品税、增值税、营业税的单位和个人，按照三税缴纳额的1%来征收教育费附加，1994年税制改革后附加率提高到了3%。③ 1986年《中华人民共和国义务教育法》正式颁布，"实施义务教育所需事业费和基本建设投资，由国务院和地方各级人民政府负责筹措，予以保证""国家采取措施加强和发展师范教育，加速培养、培训师资，有计划地实现小学教师具有中等师范学校毕业以上水平，初级中等学校的教师具有高等师范专科学校毕业以上水平""国家保障教师的合法权益，采取措施提高教师的社会地位，改善教师的物质待遇，对优秀的教育工作者给予奖励"。④ 1986年原国家教委印发了《关于加强和发展师范教育的意见》，"真正把师范教育提到发展教育事业的战略地位上""坚持为中小学服务的思想，明确各级师范学

①　何东昌.中华人民共和国重要教育文献（1976—1990）[M].海口：海南出版社，1998：1647.

②　中共中央关于教育体制改革的决定（1985年5月27日发布）[EB/OL].[2021-02-16].http://old.moe.gov.cn//publicfiles/business/htmlfiles/moe/moe_177/200407/2482.html.

③　王怀兴.中国农村基础教育政策研究[D].吉林大学，2009：58.

④　中华人民共和国义务教育法（1986年7月1日施行）[EB/OL].[2021-02-25].http：//i.bokee.com/v1.php/blog/view/uname/pxming1/bid/15891751.

校的培养任务"。① 1986年10月2日，国家教委颁布《中小学教师考核合格证书制度》，并开始在全国实行。该《制度》规定，只有具备合格学历或有考核合格证书的人才能任教。考核合格证书暂设教材教法考试合格证书和专业合格证书两种。前者又分高中、初中、小学。后者分高中教师、初中教师、小学教师。实施合格证书制度的目的，是为了建设一支合格的中小学教师队伍，更好地为普及九年制义务教育服务。②

1987年6月，国家教委、财政部发布了《关于农村基础教育管理体制改革若干问题的意见》，该《意见》指出，"我国基础教育的大头在农村""由于受经济发展水平的制约，目前我国农村基础教育与城市相比还很落后。因此，抓好农村基础教育，对我国整个基础教育的发展具有决定性的作用""农村经济体制改革的成功带来了农村经济的蓬勃发展，这不但对教育提出了更为迫切的要求，而且为教育管理体制改革提供了良好的社会环境，创造了有利条件""切实加强对农村基础教育管理体制改革的领导，不失时机地将这一改革推向新的阶段；要充分调动一切积极因素，挖掘各方面潜力，为促进当地教育事业的发展做出切实努力"。③

1993年全国人大常委会颁布了《中华人民共和国教师法》，《教师法》从教师的权利和义务、资格和任用、培养和培训、考核、待遇、奖励、法律责任等方面给予了充分的阐述，从而在社会上掀起了教书育人、尊师重教的热潮。

1993年中共中央、国务院颁布《中国教育改革和发展纲要》，提出："教育事业有了很大发展，为社会主义建设培养了大批人才；形成了上千万人的教师队伍；办学的物质条件程度不同地有所改善""九年义务教育开始有计划、分阶段地实施，全国已有91%人口的地区普及了小学教育""农村基础教育实行地方负责、分级管理的体制取得了明显效果""教育投入不足，教师待遇偏低，办学条件较差""必须依靠广大教师，不断提高教师政治和业务素质，努力改

① 国家教育委员会印发《关于加强和发展师范教育的意见》的通知（1986年颁布）[EB/OL].[2021-02-25]. https：//www.lawxp.com/statute/s1050652.html.
② 国家教委颁布《中小学教师考核合格证书制度》（1986年10月2日颁布）[EB/OL].[2021-02-25]. https：//www.sohu.com/a/257422442_177489.
③ 国家教育委员会、财政部关于农村基础教育管理体制改革若干问题的意见（1987年6月15日）[EB/OL].[2021-02-25]. http：//www.pkulaw.cn/fulltext_form.aspx? Db=chl&Gid=5fbc706823f271b0bdfb.

善他们的工作、学习和生活条件"。①

1985 年至 1993 年是我国教育事业蓬勃发展的黄金时代，这不仅得益于改革开放以来我国经济体制改革所带来的红利，而且得益于党和国家政府对教育事业的重视和投入。这一时期出台的一系列政策法规，对于师范生到广阔的农村去、农村教师扎根农村教育事业提供了有力的政策保障。

1994 年 6 月，党中央和国务院召开改革开放以来的第二次全国教育工作会议，会后国务院发布了《关于〈中国教育改革和发展纲要〉的实施意见》。《实施意见》强调"县级政府在组织义务教育实施方面负有主要责任，包括筹措教育经费、调配和管理中小学校长、教师、指导中小学教育教学工作等"。同时也指出，"有条件的经济发展程度较高的地区，义务教育经费仍可由县、乡共管，充分发挥乡财政的作用"。

1995 年 3 月 18 日第八届全国人大第三次会议通过了《中华人民共和国教育法》，并于 9 月 1 日起正式实施。这一年，中共中央、国务院明确提出了实施科教兴国的战略。同年，中央政府开始实施"贫困地区义务教育工程"，该工程中央政府计划投入 39 亿元，地方政府配套 78 亿元，到 2000 年，分两期用于对贫困地区义务教育办学条件的改善。从 1997 年到 2000 年，中央政府针对"贫困地区义务教育助学金"项目，总计投资 1.3 亿元。②

1996 年《关于"九五"期间加强中小学教师队伍建设的意见》[③]中指出，"截至 1995 年年底，我国中小学教师总数由 1990 年的 861.44 万人增长到 899.8 万人"。"小学、初中、高中教师的学历合格率从 1990 年的 74%、46%、45%分别提高到 1995 年的 89%、69%、55%""教师的社会地位和经济待遇进一步提高，中小学教师工资待遇总体上得到提高，部分地区提高的幅度较大，教师住房紧张的状况有所缓解，全国城镇教师家庭人均住房面积有较大提高。一些地区前些年流失的教师开始出现回流现象，农村中小学教师队伍流失严重的情况也有所缓解"，然而教师队伍建设仍然任务艰巨，如

①　中国教育改革和发展纲要(中共中央国务院 1993 年 2 月 13 日印发)[EB/OL].[2021-02-25]. https://max.book118.com/html/2017/1019/137470610.shtm.

②　中国社会科学院公共政策研究中心，香港城市大学亚洲管治研究中心. 中国公共政策分析(2005 年卷)[M]. 北京：中国社会科学出版社，2005：156.

③　关于印发《关于"九五"期间加强中小学教师队伍建设的意见》的通知(1996 年 12 月 31 日)[EB/OL]. [2021-02-28]. https://law.lawtime.cn/d638087643181.html.

中高级职务偏低，"1995 年，全国初中、高中教师中具有高级职务的比例仅为 2% 和 15.73%，小学教师中具有中级职务的比例为 17.56%，具有高级职务的比例仅为 0.65‰"；教师队伍分布不均衡，"城市教师局部超编与广大农村尤其是边远贫困地区教师严重缺编并存"；教师补充渠道单一，"非师范毕业生从教和向社会招聘教师较少"。该《意见》还强调，"以义务教育阶段教师、农村学校教师和骨干教师队伍建设为重点，建设一支政治业务素质良好、数量适当、分布均衡、结构合理、相对稳定、适应教育改革和发展需要的中小学教师队伍。"

1997 年颁布的《中小学教师职业道德规范》从依法执教、爱岗敬业、热爱学生、严谨治学、团结协作、尊重家长、廉洁从教、为人师表八个方面对中小学教师的职业道德提出了相关要求。1998 年教育部颁布的《面向 21 世纪教育振兴行动计划》提出了跨世纪教育改革与发展的宏伟蓝图。其中"跨世纪园丁工程"中，对于提高教师队伍素质提出了如下目标[1]：大力提高教师队伍的整体素质，特别要加强师德建设；重点加强中小学生骨干教师队伍建设；实行教师聘任制和全员聘用制，加强考核，竞争上岗。认真解决边远山区和贫困地区中小学教师短缺问题。要进一步完善师范毕业生的定期服务制度，对高校毕业生(包括非师范)到边远贫困的农村地区任教，采取定期轮换制度，并享受倾斜政策。

1999 年中共中央、国务院发布的《关于深化教育改革，全面推进素质教育的决定》关于"优化结构，建设全面推进素质教育的高质量的教师队伍"中提出：[2] 建设高质量的教师队伍，是全面推进素质教育的基本保证；把提高教师实施素质教育的能力和水平作为师资培养、培训的重点；建立优化教师队伍的有效机制，提高教师队伍的整体素质；合理配置教师资源；努力造就能够带领广大教师和教育工作者积极实施素质教育的学校领导以及管理干部队伍。

---

[1]　国务院批转教育部《面向 21 世纪教育振兴行动计划》的通知(教育部 1998 年 12 月 24 日制定，国务院 1999 年 1 月 13 日批转)[EB/OL]．[2021-02-26]．http：//gov. hnedu. cn/c/2008-08-29/784083. shtml.

[2]　中共中央国务院关于深化教育改革，全面推进素质教育的决定(1999 年 6 月 13 日发布)[EB/OL]．[2021-02-26]．http：//www. moe. gov. cn/jyb_sjzl/moe_177/tnull_2478. html.

（二）乡村教师补充政策演变

变革是教育的常态。这一时期的一系列教育政策措施的出台，给乡村教师的补充带来了巨大变化，这其中包括教育体制改革带来的乡村教师补充机制的变化、教师教育改革带来的乡村教师补充现状的变化以及编外教师政策调整所带来的乡村教师补充新变化：

第一，教育体制改革带来乡村教师补充机制的变化。自 1984 年党的十一届三中全会中共中央做出了关于经济体制改革的决定后，1985 年在教育领域内做出了教育体制改革的决定，改革的内容包括：改革管理体制，简政放权，扩大学校办学自主权；调整教育结构，改革人事制度；改革教育思想、教育内容、教育方法等。教育体制改革从宏观到微观对教育领域提出全方位改革，并指出"建立一支有足够数量的、合格而稳定的师资队伍，是实行义务教育、提高基础教育水平的根本大计"，① 可见师资队伍建设的重要意义。提高教师的社会地位和生活待遇，对他们进行职前培训和在职考核，鼓励他们自学和互教，为他们提供函授与进修的机会，使绝大多数教师能够胜任教育教学工作，是提升教师队伍建设的重要举措。1986 年颁布的《中华人民共和国义务教育法》、1987 年颁布的《关于农村基础教育管理体制改革若干问题的意见》、1993 年颁布的《中华人民共和国教师法》、《中国教育改革和发展纲要》、1994 年颁布的《关于〈中国教育改革和发展纲要〉的实施意见》、1995 年通过的《中华人民共和国教育法》、1999 年《关于深化教育改革，全面推进素质教育的决定》这一系列具有重要意义的文件对于深化教育体制改革、调整教育结构、提升教育水平、提高国民素质具有举足轻重的作用。这些改革文件都涉及师资队伍建设问题，意识到教师发展是教育体制改革的关键所在。

第二，教师教育改革带来的乡村教师补充现状的变化。这一时期也迎来了教师教育改革的春天。1985 年《中共中央关于教育体制改革的决定》中要改革大学招生的计划制度和毕业生分配制度，并就此提出三种不同的招生分配办法。其中，属自费的师范毕业生，可由学校推荐就业，也可以按照"双向选择"的办法参与人才市场的竞争而自谋职业。② 师范生也逐渐走向自主择业。

---

① 中共中央关于教育体制改革的决定（1985 年 5 月 27 日）[EB/OL]．[2021-02-27]．https：//baike. so. com/doc/1380234-1459088. html.

② 王泽普．中国师范教育改革与发展研究[M]．桂林：广西师范大学出版社，2001：73.

1986年3月10日，《关于基础教育师资和师范教育规划的意见》提出实行定向培养的方针策略，综合性大学或有条件的其他院校也要承担起培养师资的任务，自此，我国开始逐步建立开放教师教育体系。同年颁布《关于加强和发展师范教育的意见》指出"小学和初中所需新师资，主要依靠本地区培养和输送""要从实际出发调整好各类师范学校专业的合理比例""设立适合农村中学需要的双学科专业"。① "调整专业、倾向农村"为乡村教师补充提供了良好契机。1994年《关于进一步改革普通高等学校招生和毕业生就业制度的试点意见》中强调要逐步改变"学生上大学由国家包下来、毕业时国家包安排职业的做法"，逐步建立起"学生上学自己缴纳部分培养费用、毕业后多数人自主择业"的机制，② 1996年《国家不包分配大专以上毕业生择业暂行办法》提出"毕业生毕业后国家不负责分配工作""通过人才市场在多种所有制范围内自主择业"，③ 大学生从"包分配"到"自主择业"招生就业体制改革也使师范生在社会主义市场经济改革体制下由"分配为主"逐渐走向"聘用制"。

1999年《关于师范院校布局结构调整的几点意见》提出布局结构调整的目标为"从城市向农村、从沿海向内地逐步推进，由三级师范(高师本科、高师专科、中等师范)向二级师范(高师本科、高师专科)过渡""到2010年左右，新补充的小学、初中教师分别基本达到专科和本科学历""到2003年，普通高等师范院校、教育学院、中等师范学校从1997年的1353所调整到1000所左右，其中，普通高师院校300所左右，中等师范学校500所左右；到下世纪初，高师本、专科院校在校生生均规模分别达到4200人和2000人，中等师范学校达到1000人""坚持独立设置师范院校主体作用，同时进一步拓宽中小学教师来源渠道，鼓励一批高水平综合大学参与培养中小学教师，通过实施教师资格制度逐步实现中小学教师补充与人才市场接轨，中小学教师来源多样化，优化师资队伍结构"。④ 自此，师范教育体系逐渐从"三级师范"向"二级师范"

---

① 国家教育委员会印发《关于加强和发展师范教育的意见》的通知(1986年3月26日)[EB/OL].[2021-02-28]. https：//www.lawxp.com/statute/s1050652.html.
② 国家教委关于进一步改革普通高等学校招生和毕业生就业制度的试点意见(1994年4月7日)[EB/OL].[2021-02-27]. http：//laws.66law.cn/law-15546.aspx.
③ 人事部关于印发《国家不包分配大专以上毕业生择业暂行办法》(1996年1月9日颁布)[EB/OL].[2021-02-28]. https：//law.lawtime.cn/d647175652269.html.
④ 关于印发《关于师范院校布局结构调整的几点意见》(1999年3月16日)[EB/OL].[2021-02-28]. http：//www.moe.gov.cn/srcsite/A10/s7058/199903/t19990316_162694.html.

过渡。同年颁布的《中共中央国务院关于深化教育改革全面推进素质教育的决定》中提出"加强和改革师范教育，大力提高师资培养质量。调整师范学校的层次和布局，鼓励综合性高等学校和非师范类高等学校参与培养、培训中小学教师的工作，探索在有条件的综合性高等学校中试办师范学院"，师范教育的合理布局使师范教育的培养质量得到有力保障。

教师教育政策措施的出台，使得这一时期的师范教育的数量、结构和功能发生了巨大变化。从 1985 年到 1999 年，我国中等师范院校从 1028 所减少到815 所，学生数从 55.8 万人增加到 90.5 万人，其中最高峰是 1998 年达到92.1 万人；高等师范院校从 253 所减少到 227 所，学生数从 42.5 万人增加到84.5 万人。中小学教师的培养层次逐步提高，以本科师范教育为主线，中等师范教育逐渐压缩规模，高等师范教育三级师范学校逐渐向二级师范院校过渡，师范教育的发展也日趋走向内涵式。

第三，编外教师政策的调整带来的乡村教师补充新变化。需要指出的是，这里所说的编外教师包括之前的民办教师以及后来出现的代课教师，由于他们都属于编制外的教师，所以统称为编外教师。一直以来，教师教育与民办教师是乡村教师补充的主要渠道，这一时期依然如此，与以往不同的是，这一时期的民办教师在国家政策的推动下大量缩减的同时，由于乡村师资极度缺乏情况下出现了一批代课教师。对于民办教师的安置在下列文件中阐述得非常清楚：1992 年《关于进一步改善和加强民办教师工作若干问题的意见》中提出对于民办教师要"减少数量，提高质量，改善待遇，加强管理""民办教师队伍的调整整顿工作要继续坚持'关、招、转、辞、退'统筹安排""有计划地对在职民办教师进行培训""进一步提高民办教师的地位和待遇，逐步实现与公办教师同工同酬""认真做好从优秀民办教师中选招公办教师的工作"。①

1996 年《关于"九五"期间加强中小学教师队伍建设的意见》中指出，"民办教师工作取得重大进展。党中央、国务院在全国教育工作会议上明确提出了到 2000 年基本解决民办教师问题的方针和目标。通过各级政府的努力，民办教师所占比重大幅度下降。1990 年至 1995 年，民办教师的数量从300 万下降到 180 万。民办教师占中小学教师的比重由 32.5% 下降到 20%。

---

① 关于进一步改善和加强民办教师工作若干问题的意见（教人〔1992〕41 号）[EB/OL]．[2021-03-01]．http：//www.mredu.cn/xxgc/ShowArticle.asp? ArticleID=21739.

迄今为止，京、津、沪、浙四个省市以及其他省区的部分地区民办教师问题已基本解决"，解决民办教师"分阶段工作目标是：1996 年，民办教师占全国中小学教师的比例由 1995 年的 20% 减少到 17%；1998 年，民办教师占全国中小学教师的比例减少到 7%；到 2000 年完成合格民办教师转为公办教师的工作。对离岗退养的民办教师，各地要参照相同条件退休公办教师的待遇给予妥善安置"①。

1999 年《中共中央国务院关于深化教育改革全面推进素质教育的决定》提出"加强编制管理，精简富余人员，富余人员原则上在教育系统内部进行培训和安排。各地要认真做好各级各类学校转岗教师的管理服务工作，进一步建立和完善人才流动的社会化服务体系，搞好人才供求信息的收集和发布工作，开展转岗前职业培训，协调和促进教师的合理流动。地方各级人民政府的人事、劳动和社会保障、财政部门要提供必要的政策指导和经费支持"。"合理配置教师资源。中小城市(镇)学校教师以各种方式到农村缺编学校任教，加强农村与薄弱学校教师队伍建设。城镇中小学教师原则上要有一年以上在薄弱学校或农村学校任教经历，才可聘为高级教师职务。采取优惠政策，吸引和鼓励教师到经济不发达地区、边远地区和少数民族地区任教"。②

这一时期伴随着对民办教师的消化与清退(合格的民办教师转岗消化，不合格的民办教师清理辞退)相关政策的出台，使得民办教师这个群体逐渐走下终结，从 1985 年到 1999 年，小学民办教师数从 275.9 万人锐减到 49.7 万人，初中民办教师数从 41.6 减少到 4.2 万人。

伴随着民办教师这个群体逐渐消逝的同时，另一个编外教师群体——代课教师出现了且不断壮大起来。代课教师是我国从 20 世纪 80 年代起，民办教师大幅锐减，师范教育所培养的师资供不应求，而农村学校又急缺师资力量的情况下出现的特殊群体。1991—1999 年全国代课教师发展情况如表 4-4 所示。

---

① 关于印发《关于"九五"期间加强中小学教师队伍建设的意见》的通知(1996 年 12 月 31 日)[EB/OL].[2021-02-28].https://law.lawtime.cn/d638087643181.html.

② 中共中央国务院关于深化教育改革，全面推进素质教育的决定(1999 年 6 月 13 日发布)[EB/OL].[2021-02-26].http://www.moe.gov.cn/jyb_sjzl/moe_177/tnull_2478.html.

表4-4　　　　　　**1991—1999 年全国代课教师发展情况(万人)** [1]

年份	全国代课教师			农村代课教师					
	总数	中学	小学	总数	比例	中学	比例	小学	比例
1991	596818	122740	474078	511894	85.8%	96144	78.3%	415750	87.7%
1992	737310	143982	593328	620551	84.2%	103694	72.0%	516857	87.1%
1993	766678	138107	628508	642313	83.8%	98839	71.6%	543474	86.5%
1994	785963	133196	652767	647114	82.3%	93149	69.9%	553995	84.9%
1995	859916	141919	717997	712188	82.8%	98419	69.3%	613769	85.5%
1996	918568	146967	771601	766380	83.4%	101266	68.9%	665114	86.2%
1997	1005490	145704	859786	829892	82.5%	99739	68.5%	730153	84.9%
1998	978057	136173	841884	804602	82.3%	91734	67.4%	596715	84.7%
1999	709587	112872	596715	669558	94.4%	72843	64.5%	456161	100.0%

从根本上说，代课教师是在新形势下民办教师以改头换面的方式出现的另一种形式。有人认为"农村学校缺编、财政包干到乡的体制等是代课教师产生的重要原因"[2]，这些代课教师"多为落榜的初中、高中毕业生，很少接受师范专业教育或培训，主要在'老、少、边、山、穷'地区任教，工作具有'半耕半教'特点，多数人都具有农民身份，且教龄长、年龄偏大"[3]，这是代课教师的现状。然而"在中央与地方政府'上有政策、下有对策'的政治博弈中，聘用农村代课教师乃维持农村学校生存的无奈选择"[4]。

三、21 世纪以来乡村教师补充政策变革(2000 年至今)

进入 21 世纪，我国在政治、经济、文化、教育等各方面发生了深刻的变

---

①　本表所有数据见：王献玲. 中国民办教师始末[M]. 北京：知识产权出版社，2008：328.

②　孟庆瑜. 近百万农村中小学代课教师面临抉择[J]. 瞭望新闻周刊，1998(37)：3-5.

③　玉丽. 教师何时告别"代课"：我国代课教师相关问题研究[J]. 教育科学研究，2005(8)：32-35.

④　雷万鹏，陈贵宝. 论农村代课教师的分流政策[J]. 华中师范大学学报(人文社会科学版)，2008 (1)：117.

化，"城乡统筹，均衡发展"成为了基础教育发展的主旋律。这一时期出台的一系列与乡村教师补充政策相关的文件及相关内容如表4-5所示：

表4-5　　　　　　　　　　　21世纪以来的乡村教师补充政策

发布时间	发布政策	政策相关内容
2001年	《国务院关于基础教育改革与发展的决定》	"完善教师教育体系，深化人事制度改革，大力加强中小学教师队伍建设""推进师范教育结构调整，逐步实现三级师范向二级师范的过渡""推行教师聘任制，建立'能进能出、能上能下'的教师任用新机制""实施教师资格准入制度，严格教师资格条件，坚决辞退不具备教师资格的人员，逐步清退代课人员。"
2002年	《国务院办公厅关于完善农村义务教育管理体制的通知》	"完善人事编制管理制度，加强农村中小学教师队伍建设""农村中小学任教人员必须具备相应的教师资格，对不具备教师资格的人员要及时调整出教师队伍，积极吸引高校毕业生到农村中小学任教。积极推行教师聘任制度，实行按需设岗、公开招聘、平等竞争、择优聘任、严格考核、合同管理。限期清退农村中小学代课人员。"
2003年	《国务院关于进一步加强农村教育工作的决定》	"加快推进农村中小学人事制度改革，大力提高教师队伍素质""加强农村中小学编制管理""依法执行教师资格制度，全面推行教师聘任制。教师聘任实行按需设岗、公开招聘、平等竞争、择优聘任、科学考核、合同管理。指导做好农村中小学教职工定岗、定员和分流工作。""积极引导鼓励教师和其他具备教师资格的人员到乡村中小学任教。建立城镇中小学教师到乡村任教服务期制度。增加选派东部地区教师到西部地区任教、西部地区教师到东部地区接受培训的数量。国家继续组织实施大学毕业生支援农村教育志愿者计划。"

续表

发布时间	发布政策	政策相关内容
2004 年	国务院批转教育部《2003—2007 年教育振兴行动计划》的通知	"加快推进农村中小学教师队伍建设。加强农村中小学编制管理,全面推行教师聘任制,依法实施教师资格制度。积极引导和鼓励教师及其他具备教师资格的人员到乡村中小学任教,建立城镇中小学教师到乡村任教服务期制度。加强农村教师和校长的教育培训工作。""改革教师教育模式,构建以师范大学和其他举办教师教育的高水平大学为先导,专科、本科、研究生三个层次协调发展,职前职后教育相互沟通,学历与非学历教育并举,促进教师专业发展和终身学习的现代教师教育体系。"
2005 年	《国务院关于深化农村义务教育经费保障机制改革的通知》	"巩固和完善农村中小学教师工资保障机制。中央继续按照现行体制,对中西部及东部部分地区农村中小学教师工资经费给予支持。省级人民政府要加大对本行政区域内财力薄弱地区的转移支付力度,确保农村中小学教师工资按照国家标准按时足额发放""深化教师人事制度改革,依法全面实施教师资格准入制度,加强农村中小学编制管理,坚决清退不合格和超编教职工,提高农村中小学师资水平;推行城市教师、大学毕业生到农村支教制度。"
	《关于当前农业和农村工作的几个问题》	"完善教师交流制度,制定相关政策和措施,引导和鼓励城市教师及具备教师资格的人员到农村中小学任教。"
2006 年	教育部、财政部、人事部、中央编办《关于实施农村义务教育阶段学校教师特设岗位计划的通知》	"通过公开招募高校毕业生到西部'两基'攻坚县县以下农村义务教育阶段学校任教,引导和鼓励高校毕业生从事农村教育工作,逐步解决农村师资总量不足和结构不合理等问题,提高农村教师队伍的整体素质。"

续表

发布时间	发布政策	政策相关内容
2006年	中组部、人事部等多部委发布《关于组织开展高校毕业生到农村基层从事支教、支农、支医和扶贫工作的通知》	"实施高校毕业生'三支一扶'计划,全面落实科学发展观和中央关于做好大学生志愿服务西部、服务基层工作的重要指示精神,引导和鼓励高校毕业生到西部去、到基层去、到祖国最需要的地方去,经受锻炼,健康成长,为促进农村基层教育、农业、卫生、扶贫等社会事业的发展、建设社会主义新农村和构建社会主义和谐社会做出贡献。"
	新《义务教育法》	"完善农村教师工资经费保障机制""在民族地区和边远贫困地区工作的教师享有艰苦贫困地区补助津贴""鼓励和支持城市学校教师和高等学校毕业生到农村地区、民族地区从事义务教育工作。国家鼓励高等学校毕业生以志愿者的方式到农村地区、民族地区缺乏教师的学校任教。县级人民政府教育行政部门依法认定其教师资格,其任教时间计入工龄。"
	《教育部关于大力推进城镇教师支援农村教育工作的意见》	"以推进城镇教师支援农村教育为重点,不断优化和提高农村教师队伍的结构和素质。积极做好大中城市中小学教师到农村支教工作。认真组织县域内城镇中小学教师定期到农村任教。探索实施农村教师特设岗位计划。积极鼓励并组织落实高校毕业生支援农村教育工作。组织师范生实习支教。积极开展多种形式的智力支教活动。"
	《国务院关于做好农村综合改革工作有关问题的通知》	"深化教育人事制度改革,依法全面实施教师资格准入制度,创新教师补充机制,建立教育教学质量监测考评制度,提高农村教师素质。加强农村中小学编制管理,坚决清退不合格和超编教职工。合理配置城乡教育资源,建立健全鼓励城镇教师、大学毕业生到农村支教制度和特设教师岗位制度。"

续表

发布时间	发布政策	政策相关内容
	国务院办公厅转发教育部等部门关于教育部直属师范大学师范生免费教育实施办法(试行)的通知	"到城镇学校工作的免费师范毕业生,应先到农村义务教育学校任教服务二年。"
2007 年	教育部、国家发展改革委、财政部关于《国家西部地区"两基"攻坚计划(2004—2007 年)》完成情况的报告	"创新农村教师补充机制,加强西部农村教师队伍建设。启动实施'农村义务教育阶段学校教师特设岗位计划',两年共从应届大学毕业生中招聘特岗教师 3.3 万名,覆盖了 12 个省(区、市)和新疆生产建设兵团 395 个县级单位的 4074 所农村中小学,缓解了'两基'攻坚地区教师不足、素质不高的问题。广西、重庆、甘肃、宁夏等省(区、市)还分别通过清退事业单位占用教师编制、增加偏远地区教师岗位等途径为农村补充了大批合格教师,因地制宜解决农村教师短缺问题。西部农村教师工资继续得到保障,教师培训得到加强,累计 130 余万名西部农村教师参加了各种培训。"
2008 年	国家教育督导团关于印发《国家教育督导报告 2008(摘要)》的通知	"目前教师配备结构性问题依然突出,农村边远地区教师数量不足、补充困难,影响义务教育均衡发展。国家创新农村教师补充机制,启动'农村义务教育阶段学校教师特设岗位计划',实施城镇教师到农村任教服务和定期交流制度,缓解了中西部农村地区教师数量不足的突出问题。""2002 年至 2007 年,全国小学累计录用大中专毕业生 60 万人,其中农村录用 48.9 万人;全国初中累计录用大中专毕业生 61 万人,其中农村录用 48.7 万人。农村小学和初中录用大中专毕业生均达录用总数的 80%。2006 年至 2007 年,全国共招聘了 1.6 万和 1.7 万名大学毕业生到中西部农村学校任教,覆盖了 13 个省 395 个县的 4074 所农村中小学。""2007 年,全国中小学仍有代课人员 37.9 万人。其中,小学代课人员 27.2 万人,87.8%以上分布在农村地区。广东、广西、甘肃小学代课人员数量多,超出小学专任教师总数的 10%。"

续表

发布时间	发布政策	政策相关内容
2009 年	教育部、财政部、人力资源社会保障部、中央编办《关于继续组织实施"农村义务教育阶段学校教师特设岗位计划"的通知》	2006—2008 年，共招聘特岗教师 5.9 万多人，覆盖 400 多个县、6000 多所农村学校。"特岗计划"的实施有力地缓解了农村地区教师紧缺和结构性矛盾，"采取有力措施，创新教师补充机制，建设高素质教师队伍。吸引大批高校毕业生到农村学校任教，为中小学及时补充合格教师，着力解决教师队伍结构性矛盾，并有效地促进高校毕业生就业。从 2009 年开始，各地中学和小学教师补充应全部采取公开招聘的办法，同等条件下优先聘用高校毕业生(含引导和鼓励高校毕业生到农村基层服务期满人员)，不得再以其他方式和途径自行聘用教师。"
	《教育部关于进一步做好中小学教师补充工作的通知》	"鼓励吸引大批优秀高校毕业生到农村从教。特岗计划要形成规模，教师基数大、缺额较多的省(区、市)，每年设岗不少于 1 万人，争取全国义务教育阶段学校教师特设岗位达到 20 万人。今后城市、县镇中小学校教师自然减员空岗优先聘用服务期满特岗教师和其他引导和鼓励高校毕业生下基层项目的服务期满人员。""要着力解决教师队伍结构性矛盾，重视英语、信息技术、艺术、体育、科学等紧缺学科教师的补充，以满足学校特别是农村学校开设课程的需要。""严格实施教师资格制度，确保持证上岗。"
	教育部《关于做好 2010 年"农村学校教育硕士师资培养计划"实施工作的通知》	从具有推荐免试硕士研究生资格的高校中，选拔部分优秀应届普通本科毕业生，录取为"硕师计划"研究生，并与地方政府教育行政部门签约聘为编制内正式教师。在县镇及以下农村学校任教，服务期三年，并在职学习研究生课程。第四年，到培养学校脱产集中学习一年，毕业时获硕士研究生毕业证书和教育硕士专业学位证书
2011 年	《国家中长期教育改革和发展规划纲要（2010—2020 年)》	"以农村教师为重点，提高中小学教师队伍整体素质。创新农村教师补充机制，完善制度政策，吸引更多优秀人才从教。积极推进师范生免费教育，实施农村义务教育学校教师特设岗位计划，完善代偿机制，鼓励高校毕业生到艰苦边远地区当教师。完善教师培训制度，将教师培训经费列入政府预算，对教师实行每五年一周期的全员培训。"
	《全国教育人才发展中长期规划(2010—2020 年)》	"对长期在农村基层和艰苦边远地区工作的教师，在工资、职务(职称)等方面实行倾斜政策，完善津贴补贴标准。建设农村艰苦边远地区学校教师周转宿舍。""国家对在农村地区长期从教、贡献突出的教师给予奖励。""城镇中小学教师在评聘高级职务(职称)时，原则上要有一年以上在农村学校或薄弱学校任教经历。"

发布时间	发布政策	政策相关内容
2012 年	教育部关于印发《国家教育事业发展第十二个五年规划》的通知	"鼓励教师在边远艰苦地区长期从教。""采取多种形式支持到农村任教的免费师范毕业生的专业成长和长远发展。农村学校特别是农村边远地区学校培养大批下得去、留得住、干得好的骨干教师。""逐步实行城乡统一的中小学编制标准，对农村边远地区实行倾斜政策。""制定优秀教师到农村地区从教的具体办法，探索建立农村教师专业发展支持服务体系，创新农村义务教育阶段教师全员培训模式，多种措施加强农村中小学教师队伍建设。""创新农村教师补充机制。完善农村义务教育阶段学校教师特设岗位计划。积极推动地方采取到岗学费返还、补偿、代偿等措施吸引高等学校毕业生到农村任教。扩大实施农村学校教育硕士师资培养计划。坚持高年级师范生到农村学校教育实习一学期制度，健全城镇教师支援农村教师制度，完善鼓励支持新任公务员和大学生志愿者到农村学校支教的政策。""主要支持农村教师培训，到 2015 年对 550 万名中西部农村教师普遍开展一次培训。"
	《加强教师队伍建设的意见》	"中小学教师队伍建设要以农村教师为重点，采取倾斜政策，切实增强农村教师职业吸引力，激励更多优秀人才到农村从教""继续实施并逐步完善农村义务教育阶段学校教师特设岗位计划，探索吸引高校毕业生到村小学、教学点任教的新机制。城镇中小学教师在评聘高级职务(职称)时，要有一年以上在农村学校或薄弱学校任教经历。""对长期在农村基层和艰苦边远地区工作的教师，实行工资倾斜政策。""中央在基建投资中安排资金，支持加快建设农村艰苦边远地区学校教师周转宿舍。鼓励地方政府将符合条件的农村教师住房纳入当地住房保障范围统筹予以解决。对在农村地区长期从教、贡献突出的教师加大表彰奖励力度。"
	教育部、中央编办、国家发展改革委等《关于大力推进农村义务教育教师队伍建设的意见》	"造就一支师德高尚、数量充足、配置均衡、城乡一体、结构合理、乐教善教、稳定而充满活力的高素质农村教师队伍。""探索建立吸引高校毕业生到村小、教学点任教的新机制。全面实行新进教师公开招聘制度，全面实施教师资格考试和定期注册制度，严禁未取得教师资格的人员进入教师队伍。""逐步实行城乡统一的中小学编制标准，对农村边远地区实行倾斜政策。""进一步完善部属师范大学师范生免费教育政策。扩大实施'农村学校教育硕士师资培养计划'和'服务期满特岗教师免试攻读教育硕士计划'。""为农村义务教育教师建立网络研修社区。支持农村名师名校长专业发展，造就一批乡村教育家。""城镇中小学教师在评聘高级职务(职称)时，要有一年以上在农村学校或薄弱学校任教的经历。支持退休的特级教师、高级教师到乡村学校支教讲学。""鼓励优秀教师在农村长期从教、终身从教。"

续表

发布时间	发布政策	政策相关内容
2013 年	教育部、国家发展和改革委员会、财政部《关于全面改善贫困地区义务教育薄弱学校基本办学条件的意见》	通过实施农村义务教育学校教师特岗计划等多种方式，完善农村教师补充机制。推进县域内校长教师交流轮岗，提高城镇中小学教师到乡村学校任教的比例。面向乡镇以下农村学校培养能承担多门学科教学任务的小学教师和"一专多能"的初中教师。提高中小学教师国家级培训计划的针对性和有效性，省级教师培训要向农村义务教育教师、校长倾斜。农村学校教师职称晋升比例应不低于当地城区学校教师。要落实对在连片特困地区的乡、村学校和教学点工作的教师给予生活补助的政策。要积极推进农村教师周转宿舍建设，努力改善农村教师生活条件
2014 年	教育部、财政部、人力资源和社会保障部《关于推进县(区)域内义务教育学校校长教师交流轮岗的意见》	教师在农村学校、薄弱学校连续任教时间可根据工作需要予以延长。校长教师交流轮岗的重点是推动优秀校长和骨干教师到农村学校、薄弱学校任职任教并发挥示范带动作用。支持优秀校长、特级教师和省级教学名师到中西部边远贫困地区农村学校任职任教，引导优秀校长和骨干教师向农村学校、薄弱学校有序流动。各地要继续实施好农村教师特岗计划、"三支一扶"计划、"三区"人才支持计划教师专项等国家级专项计划，加强边远贫困地区乡村学校骨干教师配备。要将教师到农村学校、薄弱学校任教 1 年以上的工作经历作为申报评审高级教师职务(职称)和特级教师的必备条件。全面推进义务教育教师队伍"县管校聘"管理改革
2015 年	国务院办公厅关于印发《乡村教师支持计划(2015—2020 年)》的通知	拓展乡村教师补充渠道。为乡村学校持续输送大批优秀高校毕业生。扩大农村教师特岗计划实施规模，重点支持中西部老少边穷岛等贫困地区补充乡村教师，适时提高特岗教师工资性补助标准。采取多种方式定向培养"一专多能"的乡村教师。高校毕业生取得教师资格并到乡村学校任教一定期限，按有关规定享受学费补偿和国家助学贷款代偿政策。鼓励城镇退休的特级教师、高级教师到乡村学校支教讲学，中央财政比照边远贫困地区、边疆民族地区和革命老区人才支持计划教师专项计划给予适当支持

续表

发布时间	发布政策	政策相关内容
2018年	中共中央国务院《关于全面深化新时代教师队伍建设的意见》	"实施教师教育振兴行动计划,建立以师范院校为主体、高水平非师范院校参与的中国特色师范教育体系,推进地方政府、高等学校、中小学'三位一体'协同育人。增加教育硕士招生计划,向中西部地区和农村地区倾斜。推动城镇优秀教师、校长向乡村学校、薄弱学校流动。逐步扩大农村教师特岗计划实施规模,适时提高特岗教师工资性补助标准。为乡村学校及教学点培养'一专多能'教师,优先满足老少边穷地区教师补充需要。实施银龄讲学计划,鼓励支持乐于奉献、身体健康的退休优秀教师到乡村和基层学校支教讲学。""帮助乡村青年教师解决困难,关心乡村青年教师工作生活,巩固乡村青年教师队伍。在培训、职称评聘、表彰奖励等方面向乡村青年教师倾斜,优化乡村青年教师发展环境,加快乡村青年教师成长步伐。为乡村教师配备相应设施,丰富精神文化生活。做好乡村学校从教30年教师荣誉证书颁发工作。"
2019年	《中国教育现代化2035》	培养高素质教师队伍,健全以师范院校为主体、高水平非师范院校参与、优质中小学(幼儿园)为实践基地的开放、协同、联动的中国特色教师教育体系。全面落实集中连片特困地区生活补助政策

这一时期围绕乡村教师的补充问题,国家教育等部门大做文章,在革新中探求发展,有关政策制度的出台,为乡村教师的有力补充带来了新的契机。纵观2000年以后与乡村教师补充相关的政策,补充的目的、方式途径与成效等都发生了巨大的变化。

(一)在政策的颁布与执行中,政府扮演着重要的角色

2000年前后乡村教师的补充格局发生了重大变化,这主要得益于政府的高度关注,并针对此问题出台一系列政策法规来解决乡村教师从数量紧缺到质量有待提升的问题。从2001年《国务院关于基础教育改革与发展的决定》开始,从师范教育结构的调整到教师聘任制,再到教师资格准入制度,从制度和法律层面上为乡村教师的补充问题提供了政策保障。2002年《国务院办公厅关于完善农村义务教育管理体制的通知》中明确提出乡村教师必须具备相应教师资格，吸引高校毕业生到农村任教，公开招聘，择优录取，清退代课教师。2003年国家组织实施大学毕业生支援农村教育志愿者计划；2004年加强农村中小学编制管理，改革教师教育模式；2005年巩固和完善农村中小学教师工资保障机制，推行城市教师、大学毕业生到农村支教制度；2006年"三支一扶"计划，完善农村教师工资经费保障机制，建立健全鼓励城镇教师、大学毕业生到农村支教制度和特设教师岗位制度；2007年启动实施"农村义务教育阶段学校教师特设岗位计划"；2008年实施城镇教师到农村任教服务和定期交流制度；2009年"硕师计划"；2011年推进师范生免费教育；2012年实行城乡统一的中小学编制标准，健全城镇教师支援农村教师制度，完善鼓励支持新任公务员和大学生志愿者到农村学校支教的政策，扩大实施"农村学校教育硕士师资培养计划"和"服务期满特岗教师免试攻读教育硕士计划"；2014年义务教育教师队伍"县管校聘"管理改革；2018年实施教师教育振兴行动计划；2019年中国特色教师教育体系的构建，所有这些政策措施的出台、颁布与实施都是以政府为主导，教育行政部门在乡村教师的补充过程中扮演着重要的角色，这也是乡村振兴中国家对三农问题中农村教育问题的高度重视。

（二）在补充价值导向上，由数量的扩充到质量的提升

长期以来，由于农村师资的极度缺乏，在相应的历史背景下出现了民办教师、代课教师等这样一些没有教师编制的特殊群体，当然他们在农村教育发展中作出过卓越的贡献，政府也对这些人员进行了妥善安置。民办教师与代课教师的清退代表着那个时代的结束，在时代发展的今天，对于乡村教师的补充，其价值导向上已经不拘泥于数量的扩充，而是倾向于补充质量的提升上。例如教师资格准入制度、免费师范生到农村支教、农村师资的培训、骨干教师流动制度、乡村教师奖励制度、工资待遇保障制度等，让愿意到农村从事教育事业的教师"下得去、留得住、干得好"。2002年至2007年，全国小学累计录用大中专毕业生60万人，其中农村录用48.9万人；全国初中累计录用大中专毕业生61万人，其中农村录用48.7万人。农村小学和初中录用大中专毕业生均达录用总数的80%。2006年至2007年，全国共招聘了1.6万和1.7万名大学毕业生到中西部农村学校任教，覆盖了13个省395个县的4074所农村中小学。2006年至2007年两年共从应届大学毕业生中招聘特岗教师3.3万名，覆盖了12个省（区、市）和新疆生产建设兵团395个县级单位的4074所农村中小学。

真正造就了一支师德高尚、数量充足、配置均衡、城乡一体、结构合理、乐教善教、稳定而充满活力的高素质农村教师队伍。

(三) 在补充的方式途径上，越来越朝着多元化方向发展

这一时期为了提高农村中小学教师的整体素质，国家在乡村教师的补充途径方式中，以教师教育改革为突破口，通过免费师范生政策、支持优秀毕业生到农村支教、特岗计划、新机制教师行动、大学生置换顶岗、资教生计划、硕师计划、农村教师培训计划、农村教育志愿者服务计划、教师流动制度等等，在满足乡村教师数量规模的基础上，兼顾了补充与培养质量的效益与公平。深化与发展、改革与创新是这一时期乡村教师补充方式的主要特征，围绕乡村教师的补充问题，政府也出台了一系列相关的配套措施，如教师资格制度、奖励制度、工资保障制度、住房保障制度、养老保险政策、职称制度等，这些相关的补充政策也带来了良好的社会与经济效应，得到了社会的强烈反响。在乡村教师补充的多元化、立体化格局中必将迎来乡村教育事业发展的春天。

第五章 乡村教师补充的政策经验

中华人民共和国成立以来我国乡村教师补充政策的有关理论和经验累积给新时期乡村教师的给养带来了历史借鉴和实践指导意义。新的历史时期，为提升乡村教师队伍素质，建设一支学历层次高、结构合理的师资队伍，从而解决农村地区师资匮乏、结构失衡、素质偏低等问题，各省(自治区、直辖市)在党和国家有关政策领导和指引下，结合当地实际，提出了当前乡村教师补充政策的变革思路及优化路径，积累了大量的可供借鉴的实践经验，如湖北的新机制教师政策、四川成都的区域内城乡教育一体化制度等。本章主要从相关政策出台的时代背景、理论基础、实际做法以及对政策成效的评估这几个方面介绍国家"特岗教师计划"以及湖北和四川成都这三类具有典型性的乡村教师补充政策经验。

第一节 乡村教师补充的"特岗计划"

"特岗计划"，全称为"农村义务教育阶段学校教师特设岗位计划"，是党和国家为了均衡教育的地区性差异，缓解农村师资力量不足和教师队伍结构不合理的现象，通过招募高校毕业生到中、西部较为贫困的地区义务教育阶段的学校任教，从而提升农村教师队伍素质的特殊政策。通过"特岗计划"招聘的乡村中小学教师被称为"特岗教师"。

一、"特岗计划"政策启动背景

21世纪以来，我国社会进入转型期，政治、经济、文化等各个领域都在进行着不同程度的改革，教育领域也不例外。在世界教育改革的推动中，在我国优先发展教育的战略部署下，农村教育问题成为了关注的热点与焦点，而农村师资队伍状况成为制约乡村教育发展的瓶颈。2005年国家教育督导团对广西、江西、四川、河南、青海、海南6省的中小学进行了专项督导检查，结果发现6省普遍存在农村教师缺编的现象，其中西部教师缺编最为严重，中小学教师总量严重不足，甚至出现负增长现象。① 不仅数量缺乏，农村教师在学科结构、学历结构与年龄结构等方面也存在不合理现象。2001年新一轮基础教育课程改革的实施，使原本数量缺乏的农村教师更是雪上加霜，由于农村学校一直以来都以文化考试课程学习为主，而对音体美等科目不够重视，这就使得音体美等学科专任老师普遍比较缺乏，而新课程改革又要求学校"开足课、开全课"，无奈之下，只能让文化课程的教师兼任他们从未涉猎过的课程，造成许多课程的学习流于形式、疲于应付。学历结构方面，中师学历的教师是常态，高中毕业甚至初中毕业的教师大有人在(主要是代课教师)，大学毕业文凭的教师所占比重非常少，所以在乡村学校普遍存在着"爷爷奶奶教小学，叔叔阿姨教初中，哥哥姐姐教高中"的局面。年龄结构方面，虽然国家出台了有关政策对乡村教师进行补充，但是因为补充的速度始终赶不上农村教师退休的速度以及教师流失的速度，所以在农村普遍存在着青黄不接、教师断层的现象。再加上许多农村地区条件艰苦、交通不便利、待遇较差，许多教师一有机会就想方设法调入县城，有些刚刚毕业的大学生也将此作为一个平台和跳板，无心在此工作，骑驴找马，将心思放在考研、考公务员或城区编制上，致使教师流失十分严重，有调查显示，2000年到2005年间，某市骨干教师流失近300人，某县在一年间流失骨干教师55人。② 这一切使得乡村教师队伍数量不足、整体素质不高成为了现实。

另外一方面，大学生就业难也成为了社会现实难题。1998年，全国高校才招收108万名大学生，从1999年开始，我国普通高校以及本专科院校开始扩招。2000年，国家取消了大学生就业包分配的政策，将大学毕业生直接推向市场，自主择业。随着政策的开放，高校不断扩招，到2006年，我国高校招生人数已经高达530万人。教育部统计数据显示，2003年至2005年间，我

---

① 国家教育督导团. 国家教育督导署对江西等六省(自治区)中小学校长教育管理情况专项督导检查公报[Z]. 2006-01-27.

② 刘理，涂艳国. 中部地区农村中小学教师队伍现状调研报告[J]. 教育发展研究，2005(4).

国的大学生一次就业率分别是 73.5%、73%、72.3%①，就业率低成为了困扰大学生的首要问题，不仅就业率低，在就业质量、满意度方面也存在着严峻形势，于是许多毕业生都抱着先就业再择业的心态，无论专业对口与否，薪酬待遇如何，在岗位上要求较低甚至没有要求。大学生就业难一方面造成了人力资源的浪费，另一方面也可能引起毕业生的就业焦虑甚至恐慌，不利于人才的培养和大学生的心理健康。社会如何做到人尽其才、物尽其用，在大学生就业问题上应给予极大的政策倾斜与人文关怀，而"特岗计划"恰恰能缓解社会的就业压力，一定程度上解决了人才积压的问题，为广大毕业生寻求了一条可行的出路，不仅改善了农村师资队伍状况，而且提高了应届毕业生的就业率，双赢互惠，一举两得。

二、"特岗计划"政策实施过程

2006 年，教育部、财政部、原人事部、中央编办下发《关于实施农村义务教育阶段学校教师特设岗位计划的通知》，联合启动实施"特岗计划"，通过公开招募高校毕业生到西部"两基"攻坚县县以下农村义务教育阶段学校任教，引导和鼓励高校毕业生从事农村教育工作，逐步解决农村师资总量不足和结构不合理等问题，提高农村教师队伍的整体素质。该方案规定：在事权不变的前提条件下，中央财政设立专项资金，在我国西部地区"两基"攻坚县（包含新疆生产建设兵团），以及纳入西部开发计划的中部部分省份的少数民族自治州、西部一些有困难的边境县和少数民族自治区招聘教师。"特岗计划"明确规定所招聘的教师必须在农村中小学任教，聘期为三合同制管理，对于三年期满之后经过上级主管部门考核合格且愿意留任的特岗教师，各级教育主管部门要解决编制问题、落实工作岗位。② "特岗计划"的实施范围包括山西、内蒙古、安徽、江西、河南、湖北、湖南、广西、海南、重庆、四川、贵州、云南、陕西、甘肃、宁夏、新疆、青海省、河北、辽宁、吉林、黑龙江以及新疆生产建设兵团。其岗位设置相对集中，一般 1 个县（市）安排 100 个左右，1 所学校安

---

① 丁丹．英国"教学优先计划"与我国"特岗计划"的比较研究[D]．华中师范大学，2015：28.

② 教育部，财政部，人事部，中央编办．关于实施农村义务教育阶段学校教师特设岗位计划的通知，教师函[2006]2 号.

排 3~5 人,原则上安排在县以下农村初中,适当兼顾乡镇中心学校,人口较少的边境县、少数民族自治县和少数民族县,可安排在农村生源占 60% 左右的县城学校。

"特岗计划"招聘的对象为全日制普通高校师范类专业应届本、专科毕业生;全日制普通高校具备教师资格条件的非师范类专业应届本科毕业生;取得教师资格,同时具有一定教育教学实践经验、年龄在 30 岁以下且与原就业单位解除了劳动(聘用)合同或未就业的全日制普通高校往届本科毕业生。招聘的基本条件:政治素质好,热爱社会主义祖国,拥护党的各项方针、政策,热爱教育事业,有强烈的事业心和责任感,品行端正,遵纪守法,在校或工作(待业)期间表现良好,未受过任何纪律处分,为人师表,志愿服务农村基层教育;符合教师资格条件要求和服务岗位要求(应聘初中教师的学历要求原则上为本科及以上,所学专业与申请服务的岗位学科一致或相近);身体条件能适应设岗地区工作、生活环境条件。"特岗教师"实行公开招聘,合同制管理,聘任期限为三年,聘任期内工资由中央财政支出,服务期满后国家允许其重新自主择业,并为其提供一些优惠政策,对于那些愿意继续留在当地的"特岗教师",教育主管部门要负责为其落实工作岗位,并将其工资支付纳入当地财政发放。对于符合相应条件的"特岗教师",可免试攻读教育硕士。①

2021 年全国计划招聘"特岗教师"8.4 万余名,重点补充思政、音体美等紧缺师资。招聘条件包括:符合招聘岗位要求;具有相应的教师资格证书;以普通高校本科及以上毕业生为主,鼓励本科师范专业毕业生应聘,可适当招聘高等师范专科毕业生;年龄不超过 30 周岁;参加过"大学生志愿服务西部计划"、有从教经历的志愿者和参加过半年以上实习支教的师范院校毕业生同等条件下优先录取等。边远艰苦贫困地区和急需紧缺专业的"特岗教师"招聘可结合实际情况适当降低开考比例,或不设开考比例,采取面试、直接考察的方式公开招聘,划定成绩合格线。对于边远地区条件艰苦、教师流失较严重的地区可向本地生源倾斜。切实做好"特岗教师"待遇保障,确保"特岗教师"工资按时足额发放,保证 3 年服务期满、考核合格且愿意留任的"特岗教师"及时入编并落实工作岗位。同时,系统开展"特岗教师"培训工作,扎实做好"特岗

---

① 教育部,财政部,人事部,中央编办.关于实施农村义务教育阶段学校教师特设岗位计划的通知,教师函[2006]2 号.

教师"信息管理,从严开展实施工作监督检查。

从"特岗教师"招聘细则来看,2006年至今,总体要求和大的方向上并未发生变化,其目的是为农村义务教育阶段学校补充新的师资力量,改善农村教师队伍状况。与以往教师招聘相比,"特岗计划"呈现出如下特点:对农村地区与学校而言,具有较强的针对性,能有效解决教师队伍结构性矛盾;按需求设置岗位,保证农村教师供需平衡。对于大学毕业生来说,实行自主自愿的双向选择,拓宽了就业渠道,提供了优厚的条件和待遇。从政府相关政策来说,"特岗计划"采取公开招聘,合同管理的政策,有效解决了编制紧张的难题,同时将考试与准入制度相结合,通过教师资格准入与岗位考试,公平、公开、公正,保证了补充的乡村教师队伍整体素质。

三、"特岗计划"政策效果评估

"特岗计划"实施15年以来,我国乡村教师队伍建设围绕改革创新,补短板、强质量,面貌发生了非常大的改观。近年来,通过"特岗计划"、公开招聘、定向培养、"县管校聘"、退休支教等多元培养补充交流机制,大批优秀人才前往乡村任教、支教,每年有约4.5万名公费师范生到乡村任教,极大缓解了乡村教师短缺问题。自2006年首次实施"特岗计划"至今,累计招聘95万名特岗教师,覆盖中西部1000多个县3万多所农村学校(含村小、教学点)。2006—2019年,全国"特岗教师"主要分布在乡镇及村小、教学点学校任教,累计占比分别为61.4%和32.3%。95%的"特岗教师"在乡镇及以下学校任教,其中30%在村小和教学点。[1] 作为我国农村义务教育学校"特岗教师"计划首批试点省份——广西,近年来大量招聘义务教育"特岗教师",将其补充到农村中小学,近10年来招聘"特岗教师"4.2万人,分布在99个县(市、区)农村中小学,缓解了农村学校教师总量不足和结构不合理等问题,提高了农村教师队伍整体素质。

"特岗计划"实施以来,各级政府十分重视"特岗教师"的招聘,在"招得来、留得住、教得好"的问题上下大工夫。如新疆维吾尔自治区2016—2020年共招聘"特岗教师"6.17万名,有效解决了乡村学校教师短缺问题。2010年建

---

[1] 新时代教师队伍建设呈现新气象[EB/OL].(2020-09-15)[2021-07-01].http://www.moe.gov.cn/fbh/live/2020/52439/mtbd/202009/t20200907_485834.html.

立公办中小学(含幼儿园)教师统筹招聘机制,并将"特岗计划"纳入自治区人才工作重要内容,建立由自治区党委组织部牵头,党委编办和教育厅、人社厅、财政厅等相关部门共同组织的协调机制,为"特岗计划"实施提供政策和机制保障。2017年大力改革教师招聘政策,打破户籍、族别限制,坚持将政治素质和教育教学能力作为首要标准,鼓励各地(州、市)赴全国各地招聘教师,足迹遍布甘肃、河南、陕西、四川等10余个省市。创新教师招聘机制,确保"特岗教师""招得来"。在"留得住"的问题上,想实招出真招,想方设法拴心留人。如各地为了增强"特岗教师"归属感,多方筹措资金新建教师公寓和教师周转房,加大食堂、活动室等配套设施建设,解决好教师的住宿、就餐、交通问题,努力改善"特岗教师"生活条件。同时组织开展各类联谊活动,关爱其身心健康,为教师交流交友搭建平台,创造条件吸引教师在当地安家安心安业。严格落实"特岗教师"与当地公办教师享受同等待遇的有关政策,在职称评聘、评优评先、培训进修、社会保障、补贴发放等方面保障"特岗教师"权益。为确保"特岗教师""教得好",各地还依托"国培计划"等项目,针对"特岗教师"学历高、知识水平高、工作热情高但缺乏实践经验等情况开展各类培训,切实提高教育教学能力和水平。如河北省为切实解决"特岗教师"的生活问题,先后投资1700余万元,为10多个乡镇的"特岗教师"建成了教师周转房,解决住房与生活问题;严格落实省市文件要求,服务期内特岗教师执行与公办教师相同的工资标准,其他福利及社会保障待遇均享受与公办教师相同的待遇;对服务期满考核结果为合格以上等次且愿意继续在献县任教的"特岗教师",县政府积极安排相关单位为"特岗教师"落实人事、编制、工资、保险及住房公积金等相应待遇;积极帮助"特岗教师"解决婚姻等生活问题;城区学校选聘教师时,服务期满的非献县籍"特岗教师"笔试成绩加5分;组织他们参加各类培训或竞赛,安排有经验的老师对他们进行传帮带,使他们快速的成长。湖北省房县为使"特岗教师"快速成长起来,实施"特岗教师"培训工程,通过"国培""省培""市培"、农村薄弱学科专项培训、"跟岗学习"等措施,提升"特岗教师"素质;实施"青蓝工程",开展骨干教师与新聘"特岗教师"结对子、"特岗教师"老带新活动,依托"中青年教师教学大赛""一师一优课"等活动,强化教师专业化发展;大胆使用年轻"特岗教师",纳入后备干部库,跟踪培养,提拔使用。云南省2006—2020年共招聘"特岗教师"8.62万名,分布在全省广大农村义务教育学校,占2019年全省义务教育学校专任教师的 23%，占全省农村义务教育学校专任教师的 29%，全省"特岗教师"服务期满后正式入编入职的留任率长期保持在 95% 左右。

"特岗计划"取得的成就令人瞩目，它创新了乡村教师补充机制，改善了乡村教师队伍素质，开辟了广大教师到基层服务的广阔空间。当然，"特岗计划"在实施的过程中还存在一些问题，需要得到切实改进，如"特岗教师"所面临的生存环境、工作困境等，各级政府部门也在不断加以改进和完善，希望未来能有更多的高校毕业生补充到广大的农村，投身教育事业，提升教师整体素质。

第二节　乡村教师补充的"湖北经验"

为建设一支高素质乡村教师队伍，2012 年湖北省政府出台了《关于创新农村中小学教师队伍建设机制的意见》，即从 2012 年开始，湖北省实施省级统筹农村义务教育教师补充新机制——在进一步完善"农村教师资助行动计划"的基础上，面向全省农村地区义务教育学校，实行全省统一招录统一派遣，新招录教师工资待遇等相关经费由省政府承担(标准为每人每年 3 万元，边远贫困地区每人每年 3.5 万元)，县市教育局负责人事管理，学校负责使用的"国标、省考、县聘、校用"的农村义务教育教师补充的新机制，该政策按照国家规定的教师资格考试标准，由省编办核准教师招录人数，省人力资源与保障部门负责提供指导，省教育厅行政部门组织笔试，各县市区负责面试、聘用和管理，乡村学校负责使用。这些新招录的教师被称为"省编教师"或"新机制教师"(以下统称为"新机制教师")，该政策也被称为"湖北省新机制教师政策"。

一、湖北省新机制教师政策的时代背景

进入 21 世纪以来，我国经济增长逐渐进入增速放缓的新时期，整个社会发展也进入中国特色社会主义的转型期。习近平总书记在党的十九 大报告中提出推动经济发展质量变革、效率变革、动力变革的重大决策，即我国经济"已由高速增长阶段向高质量发展"阶段转变。2012 年我国经济发展形势既面临着机遇，也带来了挑战。所面临的机遇与挑战是：国际金融危机给中国经济带来冲击，倒逼中国加快经济结构调整，我国改变过去严重依赖出口的增长模式，刺激内需，发展国内消费市场；改变过去低成本竞争的模式，通过自主创

新提升产业和企业的竞争力等，国际金融危机给中国经济带来冲击和不利影响的同时，也带来了许多机会，如随着中国国际话语权的提升，许多西方国家意识到中国在国际经济舞台上的重要地位，由于我国财政、金融体系稳健，有巨额外汇储备，处于工业化、城镇化建设过程中，具有劳动力成本优势，所以在整个国际竞争中处于有利地位。据有关数据显示，2012 年全年国内生产总值519322 亿元，按可比价格计算，比上年增长 7.8%，全国居民消费价格总水平（CPI）同比上涨 2.5%。伴随着经济增长速度的减缓，我国财政收入的增速也随之放缓，全国税收收入完成 110740 亿元，比 2011 年增长 11.2%，增收11175 亿元。经济增长与财政收入支出的增长速度放缓，势必影响公共财政对教育事业的投入与支出。

　　在我国经济板块中，主要分东、中、西三大版图，中部地区经济发展总量上始终不及东部地区，在增长速度上又不及西部地区，经济发展的相对滞后必然限制其公共事业的发展。2012 年是湖北省实施"十二五"规划承上启下的关键之年，省政府紧扣科学发展这个主题，以加快经济发展为主线，全省经济发展呈现出良好态势：[①] 2012 年，湖北省完成生产总值 22250.16 亿元，按可比价格计算，比上年增长 11.3%，连续 9 年保持两位数增长。其中：第一产业完成增加值 2848.77 亿元，增长 4.7%；第二产业完成增加值 11190.45 亿元，增长 13.2%；第三产业完成增加值 8210.94 亿元，增长 10.8%。三次产业结构由2011 年的 13.1∶50.1∶36.8 调整为 12.8∶50.3∶36.9。在第三产业中交通运输仓储和邮政业、批发和零售业、住宿和餐饮业、金融业、房地产业、营利性服务业及非营利性服务业增加值分别增长 9.5%、8.7%、7.2%、26.1%、5.0%、14.3% 和 7.7%。全省居民消费价格总指数（CPI）为 102.9，价格水平上涨 2.9%，其中：城市上涨 2.8%，农村上涨 3.0%。从类别上看，娱乐教育文化用品及服务价格上涨 0.6%。从全省人口增长情况来看，2012 年末，全省常住人口 5779 万人（指常住本省半年以上人口），其中：城镇 3091.77 万人，乡村 2687.23 万人。城镇化率达到 53.5%。全年出生人口 63.45 万人，出生率为 11.00‰；死亡人口 35.30 万人，死亡率为 6.12‰，人口自然增长率为4.88‰。从城乡居民收入增加情况看，全年全省城镇居民人均可支配收入

---

　　① 数据来源：2012 年湖北省国民经济和社会发展统计公报［EB/OL］.（2013-02-18）［2021-3-31］. http：//www. hubei. gov. cn/zwgk/hbyw/hbywqb/201302/t20130218_434150. shtml.

20839.59 元，增长 13.4%；农民人均纯收入 7851.71 元，增长 13.8%。全年全省城镇居民最低生活保障对象 129.7 万人，农村居民最低生活保障人数 230.3 万人。从教育规模上看，2012 年末，全省普通高等教育招生 40.7 万人，在校生 138.61 万人，毕业生 35.3 万人；研究生招生 3.81 万人，在校研究生 11.09 万人，毕业生 3.28 万人；各类中等职业教育(不含技工学校)招生 14.35 万人，在校生 50.05 万人，毕业生 27.29 万人；普通高中招生 32.75 万人，在校生 107.45 万人，毕业生 41.22 万人；普通初中在校生 157.77 万人，小学在校生 326.75 万人，幼儿园在园幼儿 135.54 万人。

进入 21 世纪以来，随着社会经济的发展和教育格局的改变，我国教师队伍建设尤其是农村师资问题日益凸显，成为制约我国经济社会和农村地区教育发展的瓶颈。为有效推动教师队伍建设，国家颁布与推行了一系列相关政策。湖北省在国家政策背景下依本省实际切实加强农村教师队伍建设。改革开放以来，湖北省就农村教师队伍建设问题出台了一系列政策：

1984 年《中共湖北省委　湖北省人民政府关于加强普通教育的决定》中提出"切实加强师范教育和师资培训工作；关心教师、尊重教师，提高教师的社会地位"，提高教师地位，加强师范教育与师资培训，为中小学培养合格师资，成为这一时期湖北省教师队伍建设的重要任务。

1986 年国家提出普及九年义务教育，同时《中华人民共和国教师法》出台，该法就教师的权利和义务、资格和任用、培养和培训、考核、待遇、奖励、法律责任等做出了相关规定，这为我国教师队伍的建设与发展提供了的法律依据和保障。同年，《湖北省教委关于加强我省中小学师资队伍建设的报告》中指出：湖北省内中小学教师队伍中存在学历合格比例低、数量不足以及合格教师不稳定、外流现象比较严重等问题，提出经过 15 年不懈努力，使中小学教师队伍基本达到数量充足，结构合理，学科配套，适应教学的奋斗目标。具体分三步走，第一步，到 1900 年，全省小学、高中教师均有 80% 左右，初中教师有 60%，具备合格学历或获得考核合格证书；第二步，到 1995 年，小学教师有 95% 左右，初中教师有 80% 左右，高中教师有 90% 左右达到相应学历要求，并出现一批高水平或高一级学历的教师；第三步，在全省基本普及九年制义务教育，即 2000 年后，中小学教师的政治素质、业务素质和学历向高一级要求过渡，并培养一批能够带领广大教师队伍前进的学术带头人或教育教学专家，另外，该报告对于如何提高教师队伍素质提出了具体目标与可行办法。

1999 年，教育部印发关于《中小学教师继续教育工程方案（1999—2002年）》及其实施意见的通知，明确提出：对现有约 1000 万名中小学教师基本轮训一遍，使教师整体素质明显提高，基本适应实施素质教育的需要；全国选培100 万名中小学和职业学校骨干教师，省级从中选培 10 万名，其中教育部组织培训 1 万名，使骨干教师梯队基本形成；全体中小学教师普遍接受计算机基础知识和技能培训，大多数教师具备运用计算机的基本能力，能开展不同程度的计算机辅助教学；制订中小学教师继续教育的政策法规；建立健全高等学校及各有关部门积极参与、各级各类师范院校为主体的中小学教师继续教育开放型培训系统，初步建成中小学教师继续教育现代远程教育网络，开展教师继续教育现代远程教学的试点工作；建设一支专兼结合，善于从事中小学教师继续教育，有较强培训能力的教师队伍；普遍开展中小学教师继续教育的科学研究和实验。湖北省为贯彻落实该工程方案，认真开展中小学教师岗位培训和学历提高培训，搞好继续教育师资队伍建设，从而使中小学教师培养与培训从质量方面确保教师的专业化发展道路，相配套的政策性文件，使得教师专业化和继续教育逐步走上法制化、制度化和规范化的轨道。

2001 年，湖北省为促进中小学（含职业中学）机构编制管理的科学化、规范化、法制化，合理配置教育资源，调整优化教师队伍，推进素质教育，促进基础教育改革与发展，根据《国务院关于基础教育改革与发展的决定》和国家有关教育和机构编制管理的法律法规，结合本省实际，制定下发了《湖北省全日制中小学机构编制管理暂行规定》。规定明确指出，教师是学校中具有相应教师资格、直接从事教育教学工作的专业人员。全省中小学的机构编制实行省政府统一领导，市、县两级政府及机构编制、教育、财政部门分级负责，有关部门协调配合，学校自律管理的体制。学校在核定的编制员额内，自主选用和聘任教师、职员、教学辅助人员和工勤人员。任何部门和单位不得占用学校的教职工编制。由此，湖北省成为全国第一个制定中小学编制标准的省份。

2004 年省教育厅印发了《湖北省"农村教师资助行动计划"实施方案》的通知，该方案是从普通高等学校中，遴选应届大学本科毕业生到乡镇学校任教，服务期三年，省教育厅先后出台每人每年奖励 5000 元、选送优秀资教生出国培训等 12 项优惠政策。"行动计划"充实了农村教师队伍，改善了农村教师结构，通过政策引导、经济激励等措施选派大学毕业生到农村任教，切实加强和改善了农村教师队伍建设。

2005年省教育厅正式启动"农村教师素质提高工程",为提高农村教师整体素质,实现教育资源优化配置,促进教育均衡发展,体现社会公平公正,省政府每年安排2000万元专款,大面积、大规模地组织农村乡镇中小学教师、校长到武汉高校免费集中培训(免培训费、住宿费和资料费,提供交通费和伙食费),教师培训的内容以"师德教育、专业素养、职业技能、新课程实践与应用"为主,校长培训的内容以依法治校和学校规范化管理为主,采取培训与观摩、研讨相结合,主讲教师与点评教师相结合等多种培训形式,还进一步完善教师、校长培训、考核、使用、职评、奖励等制度,共培训农村乡镇以下中小学教师17900人、校长2100人,共20000人。这项"工程"让42%的农村中小学教师第一次走进了武汉,走进了高校,接受高质量的免费培训。

从2006年起,湖北省启动实施了"城镇教师援助农村教育行动计划"。通过组织特级教师讲学团送教下乡,每年组织30名"湖北名师"及所在学校对口支援一个农村县(市)教育工作,开展中小学校长定期交流,实行城镇教师定期支教,实施"湖北省农村学校启明星计划"等,创新教师交流机制。

2010年根据《湖北省人民政府关于进一步推进全省义务教育均衡发展的意见》,实施"义务教育教师队伍建设工程"。适度调整乡镇以下学校教职工编制核定标准,根据需要直接将其调配到农村义务教育学校和城镇薄弱学校使用,城镇学校之间、城镇学校与农村地区同类学校之间的教师中、高级专业技术岗位结构比例应保持相对均衡,实现农村地区学校不低于城镇同类学校标准。加大"三支一扶"工作力度,深入实施"农村教师资助行动计划",每年选派不少于2000名大学毕业生到乡镇学校任教。建立完善城乡教师定期轮岗交流制度,明确教师交流的年限、范围和方式,鼓励城镇教师主要是骨干教师和学科带头人定期到农村学校支教。特级教师、湖北名师、副高以上职称教师在达到退休年龄后,自愿到农村学校、城镇薄弱学校任教的,可以按照国家和省有关规定办理延退。在教师待遇方面,加大对农村教师,特别是艰苦、边远地区学校的扶持力度,在事业单位岗位设置管理中,艰苦、边远地区义务教育学校中、高级专业技术岗位结构比例可适当提高;加快农村教师周转房建设,不断改善农村教师的生活条件;实施义务教育学校绩效工资时,对农村义务教育学校予以适度倾斜。

2011年湖北省教育厅为切实贯彻落实《湖北省中长期教育改革和发展规划纲要(2011—2020年)》,进一步健全中小学教师补充、培训、交流机制。深入实施"农村教师资助行动计划","十二五"期间选派 2 万名大学毕业生到农村乡镇学校任教；实施乡村学校"启明星计划"，从城镇学校选派 2500 名具有较强管理能力、较高教育教学水平的校长、教师到乡镇中小学校任职任教；将教师培训经费列入政府预算，完善教师培训体系，整合培训资源，分层组织每五年一周期的中小学教师全员培训；健全农村教师培训机制，组织农村教师和校长免费集中培训，"十二五"期间计划免费培训 10 万名农村教师和校长；建立中小学教师校长跟岗学习制度和师范生顶岗实习制度；完善城乡教师定期交流制度，健全城镇教师到农村学校定期支教制度，组织湖北名师、特级教师讲学团送教下乡。同时也提出了相关的配套措施，如切实提高教师地位待遇，对长期在农村工作的教师在工资、职务(职称)等方面实行倾斜政策，逐步提高津补贴标准；加快建设农村中小学教师周转宿舍，"十二五"期间新建、改建 2 万套，解决农村教师住房问题；省政府设立"楚天园丁奖"荣誉称号，对在农村学校任教满 30 年、贡献突出的教师给予表彰奖励；城镇中小学教师在评聘高级职务(职称)时，原则上要有一年以上农村学校或薄弱学校任教经历；完善中小学教师编制标准和管理办法，建立动态调整机制，对农村地区实行倾斜政策。

在乡村教师队伍补充与建设的探索道路中，湖北省走在了全国的前列。随着"农村特岗教师计划""部属师范院校免费师范生政策"等为代表的一系列教师补充政策相继出台，湖北省创新农村中小学教师的补充、培训和交流机制，相继颁布实施了"农村教师资助行动计划""农村教师素质提高工程""城镇教师援助农村教育行动计划"等，这为 2012 年"新机制教师政策"颁布与实施打下了良好的基础。

二、湖北省新机制教师政策的内容措施

《湖北省中长期教育改革和发展规划纲要(2011—2020 年)》提出，2015 年要将湖北省打造成教育强省，到 2020 年将进入教育强省和人力资源强省前列。为实现这一目标，2012 年湖北省颁布了《关于创新农村中小学教师队伍建设机制的意见》(以下简称《新机制意见》)，从培养优秀教师教育体制出发，激励"优者从教，教者从优"，以改革创新要求建立教师队伍建设的新机制，培养和造就一支师德高尚、业务精湛、结构合理、充满活力的高素质农村教师队伍，从而改善乡村教师队伍现状问题。《新机制意见》从建立适应农村义务教

育需要的补充新机制出发，在乡村队伍建设中通过努力提高农村中小学教师的地位和待遇、建立农村中小学教师校长专业素质提高制度、促进城镇优质教师资源向农村学校合理流动、建立加强教师职业规范建设的长效机制等相应措施，以建立农村中小学教师退出机制为端口，从入口到激励、培训、流动的长效机制，再到出口的创新教师队伍建设的新机制。就教师补充机制而言，采取如下内容与相关措施：

第一，教师管理制度上，采取"国标、省考、县聘、校用"。所谓"国标"，即新机制教师参照国家教师考试录用标准；所谓"省考"，即由省级教育主管部门统一组织的教师资格认证和教师录用考试；所谓"县聘"，即由县级教育主管部门统一组织的教师公开招聘办法；所谓"校用"，即由农村学校按实际欠缺的科目教师来进行分配使用。从 2012 年开始，湖北省各地市中小学新进教师，须按国家规定的教师资格考试获取资格证后，经省编办核准招录数量后，在省人社部门的相关指导下，由省教育厅统一组织笔试，各县(市区)负责组织面试、聘用，并进行日常管理，各中小学负责使用。

第二，农村义务教育阶段新机制教师是省级统筹的。在进一步完善和实施湖北省"农村教师资助行动计划"的基础上，从 2012 年起，全省农村义务教育阶段学校新进教师，由全省统招统分，经费由省级负担，县级教育行政管理部门负责管理，农村义务教育阶段学校负责使用。而"新机制"前的教师在管理上仍按照原有政策进行管理，相关经费由各地负责发放，人员只出不进。

第三，在招录的对象和数量上，根据各地需求情况，志愿在农村乡镇及以下义务教育阶段学校任教的资教生、应届或往届毕业生。2012 年，根据省编办核准的数据，公开招录 2 万名左右新机制教师。此后所招录教师数量也须根据农村义务教育阶段学校教师自然减员以及学生数量的变化来进行核准。据招录公告显示，2012—2020 年全省设置的新机制教师核定岗位数量分别为 17023 个、8000 个、8180 个、3980 个、2626 个、1585 个、1694 个、1782 个、1908 个。

第四，新机制教师待遇上，实行年薪制，由省财政厅统一下拨。年薪按照绩效考核情况发放，并充分考虑社会经济发展水平适时上调。按照每人每年 3 万元标准，到艰苦边远地区义务教育学校任教的教师，每人每年 3.5 万元标准。所有工资全部由省级财政负担，新机制教师的事业编制，由省编办会同教育行政管理部门根据各县市农村义务教育学校因自然减员而空编等情况进行统筹安排。

第五，在新机制教师的考核与管理方面，县级教育行政部门起主导作用。当然，具体的绩效考核工作由所在乡镇中小学按照规定的程序负责实施，报送上级主管部门。鼓励新机制教师在农村义务教育学校长期执教、终身从教。如因某种原因被解聘、辞退或其他原因离开学校教育教学岗位者，其年薪、编制等相应待遇也一并终止。

《新机制意见》为了让志愿去农村支教的教师能下得去、留得住、教得好，采取了一系列有效措施，让更多的优秀教师能扎根农村安心执教，努力提高农村中小学教师的地位和待遇，相应的措施有：切实提高农村中小学教师工资待遇，保障其工资水平不低于或高于当地公务员平均工资，绩效工资可高于城区教师12%以内水平，并推动农村教师医疗、养老制度改革；实施"湖北省农村教师广厦工程"，努力建立农村中小学教师住房保障机制，积极建设农村教师住宅小区，多渠道解决农村中小学教师住房问题，将农村教师住房公积金纳入财政范围，省政府设立专项基金对解决住房问题卓有成效者以奖代补；建立农村义务教育学校骨干教师补助制度，对扎根农村的湖北中公师资、特级教师，每人每月发放定额补助；实行农村中小学教师职称评审倾斜政策，在农村中小学设置正高级教师职务，在职称评审时，对农村中小学教师予以倾斜；加大对农村中小学教师的表彰奖励力度，在农村先进教师和先进工作者评选表彰中，对在农村学校任教满30年、贡献突出的教师予以倾斜。

《新机制意见》对为提高农村中小学教师校长专业素质，在教师专业素质评价制度上，建立以能力和业绩为导向、以社会和业内认可为核心、覆盖各类中小学教师的专业素质评价制度，通过创先争优、充分展示的长效机制，提升教师的专业素养。同时，为提升中小学校长的办学治校能力，开展全员培训，实行持证上岗，制定教师职业发展规划，加强教师队伍管理，加强骨干教师、学科带头人的培养，建立以课堂教学能力为主导的教师考核评价体系，完善班主任聘任办法，加强班主任管理和培训。完善农村中小学教师全员培训制度，设立教师培训专项经费，落实教师工资总额的1.5%、农村学校年度公用经费预算总额的5%用于教师培训。实施"湖北省农村教师素质提高工程"，定期组织农村中小学教师接受免费培训；实施"湖北省双岗计划"，每年组织师范生到农村学校顶岗实习，置换农村教师到师范院校免费脱岗培训；实施"湖北省农村中小学教师海外培训计划"，每年选派农村中小学教师校长参加海外培训。

《新机制意见》为促进城镇优质教师资源向农村学校合理流动，实施"湖北省城镇教师对口援助农村教育行动计划"，通过下乡支教、对口支援、巡回讲学、挂职锻炼等形式援助农村教育工作，要求每个聘期(3 年)至少应有 20%以上教师交流轮岗，城镇中小学教师晋升高级教师职务应有在农村中小学任教一年以上的经历；实施"湖北省农村学校启明星计划"，通过政策引领、经济激励等措施，每年选聘 500 名城镇学校管理能力强的校长、教育教学水平高的教师，组成团队到乡镇(村)中小学校全职工作 3 年；鼓励健康状况符合任教条件的退休特级教师、湖北中公师资、城镇学校副高以上职务教师到农村学校支教。

《新机制意见》为建立加强教师职业规范建设的长效机制，制定中小学教师职业规范和考核办法，把师德教育纳入教师资格认定和岗前培训之中，将师德表现作为教师考核、聘任(聘用)和评优评先的首要内容，实行"一票否决"；构建职业规范的培育惩戒机制，对违反中小学教师职业规范者要进行惩戒，对发生严重不遵守职业规范事件的地方和学校实行问责。

《新机制意见》还建立了农村中小学教师退出机制。从 2012 年起，提高申请教师资格人员学历标准，对不符合教师任职资格条件的人员取消教师资格，严禁聘用不持有相应学段教师资格证书的人员任教。构建以聘用合同和岗位职责为依据、以职业能力和工作绩效为重点内容、以学生及家长满意度为基础的考核办法，将考核结果作为调整岗位、工资以及解除、续订聘用合同的基本依据，充分发挥奖惩制度的激励和约束作用，对连续两年考核不合格的，予以解聘，对于违反《中华人民共和国教师法》和其他有关法律法规规定的，予以辞退。

自 2012 年新机制教师政策在全省各县市区农村义务教育学校颁布实施以来，各地方教育行政部门、湖北省各大高校纷纷响应，鼓励资教生、"三支一扶"人员、应往届毕业生参加招聘考试。据统计，湖北省当年共招聘新机制教师 17000 名，2013 年又招聘 8000 名左右，2014 年 8180 名。这些教师纷纷加入农村师资队伍中，给乡村教育事业带来了生机与活力，促进了当地教育事业的发展。随着新机制教师政策的持续实施，由于省级统筹，部分县市区由于财力不足，在农村义务教育师资配备上寄希望于省政府，再加上事业单位绩效工资改革，新机制教师工资收入增长不力等，给新机制教师的管理带来了诸多问题，出现了较为明显的"省进地退"的现象。为此，2015 年省教育厅联合省直属部门出台了《关于进一步完善农村义务教育学校新机制教师队伍管理的意见》(以下简称《新意见》)。《新意见》要求对新机制教师的管理以县级人民政府管理为主，各县(市、区)对新机制教师与当地教师队伍实行统一管理；县级人民政府及教育、人社、财政等部门要严格落实国家和省关于教师待遇的各项政策要求，确保新机制教师在工资福利、社会保险、职称评定、职务晋升、岗位聘用、表彰奖励等方面与当地教师享受同等待遇；省财政按执行艰苦边远地区津贴地方每人每年 3.5 万元、其他地区每人每年 3 万元的标准将补助经费转移支付到县，不足部分由各地财政统筹解决；县级编制部门要按照要求为新机制教师办理实名制登记手续；新机制教师工作满一个聘期后，可按事业单位人事管理人员流动的有关政策正常流动，新机制教师在县城内的交流轮岗(不含县城中小学)，按校长、教师交流轮岗的有关规定执行；从 2016 年起，各地对上一年度空缺的新机制教师岗位，应及时纳入下一年度教师招聘计划，面向社会公开招聘予以补齐；各地要按照全覆盖的要求，用三年时间，对新机制教师进行一次全员培训，采取多种方式提高新机制教师思想素质和业务水平；切实做好年度考核、聘期考核等工作，连续两年年度考核不合格的，以及不能按规定时间取得教师资格证的，解除聘用合同；对严重违反教师职业道德、社会公德或其他严重违反纪律行为的，要依法依规严肃处理。

同年 9 月，湖北省办公厅下发了《关于印发加强全省乡村教师队伍建设实施办法》，进一步健全乡村教师补充机制。完善省级统筹的乡村义务教育学校教师补充机制，各地乡村义务教育学校新进教师，落实"国标、省考、县管、校用"制度，按照"总量平衡、退一补一"原则，实行招聘计划省级统筹。各地教育行政部门根据当年教师退休和编制空缺情况，会同编制部门提出初步招聘计划，由省编制部门核准招录数量，在省人力资源和社会保障部门的指导下，由省教育行政部门统一组织笔试。建立普通高校毕业生乡村任教到岗学费奖补制度，对到乡村及偏远地区任教的高校毕业生，按服务年限实行以奖代偿。

三、湖北省新机制教师政策的成效评估

随着新机制政策的深入开展，学界也纷纷对其政策成效进行了调查与绩效评估。白静(2013)认为，新机制教师政策的推行在我国已经势不可挡且已经成为农村教师招聘的主流方式，该制度不仅严把新机制教师的"入口关"，也

促进了新机制教师招聘来源的多元化，有助于优化农村中小学师资队伍结构，为农村学校提供新鲜的后备力量。但当前必须完善相关法律法规，建立起合理的配套方案，发挥其政策的联动作用。曾宪波（2013）等人通过对随县、邓村乡等地的考察发现，实施新机制对湖北农村中小学教育的发展有巨大的推动作用：新机制构建了高校优质毕业生投身农村教育事业的政策机制，改善了农村中小学师资结构，提升了农村中小学师资质量；通过工资待遇、个人感情、事业发展前景来留住新机制教师，鼓励年轻教师扎根于农村教育事业；有助于鼓励年轻教师为自己制定职业生涯规划，通过职业追求和职业前景来丰富自我人生，不断发现自我，超越自我，进而在农村中小学这片广袤天空找到职业归属感，促进个体价值和社会利益的共同实现。范先佐（2013）认为完善农村义务教育学校教师补充新机制还需要如下举措：创新教师培养与招聘思路，打造留得住的本土名师；加大农村教师人事制度改革力度，建立灵活的用人机制；建立农村教师特殊津贴制度，鼓励优秀教师到艰苦边远地区学校任教；全面实施农村教师养老、医疗和事业保险制度，让他们安心从教。赵瑞（2014）认为新机制创新了农村中小学教师的管理方式，让县级政府成为聘任主体，任教学校直接使用，这样就避免了人事部门调动所引发的冗余问题。何文敏（2014）的研究发现，新机制教师对于农村学校的留任意愿并不强烈，甚至出现教师职业倦怠现象，其思想稳定性有待提高，对此呼吁政府部门、社会成员、各级学校共同关注新机制教师群体的身心健康和思想状况，同时，也鼓励新机制教师个人，主动树立起正确的职业观，加强对个人职业的长远规划。吴晗等（2016）认为新机制并不像政策预期一样顺利，反而出现了诸多现实制度困境，如教师编制制度和工资福利制度，长期以来的"双轨制"制约着教师编制制度，省政府专项财政转移中间环节颇多且县政府财政能力有限，共同导致了县域内教师工资福利严重不均衡，需从根本上打破城乡二元经济体制，构建城乡一体的教师编制制度，将教师从"单位人"转变成"系统人"；建立起规范的省级义务教育专项财政转移制度，推动地方财政的民主化、法治化进程。

从已有的调查研究以及现实情况来看，对新机制教师政策措施功过是非评价不一。从其积极意义来看，新机制教师政策是一项惠及多方利益群体的整合机制。

从乡村教师队伍建设的角度来说，新机制教师政策实施之后，给农村中小学教师队伍注入了生机与活力，为湖北广大农村输送了一批高学历、高素质、年轻化的教师队伍。这批新招录的教师深得学生喜爱，他们具备扎实的专业背景和学科基础，对新课程改革推崇的新理念、新技术、新方法有一定的理解和认识，与此同时，他们对信息工具的使用较为熟悉，学习能力与适应能力都很强，可以说，新机制教师的到来给农村教育教学改革带来了一场"及时雨"，为农村义务教育学校注入了新鲜血液和鲜活的生命力。

新机制政策也解决了大学生就业难的问题。湖北省作为一个教育大省，大学生就业也是各大高校面临的一个难题。新机制政策颁布后，政府有关人员也深入高校进行宣传和鼓励，各大高校毕业生在该政策的人文主义关怀下，在对教育的执着热爱和坚守下，在诸多优惠条件的吸引下纷纷响应号召，积极准备笔试和面试，准备到广阔的农村投身教育事业去施展自己的才华和抱负。

例如，2019 年 5 月，湖北省义务教育学校教师招考首次将城乡义务教育学校教师岗位一同纳入，9945 个教师岗位吸引了 50202 名考生参考，其中有1110 名硕士及以上学历者，均创新高。8 月，2019 年湖北省新招录教师岗前培训班开班，连续十多年担任岗培辅导员的蕲春县第二实验中学校长何欢感叹：新教师一年年增多，他们的学历越来越高，眼界越来越宽广。毋庸置疑，在湖北，教师职业的吸引力正大幅提升，大批优秀人才的主动加入，使文教大省的教师队伍不仅更大，还更强。中共中央、国务院所印发的《关于全面深化新时代教师队伍建设改革的意见》中提出的"全社会尊师重教，形成优秀人才争相从教、教师人人尽展其才、好教师不断涌现的良好局面"愿景，正逐步在湖北显现。①

新机制政策拓宽了乡村教师补充渠道，破解了教师编制难题。新机制政策的优势在于利用省政府的财政力量吸引高校优秀毕业生到农村学校任教，将教师补充的短期政策与师资队伍的长期建设有机融合，在其三年的聘用期内编制由省编办给予，工资待遇实行年薪制，由省政府承担，不足部分由地方政府补齐。省级统筹的积极性日益彰显，有效突破旧的义务教育财政和管理体制，以省级统筹的倾斜式经费补助、动态化编制调控的局面，可以有效避开各地方政府编额增加困难或"有编难补""无编可补"等一系列问题，增强了教师职业的吸引力。同时，湖北省还推行"县管校聘"改革，推动教师逐渐由"单位人"

---

① 湖北全面打造高素质教师队伍［EB/OL］.（2019-09-05）［2021-04-07］. http：//jyt. hubei. gov. cn/bmdt/gxhptlm/mtjj/201909/t20190905_439677. shtml.

向"系统人"转变，也带来了系统内城乡教师流动机制的有效运转。

为扩大增量，湖北缺额全补，实行全省统招统派，经费省级负担、县级教育行政部门负责管理、农村学校使用的新补充机制，支持各地大量补充农村教师。为盘活存量，湖北全面推进"县管校聘"改革，推动教师由"单位人"向"系统人"转变。城镇学校新入职教师 5 年内须到乡村学校或城镇薄弱学校任教 1 年以上。目前，湖北新机制教师规模保持在 3.1 万人左右。①

当然，新机制政策是具体实施过程中仍需要不断调整和完善，特别是相关的配套政策措施，如新机制教师工资补助标准、新机制教师生活补助制度、新机制教师培训政策、教师公积金和保障房制度等，相信湖北省新机制政策在乡村教师队伍的补充与建设过程中通过不断发展与完善，具有更加强大的生命力，进而推动农村教育事业的发展。

第三节　乡村教师补充的"成都经验"

城乡一体化是指一定区域范围内城市与乡村在政治、经济、文化等方面发展的有机结合，形成以城带乡、以乡促城、相互依存、互补融合、协调发展的城乡关系，逐步消除城乡二元结构格局，实现城乡共同发展、共同繁荣。四川省成都市在城乡一体化建设中改革创新、锐意进取，开发出一套行之有效的城乡教育一体化模式——"成都模式"（或称"成都经验"），城乡教师一体化作为该模式的重要一环，在其乡村教师补充政策问题上，给我们带来了重要的借鉴。城乡教师一体化政策是在城乡一体化背景下，在教育的统筹发展中，为解决乡村教师队伍建设问题，通过创建城乡教师互动交流机制，在教师培训、职称评审、福利待遇等方面向农村教师倾斜等一系列政策措施中，充分利用城镇教师资源优势，达到动态均衡、双向沟通、良性互动目的，促进城乡教育资源共享、优势互补，推动城乡教育相互支持、相互促进，缩小城乡之间的教师的差距，从而实现城乡教育均衡发展、协调发展、共同发展。

---

① 湖北：让乡村教师安心从教［EB/OL］.（2019-10-23）［2021-04-07］. http：//jyt. hubei. gov. cn/zfxxgk/fdzdgknr_GK2020/zfgzjg_GK2020/ldxx_GK2020/th_GK2020/thldhd_GK/202009/t20200907_2895191. shtml.

一、城乡教师一体化政策背景

中华人民共和国成立以来，我国城乡关系的演变大致经历了改革开放前政府控制下的城乡隔离，到 20 世纪末市场调节下的城乡差别，再到 21 世纪以来的科学发展观指导下的城乡一体化三个阶段①。2002 年党的十六大明确提出"统筹城乡经济社会发展"的基本思路，2003 年在党的十六届三中全会上，进一步强调按照"统筹城乡发展、统筹区域发展、统筹经济社会发展、统筹人与自然和谐发展、统筹国内发展与对外开放"的要求推进各项事业的改革与发展，建立有利于逐步改变二元经济结构的体制。2004 年在中央农村工作会议上，中央强调"工业反哺农业、城市支持农村，实现工业与农业、城市与农村协调发展"是社会发展的规律和必然趋势，为落实城乡统筹发展方略指明了道路。2007 年，党的十七大报告提出要"深入贯彻落实科学发展观，统筹城乡发展""解决好农业、农村、农民问题""加强农业基础地位，走中国特色农业现代化道路，建立以工促农、以城带乡长效机制，形成城乡经济社会发展一体化新格局"，报告首次提出"城乡经济社会发展一体化"概念，在国家政策层面上明确了城乡一体化的发展目标与思路。2008 年党的十七届三中全会上明确了 2020 年前农村改革发展的基本任务为"城乡经济社会发展一体化体制机制基本建立"，并通过了《关于推进农村改革发展若干重大问题的决定》，为推进农村改革发展、建立和完善中国社会主义市场经济体制创新了思路。2011 年《中华人民共和国国民经济和社会发展第十二个五年规划纲要》提出要"按照统筹城乡发展要求，加快推进农村发展体制机制改革，增强农业农村发展活力"，要"建立健全城乡发展一体化制度""统筹城乡发展规划，促进城乡基础设施、公共服务、社会管理一体化"。

在国家城乡一体化经济社会背景下，为改变长期以来城乡二元教育体制，解决农村教育落后与贫困的局面，政府逐渐意识到农村教育的地位和作用，在教育政策层面上转变思路，由城市教育"优先发展、重点发展"走向城乡教育"统筹发展、均衡发展、一体化发展"，城市教育与农村教育从原有的相互独立、彼此分离、甚至对立的困局逐步成为一个相互依存、协调共生、融合发展

---

① 王正惠. 区域城乡义务教育一体化政策运行研究——以成都试验区为例[D]. 南京师范大学，2014：35-36.

的生命共同体，最终实现城乡教育的均衡发展与共同繁荣。21 世纪以来，为破除城乡教育二元结构的困局，国家教育行政等部门出台了一系列相关文件：2000 年农村税费改革中同时也取消了教育集资和农村教育费附加；2001 年，国务院下发的《关于基础教育改革与发展的决定》确立了"实行在国务院领导下，由地方政府负责、分级管理、县为主的体制"，把义务教育投入重心由乡镇上移至县一级政府，实现了从"人民教育人民办"向"人民教育政府办"的历史性转变①；2003 年《关于进一步加强农村教育工作的决定》中"明确农村教育在全面建设小康社会中的重要地位，把农村教育作为教育工作的重中之重""加快农村教育发展，深化农村教育改革，促进农村经济社会和城乡协调发展""加大城市对农村教育的支持和服务，促进城市和农村教育协调发展""加快推进农村中小学人事制度改革，大力提高教师队伍素质"；2006 年第十届全国人民代表大会常务委员会第二十二次会议通过的《中华人民共和国义务教育法(修正案)》，其重要指向是"促进城乡义务教育均衡发展"②；2008 年《中共中央关于推进农村改革发展若干重大问题的决定》强调要"大力办好农村教育事业""促进城乡义务教育均衡发展""保障和改善农村教师工资待遇和工作条件，健全农村教师培养培训制度，提高教师素质""健全城乡教师交流机制，继续选派城市教师下乡支教"；2010 年《国家中长期教育改革和发展规划纲要(2010—2020 年)》明确提出"建立城乡一体化义务教育发展机制""推进城乡义务教育均衡发展"，在乡村教师的补充问题上，"创新农村教师补充机制，完善制度政策，吸引更多优秀人才从教""逐步实行城乡统一的中小学编制标准，对农村边远地区实行倾斜政策""对长期在农村基层和艰苦边远地区工作的教师，在工资、职务(职称)等方面实行倾斜政策，完善津贴补贴标准""建设农村艰苦边远地区学校教师周转宿舍""对在农村地区长期从教、贡献突出的教师给予奖励"；2012 年教育部印发了《国家教育事业发展规划第十二个五年规划》，提出"探索城乡教育一体化发展机制""逐步统一城乡教育规划、建设标准、经费投入、师资配备和管理体制，探索城乡教育联动发展新模式，逐步实现城乡一体化"的目标。

---

①　袁桂林. 新机制、新希望、新问题——农村义务教育财政政策回顾与展望[J]. 人民教育，2006(10)：3.

②　张乐天. 实施义务教育有了更完善的法律保障——解读《新义务教育法》[J]. 江苏教育，2006(9)：2.

成都,简称"蓉",四川省省会,副省级城市,国家区域中心城市,位于我国华西地区东部,西南地区最大平原——川西平原腹地,自古有"天府之国"的美誉。1921年设市,总面积1.24万平方公里,中心城区面积283.86平方公里,辖9区6县4市。成都自城乡统筹以来,城市化进程速度加快,现有常住人口1658.10万人;有户籍总户数574.16万户,户籍人口1500.07万人(其中城镇人口938.21万人、乡村人口561.86万人)。成都市居民收入平稳增长,城镇居民人均可支配收入45878元、比上年增长8.9%,其中工资性收入27011元、增长9.0%,经营净收入4743元、增长10.8%,财产净收入4681元、增长7.2%,转移净收入9443元、增长8.5%,人均消费性支出29720元、增长8.8%,城镇居民恩格尔系数32.6%;农村居民人均可支配收入24357元、增长10.0%,其中工资性收入12192元、增长9.3%,经营净收入5940元、增长13.4%,财产净收入2330元、增长9.3%,转移净收入3894元、增长7.9%,人均消费性支出17572元、增长10.0%,农村居民恩格尔系数36.0%;城乡居民人均收入倍差1.88,比上年缩小0.02。①

在教育领域内,成都市紧随步伐,改革创新思路,率先实施城乡义务教育一体化政策,在教育改革中起到了示范引领的作用。早在2001年四川省人民政府关于贯彻实施《国务院关于基础教育改革与发展的决定》的意见中指出"要加强教育统筹规划,搞好组织协调,加大对贫困地区和少数民族地区义务教育的扶持力度";2002年成都市政府就如何贯彻实施《意见》进一步强调要加强教育统筹,加大对农村教育的扶持力度;2003年成都市教育局在《关于创新教育投融资体制实施全市中小学综合改造建设工程的请示》中,提出要推动全市中小学尤其是农村中小学标准化建设和优质教育资源的拓展,拟提出统筹城乡教育资源,实施全市中小学综合改造建设工程的设想,该年年底,成都市委、市政府决定以农村中小学标准化建设为突破口,推动以农村中小学标准化建设为代表的教育八大措施;2004年出台的《大力推进基础教育均衡发展的意见》中强调要首先解决农村义务教育"硬件"问题,同步解决农村义务教育"软件"问题,同年成都市教育局在关于《成都市农村中小学标准化建设标准(试行)》中正式启动了以"农村中小学标准化建设"为标志的城乡教育一体化的实践与探

---

① 数据来源:成都市人民政府. 行政区划分与人口. http://www.chengdu.gov.cn/chengdu/rscd/xzqhyrk.shtml.

索，这一年成都市人民政府下发了《关于进一步加强农村教育工作的决定》提出深化农村教育综合改革、建立农村教育发展保障机制等决定，教育局印发了《关于举办小学骨干校长培训班的通知》《成都市教育局关于城区和城镇学校教师到农村学校定期服务的实施意见（试行）》和《成都市教育局关于进一步加强城区和城镇学校对口支援农村学校工作的通知》，对于如何开展城乡一体的教育改革实践做出了精密部署；2006 年，成都市人民政府在《2006 年工作奋斗目标》中提出，要落实"推进城乡教育一体化，14 个郊区市、县各创建一个成都市教育强乡镇"的目标任务，同时有关部门还下发了《关于进一步加强农村义务教育教师队伍建设和管理的实施意见》的通知，强调要加强对农村义务教育教师队伍建设和管理的统筹；2007 年 5 月，成都市政府连续下发了一系列文件——《成都市教育局关于做好 2007 年进城务工就业农民子女接受义务教育具体工作意见》《成都市教育局全面消除义务教育阶段薄弱学校行动计划》等，在《关于切实推进城乡义务教育均衡发展的意见》中强调，四川省将用 5 年时间，使县域内城乡（镇）教育差距明显缩小；2007 年《成都市教育事业发展第十一个五年规划》的文件中多次提到要积极推进"城乡教育一体化"；2008 年成都市教育局连续下发了《成都市依法保障教师待遇工作三年行动计划》《成都市关于教师居住工作三年行动计划》《成都市关于学校校舍安全工作三年行动计划》等文件，提出要在 2010 年年底前妥善解决现有的全市城市和农村教师住房困难问题，稳定教师队伍，促进城乡教育均衡发展；2009 年教育部与四川省政府、成都市政府共同签订了《共建统筹城乡教育综合改革试验区合作协议》，成都市随即出台了《建设统筹城乡教育综合改革试验区实施方案》，确立了"六大机制"创新和"十大行动"计划；2010 年在下发的《关于城乡中小学干部双向互派和教师交流工作的通知》《关于深入开展师徒牵手活动的通知》和《关于做好 2011 年城乡中小学干部教师交流工作的通知》等文件中通过教师干部交流、师徒牵手活动等措施合理优化教师资源，促进乡村教师优化配置、合理流动，从而推动城乡义务教育一体化发展，该年成都被国务院确立为"探索城乡教育一体化发展的有效途径"的教育体制改革试点城市；2011 年成都市政府下发了《成都市中长期教育改革和发展规划纲要（2010—2020 年）》，制定了未来 10 年教育改革和发展规划，把"实现城乡教育一体化"作为发展目标，实现"教育规划城乡一体化、办学条件城乡一体化、教育经费城乡一体化、教师队伍建设城乡一体化、教育质量城乡一体化、教育管理制度和评估制度标准城乡一体化"。同年,《关于全域成都城乡统一户籍实现居民自由迁徙的意见》明确了成都统一城乡户籍的基本思路和目标,即:坚持依法推进、统筹协调、积极稳妥的原则,确保已有的惠农政策持续有效,彻底破除城乡居民身份差异,推进户籍、居住一元化管理,充分保障城乡居民平等享受教育、住房、社保等权利,到 2012 年,实现全域成都统一户籍。

从 2002 年成都市政府加强教育统筹,加大对农村教育的扶持力度开始,2003 年提出统筹城乡教育资源,开始了城乡义务教育一体化道路的实践与探索,到 2007 年将"全域成都"的概念运用于城乡义务教育一体化的运作中,再到 2009 年通过优化乡村教师资源,促进城乡教师合理流动等举措,有效地促进了城乡义务教育一体化发展,被国务院确立为"探索城乡教育一体化发展的有效途径"的教育体制改革试点城市,发展至今,其先进的理念、可行的路径、得力的措施为乡村义务教育的发展提供了可资借鉴的经验。

二、城乡教师一体化政策经验

城乡教育一体化应在城乡这样一个特定的时空场域内,按照教育的内在本质要求,探索实现教育一体化的实践活动的基本范式或路径,以期实现教育优质均衡发展。正如杨卫安指出,"城乡的边界决定了城乡教育一体化的范围,教育的本质决定了城乡教育一体化的实质,一体化研究的不同范式及其相互关系决定了城乡教育一体化研究的可能路径"[1]。在成都,关于"城"与"乡"的边界问题,根据成都市都市区(2020 年)城乡一体化三圈层规划理念,结合三圈层的经济社会总体发展水平,以及三圈层的现有教育发展水平,在对城乡的界定上做如下的具体分析:第一,成都市作为大城市,根据区位地理分布特征,第一圈层即中心城区(武侯区、青羊区、金牛区、锦江区、成华区)包括高新技术开发区完全城市化,即所谓的城市,郊区包括第二圈层、第三圈层则为乡;第二,第二圈层(新都区、青白江区、龙泉骚区、温江区、双流县、卑区县 6 区县)虽为主城区,但未完全城市化,故仍存在乡镇概念上的分化,又存在着中心城区和郊区乡镇,也可分化看待,即区县政府所在地为城,其余地区为乡;第三,作为第三圈层(都江堰、邓峡、彭州、崇州、金堂、大邑、蒲

---

① 杨卫安等. 城乡教育一体化:范围、实质与研究路径[J]. 湖南师范大学教育科学学报,2013(4):5-9.

江、新津 8 个县(市))的郊县在成都城乡统筹教育均衡发展路线图中，则被政府定义为城乡教育一体化的"乡村"概念。就经济发展水平言，第三圈层区县诸如蒲江、大邑等虽属于农村教育地区或经济不发达地区，但这些县区同样存在着城市教育与农村教育之间的差距，即县政府所在地为城，其余乡、镇为村。①

　　城乡教育一体化的"成都经验"是在国家政策制度背景下结合自身的实际进行的实践探索。成都城乡义务教育一体化政策起步较早，积累了许多典型经验，体现了鲜明的地方特色。早在 1988 年，成都温江就成为全国农村教育综合改革试验区，开始了城乡教育一体化的探索；1990 年全国燎原计划暨农村教育综合改革会议在温江召开；从 2004 年开始，成都市运用统筹城乡的思路和办法，正式从市政府层面开启了城乡教育一体化的探索和实践；2007 年国家将成都确定为全国统筹城乡综合配套改革试验区；2009 年教育部与四川省政府、市政府在成都共同签署了《中华人民共和国教育部、四川省人民政府、成都市人民政府共建统筹城乡教育综合改革试验区合作协议》(以下简称"成都教育试验区")，成都成为首个副省级城市统筹城乡教育综合改革试验区；2009 年由于成都在城乡义务教育一体化方面取得的显著成绩，国家授予"全国推进义务教育均衡发展工作先进地区"称号；2010 年被确定为国家教育体制改革试点地区之一。从 1988 年至今，成都的城乡教育一体化探索形成了城乡义务教育"六个一体化"②发展的"成都模式"，引起了政府部门与学者们的高度关注。

　　从成都市政府部门所出台的政策文件上看，自 2003 年以来，政府部门为解决农村教育的相关问题，先后颁布了《关于进一步加强农村教育工作的决定》《中共中央关于推进农村改革发展若干重大问题的决定》《国家中长期教育改革和发展规划纲要(2010—2020 年)》等重要纲领性文件，成都在吸收落实这些政策文件精神的基础上，将国家的关于农村教育的发展理念和相关措施融入本土，建立城乡一体化义务教育发展机制，并将内容进一步细化，相应出台了一系列政策文件，如《关于进一步加强农村教育工作的决定》《成都市教育局关

---

　　①　王正惠. 区域城乡义务教育一体化政策运行研究——以成都试验区为例[D]. 南京师范大学，2014：5.

　　②　即：发展规划一体化、办学条件一体化、教育经费一体化、教师队伍一体化、教育质量一体化、评估标准一体化。

于城区和城镇学校教师到农村学校定期服务的实施意见(试行)》《关于城乡中小学干部双向互派和教师交流工作的通知》《关于做好 2011 年城乡中小学干部教师交流工作的通知》等政策。关于城乡教师互派交流的"教师队伍建设城乡一体化"成为成都市义务教育城乡一体化政策"六个一体化"中的重要一环。

　　一直以来,在城乡教育人事制度上,成都和其他许多地区一样,存在着城乡教师统筹安排不合理,导致农村地区师资力量薄弱的问题。在传统教育背景下,相对于农村,城市拥有更好的生活条件和师资待遇,因而受优秀毕业生和优秀教师的青睐,年轻人不愿意去农村,优秀的农村教师往城里跑,所以城市学校教师的整体水平普遍高于农村:教师队伍结构合理,老中青搭配得当,学科专业结构设置科学,且从教师专业成长看,他们有着先进的教育教学理念和方法,较为系统的培训进修规划方案,教师的专业化水平普遍比较高,而农村地区教师队伍老龄化、年龄结构不合理;教师的整体素质有待于提高,高学历、高职称的教师比例偏低;教师的福利待遇也有待于提高;农村学校学科专业结构设置不合理,某些学科专业教师严重缺乏,如英语、计算机、体育、美术、音乐等。正如有学者指出:在教师的绩效评价制度上,存在着评价标准不健全,对农村教师的绩效评价不合理,职称名额少、晋升难等问题;在教师的培训制度上,存在着培训内容背离农村教师需求、培训的成本负担缺乏制度安排等问题;在教师的调动制度上,存在农村教师"逆向流动"的问题,即优秀的农村教师向城市流动,致使农村学校成为城市学校的人才输送基地,加剧了城乡教育的不均衡发展;在教师的薪酬制度上,存在着农村教师工资福利缺乏长效的保障机制的问题,包括"以县为主"难以保证贫弱县的教育经费投入,农村教师经费被克扣拖欠,福利不好,得到的社会资本太少等问题。[①]

　　为有效解决乡村教师队伍建设问题,在城乡义务教育师资队伍城乡一体化发展具体目标上,《成都教育事业发展第十一个五年规划》提出,到 2010 年,初中教师的本科学历和小学教师的专科学历层次的比例分别达到 75% 和 85%以上。成都市教育局制定的《成都市依法保障教师待遇工作三年行动计划》(成教〔2008〕75 号)提出到 2009 年年底,实现农村学校平均工资水平与县城所在地学校平均工资水平基本持平的目标,到 2010 年实现中小学教师工资水平"同县同酬"的目标。《合作协议》规定在中小学教师编制标准、岗位设置、聘用办

---

① 褚宏启. 城乡教育一体化:体系重构与制度创新[J]. 教育研究,2009(11):3-10.

法、资源配置、考核办法及福利待遇等方面实现城乡统筹，推进教师资源的均衡配置。《成都市教育规划纲要》提出要实现城乡师资配置标准统一、教师收入标准统一。

为实现这一目标，在师资配置问题上成都市进行了模式创新。在实践中，主要依托"全域统筹"的理念进行城乡间教师资源的均衡优化配置。

一是建立"交流共享"的城乡教师流动机制，促使城区内的优秀教师和干部向乡村流动。如组织城乡师徒牵手活动。在全市组织和选拔师德高尚、业务精湛的7175名骨干教师（包括学科带头人、特级教师、教育专家）与8819名农村教师和一般教师结成师徒，采取师徒"一对一""一师多徒"等多种有效方式，切实提升农村教师专业化水平；成立"名师工作室"，温江区成立了32个名师工作室，青羊区、锦江区、成华区也已组建了多个名师工作室，高新区建立了名师与区内薄弱学校教研组结对帮扶制度，63位名师"满覆盖"区内7所薄弱学校的78个教研组或年级组；实施中小学教师定期支教制度，从城区学校选派1%的教师到农村学校定期服务，并把支教一年以上作为晋升高级职称的必要条件；实施中小学校长定期交流轮换制度，市财政设立专项目标奖励经费，选派100名城区学校校长到农村学校任职；财政设立专项目标奖励经费；实施名校集团定期交流制度，名校集团龙头学校与成员学校之间、城乡结对学校之间按一定比例，统筹干部教师相互交流；组织"绿色行动计划——送教下乡"，组织成都市的教育专家、特级教、学科带头人、国家级培训的骨干、市级和城区培训教研部门的培训者，面向14个郊区（市）县农村教师送教下乡；统筹实施"特岗教师"计划，实施学段从义务教育阶段扩大至非义务教育阶段，实施范围从农村中小学校扩大到了城区（镇）中小学，招募范围扩大到30个学科，有效地解决了偏远地区的师资紧缺问题。

二是晋职、评优等政策向农村教师和支教教师倾斜。在职称评审工作中对边远山区、农村小学、单设初中教师予以倾斜，取消了职称申报指标限制，适当降低对普通话、计算机要求。从政策上明确对于圆满完成支教任务并在年度考核为优秀的支教教师，在职称评聘、培养选拔等方面在同等条件下优先。评优政策倾斜。在各类评优项目中，一是坚持在同等条件下向农村教师倾斜；二是在总名额中，拿出20%的名额直接投向农村学校。

三是统筹城乡干部教师培训培养，将城乡干部和教师的培养纳入了统一体系，特别是开展为期一年的城乡1081名校长参加的"千名校长大练兵"活动，基本建立了"研训一体、实践导向、问题探究、合作共赢"的校长研修共同体，促进城乡校长在制度化的交流互动中实现共同提高。从 2004 年开始，成都市积极实施"农村教师专业发展行动计划"，为乡(镇)初中、中心小学、村小分别培养 1000 名校级学科骨干教师，分期分批对农村约 4.5 万名教师进行信息技术培训，以新理念、新课程、新技术和师德教育为重点内容，组织农村教师参加每年 100 学时的学习；启动"十万教师大比武"活动，三年一轮的 6500 名市级骨干教师培训顺利进行，完善城乡教师培养培训机制，制订并实施城乡中小学教师素质提升行动计划、农村骨干教师和灾区教师的专业发展水平和学历层次提升计划；统筹构建名优教师成长体系，推进"农村教师学历提升计划"，对学历提升的教师，市教育局给予每人 600 元的奖励，区(市)县也给予相应的奖励，并对高学历教师优先评聘。

四是统筹保障城乡教师培训经费，提高教师待遇。将教师培训经费列入政府预算，统一构建市、区(市)县、校三级培训体系，在考核标准和培训机会上充分体现城乡标准统一与平等共享的同时，有区别地加大对农村教师培训的投入。2005 年开始，成都每年拿出 1 亿元用于提高农村义务教育教师的待遇，缩小、消除县域内教师与公务员平均工资水平的差距，缩小、消除县域内城乡教师收入差距。2008 年，成都市按照统一编制标准、统一待遇标准、统一执业标准和统一调配名优教师的原则，全面落实全市 899 所义务教育学校教师绩效工资。同时，按照政府引导、市场运作、社会参与、教师自愿的原则，通过集中建设、政府补贴等多种方式，建成农村教师住房 6293 套，全市农村中小学教师住房困难问题得到基本解决。

三、城乡教师一体化政策评估

成都市在城乡教师一体化发展举措上取得了显著成效，城乡教师队伍建设无论从数量还是质量方面都有了较大提升。

2012 年教师队伍专业化建设取得了新进展，组建了 35 个"名师工作室"和 12 个"名校(园)长工作室"，评选产生了成都市特级教师 50 名、特级校长 15 名；印发了《关于推进教师"县管校用"工作的意见》(成教发〔2012〕12 号)在青羊区、温江区、郫县、双流县先行试点，全市已有 11293 名教师纳入"县管"范畴，干部教师交流工作稳步推进；提高了教师专业化水平，创新培训机制，全面实施了教师培训计划，完成了 10976 名普通高中新课程改革教师培训工作，对 7699 名中小学英语教师进行了英语水平测试，制订了全市英语教师水平提升实施方案，选派了 87 名职业学校优秀教师到企业顶岗工作；深入实施了"常青树"计划，在全市名优退休教师中选聘了 4 名学监、26 名导师到边远农村学校任教，充分发挥了其示范引领作用。

2013 年出台了《成都市中小学(幼儿园)教师职业道德行为准则》，在全国率先将"禁止性要求"列入了"师德行为准则"，全市师德测评满意率为 97.2%；开展了名师选拔工作，全市评选出四川省优秀教师 30 名，成都市学科(技能)带头人 90 名、优秀青年教师 100 名、教坛新秀 80 名；教师培训工作扎实有效，参加国家、省、市骨干教师培训教师达 123438 人次；成功举办"文翁大讲堂"8 次，在崇州市举办分讲堂 2 次；市 16 个区(市)县成立了教师管理服务中心，20957 名教师纳入"县管校用"范畴(较 2012 年增加 9664 人)；选拔出了第四批"常青树"计划 3 名学监、29 名导师奔赴工作岗位。

2014 年有 10 对教育联盟共建立了 217 对跨区结对学校，跨区域互派干部教师 1105 人，开展教研活动 1393 次(10.6 万人次)；组织干部教师培训 637 次，参与人员 3.8 万人次；承担课题研究 259 个，参与人员 1.4 万人次；组织学生活动 453 次，参与人员 31.5 万人次；建成 25 个共享网站和专业教学平台，建设 300 个互动教室，开展互动教学 2723 节；选派 180 余名优秀干部教师到甘孜州支教，组织讲学团、讲座、交流等 3600 余人次，接收 280 余名民族地区干部教师参加市培训学习和顶岗教学；组织 6723 名教师参加体育教师专业技能测试，4230 名教师参加艺术教师技能大赛；全市教师人均参加规范性培训 91 学时，灵活性培训 64 学时；选派 150 余名职教专业教师赴英国、德国参加国际认证、教学方法等培训，完成 393 名职教"双师型"教师资格认定；开展 20 名未来教育家培养计划，加强 105 个名校长名师工作室建设。

2015 年成都市教师队伍素质得到全面提升。举办了国家、省市骨干教师培训、"未来教育家培养""文翁大讲堂""名师名校长论坛""名师好课送教""常青树计划"等，启动了"微师培"项目；完善教师退出机制，开展第二批教师注册试点工作，在全市推广邛崃、武侯"县管校聘"改革模式；评选省优秀教师 42 名、优秀教育工作者 8 名、教育工作先进集体 6 个，选拔市级特级教师(校长)、学科(技能)带头人、优秀青年教师和教坛新秀各 100 名；全市教师主动做出师德承诺，自觉接受学生、家长及社会的监督，全市师德满意率为 99.5%。

2016 年市政府出台了《成都市乡村教师支持计划实施细则》，实施了第七批"常青树计划"，聘请 36 名名优退休教师下乡支教；开展了首批中小学正高级教师评审，组织第三届中小学班主任技能大赛；全市中小学教师人均完成169 学时继续教育，1395 名教师完成学历提升；筹建校（园）长培训基地，培训校（园）长和教师 7.5 万人次；遴选 850 名市级"未来名师"和 3000 名市级骨干教师；开通了 1802 节微视频，3.2 万名教师登录"微师培"平台 15.8 万次，完成 11.9 万节微课学习。

2017 年择优补充乡村教师 988 名，招募 40 名"常青树计划"教师赴乡村支教；向 28284 名教师发放 30 年从教荣誉证书；义务教育学校交流干部 470 名、教师 3475 名；50 名优秀教师被评选为省特级教师，33 名教师被评选为中小学正高级教师，评选市级优秀教师 356 名；完成首批 25 名未来教育家培训，开展 50 名普通高中和初中校长领航班培训；开通微课程 3803 节，人均学习微课68.1 节；持续推进全国"县管校聘"人事制度改革示范区建设，深化邛崃市"教师三级全员竞聘"改革成果，"两自一包"试点范围扩大到 10 个区（市）县 53 所学校，全市教师集中管理人数达 4.9 万名，依法清理教师退出教学岗位541 名。

2018 年评选表彰了 23 名成都市师德标兵；新增 37 名中小学正高级教师，3 名优秀教师入选全省首批"天府人才—教学名师"计划，评选成都市优秀支教教师 89 名、成都市特级教师（校长）116 名、市优秀青年教师 116 人、成都市教坛新秀 119 名；对 806 名完成学历提升的教师进行了奖励，启动 25 名小学校长领航班培训，第二批 100 个名师名校长工作室挂牌运行，15 名名师（名校长）入选首届省中小学名师名校长工作室领衔人，实施乡村教师助力计划，完成《成都市乡村教师支持计划实施细则（2015—2020 年）》中期评估，培训乡村骨干教师 500 名，招募 37 名"常青树计划"退休名优教师下乡兴教，成立 39 个"常青树导师工作室"。

在成都市"十三五规划"中，依然将建设高素质教师队伍作为了工作重点，主要从师德师风建设、提升教师专业素养、深化教师人事制度改革等方面着手，切实提高教师队伍素质。在师德师风建设方面，落实教育、宣传、考核、监督与奖惩相结合的师德建设长效机制。加强各级各类学校思想政治工作，引导教师认真践行社会主义核心价值观，争做"有理想信念、有道德情操、有扎实知识、有仁爱之心"的好老师。加大师德失范行为的查处力度，坚持对师德失范者在评优评先、职称评聘等方面实行"一票否决"。在提升教师专业素养方面，推进专业化高质量教师队伍建设，严格教师职业准入，全面提高教师校(园)长学历水平，全面提升教师校(园)长专业发展能力，加强市、县、校三级培训的统筹联动，推进分层分类分岗的全员培训，引导教师进行有效的终身学习；完善教师校(园)长培训体系，落实五年不少于360学时的全员培训制度，健全中小学教师专业发展评价体系，加强教师校(园)长继续教育师资队伍建设，建设一批高水平教师校长研修基地，全面开展信息技术应用能力培训，创新培训机制、模式、方法，扎实推进名师名校长队伍建设，造就一批成都市教育专家，健全名优教师选配管用机制，加强对新入职教师、乡村教师、紧缺学科教师、班主任、职业教育"双师型"教师等的培训，全面提升教师整体素质。在深化教师人事制度改革方面，着力深化全国"县管校聘"教师人事制度改革示范区建设，健全教职工编制动态调整机制，充分发挥编制效益，扎实推进教师全员竞聘工作，健全激励机制，探索通过政府购买服务方式创新灵活用人机制，扎实推进中小学教师职称改革，统一中小学教师职称序列，推进评聘结合，提高中小学副高级岗位结构比例，统筹做好中小学正高级教师评审推荐工作，做好教师资格认定、定期注册工作，畅通不合格教师退出渠道；深化校长教师交流机制，健全义务教育学校校长教师定期交流机制，逐步加大骨干教师交流力度，着力优化教师均衡配置水平，创新音体美等学科教师交流办法，优化教师学科结构，完善教师交流政策保障体系；加强乡村教师队伍建设，实施乡村教师支持计划，健全乡村教师补充机制、发展机制、关爱机制，全面提升乡村教师队伍素质，为城乡教育高位均衡夯实人才基础；全面保障教师队伍待遇，依法保障各级各类学校教师待遇，稳步提高教师待遇，将尊师重教落到实处，深化教师绩效工资改革，优化绩效工资的激励、导向作用，扎实推进事业单位养老保险改革工作。

通过城乡一体化教师政策的颁布与实施，到2020年，成都市学前教育教师接受专业教育比例达到95%，专科及以上学历层次比例达95%，义务教育教师本科及以上学历层次比例达95%，高中教师研究生学历层次比例达15%；培养了200名市级学科(技能)带头人，80名省、市特级教师，40名"成都市未来教育家"，50名"成都市优秀教育人才"，100名"成都市领航校(园)长"，1000名"成都市未来名师"，6000名"成都市骨干教师"，并建成了160所高水平的校(园)长、教师发展基地学校(机构)、100个名师名校长工作室。

第六章　乡村教师补充的政策发展

评估在本质上是一种价值判断行为，乡村教师补充政策评估作为教师政策执行结果的评判，是教育政策评估活动的有机组成部分，体现的是教育政策的主体性本质和公共性特征。正如前几章所讨论的那样，乡村教师补充政策及其政策过程，应秉持以人为本理念，在满足乡村教育发展需求的同时，更要满足教师专业发展的需要；应坚守可持续发展理念，关注政策与教师群体、教师个人、乡村学校和社会之间的合理关系。本章主要讨论乡村教师补充政策的本质特征及政策质量和政策绩效的问题，结合乡村教师补充政策过程理论和自中华人民共和国成立以来积累的政策经验，提出我国未来乡村教师补充政策变革发展及其优化的方向。

第一节　乡村教师补充政策本质特征

乡村教师补充政策是乡村教师补充方面的政策，属于教育政策的范畴，是公共政策的组成部分。对乡村教师补充政策的理解，它有两个基本的理论问题：一是什么是乡村教师补充政策？二是乡村教师补充政策的实践过程是如何运行及其运行的效果如何？在政策评估实践中，人们往往首先关注的是"政策的运行"。但是，当人们试图回答这一问题的时候，往往又与"什么是政策"联系着。也就是说，我们怎样理解政策，政策就怎样地运行，政策绩效也就怎样地生成。比较而言，"政策是什么"则是一个带根本性的问题，是研究"乡村教师补充政策"必须回答的一个根本性的问题。因此，无论是乡村教师补充政策的理论研究，还是乡村教师补充政策的评估活动，都需要厘清乡村教师补充政策的逻辑基础和理论前提。以下将结合上述关于"乡村教师补充政策"概念的理解和政策的研究及其实践经验，讨论乡村教师补充政策的本质及其特征。

一、关于公共政策本质的讨论

在形式逻辑的意义上，本质是事物的内部联系及其固有品质，是决定事物性质、面貌和发展的根本属性。对于公共政策本质的理解，每一个研究者所必须明确的第一个问题是"什么是公共政策"。黑格尔曾说，任何一个定义，都是一整套理论的浓缩。概念的展开就是全部理论。美国学者伊根·古巴（Egon G. Guba）也说："不同的政策定义会形成不同的政策形式，政策的定义对政策分析的性质和结果具有重要的影响，政策分析的结果在很大程度上取决于政策分析者所遵循的是哪一种政策定义"。① 同时，不同的政策定义，反映的是政策科学的发展以及不同的政策分析框架和政策解释模式的形成和发展过程。事实上，政策科学的发展，经历了"传统政治制度理论的政策文本静态分析模式，到崇尚实证的传统理性的线性过程模式，再到具有连续性、充满价值冲突与复杂性的非线性的循环修正的'圆周运动'模式。"②这一过程，影响着对政策本质的理解和认识，决定着政策活动的模式和政策解释分析与评估的结果。

20世纪50年代，政策科学的鼻祖哈罗德·拉斯维尔曾指出，公共政策是"一种含有目标、价值和策略的大型计划"。③ 这一定义强调公共政策的设计功能及其目标取向，认识到了政府有目的的行为与价值取向之间的内在联系。但是，行动计划和方案难以涵盖所有的公共政策，公共政策的目标有时并不十分明确。美籍加拿大学者戴维·伊斯顿（David Easton）认为，"公共政策是对全社会的价值作权威性分配"。④ 他是从社会的权利关系视角，侧重公共政策的价值分配功能，因而政策的本质就在于它能否定一些人的某些权利而使另外的人得到它。这种理解隐含了一个基本的政治学假设，即利益及利益关系是人类社会活动的基础，而政府的基本职能就是对利益进行社会性的分配。公共政策是政府进行社会性利益分配的主要形式，即决定什么人取得什么和取得多少。但是，公共政策不仅涉及分配的功能，还涉及其他的不属分配领域问题。可以

---

① 伊根·古巴. 政策的定义对政策分析的性质和结果的影响[J]. 教育领导，1984 (10). 转引自袁振国. 教育政策学[M]. 南京：江苏教育出版社，1996：158.

② 张烨. 教育政策的制度分析：必要、框架及限度[J]. 复旦教育论坛，2006(6)：24-28.

③ 林水波，张世贤. 公共政策[M]. 台北：五南出版公司，1982：8.

④ 伍启元. 公共政策（上册）[M]. 香港：商务印书馆，1989：4.

说，这一时期的学者对公共政策本质的理解，一开始就是在社会学的高度，探索公共政策过程中的"价值取向"及其与"权利"之间的关系，"目的性""价值"和权利成为政策本质探究的关键词，从而发掘出公共政策的社会性深刻本质。

　　20世纪60年代初，公共政策的定义及其本质的探讨，依然保留着"目的性"和"价值选择"的思维逻辑。比如巴克拉奇和莫顿（Peter Bachrach and Morton S. Baratz.）就提出"不为"（not to act）①的概念，即社会占主导地位的利益集团，有力量阻止相关议题进入政策议程而掩盖社会矛盾和冲突。这实际上是对公共政策价值性本质问题研究的进一步深化，拓展了政策研究的视野。事实上，有所为必然有所不为。这一思想被托马斯·戴伊所继承。他认为，"凡是政府决定做的或决定不做的事情就是公共政策"。② 政府的作为和不为，突出了公共政策的行为特征，揭示了人类个体或组织选择性行为的深层动因。这一假定的启发意义在于：政府决定要做的事情实际上和它真正所做的事情是有一定距离的。政府决定做或不做的事情不一定就会成为政策，政府正在做着的事情也不一定就能够代表其政策。60年代后期，以叶海卡·德洛尔（YehezkecDror）为代表的一批功能主义阵营的政策学者，从唯理性主义的视角看政策的本质。政策本质研究发生了转向，价值中立论逐渐成为政策本质研究的强势学派。叶海卡·德洛尔认为，政策制定作为"在指导社会行动的两个主要方案之间进行选择的自觉性意识"，作为一种理念，政策就是从个人利益出发，做出最大价值的选择过程。价值中立的本质观，关注的是政策究竟是指关于行动之主要方法的"一般指导"还是"具体说明"。③

　　但在20世纪70年代，政策本质探讨继续坚持价值、权利的话语传统。曼恩（Mann，D.）就认为，政策的本质是公共的，它能导引出一定的结果。但这一过程是复杂和充满不确定性的，反映着政策目标的分歧，这种分歧又反映于政策过程。④ 曼恩的"目标分歧"实际上就是政策过程中的"价值冲突"。简晋

　　① Bachrach P., Baratz M. Decisionsand Non-decisions：An Analytic framework［J］. The American Political Science Review，1963(57)：632-642.

　　② Dye T. Understanding Public Policy［M］. Englewood Cliffs, NJ：Prentice-Hall, 1992：2.

　　③ Dror Y.. Public Policy Reexamined［M］. Scranton, Pa：Chandler Publishing, 1968：14.

　　④ Mann D. Policy Decision-Making in Education：An Introduction to Calculation and Control［M］. New York：Teachers College Press, 1975：11.

斯(Jenkins W. I.)将"权力""控制""政治"和"政治家"相联结,赋予了政策本质新的内涵。他认为,政策是由"政治家或一组政治家们做出的关于目标及其达成手段的选择的一系列相互关联的决定",是具有立法权者制定,即是"在这些政治家们的权力控制范围之内决策的结果"。① 而根据奥夫(Offe C.)的观察,一般是"社会问题的出现启动着政策形成、方案设计和执行的程序动力",但只有"政治组织制度化了的正规形式决定着潜在的问题是什么,问题怎样被界定,会提出什么样的解决办法"②。这样,政策的本质就与一定社会政治组织的性质及其结构联系起来,或者说,有什么样性质和结构的社会政治组织,就会有什么样的社会问题及解决这一问题的政策。安德森(Anderson)的研究,更是将政策的本质与社会的组织结构和行政体制问题相联系。他认为,一定社会的立法框架、政党意志和行政体制,同样也制约着政策的制订。因此"政策是怎样被管理的就会被怎样制定,怎样被制定的就会被怎样管理。"③这一思维方向,意味着政策就是权力机关经由政治过程所选择和制定的问题解决方案。

20世纪80年代,政策研究得到快速发展,呈现出多元和多样化的趋势。总体看来,这一时期的主要特征是"传统的功能主义研究范式同新兴的激进人文主义研究范式之间的对立、冲突、分歧和抗衡"。④ 传统功能主义坚守"价值中立"政策本质观,主张社会是处在一种和谐与平衡的状态,因而不存在权力和价值的冲突。而激进人文主义研究从普遍存在的社会结构性矛盾和冲突的假设出发,坚持认为政策价值负载,而且,权力和控制贯穿于政策过程的始终,因而政策是"价值的权威分配"。⑤ 80年代末90年代初,后结构主义和福柯(Michel Foucault)的话语理论被引入政策研究。比如柯德(Codd J)就认为,政

---

① Jenkins W. I. Policy Analysis: A Politicaland Organizational Perspective [M]. New York: St. Martin's Press, 1978: 15.

② Offe C. The theory of the capitalist state andthe problem of policy formation//L. Lindberg, C. Crouch, C. Offe. Stress and Contradiction in Modern Capitalism[M]. Boston Lexington Books, 1975: 125-144.

③ Anderson J. E. Public Policy Making[M]. London: Nelson, 1975: 98.

④ 谢少华. 政策本质初探[J]. 华南师范大学学报(社会科学版), 2003(5): 92-97.

⑤ Prunty J. Signposts for a critical educational policy analysis[J]. Australian Journal of Education, 1985, 29(2): 136.

策的本质是关于政治权利的运用以及用以使这一过程合法化的话语。① 但政策问题是否被准确、公正地描述？是否被某权力所有意无意地渲染？博尔(Ball S)则将政策区分为文本政策和话语政策，因而"政策体现着用权威说话的权利，它们引起世间活动并使之合法化。而且，它们优待特定的想法和利益"。② 这就是"话语的政治"，政策或政策文本则是政治斗争的结果。尽管政策的话语理论有助于人们更好地理解政策的本质和政治活动的多种形式，但它不可能涵盖政策实践的所有形式。政治也不仅仅表现为权力的控制，政治还有其他类型，比如交易或者博弈。

二、乡村教师补充政策的本质

对政策本质的不同解释，是以政策决策者和不同的政策利益主体的特性及其他们之间的关系的不同认识为前提的。如果教育政策的本质反映在教育政策概念的内涵之中，那么，政策概念通常又是用政策定义来表述的。从我国教育改革发展的政策实践来看，政策的定义和政策本质的范式及其演进，影响着影响政策解释与评估的结果，决定着教育政策包括乡村教师补充政策，在现实的教育问题面前，能否解决教育实践中的实际问题，引导乡村教育实践的有效变革。

对教育政策本质的研究，不同的哲学信仰和理论倾向，就会得出不同的乃至相冲突的结论。而不同的教育政策本质的范式，往往与不同的教育政策活动模式相联系，而这些模式包括教育政策的决策模式、政策实施或执行模式和政策的分析或评估模式。早期的功能过程理论将教育政策看作一种政治行为或政治行动，关注"教育政策是如何制定出来的？"或者"教育政策应该如何制定？"的问题，并通过政治与政策的关系对经验政策的政治行为进行阶段性或程序化的研究。例如，拉斯维尔主张决策者应该卷入政策制定的各种行动，以发现各种政策行为体的活动范式。这些行动包括情报、建议、规定、援引、实施、评估和终止 7 个环节或功能。这一理论蕴涵着这样一个假定，即教育政策制定过

① Codd J. The construction and deconstruction of educational policy documents[M]. Journal of Education Policy, 1988: 235.

② Ball S. Politics and Policy Making in Education: Explorations in Policy Sociology[M]. London: Routledge, 1990: 22.

程的变化必定引起教育政策内容的变化，但是实际的情况并非总是如此。因为，教育政策不是"静态"的文本，政治的、社会的或技术的约束对教育政策文本的内容影响非常大，以至于有时教育政策过程对教育政策文本内容显得微不足道。而传统的理性模式倾向于教育政策的社会收益，关注的是"为什么制定出某项政策？"的问题，并把教育政策看作直线式的过程，崇尚实证的、线性的政策分析。因而教育决策中的主体要能始终坚持理性化活动，能在明确价值目标的指导下选择最佳的政策方案。教育政策的价值理论需要回答的是：整个政策活动究竟是围绕何种意图来安排和展开的？个体和群体、整个社会、民族和国家在政策活动中究竟得到什么？因此，价值取向是教育政策的本质规定性。教育政策的价值取向直接影响政策的内容和结果，有什么样的价值取向就有什么样的教育政策。教育政策决策、政策过程和政策研究的最终目的，就是要坚持正确的价值导向。

　　我国对教育政策本质的讨论，起步较晚，20世纪80—90年代，随着1985年《中共中央关于教育体制改革的决定》、1993年《中国教育改革和发展纲要》、1998《面向21世纪教育振兴行动计划》和1999年《中共中央国务院关于深化教育改革，全面推进素质教育的决定》的相继出台，教育政策在教育改革中发挥越来越重要的作用，学界开始重视对教育政策的研究。研究的内容主要是关注教育体制改革和素质教育政策以及国外教育政策理论的译介，研究的思路大多是沿袭西方80年代中期的思想脉络，逐渐形成了不同的教育政策本质理论。

　　目前，国内相关文献对教育政策本质的理解可归纳为"行动准则说、利益分配说"[1]和"多重形态说"[2]三个方面。"行动准则说"关注教育政策的文本和准则，认为：教育政策是"负有教育的法律或行政责任的组织及团体为了实现一定时期的教育目标和任务而规定的行动准则"[3]，教育政策是"某一历史时期国家或政党的总任务、总方针、总政策在教育领域内的具体体现"[4]，教育政

---

[1]　徐赟，祁型雨.由从属性到主体性：我国教育政策本质观的回顾、反思与重构[J].教育科学研究，2017(11)：5-11.

[2]　刘复兴.教育政策的四重视角[J].清华大学教育研究，2002(4)：13-19.

[3]　成有信等.教育政治学[M].南京：江苏教育出版社，1993：201.

[4]　叶澜.教育概论[M].北京：人民教育出版社，1991：148.

策是"一个政党或国家为实现一定时期的教育任务而制定的行为准则"①，等等。"利益分配说"主张教育政策是相关利益分配的过程和结果。比如教育政策是"一种有目的、有组织的动态发展过程，是政党政府等政治实体在一定历史时期，为实现一定的教育目标和任务而协调教育的内外关系所规定的行动依据和准则。"②教育政策是"有关教育的政治措施，是有关教育的权利和利益的具体体现"③"政策是社会各种价值取向冲突和妥协的过程和结果"④。"多重形态说"主张从多个角度、多个维度、多种形态认识教育政策的本质。比如，"应从现象形态、本体形态、过程特点和特殊性质四个视角来全面认识和理解教育政策的含义"。现象形态的教育政策表现在政策文本上，本体形态的教育政策就是在不同主体之间的教育利益分配，过程形态表现教育政策是一个动态连续的主动选择过程，相对于其他公共政策而言，教育政策活动有其内在的自身的逻辑特点。

不难发现，"行动准则说"将政策理解为教育发展的一系列行动准则、方案或政治措施，其外在表征则是政策的静态文本。确实，如果没有一个合法化的政策文本，不存在真正意义的政策活动。就乡村教师补充政策而言，改革开放以来，我国乡村教师补充的相关政策文本，不但数量较多、密度较大，而且政策内容的问题导向也很明显，具有较强的操作性，为乡村教师队伍建设和乡村教育的发展提供了有力的保障。然而，政策不只是静态的准则和文本。尽管政策的文本规定了政策活动基本框架，但文本背后关涉的价值倾向、价值观念和价值标准，会影响着政策主体在进行政策选择时所接受的影响，更何况，政策本身是一个过程，是一个包括决策、制定、执行、评价及结果的动态选择，否则，政策的执行和实施，将会陷入"上有政策，下有对策"的现实困境。"利益分配说"承认政策就是作为结果的静态文本，同时也是一个动态的利益纷争的过程。这种认识在强调教育政策与公共政策的联系和共性的同时，升华了对教育政策本质的理解。但如果仅遵从于政治与经济逻辑来探究教育政策的本质，必然忽略教育政策的特殊性和相对独立性，回避教育政策本质属性所决定

① 袁振国. 教育政策学[M]. 南京：江苏教育出版社，1996：115.

② 孙绵涛. 教育政策学[M]. 武汉：武汉工业大学出版社，1997：10.

③ 张新平. 简论教育政策的本质、特点及功能[J]. 江西教育科研，1999(1)：36-40.

④ 谢少华. 政策本质初探[J]. 华南师范大学学报(社会科学版)，2003(5)：92-97.

的教育改革的内生性品格。不仅如此，政策不是单向度的输出，也不是利益的强制性分配，而是多方政策主体利益博弈的过程。所以，必须重构主体性教育政策本质观。

"多重形态说"有助于比较全面地认识和理解教育政策的本质。作为教育政策一部分的乡村教师补充政策，其本质属性在外在形态上表现为政策文本或政策文本的总和，表征的是一种静态的政策过程，是通过各级政府或决策部门关于乡村教师补充领域政治决策的结果，诸如乡村教师补充领域的相关法律法规、行政性措施、决定和命令、领导人讲话、工作方针、部门规章、地方性规章、条例和细则、发展规划和计划、方案、纲要等用文本形式的综合表达。由于教师补充政策问题的复杂性，乡村教师补充政策基本上不存在某一个单项的政策文本，而应该是乡村教师补充领域的政策文本的集合。比如 2015 年 4 月 1 日国务院办公厅发布的《乡村教师支持计划（2015—2020 年）》（国办发〔2015〕43 号），不仅明确了乡村教师补充的渠道，而且还包括乡村教师思想政治素质和师德水平及能力素质提升、乡村教师生活待遇、城乡教职工编制标准、乡村教师职称（职务）评聘、乡村教师荣誉制度等政策安排。再如，2020 年 7 月 31 日颁发《教育部等六部门关于加强新时代乡村教师队伍建设的意见》（教师〔2020〕5 号），其话语表达定位于乡村教师数量满足，质量提升，结构优化，地位提高，待遇保障和职业吸引力持续增强等方面，在我国脱贫攻坚与乡村振兴有效衔接背景下，聚焦乡村教育发展的短板弱项，针对性地提出创新举措，以实现乡村教师的可持续发展。

在本体形态上，乡村教师补充政策也是在不同的主体之间进行的教育利益分配。比如在乡村教师的选拔上，《乡村教师支持计划（2015—2020 年）》"鼓励省级人民政府建立统筹规划、统一选拔的乡村教师补充机制，为乡村学校持续输送大批优秀高校毕业生"，而"高校毕业生取得教师资格并到乡村学校任教一定期限，按有关规定享受学费补偿和国家助学贷款代偿政策"。这一表述意味着我国教师政策利益格局在 3 个方面的变化：一是教师补充的渠道不再限定于师范院校毕业生，非师范院校毕业生通过教师资格考试，也能进入乡村教师队伍，这对师范院校毕业生就业必将形成一定的冲击；二是以 21 世纪以来我国开放式的教师教育为背景，传统的师范院校的利益格局必将发生变化；三是进入乡村教师队伍的高校毕业生所享有的学费补偿和国家助学贷款代偿的政策利益。由此看来，基于利益及利益关系社会基础的政府职能，就是对利益进行社会性的分配，政策就是这种分配的主要形式。这是一个教育政治学过程，就是"通过政府的活动合法地借助权力在社会上分配(或分派)教育价值(或资源)的过程"①。

　　但这种政治学的过程，又是"通过动态的连续的主动选择的政策过程来完成的"。所谓动态，是指乡村教师补充政策本身不再局限于其中的文本，而是一个政策过程或政策周期。同样，乡村教师补充的政策周期也包括"政策制定、政策执行、政策评估、政策监控、政策终结"这 5 个部分。从目前的现状来看，我国乡村教师补充的政策过程，在政策评估和政策监控等方面存在不足，这也正是本研究的一个重要的选题理由。所谓连续，是指乡村教师补充政策的周期是一个前后顺序相接的完整过程，缺一不可。这一过程不是单一的线性状态，而是一个复杂的多维系统。例如，至少在目前，进入教师队伍的非师范院校毕业生的政策效果并不都是令人满意的。为此，在 2020 年 8 月 17 日召开的国务院常务会议明确要求，要建立教师教育院校对师范生教学能力进行考核的制度，包括加快推进允许教育类硕士及以上学历毕业生、公费师范生免试认定教师资格等。这实际上是对师范院校毕业生就业利益的一个鼓励和政策倾斜，也是对原有的政策结果进行的新评价和政策文本的新修正。或许，在此基础上的一个新的政策过程就开始了。所谓"主动选择"，是指乡村教师补充政策也是一个由利益相关者进行主动的利益选择的结果。也就是说，对乡村教师补充政策过程的理解，不应只是国家、政府意志的单向度输出，而应该是不同利益群体的利益表达及其主动选择的理性整合。以湖北省新机制教师招聘政策为例，2012 年至今，湖北实施新机制政策招聘农村义务教育学校教师，重点扶持农村教育发展，为农村教育输送了大量的优秀教师，满足了农村学校师资需求。但也存在着新进教师和老教师之间的利益冲突以及新机制教师由于婚恋、住房、保险等问题而导致的严重的流失现象。②"进入"或者"流失"，这实质上是政策利益主体个人选择和价值判断的结果。

　　尽管公共政策与乡村教师补充政策都有其公益性的性质，但是乡村教师补充与教育政策一样"主要是通过非营利性教育组织提供非商品性的教育服务来

---

　　①　成有信等. 教育政治学[M]. 南京：江苏教育出版社，1993：40.
　　②　范先佐. 完善农村义务教育学校教师补充新机制还需要哪些举措[J]. 湖北教育综合资讯，2013(12)：10-11.

实现的"。这是乡村教师补充政策特殊性的一个方面。另一方面，乡村教师补充政策的特殊性，还表现其政策活动的特殊性和政策利益分配的特殊性。对于前者，既然教育是一种培养人的社会活动，那么乡村教师补充政策活动的主客体关系表现的仍然是"人与人"的关系。也就是说，乡村教师补充政策活动需要从政策和教师发展的范畴加以考察，而不仅仅是数量的补充和物质条件的满足。同时，还需要更多地或无条件地认可"教师个体和群体"的主体地位和能动性，尊重教师的独特性和教师的价值选择。因为只有教师的积极参与，乡村教师补充政策的价值才能得以实现。对于后者，乡村教师补充政策利益分配的特殊性主要是指其政策利益分配与其他社会公共政策的区别。例如，经济领域的政策利益分配是有偿和营利性的，而教育政策的利益分配不是。另外，补充政策的利益分配不仅体现为权力、地位、待遇等外在的物资利益，还表现为教师发展机会、发展条件和发展水平的分配等核心利益。或者说，只有重视并尊重乡村教师主体的特殊的利益需求，通过相关政策表达和整合乡村教师主体的利益，并对体制内外缺陷所造成的利益缺失进行补偿，才能使乡村教师个体和群体形成对政府权威持久坚强的信任、忠诚和认同，"下得去、留得住、教得好"的良好局面才能得以形成并延续，建设一支素质优良、甘于奉献、扎根乡村教师队伍的目标才能实现。

综上所述，乡村教师补充政策不是一般公共政策乃至教育政策简单演绎的结果，它在其乡村教育政策活动过程及其利益分配和乡村教育及其教师的主体性等方面具有自身的特殊性；它是由乡村教育领域中的行为准则或政治措施组成的乡村教师政策文本及其总和，是调整和分配各种教育利益包括乡村教育利益以实现乡村教师发展进从而促进乡村社会发展的工具，是各种教育利益表达与整合的一个动态连续的主动选择过程。这种突出乡村教育本位和乡村教师政策主体性的本质观，既是对当前我国教育政策本质认识的高度概括，也是对当下乡村教师补充政策过程和实践的理论描述和逻辑抽象。

三、乡村教师补充政策的特征

政策的本质是通过其特征表现出来的，或者说，政策的特征是其本质的外部表现，两者相辅相成。乡村教师补充政策评估，必然要根据其自身特征确定对评估产生影响的主要因素并设计合理的评估方案。

一般来讲，乡村教师补充政策有什么特征，是与教育政策包括乡村教育政策有什么特征是联系在一起的。但我国教育政策的特点又有哪些？学界的理解并不一致，主要有这样几方面的理解：一是教育政策具有阶级性、实践性、科学性和严肃性①；二是具有目的性、规范性、价值倾向性、中介性、相对稳定性、灵活性和系统性②；三是具有政治性、目的性与可行性、原则性与灵活性、稳定性与可变性、权威性与实用性③；四是具有目的性与可行性、稳定性与可变性、权威性与实用性、系统性与多功能性④；五是政策目标的多元性、利益主体的多样性、制定权力的分散性、效果评估的困难性⑤，等等。这些研究从不同角度揭示了教育政策的特点，对于认识乡村教师补充政策的特点很有价值。参照已有研究结论，依据其本质要求，以下分别从政策的目标、利益主体、权力配置、政策实施和政策评估五个方面，对乡村教师补充政策的特点进行分析，在此基础上，反思乡村教师补充政策特点对乡村教师补充政策评估实践的具体要求。

（一）乡村教师补充政策目标多元性

与国家经济政策和社会政策相比较，教育政策往往被赋予多种发展目标，乡村教师补充政策更是如此。表面上，乡村教师补充政策被理解为解决乡村教师数量不足的问题，实质上仍然是我国农村经济社会发展"政治的""经济的""文化的"乃至"意识形态的"等多种结构形态的要求。乡村教师补充的政策过程，"政治的"因素是一个非常重要的因素，占据了很大比重；"经济的"因素是作为一个大的背景提供条件和制约，特别是我国城镇化发展的成熟趋势，成为制定新时代乡村教师补充政策的基本前提和重要依据。"文化的"因素因其具有的凝聚、整合、同化、规范教师行为的心理功能，因而发挥着其他社会因素无法取代的作用。

不同社会群体对乡村教师补充政策有不同的需求，也必然会引发全社会的关注，不同的利益主体甚至期望以自己的观点和要求来影响政策的决策。这种情况下，乡村教师补充政策往往会被赋予多种需求和发展目标。比如，乡村学校期待乡村教师补充政策，既能满足教师队伍建设的数量上的需求，

①　孙绵涛. 教育行政学概论[M]. 武汉：华中师范大学出版社，1989：83-84.
②　成有信等. 教育政治学[M]. 南京：江苏教育出版社，1993：204-206.
③　郑新立. 现代政策研究全书[M]. 北京：中国经济出版社，1991：508-509.
④　张新平. 简论教育政策的本质、特点及功能[J]. 江西教育科研，1999(1)：36-40.
⑤　包海芹. 教育政策的特点分析[J]. 教育学术月刊，2011(1)：3-6.

又能满足其质量与发展的需求。这些需求包括教师补充的数量值、补充人员相关比例、地域身份、公民意识、专业背景、学科知识与专业能力、职业认同、稳定程度以及对教学提供的效能感和对学生提供的价值感、希望感与认同感等，换言之，期望新补充的教师能较快并有效地胜任教育教学工作，或者说，绝大多数的乡村学校问题，皆反映在乡村教育和学校对新任教师的需求上面。

需要指出的是，乡村教师补充政策目标的多元性，往往会导致政策在价值追求上的无法适从，陷入价值追求的两难选择。例如，对新补充教师数量和质量的多元期待，会形成追求公平与追求效率的矛盾，追求数量与追求质量的矛盾，个体需求与社会需求的矛盾等等。其结果：乡村教师补充政策未能得到大批优秀高校毕业生的响应，进入乡村教师行业人数少且对于新补充教师的发展不能起到有效的推动作用。美国教育政策学家弗朗西斯·C. 福勒（Frances C. Fowler）曾在《教育政策学导论》一书中明确指出："所有公共政策，尤其是教育政策，都是高度价值涉入的。"[①]乡村教师补充政策的价值涉入，使得政策的制定过程变得更加复杂，而当政策具有多重目标时，政策执行和实施的效果也将难以保证，甚至还会衍生许多预期之外的目标。

（二）乡村教师补充政策利益主体多样性

乡村教师补充政策利益主体是多样的，正如乡村教师补充政策目标是多元的一样，两者往往是联系在一起的。英国伦敦国王学院"教育研究中心"社会学教授鲍尔（Stephen J. Ball）认为：教育政策应被理解为"不是反映某一个社会阶层的利益，而是对一个复杂的、异类的、多种成分的组合体做出反应（包括残留的或新兴的，也包括当今占主流的意识形态）"。[②] 按照教育政策活动的经验以及相关的政策理论，教育政策主体总是由国家、执政党、政府、非政治社会组织以及个人和家庭等构成。这些主体是教育政策活动都必不可少的参与者，它们对教育政策的不同诉求与期望构成了具有复杂性、多样性以及多元性特征的教育政策主体性价值。也就是说教育政策就是不同政策主体性价值的载体，体现的是政策利益主体的多样性和复杂性，因而这种政策的主体性价值，

---

① 弗朗西斯·C. 福勒. 教育政策学导论[M]. 南京：江苏教育出版社，2007：141-142.

② 斯蒂芬·鲍尔. 教育改革———一种批判和后结构主义的视角[M]. 上海：华东师范大学出版社，2002：1.

必须置于一定的政治、经济、文化以及社会生活领域构成的政策环境中进行考察。

乡村教师补充政策的利益问题并非是虚拟的学术问题或空洞的道德说教，而是一个客观存在的"事实"。它是乡村教师补充政策活动的根本动因。这意味着可以通过对与乡村教师补充政策相关的个人、群体和组织的自身利益的追求分析，判断其动机和行为，进而认识乡村教师补充政策实施的动力之源，以达到促进乡村教师补充政策高效实施的目的。

国家是乡村教师补充政策的制定者和发布者，需要从国家经济社会发展的整体要求进行顶层设计，然后以行政法规、行政措施、部门规章、决议和命令等形式呈现国家的意志和原则性要求，这属于政策的决策与制定因素。例如，2001 年颁发的《国务院关于基础教育改革与发展的决定》提出，"农村义务教育是涉及农村经济社会发展全局的一项战略任务"，要实行"在国务院领导下，由地方政府负责、分级管理、以县为主"的政策。2003 年《国务院关于进一步加强农村教育工作的决定》进一步明确农村义务教育"以县为主"管理体制的要求。这实际上是党和国家为我国乡村教师补充政策确立的大政方针和政策格局。地方行政部门和农村中小学校是乡村教师补充政策的具体执行部门，通过地方性规章、地方性行政措施、计划、通知和方案等对政策上传下达，负责落实的具体事项，属于政策的实施和执行因素；教师包括有意向进入乡村教师队伍的高等院校毕业生是乡村教师补充政策的具体落实人，通过自身行为满足乡村教师补充政策的初衷，实现乡村教师补充政策的目的，属于政策的"人"的因素；学生和家长是乡村教师补充政策的出发点和最终落脚点，属于政策的利益获得者。因此，不同利益主体，乡村教师补充政策具有不同的价值，各利益主体均从维护自身利益出发力使自身利益达到最大化。各自行为表现实际上就是利益多元主体之间的博弈，其结果，必然影响到乡村教师补充政策实施的成效。

（三）乡村教师补充政策权力配置分散性

权力是贯穿于政策过程中的一种力量。"政策是一种权力的经济体现，它是地方情景中那些被利用和争夺的一系列技术和实践"。① 一定意义上，教育

---

① 斯蒂芬·鲍尔. 教育改革——一种批判和后结构主义的视角 [M]. 上海：华东师范大学出版社，2002：19.

政策包括乡村教师补充政策可被视为权力运作的产物，但其权力的分散性非常明显。

　　一方面，乡村教师补充政策不仅要在众多的权力级别上形成和执行，而且在同一级别里也有一种复杂的权力分配。在我国开放式的教师教育体系中，教师补充政策的制定和执行，就是在一个教师职前培养与职后培训两个相连又不紧密相关的系统中进行的。即使是在中央教育部门的统一领导下，不同的地方教育行政和管理机关，不同层次的学校教育机构分别掌管着这两个领域。就是在同一个区域范围内的大学（包括师范院校）和中小学系统中，教师补充政策也可能在不同的县（市、区）、市（州）、省（自治区、直辖市），不同经济和社会发展水平的县域、乡镇，不同的教室级别、校区级别、校园级别来鉴别和运行，"在每一个层次和级别都会发现权力分配上的矛盾，而且权力是四分五裂的，到处扩散的；在同一级别内和各级之间，都有功能重叠现象"。① 另一方面，权力不是一种静态的性质，而是在不同形式的系统中会得到相应的发展。随着我国经济社会的不断发展，社会治理重心不断下移，政策决策系统逐渐走向开放，政策过程中的主体及其政策权力体系的多元化趋势，推动着政策过程中的权力的分散和下移。这样，乡村教师补充政策过程的重心，从政策制定向政策执行转移，政策过程中的权力逐步从中央向地方以及基层转移，并随着教师教育系统的开放，乡村教师补充政策从政策制定者向包括政策对象在内的多元行动者转移。这一过程实际上可以理解为乡村教师补充政策权力的衰落与影响力的兴起。"这种影响力兴起于平等的多元力量体系中，具有包容性和互构性，影响力对权力的替代将带来政策过程的重构。"②第三，即使是乡村教师补充政策的制定过程，也存在着组织分离和决策权力分割的特点。国务院直属的教育部是我国制定教育政策的权力部门，但是中国的实际情况制约了国家教育部管理教育的原则性特征，或者说，教育管理的最高权力机构所提出的政策要求，更多是方向性和指导性的，不是具体的操作要点，比如我国幼儿园、中小学教师专业标准及其相关政策。同时，"政策的制定所涉及的各级教育部门内各等级系统和众多同盟上下之间的大量互动和协商。在这种过程中，各级参与

---

　　① 斯图亚特·S.那格尔.政策研究百科全书[M].北京：科学技术文献出版社，1990：443.

　　② 向玉琼.政策过程中权力的终结与影响力的兴起[J].学习论坛，2020(3)：47-56.

者都拥有一些权力，但是彼此的权力又受到限制"①。诸如乡村教师补充等的教育政策，更多的是在地方层面，依据国家政策的基本要求进行操作和实施的。因此，乡村教师补充的政策过程将受到多元社会力量的影响与建构，中央教育部门的权力在横向和纵向上将被分散并共享。结果是：政策过程中每一个主体都能自主地开展行动，所构建的是一个彼此包容和尊重的权力结构，以寻求一个能满足社会各方利益诉求的合作系统。

（四）乡村教师补充政策效果评估复杂性

乡村教师补充政策效果评估，是评估主体依据一定的原则、标准和工具，对乡村教师补充政策的内容、实施绩效及其影响进行评价的政策过程，目的在于理解乡村教师补充政策的功能、价值及其绩效。党的十九届五中全会审议通过的《中共中央关于制定国民经济和社会发展第十四个五年规划和二〇三五年远景目标的建议》提出要健全重大政策事前评估和事后评价制度。这是健全决策机制、提高决策科学化和法治化水平的一项重要制度安排。实践证明，政策评估是教育治理体系建设的重要内容，是推进教育治理能力现代化的重要举措。对乡村教师补充政策进行系统验收和终结性评估，是我国进入新时代背景下科学研判乡村振兴战略效果和制定乡村教育发展转型战略，进一步促进乡村教育事业发展的现实着力点。政策评估是复杂动态的系统工程，它包括政策内容评估、政策执行评估、政策效果评估和政策影响评估等。评估策略与方法的选用，需要与乡村教育发展的政策环境、乡村教师补充政策的评估目的、评估结果使用的价值立场、哲学理念等要素进行最优匹配，从而实现乡村教师补充政策评估效能的最大化；评估立场与态度的确立，需要坚持价值多元的原则，注重识别乡村教师补充政策利益相关者的诉求、利益的协调程度和行为的协作方式；评估的程序及其具体操作，需要严格量性和质性评估方法的运用，通过循证评估和数据库建设，提升高质量证据获取效能，发挥评估在弥合政策研究、政策制定和实践之间距离的作用。

具体来讲，乡村教师补充政策效果评估的复杂性，首先来自于政策目标多元性。正是这种多元性，乡村教师补充政策的目标"容易受到来自政治、经

---

① Lynn Paine. The Educational Policy Process：A CaseStudy of Bureaucratic Action in China∥Kenneth G. Lieberthal, David M. Lampton. Buresucracy, Politics and Decision Making in Post-Mao China[M]. University of California Press，1992：181-212.

济、文化以及教育本身等方面的影响，使得政策目标难以确定。而随着政策执行过程的演进，政策目标又在不断地变化"。乡村教师补充政策的效果评估，如果仅仅依照原先设想和制定的目标，显然不能全面地评价政策的实际结果和影响。其次，依据美国教育政策学家 Douglas E. Mitchell 的观点，教育政策评估至少要反映六个方面的要求：一是教育政策是否反映了各利益主体的利益，二是教育政策是否与学校工作开展相一致，三是教育政策是否有现实意义和操作意义，四是教育政策是否与基本政策或其他政策相矛盾，五是教育政策实施的效应和效率如何，六是教育政策在政治上、技术上是否可行。[①] 这六个方面，都对教育政策评估，至少在技术上提出了严格要求。因此，要设计一个全面的、客观的、能满足各方需求的乡村教师补充政策评估体系是不太可能的。再次，政策效果评估的复杂性是和政策对象的特殊性直接相关联的。乡村教师补充政策的对象主体是教师，是活生生的、现实中的人，对教师发展质量的评估比任何一种产品的评估都要复杂得多。在一个信息不充分、不对称的教育世界中，评估过程获取教师发展质量信息需要耗费的成本可能相当高昂，无法通过设计一个问卷方式来考核教师发展的状况。尤其是，和其他教育政策一样，乡村教师补充政策的执行周期较长，政策指向中的教师发展和学生发展存在一个隐性的潜伏期，因此政策的影响难以厘定。如果仅仅用特定的预期目标来评定乡村教师补充政策的得失，往往不能准确把握住政策的核心。比如，社会公众对一项政策的认识，往往受舆论宣传的影响和局部现象的左右，不可避免地带有表面性甚至片面性。这就需要科学、理性的教育政策评估，或者"按照循序渐进的方式进行，推迟最终的评价"[②]。

　　总之，乡村教师补充政策领域权力的分散性以及政策目标的多元性和利益主体的多样性等，这些都使得乡村教师补充政策制定过程相较于其他政策领域更为复杂、多变，每一项政策都要经历一段长期的酝酿过程，其间充满了更多的冲突与争斗。在实践方面，对乡村教师补充政策特殊性的认识，将有助于乡村教师补充政策制定的科学化程度，推进乡村教师发展目标的实现。

---

①　Douglas E. Mitchell：Six Criteria for Evaluating State-Level Education Policies [M]. Educational Leadership, 1986：14-16.

②　英博. 教育政策基础[M]. 北京：教育科学出版社，2003：112.

第二节 乡村教师补充政策质量分析

政策质量深度影响绩效，是乡村教师补充政策的生命。高质量的教师补充政策，可以为不同的政策主体提供良好的行为准则和行为规范，可以协调各利益主体的活动，减少冲突，促进积极合作，实现政策资源的高效配置与合理使用，从而实现政策绩效的最大化。但是"政策"，不是突如其来的政策，也不存在不被实施或无法实施的政策，一个实施的补充政策不可能不引起政策关涉各方的反应和评价。政策是一个过程，乡村教师补充的政策质量总是与其政策过程相联系。乡村教师补充政策的制定、实施、评价、和终结等组成了一个政策的连续体，以保持其完整性，避免政策的偏差。因此，提升乡村教师补充政策的质量，分析梳理影响政策质量的因素，进行质量评估，是教师补充政策研究的重要课题之一，它需要政策内容及其过程的互动，更需要知识和学术研究的参与。

一、乡村教师补充政策的质量内涵

研究政策的目的是提高政策的质量，但政策质量却是一个极具争议的概念。为更好地理解乡村教师补充的政策质量，可以从政策质量的本质、结果和过程三个视角探讨乡村教师补充政策质量内涵。

(一) 政策质量的本质

随着社会经济和科学技术的发展，人们对质量概念的认识也经历了一个不断发展、深化和完善的历史过程。Carol A. Reeves 和 David A. Bednar 曾跟踪质量定义的演变，认为寻求质量的普遍定义会产生不一致的结果，相反，不同的质量定义在不同的情况下是适当的，因此，质量的概念包括了诸多含义与多元解释。他们依据质量概念的历史与根源，描述了接受质量定义的另一种定义与另一个定义所固有的权衡，分析了质量概念经历从抽象的优秀(excellent)到价值(value)再到符合标准(conformance to specifications)、实用性(fitness for use)、损失规避(loss avoidance)和满足消费者的预期(meeting and/or reseeding customers' expectations)的变化这六个阶段，讨论了在质量研究中所使用各种质量定义的含义。① 同时，质量认识的完善过程，使得质量具备客观和主观的双重属性。客观属性是指质量的物质性存在，而主观属性是对物质性存在的质量的认知表现。一方面，质量是客观、可测量的，需要进行客观的描述，需要真实地记录质量的物质性特点；另一方面，质量又具有主观性与不可比性。这是由于评判的主体不同，评判的标准不同，自然形成了不同的主观评价。这两种属性，凸显的是质量认知和质量研究的重要意义。

　　一般来说，"质量"有广义与狭义之分。广义的"质量"包括产品质量、工作质量、服务质量、过程质量等。狭义的"质量"是特指产品质量。产品的质量有两层含义，一是事物或产品的性质或本质特征，二是事物或产品之间区别优秀与劣质的条件。在质量管理学中，对质量内涵的认识和解释不尽相同。质量管理大师克劳斯比（P. Crosby）认为，质量是产品符合标准和规格的程度，即质量的"符合性"。② 约瑟夫·M. 朱兰（J. Juran）则认为，质量是指顾客对产品或服务过程的满足程度，即质量的"适用性"，而质量管理的"三部曲"就是"质量计划、质量控制和质量改进"。③ 这使得对质量的研究得到了质的飞跃。爱德华兹·戴明（W. Edwards Deming）认为，质量是多维的，必须用顾客满意度界定，④ 强调的是"满意度"。日本质量管理学专家田口玄一，从经济角度出发进行定义，他认为质量就是产品出厂后直至使用寿命终止，给社会带来的有形或无形损失的程度。这是对"质量的生命周期"的强调。但质量的对象不局限于物品或产品，质量的内容十分丰富。质量也意味着投入最好的技能和努力，尽可能产生最好的结果；⑤ 质量还被视为在正确的时间以最佳顺序完成最佳实践所需的所有工作。⑥ 有学者将学术史上的质量定义描述为一个整合的连

---

　　① Reeves C. A., Bednar D. A. Defining quality: alter natives and implications [J]. Academy of management Review, 1994, 19(3).

　　② 菲利普·克劳斯比. 质量无泪[M]. 克劳士比管理顾问中心，译. 北京：中国财政经济出版社，2002：82.

　　③ 刘宇. 现代质量管理学[M]. 北京：社会科学文献出版社，2009：10.

　　④ Deming W. Out of the Crisis. Massachusetts Institute of Technology Center of Advanced Engineer Study, 1982：15.

　　⑤ Tuchman B. W. The Decline of Quality[J]. New York Times Magazine, 1980, 2：38-47.

　　⑥ Butler J. R., Vaile M. S. B. Health and Health Services: An Introduction to Health Care in Britain[M]. London: Routledge and Kegan Paul, 1984.

续体，反映出不同质量定义之间的互相联系及其内在秩序，其中就包括每一个质量定义，都会对下一个质量定义产生相应的影响。① 即便如此，目前最具代表性的"质量"定义仍然是国际标准化组织 1994 年颁布的《JS08402-94 质量管理与质量保证——术语》中所概括的：质量是反映实体满足明示和隐含需要的能力的特性总和。这一定义总结了以前对质量的各种理解和认识，是一个广义的质量定义。所谓"特性"是指某事物所特有的可区分的性质、品性、品质，比如物的特性、感官的特性、行为的特性、时间的特性和功能的特性。特性可分为固有特性和赋予特性。固有特性就是指事物中本来就有的乃至是永久的特性，赋予特性则是事物因不同的要求而增加的特性，两者是相对的，可以转换。所谓"明示的要求"就是规定的要求，而"隐含的要求"是指组织、顾客和其他相关方的惯例或一般做法，其需求或期望是不言而喻的，对于"产品质量"来说，组织可以根据自身产品的用途和特性进行识别并做出的规定。"需要"是由不同的相关方或利益方提出，需要的类型可以是多方面的，也可能是不相同的，这使得质量具有其相应的特点。质量的优劣是满足需要程度的一种体现，质量的比较应在同一等级基础上对需要的目标、过程、程度所做的比较。

　　上述对"质量"的认识，主要适用于市场经济条件下的产品和服务。然而，乡村教师补充政策作为政党和依据社会发展要求而采取的措施和价值选择，其中包含巨大的社会价值而不是满足私人的利益诉求。特别是乡村教师补充政策领域权力的运行以及政策目标的和利益主体的特殊性，使乡村教师补充政策制定过程充满了冲突与争斗，使得乡村教师补充政策质量，至少在表现形式上不同于产品质量。但是，政策质量与产品质量一样，都最终是服务于人，服务于社会。因此，借鉴 Carol A. Reeves 和 David A. Bednar 的描述，可以勾勒出乡村教师补充政策质量内涵的整体框架，如图 6-1 所示。②

---

　　① Seawright K. W., Young S. T. A Quality Definition Continuum[J]. Interfaces, 1996, 26（3）：107-113.

　　② 范柏乃，张茜蓉. 公共政策质量的概念构思、测量指标与实际测量[J]. 北京行政学院学报，2014(6)：1-7.

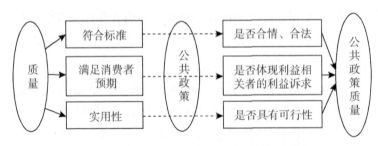

图 6-1 乡村教师补充政策质量本质的概念构架

综上所述，乡村教师补充政策质量是指乡村教师补充政策的合理、合情、合法的程度，是否具有可行性以及是否体现了利益相关者的利益诉求。这一概念不仅体现了乡村教师补充政策价值与效率的统一，而且指出了乡村教师补充政策质量的构成要素，有利于乡村教师补充政策质量的测量。

(二) 政策质量的结果

政策质量的结果是作为政策成败的评估维度，也就是说，可以从政策的成功和失败这两个方面研究政策的质量。加拿大学者迈克尔·豪利特 (Michael Howlett) 与拉米什 (M. Ramesh) 在其合著的《公共政策研究：政策循环与政策子系统》一书中，将政策的成功或失败与政策结果联系起来。而政策的结果包括政策的预期目标是否实现、政策对目标群体是否产生了积极或消极影响、旨在解决的问题是否改善等 (见表 6-1)，因此，政策成败与其范围 (大小)、可避免性、可见性、意向性、持续性和强度等维度有关。[①]

表 6-1   政策成功和失败的判断标准

成败的评估标准	成功的标准	失败的标准
政策目标	完成	未完成
对目标群体的影响	积极影响	消极影响
结果	问题改善	问题恶化
重要性	重要作为	不作为
支持/反对的来源	关键团体支持	关键团队反对

---

① Howlett M. The Lessons of Failure: Learning and Blame Avoidance in Public Policy—Making[J]. International Political Science Review, 2012, 33(5): 539-555.

续表

成败的评估标准	成功的标准	失败的标准
管辖权比较	最佳实践或比其他更胜一等的表现	有做得更好的其他管辖者
成本收益比较	高收益	高成本
创新水平	有新的变化	因循守旧
规范的角度	正确的作为	错误的作为

政策失败是指一个政策的执行过程偏离了原有的预期，导致政策目标未能实现的现象。20 世纪 80 年代以来，政策科学领域的学者开始以"政策缘何失败"为政策研究的起点。不少学者用诸如政策失灵、政策惨败、治理失败、政策灾难、政策异常、政策变通、政策梗阻、政策空传、政策失误等来描述政策失败的表现。而对政策失败的原因分析，阶级理论、利益集团理论、国家自主性理论和循证决策理论等，都曾先后尝试解释政策失败现象。政策失败的原因主要在于：第一，对国家行动本身的质疑和批判态度；第二，对政策执行组织和管制有效性的悲观判断；第三，对政策执行过程种种消极问题的忧虑[1]；第四，政策过程中的公众支持度和政府组织内部利益平衡程度[2]等方面。也有学者将政策失败归之于政府对市场的过度干预，认为政府的过度干预导致了市场的失败。例如，美国耶鲁大学政治学和人类学教授斯科特（James C. Scott）认为，政府的极端现代化意识形态，也可说是一种强烈而固执的自信……使其在政策制定时特别相信，随着科学地掌握自然规律，人们可以理性设计社会的秩序。[3] 政策失败具有强烈的政治性。要使政策获得成功，首先要对可能导致政策失败的因素进行分析。而政策的成功是指政策预期目标的实现，并且在目标实现过程中没有招致任何重要的批评或获得普遍支持。[4] 政策成功有不同的类

① 靳继东，华欣. 政策缘何失败：执行研究的关系、限度和框架[J]. 财经问题研究，2014(7)：3-8.

② 彭勃，张振洋. 公共政策失败问题研究——基于利益平衡和政策支持度的分析[J]. 国家行政学院学报，2015(1)：63-68.

③ 詹姆斯·C. 斯科特. 国家的视角：那些试图改善人类状况的项目是如何失败的[M]. 北京：社会科学文献出版社，2004：4.

④ McConnell A. Policy Success, Policy Failure and Grey Areas In-Between[J]. Journal of Public Policy, 2010, 30(3)：345-362.

型，包括政策实施成功、政策的工具性成功和政策的合理性成功。① 根据政策成功的评价标准，政策成功有项目上的成功和政治上的成功，其中，政策的政治上的成功或者失败，可界定为政治稳定或政治动荡，以及公众情感和心理上对政策的满意度或对当局与公共机构的信心。② 因此，可以构建一个基于过程、项目和政治的政策成功评估的维度，以确定可用于衡量每个维度的成功指标。

　　但是，对政策实现其目标的效果的研究，必须是客观的、系统的、经验性的。然而，正如前面提到的一样，政策目标往往是多元的、不明确的，政策评估有时很难发现它们是否被实现，以及实现的程度如何。客观分析的可能性也是有限的，因为需要评估政府在处理主观性需要和社会性需要的问题上的成败，需要一个标准，而要详细地制定出客观的标准，将面临着难以克服的困难。另外，由于判断标准的差异性，政策的成功或者失败现象，并不像人们所相信的那些对于政策评价那样简单而肯定。成功和失败是模糊的概念，经常具有高度的主观性并且在很大程度上反映着个人的目标、对需要的感知，甚至可能有对生活的心理倾向。

　　另一个衡量政策结果的概念是政策的绩效评估以及绩效的充分性评估（也被称为效能评估）。所谓绩效，是指"一个组织或个人在一定时期内的投入产出情况，投入即人力、物力、时间等物质资源的投放，产出是工作任务在数量、质量及效率方面的完成情况"。绩效表现为一种产出结果的状态，是对比政策实际结果与期望值之间的判断，即某一项政策以其最小的政策成本，获得的最大的符合公众需求和社会需要的、具有正向价值意义的政策效果。绩效评估检查的是政策的产出而非投入。诸如对政策效益、政策效率、政策效果评估及其价值判断，其实包含了政策的事实评估和价值评估，这就属于绩效评估范畴。绩效评估的主要目的仅仅是确定政策的结果是什么，而不考虑政策的预期目标。绩效的充分性评估所涉及的复杂性更甚于将政策的投入和产出的结果简单地相加，它是用来寻找政策是否正在做它应该做的事而不是其他。在这种类

---

　　① Marsh D., McConnell A. Towards a Framework for Establishing Policy Success [J]. Public Administration, 2010, 88(2): 564-583.

　　② Bovens M., Hart P. Revisiting the Study of Policy Failures [J]. Journal of European Public Policy, 2016, 23(5): 653-666.

型的评估中，一个政策的绩效往往用于与原本的目标相比较，以确定政策的实施是否满足了它的目标，并且根据政策实施的具体情况来确定目标是否需要调整。在调查结果的基础上，可以得出变更或改变政策的建议，应用于实践操作和提高政策绩效的可能性问题。

(三) 政策质量的过程

政策本身就是一个过程。如果说一个高质量的政策是一个结果很好的政策，那么，可以用好的政策过程来排除"坏"的政策，尽管政策过程只是一个约束机制，但高质量的政策过程可以防止"坏"政策的出台。因此，认识政策过程中的政策质量，可从政策制定、政策执行和政策评估三个层面展开。

政策制定是政策过程的第一个环节，也是最关键的环节。制定政策首先要设定政策议程，但议案是怎样出现在政府的行动议程上的呢？尽管经常是理所当然的，但是议案和关注的焦点问题被确定为政策行动的候选对象的渠道并不是简单的。议案的提出是多方面因素共同作用的结果，而它们要成为政府决心要做的事情之前，或者政府要进行的某一项决策之前，还要经过复杂的程序。这一阶段对全部政策程序以及政策结果具有决定性的影响。一旦问题已经被完全认识到了，那么问题被提出来的方式和形式便是决策者最终解决问题的重要决定因素。从最基本的意义上讲，议程的设定就是从政府角度认识问题的过程。美国政策学家罗斯(J. K. Ross)从静态的不同利益需求和动态的竞争转化相结合的视角界定政策议程，他把议程的设定定义为"把不同社会群体的需求转化为议程上的项目，以及争夺公共官员注意力的过程"。[1] 这是多元主义的标志性特征。然而，经验证据表明，在许多情况下，政策程序是由政府成员而不是社会团体启动的。因此，从政策制定过程来看，高质量的政策制定"应着眼于政策实质、议程设置与执行间关系的研究，独立于私人团体与个人需要，配备详尽的政策策略，选择有效的政策工具以回应目标群体要求"。[2] 由此，政策议程就是由一系列程序构成的过程，首先是社会公共问题要进入由政策行动主体构成的政策子系统的范围，其次是经过不同利益团体，不同政治党派，政治精英的博弈和协商，最后再由政府部门在深思熟悉后确定为决心要加以解

---

① 迈克尔·豪利特，M. 拉米什. 公共政策研究——政策循环与政策子系统[M]. 北京：生活·读书·新知三联书店，2006：180.

② Ingram H. M., Mann, D. E. Why Policies Succeed or Fail. New York：Sage Publications，1980.

决的公共政策问题。这样，政策质量的高低，取决于社会问题是否能在规则内协商达成一致意见和选择，同时取决于政策意图是否切合客观现实及其标准，是否产生了许多额外的非预期的结果。当前，越来越多的国际组织的政策或报告文本在讨论"政策质量"问题时，关注点已从定义"什么是质量"转移到定义到底是"谁的质量"。特定情境下的不同利益相关者的视角成为定义和评价政策质量的方法论基础。①

政策的有效执行的实质就是高质量政策的一个表现。一般意义是，政策执行被理解为一个"自上而下"或"自下而上"的过程。"自上而下"方式的政策执行质量集中在政策目标的实现程度以及经合法授权的执行机构的行为，而"自下而上"的政策执行质量取决于直接介入到政策执行中的底层行动主体的责任心和方法技巧。实际上，政策执行并非只从行政的角度研究如何将计划付诸实施，而是把执行的过程看着是一种把各种政策工具应用到政策设计中的具体案例的过程。由于给定的相关政策工具已经广为人知，所以政策执行过程的注意力基本上集中在对特定工具选择的原因和原理及其在未来政策环境中使用的潜力。政策工具的选择受制于执行者偏好的多种环境因素的影响。而一个"好"的政策，就需要把特定的工具选择和特定的基本原理结合起来的模型。虽然工具的类型众多，工具选择的空间广阔，但执行者可以使用的不同类型的工具的真实数目是相当有限的。其范围大致包括四种类别：一是市场，二是家庭或社区，三是管制或直接规定，四是混合工具。接下来需要一个模型，以此将这四类工具联系起来以便得出如何选择的具体原理。这种模型需要两个相互联系的总体变量：政府组织和计划政策行动主体能力的大小和所面对的行动主体的数量与类型。处理好这两个变量，就可以发展出把特定的政策工具包括在内的工具选择模型。这个模型意味着，为了利用特定的政策工具，需要有高水平的政策能力。具备这种能力，政策的执行过程就具有可操作性，政策才能顺利实施，也才能保证政策的质量。许多政策执行质量相当差，这在一定程度上与缺乏政策能力有关。因此，特定的政策执行质量取决于政府或政策制定者投资于政策质量的能力②。一旦在政策议程中确定了一个公共问题的解决方案，而且

① 吴凡. 面向2030的教育质量：核心理念与保障模式——基于联合国教科文组织等政策报告的文本分析[J]. 教育研究，2018(1)：132-141.

② Scartascini C., Stein E., Tommasi M. Political Institutions, Intertemporal Cooperation, and the Quality of Public Policies[J]. Journal of Applied Economics, 2013, 16(1)：1-32.

将它付诸实施之后，政府通常要着手评估政策的执行情况。与此同时，为了表达对该政策的支持和反对，或者是改变该政策的要求，或寻求政策的质量，其他政策子系统或社会公众也着手对政策的执行及其效果进行评估。因此，政策评估就是指关于正在实施的政策所使用的工具、方法及其所服务的目标的过程。从评估模式的演进历程来看，政策评估的范式是一个从实证本位向规范本位转变的历程。尽管政策评估的类型纷繁复杂，但政策评估的发展，是基于一整套可操作性的评估标准、程序与指标，以测量政策的质量并显示政策的好坏性质与优劣程度的整体走向。

以上三方面的视角，有助于全面认识和理解乡村教师补充政策质量的内涵。乡村教师补充政策质量的内涵首先是对特定政策环境下乡村教师补充政策的问题、议程和内容等的合情合理合法回应，考察的是乡村教师补充政策制定、执行、评估及其目标是否符合相应的标准，是否追求并维护乡村教育和乡村教师等利益相关者的利益，是否通过有效的政策执行在多大程度上实现了既定效果和预期目标。这是依照公共政策内在逻辑进行的分析，继而为分析乡村教师补充政策质量的影响因素奠定的基础。为此，还需要构建一个乡村教师补充政策质量的内涵体系(见图 6-2)，便于进一步分析乡村教师补充政策质量的影响因素。

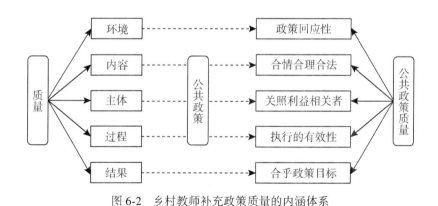

图 6-2　乡村教师补充政策质量的内涵体系

二、乡村教师补充政策质量影响因素

乡村教师补充政策的影响因素是指对被影响对象，包括乡村教师补充政策的决策、制定、实施和执行效果等施加作用并可能决定政策绩效的原因和条件，是能使政策绩效发生变化的抽象值。

乡村教师补充政策本质特征及其质量的内涵，影响并决定着乡村教师补充政策的发展。按照系统论的观点，可以把乡村教师补充政策看成一个开放的系统。影响乡村教师补充政策发展的因素，除政策环境、政策系统外，还有乡村教师补充政策运行的直接行动主体，以及更直接、更有力、更广阔的诸如政策能力和政策资源等。事实上，乡村教师补充政策影响因素本身，也构成了政策的要素和成分。这些成分不能直接控制政策的质量，可以给予政策质量及其绩效以一定的影响，因此在本章第一节就已经讨论了乡村教师补充政策的本质属性。同时，由于中华人民共和国成立后农村教师补充政策的巨大成效及其政策执行者代际延续性，改革开放后的乡村教师补充政策出现了明显的路径依赖，政策发展的滞后就更加明显。这是乡村教师补充政策内在逻辑演进的结果，也与改革开放后中国社会经济运作模式、社会组织形式和思想观念等发生的巨变，从而发生对乡村教师补充政策的供给变化有关。以下从政策环境、政策系统、政策行动者、政策能力和政策资源这五个方面进行论述。

(一) 政策环境

公共政策体现的是一系列与国家和社会各相关利益主体的利益问题，不同的社会环境造就不同政策。乡村教师补充政策环境指的是围绕在乡村教师补充政策生态系统中的所有要素，包括经济要素、社会要素、沟通网络、政策资源、符号系统、政治制度和意识形态、内部和外部利益相关者、社会价值观和社会支持、政策文化等，是影响乡村教师补充政策的所有外部因素的总和。乡村教师补充的政策分析，除了对政策过程、政策内容和政策价值进行分析外，还需对政策环境进行分析。对乡村教师补充政策的理解，首先它是一个复杂的现象，是由许多个人(主体)和政府及社会组织制定的众多决策组成的复杂过程。它还受到我国教育政策、教师政策等的塑造，并且经常与其他表面看起来并无关联的政治、经济和文化决策密切相关。"以往的政策、规范和结构成为现今环境的一部分，参与者被嵌入其中，在潜移默化中考虑新的政策"。① 乡村教师补充政策的实施过程，若能寻找到与我国乡村经济社会发展相类似的政

---

① Hood C. Individualized Contracts for Top Public Servants: Copying Business, Path-Dependent Political Re-Engineering or Trobriand Cricket[J]. Governance, 1998, 11: 443-462.

策背景和兼容的政策土壤就更可能成功，获得乡村社会支持与乡村社会需求相吻合的政策执行和政策质量就有了保障。同时，乡村教师补充政策隐含的理念和方法、假设及其前提条件，构成了乡村教师补充政策元政策与制度环境。乡村教师补充政策的质量首先取决于其元政策的质量，"好的制度环境是高质量公共政策的必要条件"，① 提升乡村教师补充政策质量的先决性条件就是其元政策的正确、自觉和有效改进。

构建一个有质量的政策环境，对提升乡村教师补充政策质量尤为重要。它需要一个复杂且彼此适应、交互作用并持续改进和提升的乡村教育发展体系。良好的乡村教育环境，比如乡村教师地位提升和尊师重教氛围营造，可以积极地激励组织和个体注重政策质量，尽其可能地提升政策的满意度，进而持续改进乡村教师补充政策的质量。同时，乡村教师补充政策的形成与实施过程，需要关注不同主体包括政府、学校、教师、学生的需求差异和不同地域带来的情境适应。此外，还需重视乡村教师补充政策环境系统中的衔接、配合与合作程度。因为政策环境之间的相互冲突和较低程度的合作，通常会使乡村教师补充的政策主体只满足于有限利益，导致政策不稳定或过于僵化。

(二) 政策系统

乡村教师补充政策系统是乡村教师补充政策得以产生、运行、终结的载体或平台，为乡村教师补充政策是否能顺利实现，达到预期目的提供了前提性和基础性的要件。乡村教师补充政策系统内部各因素的联系是否得当，直接影响政策的运行是否畅通，并决定政策质量的好与坏。

一般认为，乡村教师补充政策系统涵盖了乡村教师补充政策中的制度因素、人文因素、价值因素以及其他的相关因素。按照西方学者的观点，政策系统是"政策制定过程中所包含的一整套相互联系的因素，包括公共机构、政策制度、政府官僚机构以及社会总体的法律和价值观。"② 威廉·N. 邓恩认为，一个政策系统或制定政策的整个机构模式包括三要素的相互联系：公共政策、政策利益相关者和政策环境。③ 具体来说，乡村教师补充政策是由一系列政府机关和官员制定的在乡村教师补充领域形成的问题或议题的政策选择。既然在

① 宁有才. 公共政策质量的影响要素分析[J]. 湖北社会科学，2012(7)：31-33.

② E. R. 克鲁斯克等. 公共政策辞典[M]. 上海：上海远东出版社，1992：26.

③ 威廉·N. 邓恩. 公共政策分析导论[M]. 北京：中国人民大学出版社，2002：79.

乡村教师补充领域有许多不同的政策议题，即涉及乡村教育场域不同群体的冲突的、实际的或潜在的政府行动方法，因此，乡村教师补充政策议题通常是对乡村教师补充政策问题界定冲突的结果。那么，乡村教师补充政策问题的界定，有赖于乡村教师补充政策利益相关者的参与方式。这些相关者应该就是那些由于影响政府决策也被决策影响而与政策有利益关系的个人和群体。乡村教师补充政策利益相关者——例如，乡村教师、政党、政府、乡村民众包括学生及学生家长、政策执行者和政策分析者本身——对于乡村教师补充政策环境同一信息的反应常常有显著的不同。而乡村教师补充政策环境是围绕乡村教师补充政策议题的事件发生的具体背景，它影响利益相关者和政策本身，也被政策所影响。因此，乡村教师补充政策系统包含本质上是辩证的过程，这意味着实践中的政策制定的主客观标准是不可分的。或者说，乡村教师补充的政策系统是政策利益相关者有意识地选择创造的产物，反过来，政策利益相关者也是政策系统的产物，并使政策系统作为表现在可见的行动及其结果的客观表现。

如果按照中国学者对政策系统的理解，乡村教师补充的政策系统就是由乡村教师补充政策的主体、客体和环境之间的相互作用所构成的系统，三者之间存在着相互依赖和相互作用的关系。政策系统的运行就是由政策制定、政策执行、政策评估、政策监督和政策终结等环节所组成的过程，这些环节构成了一个政策周期。政策主体主要考察在乡村教师补充政策运行过程中起主导作用的参与者，包括直接或间接参与政策制执行、评估和监督的个人、团体和组织。政策客体侧重乡村教师补充政策的针对者，包括政策所要处理的乡村教育、学校、教师、学生发展的问题和所要发生作用的乡村教育、学校、教师、学生的发展两个方面。如此看来，"乡村教师"既是乡村教师补充政策系统的主体，也是乡村教师补充政策系统的客体。这意味着，能否吸引优秀的高校毕业生加入乡村教师队伍，能否留住新入职教师扎根乡村学校服务乡村教育，是否有一个良好的政策和制度环境，形成了一个"下得去、留得住、干得好、流得动"的乡村教师队伍建设局面，应成为衡量乡村教师补充政策质量的一个重要标准。

(三) 政策行动者

政策的行动者或者政策主体，实际是政策系统的一个部分。政策行动者是指在政策的制定、执行、评估和监控过程中，直接或间接参与其中的个人、团体和组织，包括政策制定者、建议者、执行者、监督者和评估者。政策行动者或者是政策行动的组织和个人，可以是官方的，也可以是民间的。官方的政策行动者是指那些具有合法权威去运作公共政策的主体，主要包括来自立法机关、政府机关和司法机关的人员。这些行动者具有宪法和法律赋予的相应公权力，因此是政策运行的最直接参与者和最有力参与者。非官方的政策行动者又被定义为社会力量，虽然没有能作出强制效力的政策决定权，但是在各种政策运行过程中也起着举足轻重的作用。常见的非官方政策行动者有政党（排除执政党）、利益团体和普通公民。其中以政党的影响力最为深远。因此，政策行动者的界定可以用以下两条标准来衡量：一是看其是否是政策的利益相关者，二是看其是否真正直接参与到政策的制定、执行、评估、监控直到终结的一系列过程中来。真正的政策行动者在介入政策的过程中，都有一定或相当的认识，鼓励自己利用各种机会参与的态度，一般拥有较高的政治意识，拥有较多的政治资源，对于政策及其活动过程有着相当程度的理解和热衷。因此可以排除两类行动者。一类是偏狭者，这主要是指那些在生活中只关心非政治性事务，对政治体系所知甚少甚至一无所知，同时也不具备政治技能的人；另一类是顺从者，这是指那些已成为政治体系组成部分的，并对政治体系施加于他们生活的影响或潜在影响有所认识的人。不同的行动者在政策运行的整个过程中，具有不尽相同的运作方式和影响力度。而不同国家的经济体制、政治状况、文化传统等因素也会对政策行动者产生不同程度的影响，其中尤以政治法律制度对其影响为主。也就是说，政策行动者是政策分析的重要变量，在政策过程中扮演重要的角色。这意味着，行动者的政策素质、经验、偏好和能力、组织架构和行动者间的关系影响着政策质量。①

毋庸置疑，参与政策过程的主体、组织、阶级和国家都有各自的利益，但是它们表达和追寻利益的方式以及努力的结果是由制度因素来规范的。制度决定政策行动者行为的途径有三：一是影响政策行动者的感觉或认知，二是影响政策行动者在行动过程中的所遵循的原则、规范和理念，三是通过限制某些选择或支持某些选择来影响他们实现利益的可能性。更为重要的是，一些制度安排相比较而言更有助于有效制定和执行某项政策，从而影响政策的质量。比如，我国曾经实行的中等师范学校教育，作为一种为乡村学校定向培养教师的

---

① 罗芳，影响公共政策质量的主要因素分析[J]．湖南行政学院学报，2007（4）：10-11.

制度安排，为我国乡村学校补充了大量的优秀教师，并且"定向培养"成为近年来逐步兴起且反响良好的农村教师补充渠道。同时，政策利益相关者或者政策的目标群体，也在政策制定或政策质量的生成过程中扮演了重要的角色。他们利用自身的信息资源、身份和权力，成为政策子系统的一个重要成员。如果没有得到持反对意见的利益群体的支持，政策的质量可能会受到影响。例如，我国实行免费师范生政策的初衷在于为基层农村培养优质师资。但是，据相关调查，某重点师范大学免费师范毕业生与省、市重点校签订协议的比例为83.2%，而到中小城镇或乡村的仅占16.8%。① 另外，作为相关利益群体之一我国学术界，对取消中师制度而带来的小学教师高学历化，就没有获得普遍的赞誉和一致的认可，相反，一些质疑、责问甚至批评却屡见不鲜。② 这种批评性判断和话语建构，影响政策制定并对政策质量的判断产生影响。

(四) 政策能力

寻找并确定影响政策成败的确切因素，是政策科学研究的一个重要话题。许多政策学者都在努力寻求这些因素，因为它们影响着影响国家和政府的政策能力。政策能力会影响政策质量，"政策制定、政策发展、政策选择、界定问题、政策期望、有效政策工具的选择、执行异常、政治制度等因素，都会对政策质量产生影响"③。美国政治学家阿尔蒙德(Almond Gabriel Abraham)最早提出"政策能力"的概念，他认为，政治功能的发展涉及两个方面标准的发展：一个是政府能力，另一个是公民参政。④ 现代社会，国家必须有能力制定和执行有效的政策。国家的这种能力，是组织的内聚力和专业技术的一种体现，它决定了政府贯彻政策职能的成功与否。⑤ 我国学者关注政策能力的侧重点不同。郭爱君关注政策输出即政策制定，认为政策能力是指政府为解决社会矛盾

---

① 谢湘. 谁为免费师范生解未来之忧[N]. 中国青年报, 2014-9-16(3).

② 王建平，胡重光. 中师转型中的价值传承与实践创新[J]. 中国教育学刊, 2011(6): 70-72.

③ Ingram H. M., Mann, D. E. Why Policies Succeed or Fail [M]. New York: Sage Publications, 1980.

④ 阿尔蒙德，鲍威尔. 比较政治学: 体系、过程和政策[M]. 上海: 上海译文出版社, 1987: 3.

⑤ 迈克尔·豪利特，M. 拉米什. 公共政策研究——政策循环与政策子系统[M]. 北京: 生活·读书·新知三联书店, 2006: 104.

而有选择地做出的与社会系统本质相联系和社会价值权威性分配的过程性政治行为。① 丁煌等更加关注政府的政策执行力。② 实际上，政策能力就是政策制定、政策执行和政治体系对社会需求的回应而表现出的能力，诸如政策制定力和政策执行力等两方面。对乡村教师补充政策而言，政策能力包括乡村教师补充的政策问题认定、政策议程设定和维持、政策资源开发和利用、政策主体间冲突协调、政策实施与执行、政策稳定、政策作用发挥和政策调整等的能力。

当代中国，随着国家治理能力的不断提升，教育政策制定失误的可能性正在不断减少，而政策实施不到位与执行不力的现实性却在日益增强。可以说，"教育政策执行是政策生命过程中的重要环节。政策执行的有效与否关系整个政策的成败"。③ "十二五""十三五"期间，我国乡村教师补充政策决策越来越表现出科学化和民主化的特征，政策实践中的各种问题越来越多地属于政策执行范畴，越来越与政府协调和解决问题的能力不高或者说是政策执行不力相关。其中就存在政策执行过程中的有意偏离、违背政策目标或消极不作为的现象，出现政策执行偏差、走样、消极、停滞等影响政策目标不能有效实现的政策规避情形。据调查，教师职称评审政策执行就存在照搬式执行、选择式执行、附加式执行、隐瞒式执行和异化式执行的方式，④ 严重地伤害了教师包括农村教师的积极性并影响了政策执行的质量。如果说乡村教师补充政策的本质是利益的调整与分配，那么乡村教师补充政策规避的本质是对乡村教师补充政策所调整和分配的利益的反向调整与分配，是乡村教师补充政策执行过程中政策目标实现的一种功能性障碍。其危害主要是加剧乡村教师补充政策执行风险，破坏乡村教育政策秩序，削弱中央政府的权威，影响国家政治体系的健康运行以及对乡村教师发展问题的有效控制和解决。为此，必须建立有效的政策执行体制、机制，加强政策执行监督，以最高准则维护政策的严肃性，防止和消弭政策规避和政策"走样"，提升政策执行质量。

---

① 郭爱君. 论政策能力[J]. 政治学研究，1996(1)：32-38.

② 丁煌. 中国政策执行力研究评估：2003—2012年[J]. 公共行政评论，2013(4)：130-157.

③ 袁振国. 教育政策学[M]. 南京：江苏教育出版社，1996：178.

④ 张宝灵. 教育政策执行偏差对目标群体影响的研究——以中小学职称评审政策执行为例[J]. 教育学术月刊，2010(7)：40-42.

(五)政策资源

政策是我国农村经济社会发展中最重要的资源之一，尤其在乡村振兴战略实施的大背景下更是如此。如果将政策能力置于政策过程的情境中进行讨论，那么"政策能力"就包括政府调动必要资源以做出明智政策选择的能力。同样，政策的执行过程需要获得相应的支持和条件。无论执行的指令如何具体而又清晰，但如果政策执行机构或人员没有获得足够的资源，决策者便会前功尽弃。对于"政策资源"的理解，按照美国社会学家詹姆斯·S. 科尔曼（James S. Coleman）作了另外一种描述：（政策）资源可能是某种物质资源，也可能是某种"事件"，或者是作为（政策）客体的行动者的特征或活动。至于（政策）行动者与资源之间的关系，是控制关系和利益关系。（政策）行动者仅仅通过两种关系与（政策）资源（间接地与其他人）建立联系，即控制（政策）资源和获利于（政策）资源。（政策）行动者只有一个行动原则：最大限度地实现个人利益。① 在这个意义上，教育政策是政策主体控制教育资源，追求教育利益的一种活动。② 戴维·伊斯顿对公共政策定义突出政策的价值属性，即公共政策就是对社会的价值作权威性的分配。价值分配可以有多种形式，但其本质是对各类资源要素的分配。实际上，政策资源是指"所有有助于公共政策制定与执行的条件，包括法律、人力资源、强制力、金钱、信息、组织、共识、政治支持、时间和基础设施等"③。

技术也是一种重要的政策资源，包括网络技术、软件技术、政策信息、政策工具的运用等。它是公共政策资源体系中的一个重要组成部分，是在特定的政策环境下，政策主体选择的、用以影响政策客体、实现政策目标的方式方法。政策工具的发展关系到政策行为主体的发展状况和政策体系的运转效率和兴衰。比如，政策工具本身就是达成政策目标的手段，政策工具运用和运作突破或技术故障影响政策执行并影响政策质量。睿智的政策设计者，就必须灵活地运用相应的政策工具，创造性地使政策设计与政策选择的目标情景相适应。而有效的信息储量和信息整合能力，对政策质量有积极的影响。由于公共问题

---

① 詹姆斯·科尔曼. 社会理论的基础[M]. 邓方，译. 北京：社会科学文献出版社，1992：33-37.

② 刘复兴. 教育政策的价值系统[J]. 清华大学教育研究，2003(2)：6-13.

③ Knoepfel P., Corinne L., Frédéric V., Hill M. Public Policy Analysis [M]. Bristol：The Policy Press，2007.

模糊和复杂的本质以及多元化政策目标彼此竞争,① 建立信息系统及信息系统平台实现政策数据科学化管理进而提升政策质量, 是当前各级政府政务改革的一项主要内容。

但是, 政策也是一种"资源", 确切地讲, 是能够"带来"资源的资源, 或者说是一种"元资源"。既然政策及其实施是一种有限扩张行为, 注定使政策具有稀缺性特点, 那么, 这种稀缺性特征使得政策资源对受益主体的实际价值往往大于单纯的物质资源, 或"事件"资源, 或"行动者"资源的价值, 同时, 政策的多元功效为受益主体提供了可供选择的若干发展途径, 并由此派生无限的社会需求。② 因此, 这种资源的稀缺程度要远远大于公共政策所分配的资源本身, 因为它可以派生其他的物力、人力和财力等资源, 具有很强的自愿增值属性。③ 中华人民共和国成立以来, 国家采取了多项政策措施推动乡村教师队伍建设, 在教师补充方面投入了大量的资源。仅改革开放 40 多年来, 我国出台专门针对农村教师的政策多达 300 项, 尤其是党的十八大以来, 出台专门的农村教师政策 80 余项, 逐步形成适应时代教育发展的教师政策体系。④特别是 2005 年 10 月 11 日, 党的十六届五中全会审议通过的《中共中央关于制定国民经济和社会发展第十一个五年规划的建议》, 明确提出"切实提高师资特别是农村师资水平"的重要部署。此后, "农村特岗教师计划""部属师范院校师范生免费教育"政策等一系列乡村教师补充政策相继出台, 各省(自治区、直辖市)也出台了相应的配套政策。整体上, 无论是中央政府还是地方各级政府均, 在农村教师补充问题上, 均在已有的政策框架内做了巨大的努力和各种尝试, 改善了农村教师队伍的结构, 增强了教师队伍的活力, 我国农村教师队伍的整体面貌得到了有效的改观。

三、乡村教师补充政策质量评估

如果把政策过程看成某种有序的活动的话, 那么, 它的最后一个阶段就是

① Mansour A. M. E. Use of "Policy Analysis" to Improve the Quality of Policy-Making by Government and Non-Governmental Organizations[J]. Current Issues of Business & Law, 2010, 6 (1): 159-183.

② 詹亮宇. 论政策资源——兼论税收政策资源的三元特征[J]. 扬州大学税务学院学报, 1996(3): 31-34.

③ 刘晓倩. 我国公共政策资源整合研究[D]. 沈阳: 东北大学, 2011: 12.

④ 高慧斌等. 改革开放 40 年教师政策体系演进[J]. 教师发展研究, 2018(4): 1-9.

评价。作为某种功能的活动，政策评价能够而且确定发生在整个政策过程之中，而不能简单地将其作为最后的阶段。① 政策质量评估是政策过程的一个重要部分，是依据一定程序和标准，对政策质量包括政策的效益、效率和价值进行判断分析过程。政策质量评估的目的在于取得有关方面的信息，作为决定政策变化、政策改进和制定新政策的依据，以促进政策目标的实现。对乡村教师补充政策来说，只有通过对乡村教师补充政策的质量进行科学的评价，才能判定一项补充政策是否能够达到预期的目标，并由此决定该项补充政策制定后是否付诸实施或者实施后是否需要调整，抑或废除或终止。

农村教育发展关键在于乡村教师，乡村教师是乡村学校和乡村教育发展的保障。乡村教师补充是乡村教育投入中最重要的因素。中华人民共和国成立以来，我国各级政府对于乡村教师补充在不同历史时期都提出了相应的政策。整体上，70多年来的我国乡村教师补充，在数量上呈现不断扩大趋势，在结构上不断优化，在质量上也在不断提升，但是，仍然面临着学科不配套、结构性缺编、年龄老化、教师职业吸引力不强、专业水平参差不齐、队伍不稳定、流失严重等问题。学理上，需要对中华人民共和国成立以来我国乡村教师补充政策的进行评估。以下将进行中华人民共和国成立以来我国乡村教师补充政策文本的质量分析，研究我国乡村教师补充政策的绩效问题，目的在于为乡村教师补充政策的变革和发展、质量提升和效力保障，提供理论和现实的依据。

（一）乡村教师补充政策文本分析

文本是社会活动的产物，政策文本的形成是一定社会政治、经济和文化活动在特定的政策领域联合影响的结果。政策文本记录的是政策活动中文本的制定、修改或废止的过程，是在特定的政策领域的社会结构和组织的变迁过程。政策文本分析是理解政策的基本手段，也是政策研究的重要方法。作为分析的焦点，政策文本分析在文本和文本关联的历史脉络以及社会实践中，促进了对政策及其过程的理解，最终促进政策制定的改善和政策质量的提高。

所谓政策文本分析，就是从不同的学科和理论视角，分析一定社会法律、法规、规章及政府公文的多种文本分析方法的集合，是一种帮助研究者们深入到文本的深层，以"观察"长时段政策演变过程的技术。② 文本是行动的指南。

---

① 詹姆斯·E.安德森.公共决策[M].唐亮，译.北京：华夏出版社，1990：183.

② 涂端午.教育政策文本分析及其应用[J].复旦教育论坛，2009（5）：22-27.

英国伦敦大学社会学教授史蒂芬·J. 鲍尔（Stephen J. Ball）将政策分为"作为文本的政策"和"作为话语的政策"，强调不能忽视政策文本中权力的作用。政策是环境中不同利益集团冲突和斗争以及是各种影响力重新装配的产物。[①] 当下，政策文本分析已成为教育政策学的重要研究主题。[②] 将文本分析方法应用于乡村教师补充政策研究，通过对乡村教师补充政策文本内容与形式的分析，可以找出影响乡村教师补充政策发展与完善的问题所在，为乡村教师补充政策的制定、实施、评估与监督和政策内涵的优化及其质量的提升提供参考服务。

"十二五"以来的我国乡村教师补充政策发展走向，是基于 2010 年 5 月 5 日国务院颁布的《国家中长期教育改革和发展规划纲要（2010—2020 年）》展开的。在加强农村教师队伍建设的大背景下，2010—2020 年，据统计，我国密集发布了 93 项与乡村教师补充相关或涉及乡村教师补充的政策文件。其中，政策颁布时间分布：2010 年颁布 8 项，2011 年 8 项，2012 年 7 项，2013 年 10 项，2014 年 11 项，2015 年 8 项，2016 年 8 项，2017 年 7 项，2018 年 9 项，2019 年 8 项，2020 年 9 项。政策制定主体除 2015 年第二次修订《中华人民共和国教育法》的全国人民代表大会常务委员会外，主要呈现"中共中央—国务院，教育部—其他部委"两大核心网络。具体是：全国人民代表大会常务委员会 1 项，占比 1.1%，中共中央国务院联合颁发 3 项，占比数为 3.2%，国务院颁布 18 项，占比 19.4%；教育部单独颁布 33 项，占比 35.5%；教育部联合其他部门颁布 38 项，占比 40.8%，形成了党和国家的宏观顶层设计，国家教育行政部门牵头，国务院多部委办局协同促进的乡村教师补充政策体系。

对乡村教师补充政策文本进行分析，不仅能把握政策的文本内容和形式、演进规律和供给特征，还能深入文本的深层，探寻政策的供给与演进的动力因素和障碍因素。现有的相关研究，大多关注乡村教师补充政策的内容及其效应的定性分析，部分量化研究主要是通过统计数据或资料指标对政策进行评估。近年来，随着信息技术和研究方法的演进，国内开始出现了一些相关政策的量

---

① 史蒂芬·J. 鲍尔. 教育改革——批判和后结构主义的视角[M]. 侯定凯，译. 上海：华东师范大学出版社，2002：29-44.

② 祁占勇，陈鹏，张旸. 中国教育政策学研究热点的知识图谱[J]. 教育研究，2016 (8)：47-56.

化分析研究。以下借鉴国内学者段忠贤①、彭纪生②、盛亚③等人的研究，结合上述对乡村教师补充政策内涵的理解，从政策工具、政策目标和政策力度三个维度，构建乡村教师补充政策文本分析的"T-O-P"三维框架（见图6-2）。

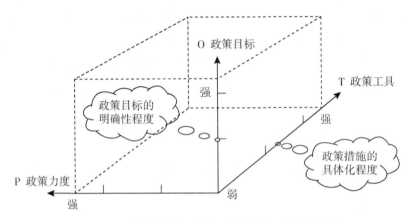

图6-2　乡村教师补充政策文本分析的三维分析框架

第一，乡村教师补充政策工具维度。政策工具是乡村教师补充政策体系的基本要素，是实现乡村教师补充政策目标的重要手段和措施。乡村教师补充政策就是政府满足乡村教师发展需求对各种教师政策工具的设计、组织、协调及运用而形成的，其分析框架也最终表现为乡村教师补充政策工具的协同。采用Rothwell和Zegvold的分类，将乡村教师补充政策工具分为供给型、环境型和需求型三种。

第二，乡村教师补充政策目标维度。政策目标往往是多元的、不确定的，但仍然可以描述为政策制定者希望通过政策实施所达到的最后结果。政策目标具有针对性和预期性特点，目标的表述必须明确、具体、清晰，内涵和外延的界定必须清楚，还需是可测量、可量化的。比如，《乡村教师支持计划

①　段忠贤.自主创新政策的供给演进——绩效测量及优化路径研究[D].杭州：浙江大学，2014：30.

②　彭纪生，仲为国，孙文祥.政策测量、政策协同演变与经济绩效：基于创新政策的实证研究[M].管理世界，2008(9)：25-36.

③　盛亚，孔莎莎.中国知识产权政策的演变(1985—2009)——一个量化的视角[M].科技进步与对策，2011(23)：28-32.

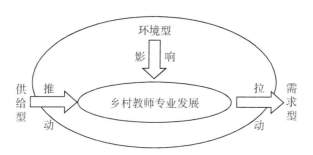

图 6-3 乡村教师补充政策工具作用原理

（2015—2020 年)》的表述是：到 2017 年，力争使乡村学校优质教师来源得到多渠道扩充，乡村教师资源配置得到改善，教育教学能力水平稳步提升，各方面合理待遇依法得到较好保障，职业吸引力明显增强，逐步形成"下得去、留得住、教得好"的局面。到 2020 年，努力造就一支素质优良、甘于奉献、扎根乡村的教师队伍，为基本实现教育现代化提供坚强有力的师资保障。据此，乡村教师补充政策的目标就是乡村教育教师队伍数量补充和质量发展。依据补充政策的质量内涵和教师成长过程的特征，借鉴《乡村教师支持计划（2015—2020 年)》和《关于加强新时代乡村教师队伍建设的意见》政策目标定位的表述，将乡村教师补充政策目标分为"下得去(选拔)""用得上(培育)""教得好(使用)""留得住(扎根)"四个方面。结合乡村教师补充政策工具的分类，将其与乡村教师补充政策四方面目标进行整合，形成乡村教师补充政策工具分析的二维构架。

第三，乡村教师补充政策力度维度。政策力度是政策主体政策制定过程体现的公信力以及强制性程度，是政策权威性的重要体现。政策力度直接影响了政策对政策客体的影响力和约束力，政策颁布机构的级别越高，政策执行和实施力度就越强。[1] 对乡村教师补充政策力度的量化，实质就是对颁发政策的机构主体的考查。本研究的乡村教师补充政策，主要是指党和国家的政策法规，而省级以下政府机构颁发的政策法规是在党和国家的政策法规的指导下制定的。因此，政策力度的量化标准包括颁布政策颁布层级和协同度量两个方面，

---

① 张永安，马昱. 基于熵权 TOPSIS 法的区域技术创新政策评价研究[J]. 科技管理研究，2017(6)：92-97.

颁布政策主体层级是政策颁发主体的权力结构，政策的协同度量是政策颁发的主体数量。根据仲为国等人的研究,[①] 乡村教师补充政策力度维度涉及全国人大及其常务委员会、中共中央、国务院、教育部及其他部委等机构颁发的法律、法规、条例、规定、办法、意见、规划、实施细则、通知、公告等。

图 6-4　乡村教师补充政策工具分析的二维构架

乡村教育是我国教育最薄弱的地方，也是我国教育的短板所在。乡村教育的发展关键在教师，乡村教师质量决定农村教育发展质量。随着《乡村教师支持计划(2015—2020年)》《中国教育现代化2035》《关于全面深化新时代教师队伍建设改革的意见》等政策的密集出台，我国的乡村教师补充政策愈发完善。但是，由于城乡经济社会发展的差距悬殊，乡村学校特殊性以及农村生态基础和社会模式等因素羁绊，我国乡村教育投入出现"边际递减效应"现象，部分乡村教师补充政策陆续出现效果滞缓乃至失真、乏力、内卷。在政策工具、政策目标和政策力度维度上，我国乡村教师补充政策存在的问题主要表现在：

一是在政策工具的使用比例上，呈现环境型政策工具过溢、需求型政策工具缺失与供给型政策工具不足的运用特征。[②] 环境型政策工具过溢是指该类工具的使用过多，达61%，并主要集中在策略性措施、建章立制和目标规划等上；供给型政策工具使用的比例是33%，主要集中在教师培养、技术支持等，而在资金投入、财政保障和公共服务等制度的供给和安排方面，存在不足；需

---

① 仲为国，彭纪生，孙文祥. 政策测量、政策协同与经济绩效：基于创新政策的实证研究(1978—2006)[J]. 南方经济，2008(6)：45-58，67.
② 谢倩，王子成，周明星. 新中国成立70年乡村教师支持政策文本量化分析[J]. 现代教育管理，2020(4)：61-67.

求型政策工具使用的比例为6%，需求导向功能没有得到重视而不断弱化。说明我国乡村教师补充及其专业发展的途径主要是通过制度设计的外部力量而获得的，也折射出我国乡村教师补充政策执行方法匮乏的实然情景。表征的问题是乡村教师补充及其专业发展环境更多是依靠外在力量的推动而不是内在需求的吸引，发展动力主要来源于外部的干预和调节、发动与推进，而不是一种内在的、自我中心、自立和主动的发展。整体上，改革开放以来乡村教师补充政策颁布的数量呈现持续上升趋势，但良好的乡村教师发展局面，还需要付出更多的努力。

二是政策目标维度。依据上述目标定位，我国乡村教师补充政策目标的内容包括"下得去（选拔）""用得上（培育）""教得好（使用）""留得住（扎根）"四方面。理论上，政策目标是党和国家为了解决有乡村教师政策问题而采取的行动所达到的目的、指标和效果，具有明确性、针对性、预期性和协调性等特征。政策目标主要体现在教师补充的过程和补充教师的数量和质量。这是一个复杂的、综合性要求，具有系统性、层次性和结构性等特点。以《乡村教师支持计划（2015—2020年）》为例，2015年6月1日《乡村教师支持计划（2015—2020年）》颁发后，全国各省、自治区、直辖市均颁布了各自的"乡村教师支持计划"，对未来五年支持乡村教师改革和发展做出了设计。但各地执行过程中的教师补充，基本没有对补充教师的数量和质量进行一个科学的预测和规划，也就是说，政策目标的表述过度倚重了上级政策的要求。对"下得去"（即计划补充的乡村教师队伍人员数量），"用得上"（即需补充教师的素质能力要求），"教得好"（即补充教师教学质量评估），"留得住"（即补充教师的待遇改善和精神生活、职业前景的保障程度）等，都缺乏相应的测算和评估。至于目标中应体现的"公平""效率""自由"和"安全"等"政策的基本目标"或"元目标"，要么是一概而论，蜻蜓点水，要么选择性地忽视，没有明确地呈现具体要达到的目标。这种移植国家整体目标的"回应式"政策决策模式[1]和呈离散状态的目标话语表达[2]，必然影响乡村教师补充政策的针对性和操作性，也会降低各级政府政策执行力，从而导致政策失效和政策资源的浪费。

---

① 吴光芸. 论从"回应性"政府向"前瞻性"政府转变——政策冲突与政策滞后的治理与防范机制探讨[J]. 现代经济探讨，2014（4）：10-14.

② 张宇. 从"存在感"到"获得感"：寻找政策意见聚合的理性逻辑[J]. 行政论坛，2019（2）：73-79.

三是政策力度维度。为了更好地对乡村教师补充政策力度进行评估，借鉴张国兴等人对政策量化的研究，① 对政策力度采用 1~6 分的评分标准，如表6-2所示。

表 6-2　　　　　　　　　　**我国乡村教师补充政策力度量化标准**

评 价 标 准	政策效力得分/分
全国人大及其常务委员会颁布的法律	6
中共中央 国务院联合颁发的意见、决定等文件	5
国务院颁布的意见、办法、方案、规划、计划、标准	4
教育部及联合相关部委颁布的意见、办法、方案、指南、规划、目录、计划、规范条件、标准	3
国务院颁布的批复、通知、报告	2
各部委颁布的通知、公告、函、纲	1

根据这一标准，对 2010—2020 年颁布的乡村教师补充政策效力得分进行统计（见表 6-3），平均得分 2.89，2019 年得分最高。从时间分布上看，2010—2020 年我国乡村教师补充政策的效力呈稳步上升趋势。见图 6-4。

表 6-3　　　**2010—2020 年我国乡村教师补充政策效力度得分进行统计**

得分	2010	2011	2012	2013	2014	2015	2016	2017	2018	2019	2020	小计
6	0	0	0	0	0	1	0	0	0	0	0	1
5	0	0	0	1	0	0	0	0	1	4	1	6
4	1	1	2	0	0	2	3	3	0	4	0	16
3	5	5	4	5	7	2	2	4	7	0	6	47
2	0	0	0	0	0	2	0	0	1	0	0	2
1	2	2	1	4	4	1	1	1	1	2	2	21
平均	2.63	2.63	3.0	2.4	2.27	3.13	3.17	3.12	2.9	3.8	2.78	93

---

① 张国兴，高秀林，汪应洛等．我国节能减排政策协同的有效性研究：1997—2011 [J]．管理评论，2015(12)：3-17.

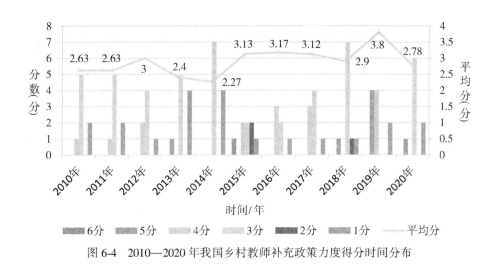

图 6-4　2010—2020 年我国乡村教师补充政策力度得分时间分布

不难看出，我国乡村教师补充政策的力度总体来说比较稳定，说明乡村教师补充的政策力度一直较强并趋向专业化和体系化方向发展。2018 年 9 月全国教育大会后，乡村教师补充政策发布主体层次不断提高，政策力度得分呈上升趋势。但也说明我国乡村教师补充政策发展的严峻形势和紧迫要求，而政策执行过程中存在的问题也预示着乡村教师补充政策的执行力有待进一步提升。

（二）乡村教师补充政策绩效分析

政策是政府的运作手段。[①] 政策的调整、完善和更新主要依据政策评估的结果完成。而政策绩效评估是政策评估层面更为具体的领域。绩效理念源于企业管理思想。在绩效管理体系中，绩效评估起着“元工具”的作用。[②] 政策研究的目的在于关心一项政策怎样才能以较小的投入获得较大的收益，包括投入的数量和投入的时间。这就是政策“绩效化”概念。逻辑上，可将政策绩效评估看作基于绩效导向的政策评估。但与政策评估不同，政策绩效评估是指公共政策行为对目标群体需要、价值与机会的满足程度的评价。而政策绩效本身则是在一定时期内政府政策在特定施政领域的成绩与效益。相对于政策评估，公共政策绩效评价更加强调结果导向，更加关注政策目标群体的满意程度；其实质是用绩效标准来衡量公共政策工作量或投入量的成果，将政策的实际成就与原

① 吴锡泓，金荣枰 . 政策学的主要理论[J]. 金东日，译 . 上海：复旦大学出版社，2005：442.

② 袁振国 . 教育政策学[M]. 南京：江苏教育出版社，2001：1.

来希望的理想水平进行比较，衡量政策是否产生了预期成果。乡村教师补充政策绩效，就是其效果、效率和效益的有机联系和协调统一。简单说，就是以最小的政策成本获得最大的符合乡村教师发展需求和乡村教育发展需要的政策效果、政策效率和政策效益的全面和系统表征。而乡村教师补充政策绩效评估或绩效分析，就是基于政策绩效导向，运用科学的方法、规范的流程、相对统一的指标及标准，对乡村教师补充政策的投入产出进行综合性测量与分析的活动。对乡村教师补充政策绩效进行评估，有利于检验乡村教师补充政策的效果、效率、效益，有利于实现乡村教师补充政策资源的有效配置，是衡量政策质量并进行政策调整的重要依据。

美国著名教育评价专家古贝（Egon G. Guba）和林肯（Yvonna S. Lincoln）在《第四代评估》一书开篇指出，评估是对人民和进步的投资。英国学者盖伊·尼夫（Guy Neave）在分析西欧高等教育趋势时说，在评估型国家中，人们关注的重点是从过程到结果、由输入到输出，政府与教育制度之间关系发生了重大的、全新发展。① 在我国，乡村教师补充政策深受时代背景、经济发展等因素的影响，在不同时期呈现出不同的发展特点。特别是 21 世纪以来，党和国家通过补短板、促公平，适应城镇化进程的快速推进，深入开展乡村教师补充政策体系建设。全国各地在不断完善统一公开招考制度基础上，结合各类专项计划，使乡村教师队伍整体得到了较好补充。而在政策演进及其价值取向层面，与国家发展进程和教育现代化水平一致，对乡村教师补充政策绩效的认识大体经历了"效果为先、效率为主、效益为要"的三个阶段。② 自中华人民共和国成立到"文化大革命"结束，乡村教师补充政策主要定位于为我国农村经济社会的重建和农村教育的社会主义改造。1951 年颁布的《关于学制改革的决定》是新中国第一个学制，教育事业发展的重心是初等教育普及和教育规模的扩大。这一时期教师补充政策的执行效果非常显著。"文化大革命"结束后到 20 世纪末，乡村教师补充政策以效率为核心价值，追求教育资源利用效率的最大化。1985 年《中共中央关于教育体制改革的决定》明确教育体制改革的根本目的是提高民族素质，多出人才、出好人才，并做出把发展基础教育的责任交给地

---

① Guy Neave. On the Cultivation of Quality, Efficiency and Enterprise: An Overview of Recent Trends in Higher Education in Journal of Education, 1986-1988[J]. European Journal of Education, 1988, 23(1/2): 7-23.

② 张雷. 教育政策绩效评估的理论探讨[D]. 上海: 华东师范大学, 2014: 6.

方，有步骤地实行九年制义务教育的重大决策，教育发展呈现高速发展的态势。21世纪以来，乡村教师补充政策逐步从"效率优位"向"质量优位"转变，国家政策开始注重效益问题。有学者在研究我党的执政理念的变化过程，认为从1998年《关于国务院机构改革方案的说明》到2013年《中共中央关于全面深化改革若干重大问题的决定》，我党执政理念经历了从"社会管理"到"社会治理"的变化。① 其中，社会治理体现的是"以人民为中心"的基本理念。因此，"办人民满意的教育"成为制定和执行教育政策包括乡村教师补充政策的基本原则和核心理念。

可以说，21世纪以来的我国乡村教师补充政策主题，包括三大方面：一是加强培养补充，让乡村教师"下得去"。政策内容有特岗教师计划、新机制教师计划、免费师范生教育外，还有诸如农村教师"硕师计划""银龄讲学计划""教师交流轮岗"、"三区"人才计划教师专项、"县管校聘"等政策措施，推动城镇教师支援农村，支持乡村教育发展；二是提高教师待遇，让乡村教师"留得住"。国家除增加财政资金投入，提高教师工资外，改革职称（职务）评聘办法，向农村义务教育学校教师职称晋升予以政策倾斜等激励机制和政策。三是促进专业发展，让乡村教师"教得好"。政策内容包括师德建设、职业认同和加强教师培训投入等。仅"十三五"期间，中央财政共安排700亿元，支持和引导地方加强乡村教师队伍建设，提升教育教学质量；启动卓越教师培训计划和"乡村优秀青年教师培养奖励计划"，每年遴选300名乡村优秀青年教师进行重点培养，激励他们扎根基层，奉献乡村教育。20多年来，完善的乡村教师补充机制所提供的有效政策服务，我国乡村教育已基本建设形成了一支"下得去、留得住、教得好"的教师队伍，建设一支热爱乡村、数量充足、素质优良、充满活力乡村教师队伍的政策目标正在逐步实现。

东北师范大学中国农村教育发展研究院编制的中国农村教育"年度体检报告"——《中国农村教育发展报告2019》显示，我国乡村教师队伍建设成效明显。报告指出，2017年全国新增的20.01万名幼儿专任教师中，城区10.2万人，占51%，镇区为6.4万人，占31.99%，乡村3.4万人，占17.01%；农村义务教育阶段，2017年全国各地共招聘特岗教师7.7万名，分布在1万多所

---

① 邵光学，刘娟. 从"社会管理"到"社会治理"——浅谈中国共产党执政理念的新变化[J]. 学术论坛，2014（2）：44-47.

农村学校，全国农村小学 93.8%的教师拥有专科及以上学历，城乡差距为 4.6 个百分点，比 2016 年缩小 2 个百分点，农村初中本科及以上学历教师为 81.1%，城乡差距为 10.3 个百分点，比 2016 年缩小 2.5 个百分点。《乡村教师支持计划（2015—2020 年）》实施后，对该政策持满意态度的乡村教师达 84.85%，83.46%乡村教师愿意继续留在乡村学校任教。[①]

其他的分析结果表明，在我国乡村教师补充政策支持下，乡村教师队伍无论是在数量还是在规模上都得到了有效的扩充，一定程度上，支撑了当前我国乡村教育事业的发展。然而，我国乡村教师的补充并未得到实质性改善。[②] 在政策支持的区域上看，当前乡村教师补充政策的倾斜重点主要落在了县镇地区，在这一地区教师补充数占据了政策性补充"增量"的绝大部分。补充的教师的稳定性不强也是不争的事实。相关政策虽然能在乡村"落地"，却不能"生根"，存在着能"引进来"却"留不住"的现实尴尬。教师交流政策实施后，城乡教师交流无论是形式上，还是规模上都呈现出较快的发展势头。但其效果也存在流于形式、被迫"选择"和效率低下等现实问题。[③] 政策的落地推动了乡村教师队伍结构包括年龄结构、学历结构的改善，但是，乡村教师的整体学历水平远不及县城教师，尤其是在本科层次的教师比重不及县城教师，而本科层次教师应该是乡村教师政策补充的主体。在学科结构上，乡村中小学校的英语、音乐、体育、美术和信息技术老师短缺问题依然存在，村小和教学点难以获得优秀师资，更谈不上音体美等学科教师。[④] 在从教意愿和从教动机上，根据课题组对湖北、湖南、河南、贵州、云南、广西、重庆、四川、宁夏等我国中西部地区的实地调查，总的来说，乡村教师补充数量仍然存在不足并且质量上也难以满足实际的需要。然而，新招聘教师的从教意愿相对较强，对农村教育事业的理想和对教师职业的理解，均持认可的态度，但对自身职业前景的信心不足，对乡村教育前景的积极性态度不强，存在潜在的流失风险。调查还发现，

① 中国农村教育发展研究院.《中国农村教育发展报告 2019》显示——乡村教师队伍建设成效明显[J]. 中国农村教育，2019(4)：5.

② 庞丽娟，金志峰，吕武. 全科教师本土化定向培养——乡村小学教师补充的现实路径探析[J]. 教师教育研究，2017(6)：41-46.

③ 汪曦. 农村教师补充政策有效性研究[D]. 武汉：华中师范大学，2015：154-158.

④ 付卫东，范先佐.《乡村教师支持计划》实施的成效、问题及对策——基于中西部 6 省 12 县(区)120 余所农村中小学的调查[J]. 华中师范大学学报(人文社会科学版)，2018 (1)：163-173.

尽管大部分新补充教师的职业选择受物质层面的影响，但是，教师个人的精神追求、价值导向、信念、教学效能感、个人婚恋和家庭、自身发展等非物质层面的影响，更是乡村教师职业稳定的重要因素。由此看来，乡村教师补充政策的发展，要在不断提高教师工资待遇，强化物质保障力度的同时，也应重视非物质手段的选择和开发，并将其纳入政策调整、完善和更新的焦点内容，以保证并提升乡村教师补充政策实施的整体绩效。

第三节　乡村教师补充政策变革发展

一直以来，我国乡村基础教育的发展对国家政策的依赖性极强。而中华人民共和国成立后的我国乡村教育每一轮改革都呈现出相应的时代特点，彰显了强大的生命力，均为各个特殊时期的乡村教育发展创造了历史机遇。但是，必须承认的是，我国乡村教师补充政策的变革和创新仍然存在诸多局限乃至存在一些基本矛盾，这些矛盾反映并引发乡村教育发展中的更为普遍的问题。这些问题推动着政策变革，在政策供给和制度安排上又注入新的内容。以下将在分析政策变革和政策限度理论的基础上，讨论我国乡村教师补充政策的变革和发展，作为对乡村教师补充政策评估的结论性研究，以期实现提高乡村教师补充政策绩效和质量的目的。

一、乡村教师补充政策变革动力

变革是教育的常态，是普遍存在和持续不懈的，它经常出现在我们面前。[1] 政策变革，即"政策变迁"或"政策发展"，是公共政策研究的一项焦点。政策变革研究涉及两个基本问题：政策何以变革以及政策如何变革，即政策变革的原因(动力)和政策变革的方式。中华人民共和国成立以来，我国乡村教师补充政策经历了公办与民办教师并举(1949—1977 年)、以中师生毕业分配为主、代课教师为辅(1978—2000 年)、公开招考与专项项目并存阶段(2001年至今)的政策变迁。[2] 进入新时代，应当深刻认识我国经济社会发展新的历

---

①　迈克尔·富兰 . 变革的力量——透视教育改革[M]. 北京：教育科学出版社，2004：前言.

②　杨卫安 . 乡村小学教师补充政策演变：70 年回顾与展望[J]. 教育研究，2019(7)：16-25.

史方位，充分认识乡村教育和乡村教师补充的复杂性和动态性，以全新的理念和政策举措，讨论我国乡村教师补充政策变革的动力和变革的方式，以回应我国乡村振兴战略和国家治理现代化的要求，加强乡村教师补充的制度创新和政策执行力。

在理论层面，乡村教师补充政策的研究，既关注某一特定时期特定政策的制定过程，也关注某一政策领域在长时期内的变化。某种意义上，政策制定的过程也是政策变迁或政策变革和发展的过程。"政策变革"隐含的意义在于，不论是受到外在条件或内在因素的影响，很少有哪一项政策能一直维持着当初被采纳时的状态，相反地，它总是持续不断在演化和变革之中。

20世纪70年代以来，公共政策研究走向在逐渐超越对复杂政策过程的简单线性理解之后，用以解释政策变迁或变革的理论得到了发展。我国学者岳经纶，庄文嘉曾将政策变革理论概括为4大类型11种理论(见表6-4)。① 所有有关政策变革的理论分别从不同的视角较好地解释了变革的发生，但不同研究关注变迁的不同方面，它们各自在强调某一方面同时而忽略了其他方面，没有哪一个理论能彻底地解释所有的政策变革。

表6-4　　　　　　　　　　公共政策变迁及其理论

		国家中心理论
国家中心决策理论	决策理论	理性决策
		渐进决策
		投机增加
		技术型决策
精英主义、新马克思主义与多元主义理论		精英主义理论
		新马克思主义理论
		多元主义理论
循环理论与政策过程		自由——保守循环理论
		政策过程与政策循环理论
		倡导联盟框架

---

① 白钢，史卫民. 中国公共政策分析(2009年卷)[M]. 北京：中国社会科学出版社，2009：300-301.

折中性理论	断续性平衡
	社会运动理论
	政策建制理论

　　美国学者罗伯特·艾斯通(Robert Eyestone)从行政生态学的角度,将政策理解为"政府机构与它周围环境之间的关系,"即:政府与生存环境相互作用的函数。① 这一含义用公式表达为:$P=f(G, E)$。其中,P 指公共政策,G 指政府系统,E 指生存环境,即公共政策(P)是政府(G)与环境(E)自变量相互作用的结果。如此可以推断,政策变革的动力源于"政府""环境"和"政府+环境"。戴维·伊斯顿则将公共政策看作政治系统的输出。戴维·伊斯顿认为,公共政策就是政治结构对外在环境的压力、要求和支持的反映,它就像一道隐形的力量,它在政治系统的幕后运行。② 政治产品的输出是一个动态的过程,外部环境的变化往往能影响公共政策的制定。首先,国家(政府)本身在政策过程中具有决定性的影响,应将国家(政府)作为焦点来寻求政策变革的动力源。其中的理论,按照西方公共政策变迁理论叙述,主要包括国家理论、决策理论和新马克思主义理论。其次是政策环境,比如乡村经济社会发展的政策环境,构成乡村教师补充政策变革和发展的动力。因为政策是社会互动的产物,应从社会互动结构中寻求政策变革的来源。这主要涉及精英主义理论、多元主义理论和政策网络理论。再次是将国家(政府)和政策环境及其互动关系,作为共同焦点来理解政策变革发展的复合动力。这主要涉及公共选择理论、政策过程理论和政策体制理论。这些理论抛弃了政府——社会二分法的狭隘视角,从复杂的政策过程中提取所关注的若干要素,据此提出解释政策变革的独特逻辑,使政策变革动力问题,成为其解释复杂政策过程的一条基本逻辑主线。

　　对乡村教师补充政策变革的动力而言,现在需要考察的不是乡村教师补充问题是怎样被政府决策者权威性地决定,而是乡村教师补充的问题是怎样成为问题的,或者说这一问题而不是其他的问题是怎样被纳入公共政策议程的。作

　　① 　R. Eyestone. The Threads of Public Policy:A Study in Policy Leadership [M]. Indianapolis:Bobbs-Merril,1971:18.

　　② 　戴维·伊斯顿. 政治生活的系统分析[M]. 北京:华夏出版社,1999:37.

为政策过程理论的代表人物之一，美国政策学家、政治学家、密西根大学教授约翰·W. 金登(John W. Kingdon)在其《议程、备选方案与公共政策》一书中就提出政策过程分析的多溪流框架。① 根据金登的理论框架，如果将乡村教师补充政策过程描绘为由"问题流(ProblemStream)、政策流(Policy Stream)和政治流(Political Stream)"这三种溪流构成，那么，当这"三流"汇合成的机会之窗(Opportunity Window)或政策窗口(Policy Windows)开启的时候，政策顶层主体就能成功把握机会则会并引致乡村教师补充政策的变革。具体来讲：

一是乡村教师补充政策的问题溪流。1949 年以前的中国，是一个以农业为主，贫穷落后的国家。但在 20 世纪 20—30 年代，中国掀起了一股乡村教育的思潮和乡村教育运动。这一运动是基于乡村教育问题而兴起的。1949 年后，乡村社会百废待兴，各种资源都很匮乏，乡村教育的水平普遍低下，在当时城市优先发展的大背景下，只能通过组织师资、筹集经费等制度建设来消除乡村教育的贫困。组织师资的方式就是招收大量的民办教师，以民办教师的补充来解决师资短缺问题。而民办教师大部分没有接受过专门的教师培养训练，加之民办教师选拔过程把关不严、滥选滥聘，造成补充的乡村教师质量参差不齐。改革开放以后，国家开始对乡村民办教师补充政策进行调整。进入 21 世纪，随着我国师范教育体系职前培养由三级师范向二级师范过渡问题，中等师范教育被裁撤后，以师范院校为主体、高水平非师范院校参与、优质中小学(幼儿园)为实践基地的开放式的中国特色乡村教师教育体系逐渐形成，探索多年的教师招考制度开始实施，乡村教师补充从中师和师范专科院校毕业分配为主转向了统一招考补充的政策体系。但单一依靠公开招聘的方式，仍然难以满足乡村学校教育教学发展的需要，所以，从 2006 年始，教育部开始了代课教师的清退工作。但清退代课教师后的乡村教师需求反而显得捉襟见肘。为此，为吸引优秀高等院校毕业生到乡村任教，国家制定了多项专门政策或项目，包括"三支一扶计划""特岗计划""公费师范生计划"和"硕师计划"等，为乡村小学教师的补充开辟新渠道，形成了当前乡村教师补充的政策格局。

二是乡村教师补充政策的政治溪流。1949 年以前的中国，处于半殖民地半封建社会，生产力水平低下，乡村教育处于大面积贫困之中。1949 年以后，

① 约翰·W. 金登. 议程、备选方案与公共政策[M]. 北京：中国人民大学出版社，2017：85-183.

在中国共产党的领导下，我国利用社会主义制度的优越性开展了大规模的经济建设和文化建设，包括通过发展乡村教育、扫盲和解放妇女运动，使得乡村农民教育需求得到大幅度的释放。但由于乡村教育的基础非常薄弱，更由于农村学校的发展和扫盲的需要，必然会催生了大量的教师需求。这一需求使得乡村教师的供给矛盾非常突出，也非常急迫。为解决乡村教育所面临的这一问题，党和国家在第一次全国教育工作会议提出了新的教育方针，要求"在今后一个相当长时期内，应以普及为主教育……应着重为工农服务"①，通过设计中小学教师短期培训班和中等师范教育制度，使得乡村教师队伍迅速扩大，缓解了乡村学校教育的教师压力。这种计划经济体制下的教师补充政策，缓解了乡村教师队伍的不足，但其中也存在诸多的问题。针对这种情况，邓小平指出：教育方面有好多问题，归根结底是要出人才，出成果。② 又说，如果现在再不实行改革，我们的现代化事业和社会主义事业就会被断送。③ 而"革命是解放生产力，改革也是解放生产力"④。党的十一届三中全会之后，我国实行改革开放基本国策，国家开始对乡村教师补充政策包括对乡村民办教师政策进行调整。例如，1978 年的 332.93 万小学民办教师，通过"民转公"和中师招收民办教师等形式，到 2000 年，问题基本得到解决，民办教师退出历史舞台。1921年建党以来，中国共产党继承了中华民族尊师重教的传统，党的几代领导人都十分重视教师的地位和作用。习近平在 2014 年 9 月 9 日会见庆祝第三十个教师节暨全国教育系统先进集体和先进个人表彰大会受表彰代表后来到北京师范大学同师生代表座谈时发表讲话，号召全国广大教师：做党和人民满意的好老师。新的历史时期，习近平关于教育工作的重要论述和"四有"好教师标准，是我国乡村教师补充政策发展的坚实基础。

三是乡村教师补充政策的问题溪流、政策溪流和政治溪流的耦合。根据约翰·W. 金登的多溪流理论，这些分离的溪流在关键的时刻汇合在一起。一个问题被识别，在政策共同体中就会提出并且可以获得一个解决办法，一次政治变革使其成为政治变革的恰当时机。金登认为，政策议程更多地受问题溪流和

---

① 何东昌. 中华人民共和国重要教育文献(1949—1975)[M]. 海口：海南出版社，1998：11.

② 邓小平文选(第 2 卷)[M]. 北京：人民出版社，1994：68.

③ 邓小平文选(第 3 卷)[M]. 北京：人民出版社，1993：216.

④ 邓小平文选(第 3 卷)[M]. 北京：人民出版社，2001：370.

政治溪流的影响。从根本上看，一扇政策之窗之所以敞开，其原因在于政治溪流的变化；或者说，政策之窗之所以敞开，其原因在于一个新的问题引起了政府官员及其周围人们的关注。① 以上对由问题溪流和政治溪流所驱动的我国乡村教师补充政策变革现象的分析，而这些政策变迁情形都存在三溪流的耦合。举例来说，由于1949年以前中国自给自足的小农经济和长期战乱，使得1949年以后国家亟待复兴由于贫困和战争影响的各项事业包括教育事业。然而，我国农村经济落后，人才稀缺、资金短缺、交通不畅，尤其是城乡二元结构等，成为我国乡村教师发展的重要障碍。这一问题也自然成为这一时期乡村教师补充政策变革的问题溪流。中国是一个人口大国，也是一个农业大国，特别是中华人民共和国成立初期中国农村、农业人口占了全国人口的89.36%。党和国家依据马克思主义基本原理，借鉴苏联社会主义建设经验，提出要通过计划经济体制，把中国建设成一个伟大的社会主义国家的发展目标。这一理念形成了政治溪流，加之在民主革命时期中国共产党领导下的农村教育政策形成的政策溪流，三者在从新民主主义革命向社会主义革命过渡这个特定时期实现了交汇，推动了教育政策变迁，形成了以工人阶级为主体的城镇教育发展模式，城乡差距逐渐扩大。但是，许多未具有地域属性的教师政策仍具有浓厚的乡村教育基调，相关乡村教师补充政策内容散见于国家出台的各项教育政策当中，数量较少且规范性不强、强制性不高。② 21世纪，我国经济高速发展，伴随的是区域和城乡之间发展的不均衡。在基础教育领域，教育发展中的不平衡体现为现阶段教育事业发展中的短板，体现为整体中的局部短缺，包括区域教育发展中的不平衡、教育层次结构中的不平衡、不同学习教育群体中的不平衡和教育改革的不平衡等。这种状态，成为21世纪教育政策发展的问题溪流。均衡发展是我国基础教育的方向性要求，是实现教育公平的内核。党的十九大报告提出，中国特色社会主义进入新时代，我国社会主要矛盾已经转化为人民日益增长的美好生活需要和不平衡不充分的发展之间的矛盾。这是对新时代我国国情的一个基本判断，也是教育政策发展的政治溪流，为新时期确定党和国家的主要任务提供了依据。2018年1月20日中共中央国务院颁布的《关于全面深化

---

① 约翰·W.金登.议程、备选方案与公共政策[M].北京：中国人民大学出版社，2017：156-158.

② 任胜洪，黄欢.乡村教师政策70年：历程回顾与问题反思[J].吉首大学学报（社会科学版），2019(6)：41-50.

新时代教师队伍建设改革的意见》确定的目标任务和 2020 年 7 月 31 日教育部等六部门颁布的《关于加强新时代乡村教师队伍建设的意见》提出的"数量满足需求，质量明显提升，结构明显优化，地位提高，待遇保障，职业吸引力持续增强"等要求，是推动乡村教师补充政策发展的政策溪流。这三条溪流的汇合，代表着问题、政治和政策能够有机地融为一体，演化成乡村教师补充政策变革的动力特征。由此看来，我国乡村教师补充政策，以党中央、国务院为中心的国家顶层主体注意力、社会公众对乡村教育发展问题反馈及政策内容要素突破性创新作为其变革的主要动力因素，是结合我国教育政策实践对西方政策变迁理论制度性要素的合理修正，"多溪流框架"理论模型能有效解释乡村教师补充政策变革的逻辑。

在变革的方式上，如果说乡村教师补充政策评估的基础在于它对所讨论的政策的改变所能起到的影响，那么政策评估所隐含目的就是乡村教师补充政策的改变。从学习的角度来看，乡村教师补充政策评估被认为是政策的行动主体对于政策问题的性质及其解决方案的动态学习的重复过程。这实际上是对政策变革与政策学习关系的性质的描述。因此，政策学习应该就是乡村教师补充政策过程的一个部分，也是推动政策变革的一种有效的方式。

正如上述所论证的一样，政策变革的动力源于外部还是内部？政策学习的发生是内生的还是外生的？也就是说，学习是否是乡村教师补充政策过程外部强加给政策制定者的过程，抑或是在政策制定者根据他们过去的行动，试图改进政策或使政策得到适应的时候，学习源自于乡村教师补充政策过程的内部？既然如此，就有两种类型的政策学习：内生学习和外生学习。内生学习又可以称之为"吸取-教训"型学习。这种类型的学习源自于正式的政策过程内部，并且影响政策制定的目标实现的努力中。这些教训是根据它过去的运作，关注政策循环中不同方面的实际建议。比如，2015 年我国颁布的《乡村教师支持计划（2015—2020 年）》，经过 5 年的努力，乡村教师"下得去、留得住、教得好"的局面已经初步形成，其存在的问题促使 2020 年"意见"更加聚焦问题、更重系统治理，在如何激发乡村教育的内生动力、乡村教师编制管理、城乡一体配置、乡村教师培养、教师职业成长、地位待遇和社会声望、青年教师工作生活和组织领导等方面，进行了系统的设计。相比较而言，"计划"更多强调综合条件的"外部支持"，"意见"则注重治理体系的"内生发展"，较好地诠释了当前我国教育均衡及教育公平等问题。而外生学习又称"社会学习"，它源自于政策过程外部并且影响政策制定者变更或改变社会的约束与能力。一般来讲，政策学习行为的发生，需要国家有高水平的行政能力。我国乡村教师补充政策的70多年的演进，印证了党和国家在政策变迁过程中的占支配地位的行动主体的自觉努力和高水平的行政能力。这是一种内生的"吸取-教训"型的学习。但是，作为政策社会行动主体，特别是大众媒体的呼吁、学界的研究等社会大众的共同努力，也使乡村教师补充政策社会学习的条件得以具备。因而，我国乡村教师补充政策变革发展，很大程度上是基于对过去政策成功和政策失败的清醒的认识，以及模仿政策成功和避免政策失败的有意识的努力。这也是百年来的中国共产党能够保持长盛不衰的最大秘诀，更是共产党人"不忘初心、牢记使命"，不懈推进自我革命，练就"刀刃向内"的自觉和本领。①

二、乡村教师补充政策变革限度

"也许我们对公共政策潜在效用的信心是很值得的，特别是如果它能够激励我们不断寻求解决社会问题办法的话。但是任何对公共政策严肃的研究，也必须意识到在影响和改变这些社会状况方面的有限性。"②所谓"限度"，就是一定的范围和规定的最高或最低的数量和程度。通俗地说，就是事物的局限性和有限性。政策限度是政策变革作用及其功能的重要组成部分，对乡村教师补充政策变革的讨论，必然涉及政策的限度分析和研究。

乡村教师补充政策不是万能的，关注和认识乡村教师补充政策的限度是提高政策有效性所必需的。乡村教师补充政策的作用是有限的，它并不能解决乡村教师和乡村教育发展的所有的问题：有可能是政策在解决某一问题，比如乡村教师数量的问题上，并没有达到预期的目标，还有可能是由某一政策引发其他意想不到的非预期结果，如补充了较为充足数量的教师，却又引发了教师队伍不稳定的问题。在这些情况下，乡村教师补充政策没能预期解决乡村教育的相关问题，甚至本身还导致了新的问题产生。因此，一般意义上，乡村教师补充政策限度包括两个方面：一是没有解决乡村教师补充的问题；二是现有的政策还引发了新的问题。正因为这样，乡村教师补充政策限度需要从政策作用的

①　赵绪生. 论新时代中国共产党的自我革命[J]. 中共中央党校学报，2018(5)：81-88.

②　托马斯. R. 戴伊. 理解公共政策[M]. 彭勃，等译. 北京：华夏出版社，2004：294.

结果分析入手。

乡村教师补充政策是教师政策在乡村教育领域的重要表达，也是党和国家发展乡村教育的理性的政策工具，它是为解决乡村教师发展过程中的一系列问题而设计并实施的。对政策限度原因分析，则可能在范围和程度两个层面寻求。

其一，范围层面原因关注的是，以政府为代表的国家，是否应该或能够干预乡村教师补充和发展领域的所有事务。如果不该或者不能，那么哪些领域是政府可以干预？哪些是政府不能干预的？这实际上是要回答政府干预乡村教师补充和发展的边界。这也是在提醒政府干预乡村教师补充和发展的行为，是有一定的范围和界限，而不是无所不包。除了政府外，还有其他组织甚至个人在乡村教师补充和发展的过程中，也发挥了一定的作用，比如：资金投入、服务提供、规范管理和文化习俗等。从历史的角度看，这是政策限度产生的最初原因，也是政策范围存在的一个边界。① 2020 年颁布的《关于加强新时代乡村教师队伍建设的意见》，提出要"提高地位待遇，让乡村教师享有应有的社会声望"。但教师"社会声望"的拥有，是一个复杂的社会工程，其中就包括"文化习俗"的影响，而"文化习俗"因素是一定社会和区域历史文化传统演变和积淀的结果。其二，程度层面原因关注的是，在政策可及的范围内，乡村教师补充政策是否可以真正地处理乡村教师补充和发展领域的所有事务或者问题？1949年以后国家制定和实施的乡村教师补充政策是否如政策目标所预期的都能得到实现？如果得以实现，为什么政策颁布的数量越来越多，政策的力度越来越大？如果没能实现，那么，从文本的政策到行动的政策存在哪些差距？为什么存在这些差距？颁布的政策是停留于表面，还是深入政策主体的观念和行动之中？这些问题是乡村教师补充政策程度上的限度，即政策在制定和实施等行动过程中的局限。总的来说，由于政策是在现实条件基础上选择最优化的手段来实现目标，难以规避政策工具运用的"有限理性"，出现了相应的限度。按照古贝和林肯的理论，政策绩效评估方法的基本立场是：评估行为的最后产出并不是对"事情是什么""事情如何进行""事情如何进行"以及事物的某种"真实"状态进行描述，而是提出有意义的解释，即个体或群体行为者为"理解"自身

---

① 张振改．教育政策的限度研究[D]．上海：华东师范大学，2006：13.

所存在的环境而作的建构。① 为此，以下从乡村教师补充政策的能力限度、效率限度和评估限度等方面进行分析。

所谓政策能力，如上所述，是政策制定、执行及其一定的政治体系对社会需求的回应而表现出的能力，如政策制定力和政策执行力等两方面。政策能力是有限度的，主要涉及政策能力所能涉及的内容范围和调节能力所能达到的程度。乡村教师补充政策作为调节乡村教师补充和发展的重要手段，既有公共政策和教育政策的特点，又有自身的特征，其能力总是受到来自政策领域内外两方面的影响，因而乡村教师补充政策能力既受外部的限制，也受其功能有限性的影响。从外部因素来看，一是社会各系统之间政策利益及其关系对乡村教师补充政策能力的制约，二是其他社会控制手段如国家制度、法律规范、道德规范、风俗习惯等对乡村教师补充政策能力的规定，三是基于社会经济基础、政府权威和政府机构及其运行基础上的政府能力，对乡村教师补充政策能力的限制。② 例如，在乡村补充教师的工资待遇上，近年来，我国政府出台了多项相关的政策，强调要进一步落实并提高乡村教师工资待遇，并通过生活补助、高校毕业生学费补偿和助学贷款代偿等政策工具，吸引和留住乡村教师。但一项相关研究表明，农村中小学教师平均工资仍然低于同期全国、西部地区城镇单位就业人员平均工资，缺乏外部竞争力，致使教师工资水平是影响教师流失意愿的首要因素，并在性别比例上，男性教师和未婚教师更倾向于流失。③《关于加强新时代乡村教师队伍建设的意见》也再次强调"完善乡村教师待遇保障机制，确保平均工资收入水平不低于或高于当地公务员平均工资收入水平"，并在绩效工资政策、生活补助政策、住房保障、医疗保障和心理辅导等方面做出了明确的规定。另一项关于教师工作时间和工资关系的研究表明：教师的工作时间总量，与 OECD 国家进行比较，中国教师工作时间总量较长，与县镇教师比较，乡村教师(小学)一周工作时间比县镇教师(小学)4.65 小时，而在收入上没能体现多劳多得的分配原则；在工作时间结构上，乡村教师(小学)教学时间投入较少，管理时间投入较多，结果是乡村教师的专业性退化和职业

---

① 埃贡·G.古贝，伊冯娜·S.林肯.第四代评估[M].秦霖，蒋燕玲，译.北京：中国人民大学出版社，2008：2.

② 姚晓春.论教育政策的能力限度[J].教育理论与实践，2000(5)：16-20.

③ 杜屏，谢瑶.农村中小学教师工资与流失意愿关系探究[J].华东师范大学学报(教育科学版)，2019(1)：103-115，169.

认同感的降低。2008 年 12 月，教育部颁布《关于做好义务教育学校教师绩效考核工作的指导意见》，2009 年启动。但由于奖励性工资与教师的职称、教龄挂钩，与工作时间的关系较弱，奖励性工作乡村教师有一定的激励作用，但总的激励作用不显著。①

乡村教师补充政策的本质是资源再分配，政策的制定和执行必然涉及乡村教师补充政策系统各主体间的利益分配，各系统主体间的利益分配的目标又是自身利益的最大化。尽管存在相应的政策法规等方面的制约，各系统主体为了维护自身的利益，都会通过一定的行政的、经济的乃至法律的手段尽可能拓展自身的利益范围。即便是在公平、正义原则下能保证分配措施的合理、合情与合法，但社会各系统或部门之间的利益分配关系是一个客观存在，相关的政策调节作用也无法跨越这一内容，乡村教师补充政策能力受到限制就是必然存在的。总之，政府的能力是有限的，政策的能力也是有限的，政府能力直接规定了政策能力的限度。这种限度不仅表现在财力、资金资源上，还表现在乡村教师补充政策的人力资源、社会资源、信息资源和心理资源等方面。这里不再赘述。

政策的效率是政策的投入与产出之间的比例。② 政策投入就是政策资源的投入，政策产出是政策执行过程及其之后的直接结果。政策效率不仅与政策投入和政策产出有关，而且与政策目标的达成度相关。③ 政策目标体现的是政策的针对性和预期性，但政策效率与政策目标达成度不一定是正相关的关系。既然政策目标的实现，受政策环境、政策系统、政策行动者、政策能力和政策资源等的影响，那么，要促使政策目标最大程度的达成，就必须加大政策成本或加大政策投入。根据边际收益递减规律，在其他要素投入不变的情况下，随着某一要素投入量的增加，获得的产出增量越来越小，而当投入超过某一定值时，政策的效率将会下降。也就是说，尽管此时既定的政策目标已经达成，但政策的效率却可能是最低值。2007 年 5 月，国务院办公厅转发教育部、财政部、中央编办、人事部《关于教育部直属师范大学师范生免费教育实施办法

①　杜屏，刘斌.乡村教师多劳多得吗？——乡村教师的工作时间与工资的关系探究[J].教师教育研究，2020(3)：98-106.

②　宁骚.公共政策学[M].北京：高等教育出版社，2003：422.

③　姚晓春.教育政策的效率限度与教育政策的制定和选择[J].重庆社会科学，2001(1)：64-68.

(试行)》的通知规定：从 2007 年秋季入学的新生起，教育部直属的师范大学实行师范生免费教育，免费教育师范生四年在校学习期间免除学费，免缴住宿费，并补助生活费，但需要免费师范生入学前与学校和生源所在地省级教育行政部门签订协议，承诺毕业后回生源所在省份从事中小学教育十年以上。到城镇学校工作的免费师范毕业生，应先到农村义务教育学校任教服务二年。国家鼓励免费师范毕业生长期从教、终身从教。该项政策的初衷是为了吸引优秀人才从教，培养大批有理想信念、有道德情操、有扎实学识、有仁爱之心的"四有"好教师，以形成尊师重教的浓厚氛围，扭转师范教育日渐弱化的趋势。该项政策实施以来，为我国师范教育注入了新活力，强化了教师社会地位，促进了教育均衡发展等。但是，由于免费师范教育政策本身的政策理想与现实执行中的冲突，① 存在着政策目标失真，政策内容迷失重心等问题，② 因而政策的实施并不像政策制定者所期望的那样发挥了作用，甚至产生了众多政策目标之外的非预期结果。③ 显然，现实的政策实施无法实现政策预期中的最大效率，但追求高效率依然是师范生免费教育政策合理而且必须的要求，而怎样的效率范围才是该项政策的合理选择。尽管政策的效率分析和评估是一个十分复杂的问题，也应该为师范生免费教育政策设定一个合理的效率范围。如果政策的效率低于这个范围及其期望值，那么这项政策就是不可取的。这实际上是政策效率限度的含义及对政策制定与选择的意义。2018 年 7 月 30 日，师范生免费教育政策实施 11 年，国务院办公厅转发《教育部直属师范大学师范生公费教育实施办法》，"免费师范生"改称为"公费师范生"，履约任教服务期由 10 年缩减至 6 年。从免费教育到公费教育，体现了我国教育公平价值的实践和发展。然而，我国是一个效率观念薄弱的国度，长期以来政策的效率问题始终没有得到充分的重视。④ 即使是在政策的理论研究上，也仅仅停留政策效率的一般分析而缺乏深入有效的探索。实践中的政策事件，或者无视实际条件或者主观臆

①　杨颖秀，王智超. 免费师范教育政策理想与现实的冲突及建议[J]. 清华大学教育研究，2007(3)：49-53.

②　吴遵民，刘芳. 免费师范生教育政策刍议[J]. 杭州师范大学学报(社会科学版)，2008(6)：83-89.

③　张涛，黎聚才. 免费师范生政策的限度与超越[J]. 长春工业大学学报(高教研究版)，2011(3)：88-90.

④　姚晓春. 简论教育政策的限度[J]. 江西教育科研，2001(Z1)：45-48.

断，常常造成政策效率偏低乃至缺失。公费师范生教育政策，一定程度上消解了城市与农村之间、师范生与非师范生之间等的不公平问题，体现了我国教育公平价值的实践和发展。但政策的实施，是以地方政府有足够的教育经费支撑的，但地方经费不能保证地方公费师范生政策的有效实施；读研的倾斜政策，为公费师范生毕业从教的专业提升创造了条件，但也降低了研究生培养的要求；强制服务的制度设计，也将对公费师范生毕业从教产生严重的负面影响。①

　　乡村教师补充政策评估也是有限度的。这种限度，既与公共政策评估包括教育政策评估制度有关，也受政策本身所带有的那些内在限制性因素的制约。乡村教师补充政策评估的限度首先来源于政策评估的复杂性。就评估的最基本情况来说，乡村教师补充政策评估表现为收集政策运行的信息的尝试。然而，与收集信息的经验有关的环境和条件，对于得出的评估结论的可靠性极为重要，并且最终被纳入进乡村教师补充政策改进和变革的框架之中。如果考虑到评估意图、实施，以及可能是这两个因素分离的干预因素，那么评估得出的结论就可能提供有益的洞见。但是，如果评估主体本身对他不喜欢的政策及其内容的评价近乎于机械反应，那么，评估分析的描述就近乎于粗糙的政策声明。实际上，乡村教师补充政策评估是在两个基本层面上进行：一个层面具体关系到乡村教师补充政策制定、政策文本、政策的参与者和采用乡村教师补充政策特定的问题情境；另一个层面关系到更抽象的社会制度包括乡村教师补充政策评估的制度，因为乡村教师补充政策的有计划行动就是在这个系统中产生的。第一个层面的评价过程，评价者可能在评估中更具有规定性的倾向，依据不同的标准，不同的评价者不可能得出一致的结论。第二个层面的评估，评价者的考察，是由政府主导或指派的一个机构的活动，评估结论可能会更标准化，更能得出较为一致的结论。

　　20世纪80年代，公共政策评估才作为我国一门独立的学科出现。而政策评估历来被认为是政策生命周期中不可缺少的组成部分，但我国对公共政策研究的重心一直放在政策制定和政策执行方面，政策评估基本上处于起步阶段。党的十八大以来，党和国家高度重视科学决策和政策评估。2015年1月20

　　① 沈红宇，蔡明山. 公平价值的引领：从免费到公费的师范生教育[J]. 大学教育科学，2019(2)：66-71，124.

日，中共中央办公厅、国务院办公厅印发《关于加强中国特色新型智库建设的意见》，明确提出：加强对政策执行情况、实施效果和社会影响的评估，建立健全政策评估制度。但从我国乡村教师补充政策评估实践看，评估现在是政策过程中相对薄弱的一个环节，评估工作存在诸多实际的、难以在短时间内得到解决的问题。很多原因导致了这些问题的出现，其中比较重要的一个原因就是没有形成制度化和规范化的乡村教师补充政策评估体系。另一方面，乡村教师补充政策评估的对象是政策的质量和结果，其中政策结果是核心要素。而政策结果具有的多样性和复杂性特征，客观地认定和评估政策结果相当困难。同时，不同的评估主体各有自身的利益需求，持有不同的评估标准，对乡村教师补充政策的评估可能得出大相径庭的结论。乡村教师补充政策的这种利益分歧往往导致官方的评估结论与乡村学校和乡村教师等政策主体的感受相违、学者的声音与政府提供的信息相异。[①] 另外，乡村教师补充政策评估是建立在人类理性认识和基础上的，受人的有限理性的制约，但在实际的评估实践中却处处显现出理性的窘迫。但理性分析的作用和地位是有限的，因为人类的决策行为依赖的是有限理性，而不是(纯粹)理性。人的理性更多的是一种帮助决策者进行讨价还价的手段，而不是为他提供足够多的信息而作出决策。因此，无论是乡村教师补充政策评估外部性的制度缺陷还是政策本身的内在限制，必然会导致乡村教师补充政策的评估限度，自然也影响到政策目标的实现和政策实施的绩效和质量。

乡村教师补充政策是乡村教师补充和发展的重要变量。突破并超越乡村教师补充政策的限度，未来我国乡村教师补充政策应是：政策灵敏度更高、制定更科学、程序更规范、目标更精确、手段更完善、内容更具体、效果更明显，通过改革创新，重构政策的实践逻辑，实行有效的政策供给和积极的绩效评估，以实现最大化的政策价值和可持续发展的政策质量。

三、乡村教师补充政策创新发展

变革带来发展，创新引领发展。"创新"是一个民族的灵魂，是国际社会政策领域中的一个最显著的特征，也是乡村教师补充政策可持续发展的根本保障。2015 年 9 月 25 日联合国大会第 70 届会议通过的《变革我们的世界：2030

---

① 高庆蓬，杨颖秀. 论教育政策评估的限度[J]. 教育理论与实践，2010(8)：17-20.

年可持续发展议程》呼吁世界各国采取行动，为今后 15 年实现 17 项可持续发展的目标而努力。这 17 项目标述及发达国家和发展中国家人民的需求，包括社会、经济和环境三个层面以及与和平、正义和高效机构相关的重要方面，强调到 2030 年消除贫困，实现可持续发展，并不会落下任何一个人。从千年发展目标（MDGs）到"2030 年可持续发展议程"，全球经济社会与环境发展治理的理念、机制与模式经历了持续转型。党的十八届五中全会立足我国经济社会发展的新要求提出创新、协调、绿色、开放、共享的发展理念，推动了中国经济社会持续健康发展。党的十九届五中全会通过的《中共中央关于制定国民经济和社会发展第十四个五年规划和二〇三五年远景目标的建议》再次明确创新在我国现代化建设全局中的核心地位，强调以改革创新为根本动力，深入实施可持续发展战略。

"十二五""十三五"期间，我国颁布的与乡村教师补充政策文件数量呈现攀升趋势，且高峰屡现。2015 年国务院办公厅印发的《乡村教师支持计划（2015—2020 年）》、2018 年《中共中央 国务院关于全面深化新时代教师队伍建设改革的意见》以及 2020 年《教育部等六部门关于加强新时代乡村教师队伍建设的意见》，都可以视为阶段性的重头文件。总体来看，21 世纪我国乡村教师补充政策的发展趋势可概括为：对乡村教师补充与发展的关注与重视程度不断加强，对乡村教师在乡村经济社会发展的理解与认识程度逐步深化，对落实政策推动乡村教师和乡村教育发展主渠道的坚持贯穿始终。如果说"十二五""十三五"期间的乡村教师补充政策发展的重点是数量的补充和队伍规模的逐步扩大，那么进入"十四五"以后，乡村教师补充政策侧重追求补充教师质量的提升。乡村教师补充政策不仅关注乡村教师规模扩张，更关注补充教师"天赋"的选拔和资质的优化，不仅关注乡村教师补充政策的制度匹配，更关注乡村教师发展的赋权管理，不仅关注乡村教师教育模式的创新，更关注激发教师奉献乡村教育的内生动力。正是基于乡村教师补充政策发展的需求，以下将从四个方面探索乡村教师补充政策的发展方式，分析这些发展方式如何引领乡村教师补充政策的发展，以期对我国未来的乡村教师补充政策发展和质量评估提供借鉴与启示。

第一，超越"政策限度"，破解政策发展难题。上述的分析表明，改革开放以来，作为政府干预乡村教育发展的重要手段，乡村教师补充政策在促进乡村教师补充和发展过程中发挥了积极的作用，取得了巨大的成就。然而，乡村教师补充政策不是万能的，存在着政策能力、政策效率和政策评估等限度。为破解乡村教师补充政策发展的现实难题，超越其限度，未来我国乡村教师补充政策在发挥国家主导作用，统筹规划与合理布局乡村教育发展走向的同时，应进一步明晰政策发展边界，通过建设"自上而下"与"自下而上"双向互动和多元协同的发展格局，完善政策治理体系和政策发展网络，满足不同利益群体及个体的利益诉求，最大程度地实现政策的积极作用，促进乡村我国教师补充政策的可持续发展。

中华人民共和国成立初期，借鉴苏联模式，建立起了一个国家权力统摄一切的"全能主义"政治结构。直到改革开放之前，在这种国家治理体系中，既不存在政府职能的界定，也不存在政府职能的边界，政府对教育的干预几乎是全方位的，它可以不受限制地渗透教育领域的各个层面。但是，政府的能力却是有限的，而不是无限的。18世纪英格兰启蒙思想家亚当·斯密（Adam Smith）从经济学角度探讨了"有限政府"问题。我国经济学家林毅夫的新结构经济学就提倡"有为政府"和"有限政府"。但"有为政府无效和有为政府高效的逻辑和证据并不能经受思辨逻辑的拷问"。① 中国社会的历史传统，政府历来承担着无限责任，它要求一个完全"能力"和"智慧"的"无限政府"。改革开放以来，我国政府改革的基本定位就是积极转变政府的职能，克服政府职能的错位、越位和错位等现象，打造一个有限和有为的政府。以此看来，政府在乡村教师补充与发展过程中究竟承担有限责任还是无限责任，应该是"政策限度"研究的一个重要议题。从我国乡村教师补充政策的实践经验进行审视，在"有限"与"无限"之间，似乎都有一个有限政府的存在空间。特别是作为公共政策领域的乡村教师补充问题，"政府的权力及其职能，何时'有限'，何时'无限'，'限'在何处，不'限'什么，"②需要结合乡村教师补充政策发展不同阶段的具体情境进行分析。其基本定位是：乡村教师补充和发展问题，"需重新界定政府干预的形式和范围，以及利用市场和准市场的方法来提供'公共服

---

① 朱富强. 政府的功能及其限度——评林毅夫与田国强、张维迎的论争[J]. 政治经济学报. 2016（2）：3-56.

② 张高军，易小力. 有限政府与无限政府：乡村振兴中的基层政府行为研究[J]. 中国农村观察，2019（5）：32-52.

务'"①。这意味着，政府应对自身的责任和职能边界有清楚的认识，在此基础上，建立起比较完善的政策网络、协同网络和治理网络，提供合理的政策服务，行使相应的政策行为。

中国特色社会主义进入新时代，社会主要矛盾发生深刻变化，我国乡村教育发展已经开始从单一的政府管理向通过并运用网络治理的转型。作为一种治理工具，网络治理是政策网络与治理理论联姻所形成的一种新的治理模式。乡村教师补充政策网络主要关注乡村教师补充政策决策的形成，协同网络强调各级政府所提供的政策服务，而治理网络将二者结合起来，实现乡村教师补充政策决策和政策服务传输的融合。英国学者罗兹（Rhodes）等人认为，政策网络的关键是组织间的结构关系，其基本属性就是信任、外交和互惠。② 乡村教师补充政策网络机制，就是各行动主体以信任为基础，在遵守共同协商达成的互动规则前提下展开利益博弈和资源交换，从而建立相互依赖，围绕互动的核心议题构成政策网络和协同网络。乡村教师补充政策治理网络，就是在国家干预之外，通过建设"自上而下"与"自下而上"双向互动的治理体系，形成多元协同的发展格局，建立诚信的伙伴合作共同体，平衡并调整政策利益及其代价之间的关系，积极而批判地评估政策的各种结果，最大程度地实现乡村教师补充政策的积极作用。

第二，化解"路径依赖"，促进政策发展转型。路径依赖最早是由生物学家提出和使用，用来说明偶然性随机因素对物种进化路径的影响。20 世纪 90年代，道格拉斯·C. 诺思（Douglass C. North）首先将路径依赖概念用于制度变迁。③ 他指出：人们过去做出的选择决定了他们现在可能的选择。④ 简单地说，过去的约束限制着当前的选择，并使当前的选择集合更为明晰，而根本

---

① R. A. W. 罗茨，杨雪冬. 新治理：没有政府的管理[J]. 经济管理文摘，2015（14）：41-46.

② R. A. W. 罗茨，王宇颖. 如何管理政策网络[J]. 中国行政管理，2015（11）：139-144.

③ 尹贻梅，刘志高，刘卫东. 路径依赖理论研究进展评析[J]. 外国经济与管理，2011（8）：1-7.

④ 道格拉斯·C. 诺思. 经济史中的结构与变迁[M]. 陈郁，罗华平，等译. 上海：三联书店上海分店，1991：中译本序 1.

上，路径依赖是制度矩阵的报酬递增特征的结果。① 路径依赖就是制度变迁过程存在着报酬递增和自我强化的机制，最终甚至会进入阻滞持续发展的锁定状态。②

乡村教师补充政策的发展也是一种制度变迁的过程，也会呈现出路径依赖表现出来的自我增强机制。在这种机制的推动下，乡村教师补充政策可能进入良性循环的轨道，不断发展并得到优化，也可能沿着原先设计和运行的路径下滑，甚至被锁定在某种低效或无效的状态之中内卷而停滞不前。以乡村教师编制管理问题为例，改革开放以来，我国乡村教师编制政策经历了三次变革，呈现出一条制度变迁的曲折路径。③ 第一次是 1984 年 12 月 27 日教育部颁布《关于中等师范学校和全日制中小学教职工编制标准的意见》，以"班师比"为教师配备标准，其中农村小学、初中教师配备标准低于城镇教师。第二次是 2001 年 10 月 11 日国务院办公厅转发中央编办、教育部、财政部颁布的《关于制定中小学教职工编制标准意见的通知》按照学生数的一定比例核定，其中，乡村小学、初中和高中生师比均比县镇和城市学校生师比高。第三次是 2014 年 11 月 13 日中央编办、教育部、财政部颁布的《关于统一城乡中小学教职工编制标准的通知》将县镇、农村中小学教职工编制标准统一到城市标准，即高中生师比为 12.5∶1、初中为 13.5∶1、小学为 19∶1。其后的政策不断细化和深化。例如，国务院办公厅 2015 年 6 月 1 日发布的《乡村教师支持计划(2015—2020 年)》再次强调城乡教职工编制标准的统一，但在村小学、教学点的教师配备，按照生师比和班师比相结合的方式进行核定。2018 年 1 月 20 日，《中共中央国务院关于全面深化新时代教师队伍建设改革的意见》要求创新和规范中小学教师编制配备，包括盘活事业编制存量、优化编制结构、向乡村小规模学校倾斜和教师编制配备和购买工勤服务相结合等。2020 年 07 月 31 日《教育部等六部门关于加强新时代乡村教师队伍建设的意见》比较详细地提出要"创新挖潜编制管理，提高乡村学校教师编制的使用效益"的问题。至此，我国乡村教师队伍编制管理政策的总体布局、总体规划和总体要求已基本完成，政策

---

① 道格拉斯·C.诺思.制度、制度变迁与经济绩效[M].杭行，译.上海：格致出版社，2008：163.

② 洪名勇.制度经济学[M].北京：中国经济出版社，2012：163.

③ 李新翠.我国中小学教师配置标准政策变迁的制度逻辑[J].教育研究，2015 (10)：72-77.

风格和政策布局基本定型。但是，我国乡村教师编制政策存在的问题，诸如：乡村教师队伍建设中的结构性缺编、挤占挪用编制、老龄化等，仍然层出不穷，区域性、结构性矛盾突出，制度变迁陷入路径依赖而呈锁定状态。① 这些问题严重困扰并影响乡村中小学教师队伍建设和乡村教育的发展。

乡村教师编制改革的实质是乡村教师资源的重新配置和利益的重新调整。从中可以推论：路径依赖和政策驱动依然是我国乡村教师补充政策发展的两种典型情景。如果把乡村教师补充政策发展抽象为单一个体，那么，前者可以解读为一种自上而下的发展模式，以乡村教育的历史发展和现实特征为基础，具有内生增长、惯性稳定和可预测的特征；后者可理解为一种自下而上的发展模式，受国家经济社会发展的外部力量驱使，具有不确定性的特征。因此，路径依赖情境下，乡村教育的历史传统、信仰体系和发展现状等，都是一种根本性的制约因素。既然政策变迁路径的力量决定于报酬递增和不完全市场两个方面，那么，在一个不存在报酬递增和市场的可竞争性世界，乡村教师补充政策是无关紧要的，相反，乡村教师补充政策则是重要的，自我强化的机制会起作用。政策驱动情境下，政策变迁的过程受到国家治理结构和农村经济社会环境中嵌入的关键内生因素的影响和制约。结构和因素同时具有瞬态性和路径依赖性。但是，忽略变迁主体的能动作用而依赖的单一路径，既忽视动态变化的客观环境对政策变迁产生新需求，也排除了路径创造的可能性。如果政策变迁营造的政策繁荣景象，无限放大政策实际影响力的自信，那么，其他利益主体行动的积极性和主观能动会受影响，他们的行动选择范围必将受到限制并最终形成锁定状态。

基于路径依赖和政策驱动的典型情景，未来乡村教师补充政策发展，应"从单一路径依赖扩展到由政策网络和制度结构中与其相关联的其他公共政策和制度产生的多重路径依赖"②。具体来讲：就是以多重路径依赖为起点，摒弃跟随思维，摆脱单一路径依赖，根据乡村经济社会发展的现实情况变化，关注不同情景下乡村教师发展的焦点问题，在为乡村教育和乡村教师发展新路径创造必要政策网络和制度结构的同时，寻求乡村教师补充政策改革创新的内在

① 左崇良，游其胜. 教师编制政策的制度变迁和路径依赖[J]. 教育学术月刊，2017（1）：51-58.

② 时晓虹，耿刚德，李怀."路径依赖"理论新解[J]. 经济学家，2014(6)：53-64.

驱动力量，发挥政策变迁主体在变迁中的主观能动性，按照主体的意图设置政策变迁的动态修正机制，不断矫正路径偏差，进而探索乡村教师补充政策路径创造的可能性及实现方式，使政策变迁摆脱自我强化机制形成的路径锁定成为可能。

第三、创新"政策学习"，推进政策可持续性发展。政策学习本身就是推动政策变革的一种方式，无论是自上而下的变革还是自下而上的变革。政策失败可能会触发政策学习，以降低政策失败再次发生的可能性，这需要学习关于制度和政策的设计、决策和执行的规划，并在正确时间将它们安排在正确的地方。①

在政策学习的理论研究上，迈克尔·豪利特和 M. 拉米什区分了"内生学习"和"外生学习"这两种政策学习的类型。两种学习类型分别对应着两种不同的政策变迁模式：一是"常规型的"政策变迁模式，涉及在"吸取—教训"基础上对政策进行更加细微的修补；二是"范式型的"政策变迁模式，是在"社会学习"基础上进行的更具实质性和根本性的改变。② 而保罗·A. 萨巴蒂尔(Paul A. Sabatier)和汉克·C. 詹金斯-史密斯(Hanks C. Jenkins-Smith)等人的倡议联盟框架，特别关注以政策为取向的学习。该框架聚焦于政策信念体系，把政策信念系统作为政策共同体内在的稳定的参数，主张政策核心信念的差异是政策子系统中不同倡议联盟分立的根源，而在政策信念体系指导下开展的政策取向的学习，决定了政策变迁和政策发展的根本属性。③

按照迈克尔·豪利特和 M. 拉米什的政策学习分类，我国乡村教师补充政策变革有着惊人的连贯性，一定程度上是以往政策和实践的延续，因而属于"常规型的"模式。可以说，包括乡村教师补充政策在内的我国公共政策变革，都是在中国共产党领导下的社会主义宪政制度和具体国情的基础上展开的，是我国经济社会发展进程中的增量演进。众所周知，中国特色社会主义道路是中国共产党和人民 100 年奋斗、创造、积累的根本成就。中国改革就是在一个没

---

① Bovens M., Hart P. Revisiting the Study of Policy Failures [J]. Journal of European Public Policy, 2016, 23(5)：653-666.

② 迈克尔·豪利特，M. 拉米什. 公共政策研究——政策循环与政策子系统[M]. 北京：生活·读书·新知三联书店，2006：320-325.

③ 保罗·A. 萨巴蒂尔，汉克·C. 詹金斯-史密斯. 政策变迁与学习：一种倡议联盟途径[M]. 邓征，译. 北京：北京大学出版社，2011：19.

有前人经验可供借鉴的前提下进行的一次伟大社会试验,因而"政策试错"成为了政策创新的"典型试验"与"形式逻辑"。① 当代中国乡村教育发展最重要的特征和最深刻的意义在于,它把中国农业现代化、农村城镇化和社会主义制度的改革浓缩在了同一个历史时代,因而 70 多年来的乡村教师补充政策变迁,不断创造着"中国经验",演绎着"中国特色",具有很深的"中国烙印"。

按照倡议联盟框架范式,乡村教师补充政策变迁是由乡村教师补充政策子系统内倡议联盟的政策学习、竞争性倡议联盟间的互动以及乡村教师补充政策子系统外非认知性因素的动摇共同推动的。② 乡村教师补充政策子系统内部,事实上已经形成乡村教师公开招考式、专项项目式和临时代课式三大政策倡议联盟,竞争性倡议联盟间的互动通过省(直辖市、自治区)、地市(自治州、盟)和县(市、区、旗)等地方教育行政部门的改革试点进行,并在操作层面产生了很多政策后果。比如湖北省在 2004 年率先启动"农村教师资助计划",持续至 2012 年,累计选派两万余名高校本科毕业生到农村地区任教。2012 年 3 月 23 日,湖北省人民政府颁发《关于创新农村中小学教师队伍建设机制的意见》,实行湖北农村义务教育学校(不含县城)新录用教师实行"国标、省考、县聘、校用"的新机制。新录用教师实行年薪制,在边远贫困地区任教的,每人每年 3.5 万元。在其他地区任教的每人每年 3 万元,并根据经济社会发展水平适时调增,资金由省级财政负担,使用事业单位编制。这一改革试点持续至今。新机制的建立,不仅缓解了乡村教师不足的问题,而且打开了优秀大学投身农村教育事业的政策通道,让农村教师队伍有了源源不断的新鲜血液。③ 倡议联盟的政策学习以国家关于乡村教育发展的理念,即"缩小城乡师资水平差距,帮助乡村孩子学习成才,让每个乡村孩子都能接受公平、有质量的教育"为核心,不断加大乡村教师补充政策的力度进行。倡议联盟间的互动与政策学习直接改变了占统治地位的联盟,即"城乡二元制结构下落后的农村教育"信念体系的次要方面。而社会公众对"落后的农村教育"改革的诉求、乡村教育自身发展的现实需求、农村学校生源持续下跌以及追求公平和质量的主流教育

---

① 陈潭. 改革开放以来的中国公共政策变迁[J]. 湖湘论坛,2009(4):10-13.

② 黄文伟. 政策学习与变迁:一种倡议联盟框架范式——对我国高职院校招生政策变迁的解读[J]. 清华大学教育研究,2013(5):55-60.

③ 曾宪波,黄立明,杨万军. 新机制激发新活力——湖北省实行农村中小学教师队伍建设新机制扫描[J]. 湖北教育,2013(12):4-9.

价值观等子系统外部非认知性因素的变化，又加快或减缓乡村教师补充政策核心方面的转变以及政策发展的速度。总体上看，虽然子系统外部某些非认知性因素的变化导致乡村教师补充困难重重，但更多积极的非认知性因素的变化仍不断促使政策适应能力的不断发展。

由此看来，政策的适应能力对乡村教师补充政策的可持续发展十分重要，因为乡村教师补充政策的制定和实施，必须应对我国乡村经济社会发展的种种复杂局面、未知环境、不确定性、价值和利益冲突；而政策主体包括决策者、政策研究者、政策执行者、乡村教师、乡村学校学生及其家长都只具备有限理性。政策适应能力的基础是学习。政策学习是政策创新的核心机制，是推进政策可持续发展的基础。影响乡村教师补充政策学习的主要因素包括乡村教师补充政策网络结构、上级政府、政府间竞争、政策执行者、政策研究者、乡村教师与乡村教育本土化资源。推动乡村教师补充政策可持续发展的关键是推动乡村教师补充政策学习的发生，包括自下而上、自上而下和政府间水平方向的政策学习。为此，有必要构建开放型乡村教师补充的政策网络、开展政策协商、激发政策学习动力、完善政策移植机制等，特别是政府间的组织学习，是乡村教师补充政策扩散的微观机制，也是乡村教师补充政策知识转移、吸收与内化的政策再生产过程。

第四，发现"教育天赋"，追求乡村教师卓越发展。审视与好教师相关的研究，不难发现："教育天赋"在好教师的养成中起着十分关键的作用。[1] 但是，当前的教师政策包括乡村教师补充政策很难将那些最适合当教师的人挑选出来，现有的教师选拔标准很容易造成："大量正规院校或教师培训项目培养的毕业生不愿从事教育，而许多在校任职的新教师又因无法胜任教学工作不得不离开教师岗位"[2]这一尴尬的局面。即使是"师范生免费教育"政策，也不能保证"最优秀的人"从事教育事业，而是在帮助家庭困难的高中毕业生接受高等教育方面显得更有意义。[3] 未来我国乡村教师补充政策发展可基于被选拔者

---

① 汪明帅. 发现"教育天赋"：改进教师教育的另一种视角[J]. 教育发展研究，2014（Z2）：61-67.

② 李进忠，郝静. 新教师选拔的标准及其成长——美国的经验[J]. 基础教育参考，2006（4）：35-37.

③ 宁本涛."师范生免费教育"政策对学习者选择的影响——基于"机会成本"的分析[J]. 教育发展研究，2008（1）：40-43，48.

的"教育天赋"进行改进，即：挑选那些具有"教育天赋"的高等院校毕业生进入乡村教师队伍；通过后续学习和各种有效的教师培训项目，努力将新选拔教师的"教育天赋"发挥到极致，尽量克服未来乡村教师补充政策的不足及其存在的短板。

2014年12月5日，《教育部关于实施卓越教师培养计划的意见》，提出"培养一大批师德高尚、专业基础扎实、教育教学能力和自我发展能力突出的高素质专业化中小学教师"。2018年9月17日，教育部再次发布《关于实施卓越教师培养计划2.0的意见》，强调"培养造就一批教育情怀深厚、专业基础扎实、勇于创新教学、善于综合育人和具有终身学习发展能力的高素质专业化创新型中小学教师"。卓越教师培养的重要性毋庸置疑，关于卓越教师培养的研究也层出不穷。美国国家专业教学标准委员会的标准可概括为：卓越教师不仅对学生本身负责，也对学生的学习负责；不仅精通专业知识，也懂得如何把知识教授给学生；具备较强的组织与学习能力；不断反思并且善于总结；是团队合作与教学过程中不可或缺的组成部分。[1] 英国学者认为：卓越教师应具备良好的学业水平、较强的社交技能、清晰的表达能力、对学生和学习感兴趣等品质。[2] 澳大利亚学者认为：卓越教师要精通教学内容、了解学生如何学习、能计划并实施高效的教学、能营造安全良好的学习环境、能对学生进行及时准确的评价等。[3] 不难发现，根据我国"卓越教师培养计划"的目标表述和相关研究，存在着这样一个事实，即：卓越教师能本能地爱学生，善于从学生的角度思考问题；能凭借直觉地产生好的方法，对学生因材施教；能迅速灵活地根据具体情境运用教学理论知识并进行教学决策、实施教学行为。简言之，卓越教师自身的本能、直觉、天分等在其素质结构中占据较多的成分。而对教师本能、直觉、天分等质素的强调也就意味着对教师"教育天赋"的重视，"教育天赋"应该是养成好教师中的关键要素，[4] 或者说，卓越教师的培养应基于教师

---

① 美国国家教师专业教学标准委员会（NBPTS）.卓越教师专业标准［EB/OL］.http：//www.Nbpts.org/the standards/standards_by_crrt，2012.

② Donaldson Graham. Excellent teachers are not photofits：Comment［J］. The Times Educational Supplement Scotland，2011(1).

③ Australian Professional Standards for Teachers［EB/OL］. http：//www. Aitsl. Edu. au/verve/yesources/AITSL National Professional Standard for Teachers. Pdf2012.

④ 汪明帅.发现"教育天赋"：改进教师教育的另一种视角［J］.教育发展研究，2014(15-16)：61-67.

自身的教育天赋。

历史上，各领域杰出人物的卓越能力被认为是某种神秘因素的作用。随着科学的发展，这种观点逐渐被自然因素，即天赋的结果所取代，所以天赋是先天的、非后天获得的或自然赋予的才能。① 人类学家高尔顿（Francis Galton）力图证明智力是遗传的，并尝试将天赋和训练整合起来，结论是：天赋决定着个体可能达到的最高行为水平。心理学家加德纳认为，智力是多元的，每个人身上至少存在七项智力，每种智力都有独特的生物学基础，比如音乐韵律智力就有很强的遗传性。他说：似乎这些孩子确实表现出某些主要来自遗传的节奏感和韵律感，几乎不需要来自外面的任何刺激。② 认知心理学家塞缪尔斯（Samuels）认为："天赋"就是不能从认知过程获得的认知结构。这种认知结构条件是本原性和在正常发展过程中获得的，因而只能是在生物学的水平的解释。美国罗格斯大学心理学教授 Gallistel 对昆虫（如蜜蜂）天生特定寻路模式研究，揭示了先天和学习如何造就了昆虫的寻路能力。③ 这些研究揭示：每个人都有自己特殊的天赋。如果将个体的天赋进行后天的训练和雕琢，并将其发挥到极致，那么，个体很可能在某一行业中有比较突出的表现。

对教师而言，"天赋"就是大自然赋予教师的特殊潜能，这种潜能在外部环境和教育经验的作用下可以转化为显性的教师的教育能力。"教育天赋"就像是大自然赋予教师的"内部教师"，这个"教师"不仅拥有巨大的潜能，而且为教师"精神胚胎"的发展指明了方向。天赋是教师发展的基础，教师的发展离不开天赋，离开了自身的"教育天赋"潜能，教师只能在人为的干预和控制下机械、片面的发展，毫无生机与活力。美国年度教师雷夫·艾斯奎斯（Rafe Esquith）在其著作《第 56 号教室的奇迹——让孩子变成爱学习的天使》的自序中坦言"天赋"是其工作得到认可的重要原因。④ 盖洛普机构（Gallup Organization）经过长期的调查与分析，发现：所有伟大的教师都有一个重要的

① 郝宁，吴庆麟. 天赋在专长获得中有限作用述评[J]. 心理科学，2009(6)：1401-1404.

② Gardner H. The arts and human development: a psychological study of the artistic process[M]. New York: Basic Books, 1994: 187-197.

③ 李艳鸽. 天赋理论最新发展研究[D]. 武汉：华中师范大学，2013：20.

④ 雷夫·艾斯奎斯. 第 56 号教室的奇迹——让孩子变成爱学习的天使[M]. 卞娜娜，译. 北京：中国城市出版社，2009，自序.

相同之处，即他们都是基于各自的天赋并将其发挥到极致。① 我国著名特级教师李镇西曾说：我最初填报师范学院并非是因为热爱教育，而是想早点脱离知青农场。但当了教师之后，我越来越发现我还是比较适合这个职业的，我甚至觉得我多少还是有一些当教师的天赋。他认为，教师的很多能力可以在后天"培养"，但是，如果不是源于天赋，某些能力或爱好的培养是有限的，而且很勉强。

上述讨论为个体的"教育天赋"进驻乡村教师补充政策提供了坚实的理论基础和现实证据。这意味着在乡村教师补充政策领域中需要重视并强调教育天赋。基于"教育天赋"的乡村教师补充政策发展，尤其需要注意这样几个方面：一是应将"教育天赋"纳入教师选拔政策的应有范畴，通过对被选拔者的兴趣、能力、性格、气质、心理健康、专业性向和教学效能等特质的测试，作为改进乡村教师补充政策的努力方向和重要依托；二是应将"教育天赋"融入未来教师培养和教师学习的课程内容，重视开发潜藏在未来教师身上的教育潜力和教育资源，作为改进乡村教师补充政策的实践取向和发展议题；三是应将"教育天赋"引入教师专业发展的全过程，营造一种促进教师专业自主发展的氛围，引导教师挖掘自身被遮蔽的"教育天赋"，努力将天赋发挥到极致，形成教育教学能力，作为改进乡村教师补充政策的逻辑基础和内在路径。

---

① 罗莎娜·利斯威德等. 发现你的学习优势[M]. 张林，译. 北京：中国社会科学出版社，2011，前言.

参 考 文 献

1. 连续出版物

[1]白亮等.乡村教师发展支持体系研究[J].中国教育学刊,2019(1):
18-22.

[2]包海芹.教育政策的特点分析[J].教育学术月刊,2011(1):3-6.

[3]曹素璋.循证管理—西方管理科学化新思潮[J].外国经济与管理,2008,
30(11):11-17.

[4]陈振华.中小学教师管理制度建设:问题与改进策略[J].教育研究,2015
(9):99-103.

[5]褚宏启.城乡教育一体化:体系重构与制度创新[J].教育研究,2009
(11):3-10.

[6]邓念国.公共政策执行系统价值取向的分析[J].武汉大学学报(哲学社会
科学版),2005(5):692-696.

[7]董运生.地位一致性与阶层结构化[J].吉林大学社会科学学报,2007
(1):151-155.

[8]都丽萍.开发心理资本:培养高质量教师的新路径[J].中国教育学刊,
2020(10):94-96.

[9]杜桂英.家庭背景对我国高等教育入学机会的影响——基于2009年高校
毕业生的调研报告[J].国家教育行政学院学报,2010(10):78-84,5.

[10]杜屏等.乡村教师多劳多得吗?——乡村教师的工作时间与工资的关系
探究[J].教师教育研究,2020.

[11]杜屏等.农村中小学教师工资与流失意愿关系探究[J].华东师范大学学
报(教育科学版),2019(1).

[12]段伟丽等.回顾与展望:新中国成立70年来乡村教师教育政策变迁[J].
中国成人教育,2020(5):90-96.

[13]范柏乃等.公共政策质量的概念构思、测量指标与实际测量[J].北京行政学院学报,2014(6):1-7.

[14]范先佐.完善农村义务教育学校教师补充新机制还需要哪些举措[J].湖北教育综合资讯,2013(12):10-11.

[15]范晓光,陈云松.中国城乡居民的阶层地位认同偏差[J].社会学研究,2015(4):143-168,244-245.

[16]高慧斌等.改革开放40年教师政策体系演进[J].教师发展研究,2018(4):1-9.

[17]高庆蓬,杨颖秀.论教育政策评估的限度[J].教育理论与实践,2010(8):17-20.

[18]郝宁,吴庆麟.天赋在专长获得中有限作用述评[J].心理科学,2009(6):1401-1404.

[19]胡艳,郑新蓉.1949—1976年中国乡村教师的补充任用——基于口述史的研究[J].北京师范大学学报(社会科学版),2018(4):15-25.

[20]胡艳.建国以来师范教育发展的问题及原因分析[J].教育学报,2005(5):88-90.

[21]黄文伟.政策学习与变迁:一种倡议联盟框架范式——对我国高职院校招生政策变迁的解读[J].清华大学教育研究,2013(5):55-60.

[22]黄晓茜等.教师学习力:乡村教师专业发展的重要驱力[J].全球教育展望,2020(7):62-71.

[23]姜广东.社会分层及其劳动力市场效应[J].经济与管理,2012(12):5-12.

[24]金生鈜.何为教育实践[J].华东师范大学学报(教育科学版),2014(2):13-20.

[25]靳继东,华欣.政策缘何失败:执行研究的关系、限度和框架[J].财经问题研究,2014(7):3-8.

[26]柯江林等.心理资本:本土量表的开发及中西比较[J].心理学报,2009(9):875-888.

[27]雷万鹏,陈贵宝.论农村代课教师的分流政策[J].华中师范大学学报(人文社会科学版),2008(1):117.

[28]雷万鹏,李贞义.师范与非师范毕业生教师身份认同差异及政策启示[J].

国家教育行政学院学报，2021(2)：86-95.

[29]李斌辉．教师假性成长及其克服——从教育行政角度的分析[J]．课程·教材·教法，2010(6)：85-91.

[30]李汉通．基于贡献的人力资本定价机制[J]．生产力研究，2004(11)：27-28.

[31]李进忠等．新教师选拔的标准及其成长——美国的经验[J]．基础教育参考，2006(4)：35-37.

[32]李骏．城乡出身与累积优势：对高学历劳动者的一项追踪研究[J]．社会学研究，2016(2)：57-81，242.

[33]李玲玲，梁疏影．公共政策的逻辑起点[J]．行政论坛，2018(4)：1570-1575.

[34]李强．当前我国社会分层结构变化的新趋势[J]．江苏社会科学，2004(6)：93-99.

[35]李森，崔兴友．新型城镇化进程中乡村教师专业发展现状调查研究——基于对川、滇、黔、渝四省市的实证分析[J]．教育研究，2015(7)：98-107.

[36]李新翠．我国中小学教师配置标准政策变迁的制度逻辑[J]．教育研究，2015(10)：72-77.

[37]林小英．理解教育政策：现象、问题和价值[J]．北京大学教育评论，2007(4)：44-45.

[38]刘复兴．教育政策的价值系统[J]．清华大学教育研究，2003(2)：6-13.

[39]刘复兴．教育政策的四重视角[J]．清华大学教育研究，2002(4)：13-19.

[40]刘理等．中部地区农村中小学教师队伍现状调研报告[J]．教育发展研究，2005(4).

[41]刘铁芳．乡村教师：农村教育发展之魂[J]．中国教师，2018(11)：15-16.

[42]刘欣．相对剥夺地位与阶层认知[J]．社会学研究，2002(1)：81-90.

[43]卢福营等．客观地位分层与主观地位认同[J]．中国人口科学，2006(3)：38-43，95.

[44]罗芳，影响公共政策质量的主要因素分析[J]．湖南行政学院学报，2007(4)：10-11.

[45] 麻彦坤等. 具身认知：心身关系的新思考[J]. 徐州师范大学学报(哲学社会科学版)，2010(5)：138-142.

[46] 毛晋平等. 中小学教师心理资本的干预研究[J]. 教师教育研究，2016(5)：98-103.

[47] 孟宪宾等. 变革中的教师焦虑与教师专业发展[J]. 外国教育研究，2004(11)：47-50.

[48] 宁本涛. "师范生免费教育"政策对学习者选择的影响——基于"机会成本"的分析[J]. 教育发展研究，2008(1)：40-43，48.

[49] 宁有才. 公共政策质量的影响要素分析[J]. 湖北社会科学，2012(7)：31-33.

[50] 牛喜霞，邱靖. 社会资本及其测量的研究综述[J]. 理论与现代化，2014(3)：119-127.

[51] 庞丽娟等. 全科教师本土化定向培养——乡村小学教师补充的现实路径探析[J]. 教师教育研究，2017(6)：41-46.

[52] 彭勃，张振洋. 公共政策失败问题研究——基于利益平衡和政策支持度的分析[J]. 国家行政学院学报，2015(1)：63-68.

[53] 祁型雨. 教育政策价值取向的几个基本理论问题探讨[J]. 沈阳师范大学学报(社会科学版)，2006，3(3).

[54] 祁占勇等. 中国教育政策学研究热点的知识图谱[J]. 教育研究，2016(8)：47-56.

[55] 饶从满. 教师发展若干基本问题辨析[J]. 中国教育学刊，2009(4)：83-86.

[56] 任皓等. 心理资本对企业员工职业成功的影响——职业承诺的中介效应[J]. 心理科学，2013(4)：960-964.

[57] 任胜洪，黄欢. 乡村教师政策70年：历程回顾与问题反思[J]. 吉首大学学报(社会科学版)，2019(6).

[58] 桑青松等. 幼儿教师核心自我评价、社会支持与离职倾向关系[J]. 安徽理工大学学报(社会科学版)，2012(4)：96-102.

[59] 邵光学，刘娟. 从"社会管理"到"社会治理"——浅谈中国共产党执政理念的新变化[J]. 学术论坛，2014(2)：44-47.

[60] 沈红宇，蔡明山. 公平价值的引领：从免费到公费的师范生教育[J]. 大

学教育科学，2019(2)：66-71，124.

[61]石耀华．农村教师专业发展的"内卷化"困境与消解[J].教育科学研究，2015（10）：72-76.

[62]时晓虹，耿刚德，李怀."路径依赖"理论新解[J].经济学家，2014(6)：53-64.

[63]宋广文，魏淑华．论教师专业发展[J].教育研究，2005(7)：71-74.

[64]孙柏瑛．公共性：政府财政活动的价值基础[J].中国行政管理，2001(1)：23-26.

[65]涂端午．教育政策文本分析及其应用[J].复旦教育论坛，2009(5)：22-27.

[66]汪明帅．发现"教育天赋"：改进教师教育的另一种视角[J].教育发展研究，2014(15-16)：61-67.

[67]王惠东，熊川武．论促进教师态度转变的方略[J].华东师范大学学报(教育科学版)，2004(2)：88-91.

[68]王慧，梁雯娟."文革"时期农村普及教育的发展及其历史认识[J].内蒙古师范大学学报(教育科学版)，2014(12)：1-4.

[69]王建平，胡重光．中师转型中的价值传承与实践创新[J].中国教育学刊，2011(6)：70-72.

[70]王淑宁．农村教师专业发展困境及支持体系构建[J].教学与管理，2019(6)：52-55.

[71]王雁飞，朱瑜．心理资本理论与相关研究进展[J].外国经济与管理，2007(5)：32-39.

[72]王玉樑．论价值标准与价值界定[J].宁波大学学报(人文科学版)，2006：60-65.

[73]王中华，贾颖．论新生代乡村教师乡土知识的建构[J].教育科学研究，2020(6)：85-90.

[74]文东茅．家庭背景对我国高等教育机会及毕业生就业的影响[J].北京大学教育评论，2005(3)：58-63.

[75]吴超荣，甘怡群．核心自我评价：一个验证性因素分析[J].北京大学学报(自然科学版)，2005(5)：622-627.

[76]吴凡．面向2030的教育质量：核心理念与保障模式——基于联合国教科

文组织等政策报告的文本分析[J]. 教育研究, 2018(1)：132-141.

[77]吴锡泓, 金荣枰. 政策学的主要理论[J]. 金东日, 译. 上海：复旦大学出版社, 2005：442.

[78]吴永军. 促进教师专业发展：范式、途径、方法[J]. 当代教育科学, 2007(12)：19-21.

[79]吴遵民等. 免费师范生教育政策刍议[J]. 杭州师范大学学报(社会科学版), 2008(6)：83-89.

[80]伍叶琴等. 教师发展的客体性异化与主体性回归[J]. 教育研究, 2013 (1)：119-125.

[81]席梅红. 论乡村教师专业发展的政策支持[J]. 中国教育学刊, 2018(4)：81-85.

[82]向玉琼. 政策过程中权力的终结与影响力的兴起[J]. 学习论坛, 2020 (3)：47-56.

[83]谢倩等. 新中国成立 70 年乡村教师支持政策文本量化分析[J]. 现代教育管理, 2020(4)：61-67.

[84]谢少华. 政策本质初探[J]. 华南师范大学学报(社会科学版), 2003(5)：92-97.

[85]谢延龙, 周福盛. 教师发展的生存论转向[J]. 中国教育学刊, 2011(8)：68-70.

[86]熊猛, 叶一舵. 心理资本：理论、测量、影响因素及作用[J]. 华东师范大学学报(教育科学版), 2014(3)：84-92.

[87]徐赟, 祁型雨. 由从属性到主体性：我国教育政策本质观的回顾、反思与重构[J]. 教育科学研究, 2017(11)：5-11.

[88]许萍. 心理资本：概念、测量及其研究进展[J]. 经济问题, 2010(2)：34-38.

[89]许思安, 杨晓峰. 核心自我评价：教师心理幸福感的重要影响因素[J]. 中国特殊教育, 2009(3)：90-96.

[90]杨玲. "核心自我评价"对中小学教师职业认同的影响[J]. 教师教育研究, 2015(2)：49-53, 106.

[91]杨卫安. 乡村小学教师补充政策演变：70 年回顾与展望[J]. 教育研究, 2019(7)：16-25.

[92]杨卫安等．城乡教育一体化：范围、实质与研究路径[J]．湖南师范大学教育科学学报，2013(4)：5-9．

[93]杨颖秀，王智超．免费师范教育政策理想与现实的冲突及建议[J]．清华大学教育研究，2007(3)：49-53．

[94]姚昊，马立超．教师学历结构对学生成绩的影响效应及机制——基于PISA 2018数据的实证分析[J]．教育学术月刊，2021(4)：74-81．

[95]姚晓春．教育政策的效率限度与教育政策的制定和选择[J]．重庆社会科学，2001(1)：64-68．

[96]姚云．改革开放以来中国师范教育的发展及未来挑战[J]．大学(研究与评价)，2008(6)：11-12．

[97]尹贻梅等．路径依赖理论研究进展评析[J]．外国经济与管理，2011(8)：1-7．

[98]袁桂林．新机制、新希望、新问题——农村义务教育财政政策回顾与展望[J]．人民教育，2006(10)：3．

[99]岳欣云．教师发展的最高境界：教师生命自觉[J]．华东师范大学学报(教育科学版)，2018(2)：117-122．

[100]张高军等．有限政府与无限政府：乡村振兴中的基层政府行为研究[J]．中国农村观察，2019(5)：32-52．

[101]张华．论教师发展的本质与价值取向[J]．教育发展研究，2014(22)：16-23．

[102]张乐天．中国乡村教育的百年[J]．江苏教育(教育管理版)，2011(4)：8-10．

[103]张铭．心理资本影响因素研究回顾及拟议框架[J]．商业经济与管理，2017(12)：24-34．

[104]张新平．教育政策概念的规范化探讨[J]．湖北大学学报(哲学社会科学版)，1999(1)．

[105]张烨．教育政策的制度分析：必要、框架及限度[J]．复旦教育论坛，2006(6)：24-28．

[106]张宇．从"存在感"到"获得感"：寻找政策意见聚合的理性逻辑[J]．行政论坛，2019(2)：73-79．

[107]张云昊．循证政策的发展历程、内在逻辑及其建构路径[J]．中国行政管

理，2017(11)：73-78.

[108]张兆芹，罗玉云.学习型组织理论视角下的教师专业发展[J].课程·教材·教法，2005(11)：72-77.

[109]赵雪雁.社会资本测量研究综述[J].中国人口·资源与环境，2012(7)：127-133.

[110]赵延东等.如何测量社会资本：一个经验研究综述[J].国外社会科学，2005(2)：18-24.

[111]赵垣可等.新中国70年农村教师政策的演变与审思——基于1949—2019年农村教师政策文本的分析[J].西南大学学报(社会科学版)，2019(5)：14-23.

[112]钟启泉."教师专业化"的误区及其批判[J].教育发展研究，2003(4-5)：120-123.

[113]钟启泉.教师"专业化"：理念、制度、课题[J].教育研究，2001(12)：12-16.

[114]周凤霞等.农村教师专业发展的"内卷化"困境及其破解路径[J].教育导刊，2019(9)：57-61.

[115]周守军等.农村教师的社会资本及其社会地位[J].教育发展研究，2010(23)：38-41，62.

[116]周晔等.农村小学非师范初任教师的专业性问题、成因与对策[J].教师教育研究，2020(4)：104-110.

[117]周宇柯等.中小学教师的心理资本开发[J].人民教育，2015(21)：56-59.

[118]朱富强.政府的功能及其限度——评林毅夫与田国强、张维迎的论争[J].政治经济学报，2016(2)：3-56.

[119]朱旭东等.教师专业发展研究述评[J].中国教育学刊，2007(1)：68-73.

2. 专著

[1]克劳斯·冯·柏伊姆.当代政治理论[M].李黎，译.北京：商务印书馆，1990.

[2]马克斯·韦伯.社会科学方法论[M].韩水法等，译.北京：中央编译出版社，1999.

[3]齐美尔. 社会学：关于社会形式的研究[M]. 杨善华等，译. 北京：华夏出版社，2000.

[4]吴锡泓，金荣枰. 政策学的主要理论[M]. 金东日，译. 上海：复旦大学出版社，2005.

[5]E. R. 克鲁斯克，B. M. 杰克逊. 公共政策词典[M]. 唐理斌，译. 上海：上海远东出版社，1992.

[6]艾尔·巴比. 社会研究方法[M]. 邱泽奇，译. 北京：华夏出版社，2005.

[7]彼特·布劳. 不平等和异质性[M]. 王春光，谢圣赞，译. 北京：中国社会科学出版社，1991.

[8]戴维·伊斯顿. 政治体系——政治学状况研究[M]. 马清槐，译. 商务印书馆，1993.

[9]米切尔·黑尧. 现代国家的政策过程[M]. 赵成根，译. 北京：中国青年出版社，2004.

[10]《中国教育年鉴》编辑部. 中国教育年鉴(1949—1981)[M]. 中国大百科全书出版社，1984.

[11]R. M. 克朗. 系统分析和政策科学[M]. 陈东威，译. 北京：商务印书馆，1985.

[12]S. S. 那格尔. 政策研究百科全书[M]. 北京：科学技术文献出版社，1990.

[13]阿尔蒙德，鲍威尔. 比较政治学：体系、过程和政策[M]. 曹沛霖，译. 上海：上海译文出版社，1987.

[14]埃贡·G. 古贝，伊冯娜·S. 林肯. 第四代评估[M]. 秦霖，蒋燕玲，译. 北京：中国人民大学出版社，2008.

[15]白钢，史卫民. 中国公共政策分析(2009年卷)[M]. 北京：中国社会科学出版社，2009.

[16]保罗·A. 萨巴蒂尔，汉克. C. 詹金斯-史密斯. 政策变迁与学习：一种倡议联盟途径[M]. 邓征，译. 北京：北京大学出版社，2011.

[17]保罗·A. 萨巴蒂尔. 政策过程理论[M]. 彭宗超等，译. 北京：三联书店，2004.

[18]布尔迪厄. 文化资本与社会炼金术[M]. 包亚明，译. 上海：上海人民出版社，1997.

[19]陈庆云.公共政策分析(第二版)[M].北京：北京大学出版社,2011.

[20]陈潭.寻找公共政策的制度逻辑[M].北京：中国政法大学出版社,2016.

[21]陈学飞.教育政策研究基础[M].北京：人民教育出版社,2011.

[22]陈永明.教师教育研究[M].上海：华东师范大学出版社,2008.

[23]陈玉琨.教育评价学[M].北京：人民教育出版社,1999.

[24]陈振明.公共政策分析[M].北京：中国人民大学出版社,2003.

[25]成有信,张斌贤,劳凯声,等.教育政治学[M].南京：江苏教育出版社,2000.

[26]戴维·伊斯顿.政治生活的系统分析[M].王浦劬,译.北京：华夏出版社,1999.

[27]道格拉斯·C.诺思.制度、制度变迁与经济绩效[M].杭行,译.上海：格致出版社,2008.

[28]邓小平文选(第2卷)[M].北京：人民出版社,1994.

[29]邓小平文选(第3卷)[M].北京：人民出版社,1993.

[30]范国睿,杜成宪.教育政策的理论与实践[M].上海：上海教育出版社,2011.

[31]弗兰克·费希尔.公共政策评估[M].北京：中国人民大学出版社,2003.

[32]弗朗西斯·C.福勒.教育政策学导论[M].许庆豫,译.南京：江苏教育出版社,2007.

[33]国家教育委员会政策法规司.十一届三中全会以来重要教育文献选编[M].北京：教育科学出版社,1992.

[34]何东昌.中华人民共和国重要教育文献(1949—1975)[M].海口：海南出版社,1998.

[35]何东昌.中华人民共和国重要教育文献(1976—1990)[M].海口：海南出版社,1998.

[36]洪名勇.制度经济学[M].北京：中国经济出版社,2012.

[37]黄坤明.城乡一体化路径演进研究：民本自发与政府自觉[M].北京：科学出版社,2009.

[38]金铁宽.中华人民共和国教育大事记(1—3卷)[M].山东教育出版

社，1995.

[39]靳希斌等．中国民办教师问题研究[M]．北京：北京师范大学出版社，2004.

[40]卡尔·帕顿，大卫·沙维奇．公共政策分析和规划的初步方法[M]．孙兰芝等，译．北京：华夏出版社，2002.

[41]科尔曼．社会理论的基础：上[M]．邓方，译．北京：社会科学文献出版社，1999.

[42]克利福德·格尔茨．文化的解释[M]．韩莉，译．译林出版社，1999.

[43]雷夫·艾斯奎斯．第56号教室的奇迹——让孩子变成爱学习的天使[M]．卞娜娜，译．北京：中国城市出版社，2009.

[44]李强．社会分层十讲[M]．北京：社会科学文献出版社，2008.

[45]林卡．社会质量理论：研究和谐社会建设的新视角[M]．中国人民大学学报，2010.

[46]林南．社会资本：关于社会结构与行动的理论[M]．张磊，译．北京：社会科学文献出版社，2020.

[47]林水波，张世贤．公共政策[M]．台北：五南图书出版有限公司，1984.

[48]刘复兴．教育政策的价值分析[M]．北京：教育科学出版社，2003.

[49]刘英杰．中国教育大事典（1949—1990）[M]．杭州：浙江教育出版社，1993.

[50]刘宇．现代质量管理学[M]．北京：社会科学文献出版社，2009.

[51]卢乃桂，操太圣．中国教师的专业发展与变迁[M]．北京：教育科学出版社，2007.

[52]罗莎娜·利斯威德等．发现你的学习优势[M]．张林，译．北京：中国社会科学出版社，2011.

[53]马啸风．中国师范教育史（1987—2000）[M]．首都师范大学出版社，2003.

[54]迈克尔·富兰．变革的力量——透视教育改革[M]．北京：教育科学出版社，2004.

[55]迈克尔·豪利特，M.拉米什．公共政策研究——政策循环与政策子系统[M]．庞诗，译．北京：生活·读书·新知三联书店出版社，2006.

[56]梅洛-庞蒂．知觉现象学[M]．姜志辉，译．北京：商务印书馆，2012.

[57]孟旭等．中国民办教师现象透析[M]．南宁：广西教育出版社，1999.

[58]宁骚．公共政策[M]．北京：高等教育出版社，2003.

[59]皮埃尔·布迪厄．文化资本与社会炼金术[M]．包亚明，译．上海：上海人民出版社，1997.

[60]申永华．马克思主义价值观及其时代解读[M]．西安：西安出版社，2006.

[61]沈承刚．政策学[M]．北京：北京经济学院出版社，1996.

[62]斯蒂芬·鲍尔．教育改革——一种批判和后结构主义的视角[M]．侯定凯，译．上海：华东师范大学出版社，2002.

[63]斯蒂芬·鲍尔．政治与教育政策制定——政策社会学探索[M]．孙益等，译．上海：华东师范大学出版社，2003.

[64]斯图亚特·S．内格尔．政策研究：整合与评估[M]．刘守恒等，译．吉林：吉林人民出版社，1994.

[65]斯图亚特·S．那格尔．政策研究百科全书[M]．林明等，译．北京：科学技术文献出版社，1990.

[66]苏国勋，刘小枫．社会理论的政治分化[M]．上海：上海三联书店，2005.

[67]孙绵涛．教育政策学[M]．武汉：武汉工业大学出版社，1997.

[68]托马斯·R．戴伊．理解公共政策[M]．彭勃等，译．北京：华夏出版社，2004.

[69]王浦劬．政治学基础[M]．北京：北京大学出版社，1995.

[70]王英杰，曲恒昌，李家永．亚洲发展中国家的义务教育[M]．北京：人民教育出版社，1997.

[71]王玉樑．当代中国价值哲学[M]．北京：人民出版社，2004.

[72]王泽普．中国师范教育改革与发展研究[M]．桂林：广西师范大学出版社，2001.

[73]威廉·N．邓恩．公共政策分析导论[M]．谢明等，译．北京：中国人民大学出版社，2010.

[74]萧宗六，贺乐凡．中国教育行政学[M]．北京：人民教育出版社，1996.

[75]谢明．公共政策导论[M]．北京：中国人民大学出版社，2004.

[76]叶澜．教师角色与教师发展新探[M]．北京：教育科学出版社，2001.

[77]英博.教育政策基础[M].北京:教育科学出版社,2003.

[78]牟杰,杨诚虎.公共政策评估:理论与方法[M].北京:中国社会科学出版社,2006.

[79]袁振国.教育政策学[M].南京:江苏教育出版社,2001.

[80]约翰·W.金登.议程、备选方案与公共政策[M].方兴等,译.北京:中国人民大学出版社,2017.

[81]詹姆斯·C.斯科特.国家的视角:那些试图改善人类状况的项目是如何失败的[M].北京:社会科学文献出版社,2004.

[82]詹姆斯·E.安德森.公共决策[M].唐亮,译.北京:华夏出版社,1990.

[83]詹姆斯·科尔曼.社会理论的基础[M].邓方,译.北京:社会科学文献出版社,1992.

[84]张芳全.教育政策导论[M].台北:五南图书出版有限公司,2001.

[85]张国庆.公共政策分析[M].上海:复旦大学出版社,2004.

[86]张金马.公共政策分析——概念·过程·方法[M].北京:人民出版社,2004.

[87]张骏生.公共政策的有效执行[M].北京:清华大学出版社,2006.

[88]张乐天.教育政策法规的理论与实践[M].上海:华东师范大学出版社,2002.

[89]张笑.公共政策创新[M].北京:时事出版社,2018.

[90]张远增.公共政策执行评估学理[M].北京:中国社会科学出版社,2018.

[91]郑传坤.公共政策学[M].北京:法律出版社,2001.

[92]郑新立.现代政策研究全书[M].北京:中国经济出版社,1991.

[93]政策学[M].南京:江苏教育出版社,1996.

3. 学位论文

[1]白贝迩.师范生免费教育政策评估研究[D].西安:陕西师范大学,2016.

[2]陈允波.农村教师供给政策比较研究[D].桂林:广西师范大学,2011.

[3]丁丹.英国"教学优先计划"与我国"特岗计划"的比较研究[D].2015.

[4]段忠贤.自主创新政策的供给演进——绩效测量及优化路径研究[D].杭州:浙江大学,2014.

［5］高庆蓬．教育政策评估研究［D］．长春：东北师范大学，2008.

［6］江珊．循证决策在发达国家的应用研究［D］．长沙：湖南大学，2017.

［7］李金荣．乡村教师的社会支持研究［D］．济南：山东师范大学，2018.

［8］李艳鸽．天赋理论最新发展研究［D］．武汉：华中师范大学，2013.

［9］梁馨月．论宪法中的受教育权［D］．重庆：西南大学，2000.

［10］刘安萍．国企高管人力资本价值动态多阶段评估研究［D］．鞍山：辽宁科技大学，2012.

［11］刘晓倩．我国公共政策资源整合研究［D］．沈阳：东北大学，2011.

［12］田晨．大数据背景下循证决策的应用研究［D］．长沙：湖南大学，2016.

［13］汪曦．农村教师补充政策有效性研究［D］．武汉：华中师范大学，2015.

［14］王怀兴．中国农村基础教育政策研究——基于人力资本投资的视角［D］．长春：吉林大学，2009.

［15］王洁玉．广西农村中小学教师补充机制的政策研究［D］．南宁：广西师范学院，2015.

［16］王正惠．区域城乡义务教育一体化政策运行研究——以成都试验区为例［D］．南京：南京师范大学，2014.

［17］吁佩．公共政策视角下《乡村教师支持计划》实施成效研究［D］．武汉：华中师范大学，2018.

［18］张雷．教育政策绩效评估的理论探讨［D］．上海：华东师范大学，2014.

［19］张振改．教育政策的限度研究［D］．上海：华东师范大学，2006.

［20］赵有璐．心理资本降低小学教师职业倦怠的干预研究［D］．锦州：渤海大学，2018.

［21］周湘晖．农村中小学教师补充问题研究［D］．长沙：湖南大学，2012.

4. 报告

［1］《教育部关于加强和发展师范教育的意见》（1978）

［2］《教育部关于加强高等师范学校师资队伍建设的意见》（1980）

［3］《教育部关于大力办好高等师范专科学校的意见》（1980）

［4］《教育部关于办好中等师范教育的意见》（1980）

［5］《中共中央关于教育体制改革的决定》（1985）

［6］《国家教育委员会关于加强和发展师范教育的意见》（1986）

［7］《国家教育委员会中小学教师考核合格证书制度》（1986）

[8]《中华人民共和国义务教育法》(1986)

[9]《国家教育委员会关于加强和发展师范教育的意见》(1986)

[10]《国家教育委员会、财政部关于农村基础教育管理体制改革若干问题的意见》(1987)

[11]《中国教育改革和发展纲要》(1993)

[12]《国家教育委员会关于进一步改革普通高等学校招生和毕业生就业制度的试点意见》(1994)

[13]《国家教育委员会关于"九五"期间加强中小学教师队伍建设的意见》(1996)

[14]《面向21世纪教育振兴行动计划》(1998)

[15]《中共中央国务院关于深化教育改革，全面推进素质教育的决定》(1999)

[16]《教育部关于师范院校布局结构调整的几点意见》(1999)

[17]《乡村教师支持计划(2015—2020)》(2015)

[18]教育部等四部门《关于实施农村义务教育阶段学校教师特设岗位计划的通知》(2006)

[19]《国家中长期教育改革和发展规划纲要(2010—2020)》

[20]教育部等五部门《教育部直属师范大学 免费师范毕业生就业实施办法》(2010)

[21]《教育部、财政部关于实施"中小学教师国家级培训计划"的通知》(2010)

[22]《教育部关于大力加强中小学教师培训工作的意见》(2011)

[23]教育部等六部门《关于大力推进农村义务教育教师队伍建设的意见》(2012)

[24]教育部、国家发展改革委、财政部《关于深化教师教育改革的意见》(2012)

[25]《国务院关于加强教师队伍建设的意见》(2012)

[26]教育部《关于实施全国中小学教师信息技术应用能力提升工程的意见》(2013)

[27]《教育部关于加强乡村教师生活补助经费管理有关工作的通知》(2013)

[28]教育部、财政部、人力资源和社会保障部《关于推进县(区)域内义务教育学校校长教师交流轮岗的意见》(2014)

[29]教育部、人力资源和社会保障部《关于向乡村学校从教30年教师颁发荣

誉证书的决定》(2016)

[30]《国务院关于统筹推进县域内城乡义务教育一体化改革发展的若干意见》
(2016)

[31]《教师教育振兴行动计划(2018—2022 年)》(2018)

[32]《中共中央 国务院关于学前教育深化改革规范发展的若干意见》(2018)

[33]《中共中央 国务院关于全面深化新时代教师队伍建设改革的意见》(2018)

[34]《中国教育现代化 2035》(2019)

[35]《中共中央 国务院关于深化教育教学改革全面提高义务教育质量的意见》
(2019)

[36]《教育部等六部门关于加强新时代乡村教师队伍建设的意见》(2020)

5. 外文

[1]Allison G. Essence of decision [M]. Boston: Little, Brown and Company,
1971.

[2]Anderson J. E. Public Policy Making[M]. London: Nelson, 1975.

[3]Australian Professional Standards for Teachers [EB/OL]. http: //www. Aitsl.
Edu. au /verve/yesources/AITSL National Professional Standard for Teachers.
Pdf2012.

[4]Bachrach P., Baratz, M. Decisionsand Non-decisions: An Analytic framework
[J]. The American Political Science Review, 1963, 57: 632-642.

[5]Ball S. Politics and Policy Making in Education: Explorations in PolicySociology
[M]. London: Routledge, 1990.

[6]Bell B., Gilbert J. Teacher development as professional, personaland social
development[J]. Teaching and Teacher Education, 1994, 10(5): 483-497.

[7]Bovens M., Hart P. Revisiting the Study of Policy Failures [J]. Journal of
European Public Policy, 2016, 23(5): 653-666.

[8]Brinkerhoff D. W., B. L. Crosby. Managing Policy Refrom: Concepts and Tools
for Decision-Makers in Developing and Transitional Countries[M]. Bloomfield,
PA: Kumarian Press, 2002.

[9]Butler J. R., Vaile M. S. B. Health and Health Services: An Introduction to
Health care in Britain[M]. London: Routledge and Kegan Paul, 1984.

[10]Charles O. Jones. An Introduction to the Study of Public Policy [M].

Monterey, California Brooks/Cole Publishing Company, 1988.

[11] Codd J. The construction and deconstruction of educational policy documents [J]. Journal of Education Policy, 1988: 235.

[12] David L. Sackett, William M. C. Rosenberg, J Muir Gary, et al. Evidence Based Medicine: What it is and what it isn't [J]. British Medical Journal, 1996, 312: 71-72.

[13] Deleon P. The missing link revisited: Contemporary implementation research [J]. Policy Studies Review, 1999, 16(3/4): 314-315.

[14] Donaldson Graham. Excellent teachers are not photofits: Comment [J]. The Times Educational Supplement Scotland, 2011(1).

[15] Douglas E. Mitchell. Six Criteria for Evaluating State-Level Education Policies [J]. Educational Leadership, 1986: 14-16.

[16] Dror Y. Public Policy Reexamined [M]. Scranton, Pa: Chandler Publishing, 1968.

[17] Dye T. Understanding Public Policy [M]. Englewood Cliffs, NJ: Prentice-Hall, 1992.

[18] Evansl. What is teacher development [J]. Oxford Review of Education, 2002, 28(1): 123-137.

[19] Evert Vedung. Public Policy and Program Evaluation [M]. New Brunswick and London: Transaction Publishers, 1997: 117.

[20] Gardner H. The arts and human development: a psychological study of the artistic process [M]. New York: Basic Books, 1994: 187-197.

[21] Guy Neave. On the Cultivation of Quality, Efficiency and Enterprise: An Overview of Recent Trends in Higher Education in Journal of Education, 1986-1988 [J]. European Journal of Education, 1988, 23(1/2): 7-23.

[22] Hargreaves A., Fullan M. Understanding Teacher Development [M]. New York: Teachers College Press, 1992.

[23] Hogwood B., Gunn L. Policy Analysis for the Real World [M]. Oxford: Oxford University Press, 1984.

[24] Ingram H. M., Mann D. E. Why Policies Succeed or Fail [M]. New York: Sage Publications, 1980.

[25] Ngo H. Y., Foley S., et al. Linking gender role orientation to subjective career success: the mediating role of psychological capital[J]. Journal of Career Assessment, 2014, 22(2): 290-303.

[26] James E. Anderson Public Policymaking(fifth edition)[M]. Houghton Mifflin Company, 2003.

[27] Jone Goodman Edwin Dolan. Economics of Public Policy: The Micro View [M]. West Publishing Company, 1985.

[28] L. S. Shulman. Knowledge and teaching: Foundations of the new reform[J]. Harvard Educational Review, 1987, 57(1): 1-22.

[29] L. Hurwicz. On informationally decentralized systems [M]//Radner R., C. B. MC Guire. Decision and Organization: Volume in Honor of J. Marschak. Amsterdam: North-Holland, 1972.

[30] Lasswell H. D. A Preview of Policy Science [M]. New York: American Elsevier, 1971.

[31] Luthans F., Avolio B. J., Avey J. B., Norman S. M. Positive psychological capital: Measurement and relationship withperformance and satisfaction [J]. Personnel Psychology, 2017, 541-572(1): 99-103.

[32] Lynn Paine. The Educational Policy Process: A CaseStudy of Bureaucratic Action in China [M]//Kenneth G. Lieberthal, David M. Lampton. Buresucracy, Politics and Decision Making in Post-Mao China. University of California Press, 1992.

[33] Mann D. Policy Decision-Making inEducation: An Introduction to Calculation and Control[M]. New York: Teachers College Press, 1975.

[34] Marsh D., McConnell A. Towards a Framework for Establishing Policy Success [J]. Public Administration, 2010, 88(2): 564-583.

[35] Matthew Quinn. Evidence Based or People Based Policy Making: A view from Wales[J]. Public Policy and Administration, 2002, 17(3): 29-39.

[36] McConnell A. Policy Success, Policy Failure and Grey Areas In-Between[J]. Journal of Public Policy, 2010, 30(3): 345-362.

[37] N. Lichfield. Evaluation in the Planning Process [M]. Oxford: Pergamen Press, 1975.

[38] Nias J. The definition and maintenance of self in primary teaching[J]. British Journal of Education, 1984, 5(3): 267-280.

[39] Parkin Frank. Marxism and Class Theory: A Bourgeois Critique [M]. New York: Columbia University Press, 1979.

[40] Prunty J. Signposts for a critical educationalpolicy analysis [J]. Australian Journal of Education, 1985, 29(2): 136.

[41] R. Eyestone. The Threads of Public Policy: A Study in Policy Leadership[M]. Indianapolis: Bobbs-Merril, 1971.

[42] Sanderson. Evaluation, policy learning and evidence-based policy-making[J]. Public Administration, 2002, 80(1): 1-22.

[43] Scartascini C., Stein E., Tommasi, M. Political Institutions, Intertemporal Cooperation, and the Quality of Public Policies [J]. Journal of Applied Economics, 2013, 16(1): 1-32.

[44] Seawright K. W., Young S. T. A Quality Definition Continuum[J]. Interfaces, 1996, 26(3): 107-113.

[45] Thomas R. Dye. Understanding Public Policy [M]. Englewood Cliffs. N. J. : Prentice-Hall Inc, 1987.

[46] Wholey J. S. Federal evaluation policy[M]. Washington, DC: Urban Institute, 1970.

[47] William N. Dunn. Public Policy Analysis: An Introduction[M]. New Jersey: Prentice Hall, 1993.

[48] Avey J. B. The left side of psychological capital: new evidence on the antecedents of PsyCap [J]. Journal of Leadership & Organizational Studies, 2014, 21(2): 141-149.

[49] Luthans F., Youssef-Morgan C. M. Psychological capital: an evidence-based positive approach [J]. Annual Review of Organizational Psychology and Organizational Behavior, 2017, 4(1): 339-356.

[50] Bell B., Gilbert J. Teacher development as professional, personaland social development[J]. Teaching and Teacher Education, 1994, 10(5): 483-497.

[51] Judge T. A, et al. The dispositional causes of job satisfaction: A core evaluations approach[J]. Researchin in Organizational Behavior, 1997.

[52] Nancy R. L. Maximizing human capital: demonstrating HR value with key performance indicators[J]. SHRM Research, 2006(5): 29-32.

[53] NIAS J. The definition and maintenance of self in primary teaching[J]. British Journal of Education, 1984, 5(3): 267-280.

[54] Reeves C. A., Bednar D. A. Defining quality: alter natives and implications [J]. Academy of management Review, 1994, 19(3).

附录1

乡村教师选拔：人力资本、社会资本
与心理资本评估

——基于12000余名新入职乡村教师的调查

摘要：本研究以2010—2020年我国中西部地区12000余名新入职的幼儿园、中小学教师为对象，从人力资本维度，评估新入职教师的性别、年龄、学历、专业和学业成就等的资本累积水平，分析乡村教师选拔引发的社会流动及其表达的教育意义，以此展示不同资本毕业生进入乡村教育行业的人力资源分布；从社会资本的维度，剖析新入职教师的家庭、地域、身份存在的差异及其资本的积累程度，借此考察乡村教师选拔过程中社会资本嵌入与渗透的痕迹；从心理资本的维度，关注这一群体职业选择中的心理资本存量，讨论心理资本影响新入职教师专业发展的相关性机理及其阶层认同的传染效应。本研究的意图：评估新入职教师的人力资本、社会资本和心理资本存量及其转换引发的教师专业成长过程及其程度。

关键词：乡村教师选拔；人力资本；社会资本；心理资本；评估

一、研究缘起：乡村教师补充仍异常困难

入职选拔作为教师人事管理中进、管、出三环节中的首要部分，影响着教师队伍的数量、结构及质量，对乡村教育发展意义重大。乡村教师入职选拔有赖于公共政策供给及其功能的发挥。1949年以后，我国乡村教师的选拔方式，经历了1949—1977年的公办和民办教师并举、1978—2000年的中师毕业分配为主和代课教师为辅、2001年至今的公开招考和专项项目并存的选拔补充阶段。① 当

---

① 杨卫安. 乡村小学教师补充政策演变：70年回顾与展望[J]. 教育研究，2019(7)：16-25.

前，各级政府在已有的政策框架内进行了多种尝试，农村教师队伍补充取得了一定成效。然而，当前乡村教师入职选拔及补充仍异常困难，乡村教师职业的竞争力和吸引力仍然偏低，补充的数量和速度小于流失的数量和速度。其原因纷繁复杂，既有政策效果的滞后性问题，也有政策弹性欠缺、政策工具使用不合理和政策力度不足等。同时，乡村教师入职选拔与补充以及由此引发的诸如乡村教师来源、流动和稳定、新入职教师教学适应和教学发展等问题，时至今日，仍然未受到学界的足够的重视。原因有三：一是当下乡村教师队伍建设还停留在数量的补充和人员的配齐，遮蔽了对这一问题的关注；二是对新入职教师发展的后续培训所持有的想象力，夸大了教师素养后天养成的可能性；三是未能在教师成长全过程的起始阶段到成熟环节架起一个能持续发展的桥梁，因而误读了教师来源在成长过程中的重要意义，可能后果是影响教师补充政策精准性而造成相应的教育伤害。

本研究选取乡村教师作为研究对象，源于乡村教师入职选拔及补充仍然困难的现实。《中国农村教育发展报告 2019》的数据显示：我国农村（指"大农村"，含镇区和乡村，下同）义务教育学校数占 87.20%，农村幼儿园数量占比达 69.03%。农村中小学校（含幼儿园，下同）仍是我国覆盖面最广的基层教学单位。自《乡村教师支持计划（2015—2020 年）》（以下简称"支持计划"）实施以来，乡村教师对该政策持满意态度的达 84.85%，其中，83.46% 的教师愿意继续留在乡村学校任教。[1] 华中师范大学课题组 2018 年对我国中西部地区 6 个省 12 个县（区）120 余所农村中小学调查，"支持计划"实施 3 年来，乡村教师补充呈现乡（镇）初中—乡（镇）中心小学—农村初中—农村完全小学—村小—教学点的"差序格局"，村小和教学点难以得到优秀师资，成为最末梢的利益获得者。[2] 在城乡学校分布结构和城乡社会发展中，乡村教师的职业吸引力仍然不够强，"下不去、留不住、教不好"的困惑依然存在，严重制约了乡村教育的进一步发展。

对"乡村教师补充和选拔"的关注使得本文对乡村教育研究有了较为特别的问题想象力。即使是在乡村教师对"支持计划"满意度达 84.85% 的情况下，

---

① 晋浩天. 八个关键词看农村教育[N]. 光明日报，2019-1-16(8).

② 付卫东. "乡村教师支持计划"三年：五大盲点待补——来自 120 余所乡村学校的调研报告[J]. 云南教育，2018(5)：4-6.

乡村教师的职业吸引力仍然不够强？乡村教师"下不下得去、留不留得住、教不教得好"的困惑为什么仍会依然存在？原因是什么？如何使国家支持乡村教育和乡村教师发展的政策真正落地生根，开花结果？依据是什么？这样的原因和依据与已入职新教师的地域、家庭、身份、职业认同和人力资本与心理资本又有什么联系？等等。这些问题是论文搭建对充满政策性的乡村教师选拔分析框架的第一步。论文试图表明，对乡村教师选拔及其困境的分析，不应仅仅局限于政策过程的宏观性叙事和传统绩效评估的阐释性义务，还应从经济学、社会学和心理学范畴资本属性的循证评估，为乡村教师选拔过程与补充政策实施如何嵌入中国社会政治、经济、文化的社会和心理秩序提供一个新的解释路径。

二、研究问题：乡村教师选拔与社会阶层结构转型

无疑，乡村教师入职选拔及补充的异常困难，构成了本研究的背景。为更清晰地将乡村教师选拔方式的变化呈现出来，论文将乡村教师群体身份变迁出现的时序与中国社会经济市场化改革主轴带动下社会分层的历史分期进行对照，形成不同的配对格局。宏观上，20 世纪的中国，经历的两次重大社会变革：一是 40 年代末开始的社会主义革命及其之后的农村人民公社实验，二是 70 年代后期开始的市场化改革同时伴随的农村家庭联产承包责任制的施行。[①] 可以说，这两次重大变革完全颠覆了传统中国的社会结构。特别是后者，它触发的不仅仅是社会经济制度的转型，更是整个社会阶层结构的变迁。我国学者李强描述了当前中国社会转型中的社会阶层定型化现象和基本社会结构的倒丁字形式。[②] 其中，社会阶层定型化的主要表现，包括阶层之间的界限逐渐形成、社会下层群体向上流动的比率下降、具有阶层特征的生活方式、文化模式显现以及阶层内部的认同得到强化等。而倒丁字形社会结构表现的是阶层之间的界限更为突出，下层与其他阶层之间几乎没有缓冲或过渡，社会结构紧张。教师选拔方式的变化，就是在中国社会阶层结构变迁的背景下发生的一种人才流动的过程。

---

① 吴愈晓. 家庭背景、体制转型与中国农村精英的代继传承（1978—1996）[J]. 社会学研究，2010，2：125-150.

② 李强. 社会分层十讲[M]. 北京：社会科学文献出版社，2008：104，248.

中观上，20 世纪 90 年代以来的系列高等教育政策深刻地改变了大学生的社会身份和社会地位，即由国家公费培养并负责分配工作的"精英教育"转变为自缴费用、自主就业的"大众化教育"，并由此将宏观的中国社会阶层分化态势与教师选拔方式变化的关系清晰地呈现出来。也就是说，在社会阶层逐渐分化、社会流动空间开始显现的历史阶段，特别是当阶层关系快速调整、阶层急剧分化之时，借助开放式教师教育下教师选拔方式的变化渠道，通过资格审查、笔试、面试、实习试用等环节，新入职教师群体迎来了由社会转型导致的"后精英"时代。对乡村学校教育而言，来自农村家庭而被选拔录取的新任教师，表现为下层社会精英向上层流动的一般过程。根据英国社会学家弗兰克·帕金(Frank Parkin)的社会分层理论，任何一种社会分层制度都采用了一定形式的社会屏蔽(social closure)与社会排他(social exclusion)。① 社会排他的一个突出特征就是它的合法性。虽然它没有采用家庭、血统方面的资格限制，表面上看，它是开放的，在原则上，成员资格的条件对于每个人都是开放的。但由于存在两种精巧的排他制度安排，第一是财产制度，第二是专业资格、技术证书制度，保住了既得阶层的利益，并产生了一种表面上是个人主义原则的社会屏蔽制度。其中的个体排他，通过考试来选拔人才，有利于个人竞争，其结果，产生的是"分散的身份群体"。在个体排他的体制下，每个人都有向上流动的参与机会。但当代社会的实际制度，都是"个体排他"和"集体排他"的结合，而不是某一种排他的纯粹类型，即当代的社会分层，既不是仅仅由于集体排他而产生的"共同集团"，也不仅仅是个体排他而产生的"分散的身份群体"，而是居于两者之间一种中间状态的群体。由此推断，教师选拔过程既是中国整个社会阶层结构的变迁进程中从集体排他向个体排他转向的一个个案，也可以被视为一定社会优势集团通过设置种种资格限制、保证自身代际传递优势、实现阶级(阶层)再生产的社会屏蔽与社会排他的结果及其合法性表现。

教育场域带有浓郁的政治性、文化性和经济性。当代法国社会学家皮埃尔·布迪厄(Pierre Bourdieu)在《国家精英》一书中考察了发达社会中社会支配的逻辑，以及这种支配自我伪装、自我维续的机制。这种逻辑深深扎根于1968 年"五月风暴"后 20 年来法国阶级、文化和教育体系的特殊性中。其原理

---

① Parkin Frank. Marxism and Class Theory：A Bourgeois Critique [M]. New York：Columbia University Press，1979：46-70.

首先就是那令人费解又化不开的物质力量和符号力量之间抵触、共谋、自在与牵连、远离和依赖的关系。德国社会学家马克斯·韦伯（Max Weber）也曾警示：在任何支配结构中，那些"通过既存政治、经济和社会秩序获得特权地位"的人，从来不会满足于不加掩饰地行使其权力，施展其特权。正相反，他们"期望看到他们的位置体系由纯粹的实质权力关系网络转变为各种应得权利的和谐秩序，确信就此获得了正当性"。① 依据布迪厄和韦伯的理论，在一个以工业化为基础的复杂社会里，为社会分工提供正当性说明的这项工作是由教育特别是教育接管的。由此推论，在为各种权力位置打开通道，界定社会空间的结构安排、支配各个群体和个人生活机会和生活道路的，不是一种资本，而是两种资本：人力资本（诸如通过教育所获得的知识和技能）和社会资本（诸如家庭背景和社会关系网络）。

心理资本则是将人力资本和社会资本变化为现实的调节器。美国心理学家马丁·塞利格曼（Martin E. P. Seligman）开创的积极心理学关注积极的情绪体验、人格特质和职业选择的关系，认为心理资本是提高个体职业选择与职业认同及其工作绩效的重要内在力量。心理资本是超越人力资本和社会资本的一种核心心理要素。相对于人力资本和社会资本，心理资本更关注个人的心理状态。它描述了个体的职业选择过程中对未来的信心、希望。作为提升个体工作绩效与组织竞争优势的一种积极力量，心理资本在具有组织行为学的可测量、可开发特点的同时，其构成可能存有文化、群体差异。也就是：不同心理能力在个我主义和集体主义取向文化中受鼓励的程度不尽相同，不同群体因职业特点影响也可能有差异。其中，职业认同是个体对其所将从事的职业的认识、情感、效能期待的综合认识和感知所组成的内部心理机制。就教师的职业认同而言，它包括"为何选择教师职业？又如何成为教师？教师应该如何行动？如何看待教师工作等要素"。② 这些是个体选择教师职业的前提和基础。由此，在个体选择何种职业，为何选择这一职业的过程中，社会资本、人力资本和心理资本，都发挥着重要的作用。

教育研究话语表达具有选择性和遮蔽性。近年来，"乡村教育"或"乡村教

---

① 苏国勋，刘小枫. 社会理论的政治分化[M]. 上海：上海三联书店，2005：340.

② Sachs J. Teacher Education and the Development of Professional Identity：Learning to Be a Teacher//Denicolo P., Kompf M. Connecting Policy and Practice：Challenges for Teaching and Learning in Schools and Universities[C]. New York：Rout-ledge, 2005.

师"的问题已被多次报道，相关的研究与文献层出不穷。可以说，这些讨论都是一种积极的建构过程，是一个"不断地、积极地通过口头和书面语言，并在行动、交流、非语言符号系统、物体、工具、技术和独特的思维、评价、感觉和信仰方式中一起使用的语言构建并重建我们周围的活动、身份和机构世界"①。然而，由于历史和文化的作用，我们往往或多或少地按照常规模式或意识形态话语来表达、创造或构建这种活动。而在社会结构层面，乡村教师选拔问题的实质，按照美国社会学家彼特·布劳(Peter Blau)的宏观社会学理论，它"是社会分化对社会整合的影响"②。社会分化就是人们在社会位置上的分布。社会分化的结果导致社会分层。不平等和异质性是分化和分层的两个一般形式，它们是由人们的位置分布所决定的。这种分布可以是一种等级序列，如制度、社会分工、社会经济地位、受教育程度、权力、职业种类、所享有的社会声望和观念；也可以呈现无序的状态，性别、年龄、智力、种族、宗教就是如此。社会结构的一个根本特征就是各种形式的不平等和异质性相交叉的程度或是各个方面的社会差异发生相关的范围。这种不同形式的不平等和异质性所带来的社会分化和社会流动，都是社会变迁的动力源。无论是主动选择还是出于被迫，教师选拔过程中的个体职业选择，都可称得上是社会结构变迁的重要推手。

发展乡村教育，帮助乡村孩子学习成才，阻止贫困现象代际传递，是功在当代、利在千秋的大事。③ 基于"支持计划"的政策定位、国家意志及其上述社会学和政治学等理论，本研究着重探讨在中国社会秩序、社会阶层分化的结构性变化和教育系统中，乡村教育中的教师是如何选拔的？讨论在这一国家制度、社会氛围、文化和心理中的政策与规范、结构与秩序、期望与认同，对教师选拔产生了何种影响？哪些核心因素决定了对他们的甄别？通过选拔，如何辨别进入乡村教师队伍这类社会成员的身份、家庭、教育背景和自身的心理因素？这一选拔与筛选的结果，究竟是复制还是偏离甚至颠覆既有的社会秩序？

---

① 詹姆斯·保罗·吉. 话语分析导论：理论与方法[M]. 杨炳钧，译. 重庆：重庆大学出版社，2011：11.

② [美]彼特·布劳. 不平等和异质性[M]. 王春光，谢圣赞，译. 北京：中国社会科学出版社，1991：1.

③ 国务院办公厅《乡村教师支持计划（2015—2020）》[EB/OL]. http://www.gov.cn/zhengce/content/2015-06/08/content_9833.htm，2015-06-08.

或者说，他们又将以何种获得的资本以及之后的专业发展、实践智慧成为乡村教师队伍中的一员？新入职的乡村教师又做出何种教育努力？

在本研究中，乡村教师入职前考试的技术性与录用的政治性和文化性——前者是考生之间的博弈，后者是考生之外的利益相关者的博弈——共同构成了乡村教师选拔补充的全过程。拥有不同身份、家庭、教育背景和心理能力因而拥有不同资本的新入职教师在社会资源的角逐中如何获胜？在新入职教师这一看似简单的群体组合的背后隐藏着一种复杂的权力争斗；借助于经济、政治、文化与社会资本和心理资本，承载于竞争性的身份团体、分布于差异性的教育资源间、积淀于不同的文化传统里、体现于各自的职业认同和职业效能感。透过此，本研究的旨趣在于探究乡村教师选拔与补充中教师资本的循证评估。

在具体的研究策略上，本研究涉及三个层面：第一，从人力资本的维度，分析新入职教师接受的教育水平及其所获得的知识与技能累积的程度，分析乡村教师选拔引发的社会流动及其表达的教育意义，以此展示不同资本高校毕业生进入乡村教育行业的人力资源分布状况；第二，从社会资本的维度，剖析新入职教师的家庭、地域、身份存在的差异及其资本的积累程度，借此考察乡村教师选拔过程中社会资本嵌入与渗透的痕迹；第三，从心理资本的维度，关注这一群体职业选择中的心理资本存量，讨论心理资本影响新入职教师专业发展的相关性机理及其阶层认同的传染效应。对这三个维度的关注，本研究的意图在于：评估新入职教师的人力资本、社会资本和心理资本存量及三大资本转换所引发的新入职教师专业成长的过程及其可能的程度。

本研究采用的数据来源于 2010—2020 年我国中西部地区 12000 余位新入职的中小学教师的问卷调查。所谓"新入职教师"，是指已经通过招聘考核已经进入教育行业教龄在 1~3 年的新任教师。本研究中的调查问卷除"心理资本"的测量采用已有的心理评定量表外，其他部分均为自编。问卷涉及四个部分，共 65 个单项选择题。分别用于测量对象自身的人力资本、心理资本和社会资本情况。为保证问卷的效度和信度，自编问卷征询了相关专业人员的意见，同时，在"样本县(市、区)"进行了预调查，进行试测，分析试测所获得的数据，对自编问卷进行检验并修正。修正后的问卷，组织课题组成员在湖北、湖南、河南、贵州、云南、广西等地进行调研。本研究借助我国中西部地区"国培计划"等培训项目的平台，对参加乡村新任教师(即"新入职教师")培训项目的学员进行问卷调研。发放问卷 14000 份，回收问卷 13500 份，清除应答无效问卷后，有效应答问卷 12394 份，总有效率为 91.8%。数据的分析主要采用 Excel 工作表对乡村"新入职教师"人力资本、心理资本和社会资本的状况进行描述性统计，通过每一个选项的得分利用 SPSS 17.0 工具，进行描述性统计和分析。

三、研究综述：入职招聘与选拔的资本评估

入职招聘和选拔的过程实质上就是对选拔对象的评估或人才测评的过程。一般来讲，入职招聘选拔需经历招聘计划的制订、招聘渠道和方法选择、发布招聘信息、对申请人员的甄选、录用决策、签订合同和招聘效果评估的基本程序。贯穿其中的是一系列的人才测评操作，包括评价求职者简历、初步面试筛选、做出录用决策、背景调查、最后面试、选拔测试、入职体检等。人才测评是对求职者的人力资本、社会资本和心理资本进行的评估，是人力资源管理过程中一个重要环节，是优化人力资源配置、提高人力资源管理科学性的重要工具。

自 20 世纪 60 年代美国经济学家西奥多·舒尔茨（Theodore William Schultz）提出人力资本理论以来，该理论已经成为现代经济发展理论乃至整个社会科学的重要理论。但是，人力资本是无形的，对它的测量仍然存在争议。它的存量无法通过观察获得的，所有存量的估计值只能利用间接的手段而得到。国外学者对人力资本评估研究的视角有经济学、管理学和会计学等，具体方法上可总结为货币化计量和非货币化计量的两种方法。货币化计量是用货币单位评估人力资本的经济价值并将其纳入会计核算的体系中；非货币化计量即是对评估对象的工作态度、工作能力、知识经验、文化水平、工作业绩、社会适应性、个性特质和发展潜力等进行判断，以评估其未来为企业服务价值大小。

人力资本货币化计量的方法主要有：历史成本法（Brummet，1969）、重置成本法（Scott，1967）、机会成本法（Hekimisn and Jones，1967）、未来工资报酬折现法（Baruch and Schwariz，1971）、收益现值法（Flamholtz，1968）和机会价值法（Famholtz，1989）等。[①] 但是，货币化的计量方法对人力资本进行评估

---

① 刘安萍. 国企高管人力资本价值动态多阶段评估研究[D]. 鞍山：辽宁科技大学，2012：5-7.

将会遇到很大的困难，人力资本具有能动性，其使用过程是一个动态的过程，管理中的人力资本的许多特性是货币指标无法衡量，很难像物质资本那样在静态下以货币度量加以确定。不仅如此，货币性的计量方法中，存在着一些基本概念和技术态度的精确把握的问题。

美国会计学者佛兰霍尔茨(Flamholtz，1999)认为，非货币性计量方法非常重要，因为在某些情况下，使用非货币性计量比货币性计量更恰当。① 其后，菲利普斯(Jack J. Phillips，2005)运用投资回报率(ROI)、② 洛克伍德(Nancy R. Lockwood，2006)采用关键绩效指标法(KPI)③来评估人力资本的价值。非货币性的计量方法还原了人力资本的本来含义，它使人们确信，人力资本是一项投资，是一种生产性支出，而非简单的消费支出。国内学者的研究基本上沿袭国外学者的思路。在人力资本的定价上，不少学者认为，人力资本的定价就是价值评估，对经营者而言，就是对其财富收入的计量，④ 其目的在于充分反映人力资本价值。⑤ 也有学者对人力资本评估的效用提出，评估只能是"向后看"，而不是"向前看"，⑥ 因为人力资本的评估就是核算、测量人力资本的内在价值。⑦

本研究认为，对于即将进入教师队伍行业的"新入职教师"而言，他们自身的人力资本是以先天性别、知识存量、身体健康因素等为物质内容，并通过一定的技能和能力来表现的，只是决定技能和能力的差异；而这种技能与能力总是联结在实践活动之中并通过观察是可以确定的。根据价值管理的原理要

① 段兴民，张志宏等. 中国人力资本定价研究[M]. 西安：西安交通大学出版社，2005：78.

② Jack J. P. The value of human capital：what logic and intuition tell us business intelligence[J]. Business Intelligence，2005(9)：37-41.

③ Nancy R. L. Maximizing human capital：demonstrating HR value with key performance indicators[J]. SHRM Research，2006(5)：29-32.

④ 林凤，陈翔宇，等. 经营者人力资本定价模型研究[J]. 上海理工大学学报，2005(4)：345-348.

⑤ 李汉通. 基于贡献的人力资本定价机制[J]. 生产力研究，2004(11)：27-28.

⑥ 杨同卫，马曙光. 知识管理中人力资本定价的逻辑起点[J]. 科技进步与对策，2003(3)：30-31.

⑦ 刘善球，何继善. 企业家人力资本定价机制探讨[J]. 求索，2005(2)：20-23.

求，不同管理层次、不同类型人力资本的相对价值在1～3年是相对稳定的。因此，对"新入职教师"人力资本评估的过程，是对其新入职教师人力资本存量的一个评估，也是对其后续的专业成长和潜力的一个判断，还是对我国乡村学校人力资源进行的评价。因此，本研究使用对研究对象的性别、所受的教育程度等来测量其累积的人力资本。尽管受教育程度是一个定序类型的变量，不利于测量模型的建立，但依据研究目标的要求，本研究设计了调研对象的性别、年龄、教育背景、学历层次、专业类型、学业成就等指标进行测量，以考察研究对象在入职前所具有的人力资本存量。

社会资本的评估总是与社会资本的界定和社会资本的层次联系在一起的。作为一种新的资本形式，国内外学者从各自的视角出发，给予了不同的界定。布迪厄把资本划分为经济资本、文化资本和社会资本。其中，场域的构成是以社会关系网络的形式存在，是一个动态变化的过程，变化的动力就是社会资本。① 美国社会学家詹姆斯·科尔曼（James S. Coleman）认为，通常，人们期望最充分地使用个人资源，社会关系因此而出现。这些社会关系不仅被视为社会结构的组成部分，而且是一种个人资源，即社会资本。② 美籍华裔社会学家林南（Nan Lin）认为，社会资本是投资在社会关系中并希望在市场上得到回报的一种资源，是一种镶嵌在社会结构之中并且可以通过有目的的行动来获得或流动的资源。③

国内学者主要是从社会关系网络（张其仔，1997；卜长莉，2001）、社会结构（边燕杰，邱海雄，2000；顾新，2003）、社会动员（李惠斌，杨雪冬，2000）和社会资源（杨永福，2002；周建国，2002）④等层面进行界定的。对社

---

① 皮埃尔·布迪厄. 文化资本与社会炼金术[M]. 包亚明，译. 上海：上海人民出版社，1997：202.

② 詹姆斯·科尔曼. 社会理论的基础[M]. 邓方，译. 北京：社会科学文献出版社，1999：351.

③ Lin Nan. Social Capital, A Theroy of Social Structureand Action [M]. Cambridge：Cambridge University Press，2001：29.

④ 牛喜霞，邱靖. 社会资本及其测量的研究综述[J]. 理论与现代化，2014（3）：119-127.

会资本的测量，目前存在着"基于主要成分"和"基于主要层次"的两种测量。[①]
前者是对社会资本中的"网络、规范与信任（认可）"三个成分进行的测量。方
法有提名生成法（博特，1984；阮丹青，1990）、位置生成法（林南，1986；边
燕杰，2012），或者直接编制"社会信任测量指标"（Halpern D，2005），或者
从多维度测量社会资本（世界银行，2002；Grootaert，2002 等）。后者是指从个
体层次和集体层次的社会资本的测量。个体层次的社会资本测量几乎集中于个
人社会网络状况（林南，1999），直接使用信任来测量集体社会资本（Paxton，
1999）。社会资本的理论林林总总，测量的方法众多。本研究综合运用"基于
主要成分"和"基于主要层次"的两种测量方法，选取"新入职教师"群体现在的
地域、父母身份及其教育程度、家庭收入等进行考量，也即运用位置生成的方
法（position-generator）析出这一群体的所处的社会地位和社会层次与其所拥有
的社会资源情况。值得说明的是，本研究对"新入职教师"社会资本评估测量
存在着两个前提假设，它们分别是：

假设1："社会资源是按照社会地位高低呈金字塔形分布于社会之中的，
每一个网络成员所拥有的社会资源数量主要取决于其所处的社会结构性地位。
因此，通过对被研究者网络成员中出现的结构性地位的了解，就可以对其拥有
社会资本的情况作出大致的测量"[②]。

假设2：社会资本对"新入职教师"的职业成功具有显著的预测作用。这种
预测是个体的社会资本通过"个人—组织契合"对职业成功产生积极影响。由
此可以推断，新入职教师的家庭社会资本占有量越多，质量越高，其自身的职
业成长越顺利，发展的程度就越高。

对新入职教师社会资本评估的目的，在于揭示社会资本介入乡村教师招聘
和选拔的过程，以及基于不同社会成员对社会资本和社会网络资源占有的方式
和程度的差异，所形成的社会流动和社会分层的不同样态。

"新入职教师"的心理资本是其个人和未来学校获取竞争优势的重要资源。
由于对心理资本结构要素的看法不同，不同学者所开发的心理资本评估的测量

① 赵雪雁. 社会资本测量研究综述[J]. 中国人口·资源与环境，2012（7）：127-133.
② 赵延东，罗家德. 如何测量社会资本：一个经验研究综述[J]. 国外社会科学，
2005（2）：18-24.

工具存在差异。其中，心理资本结构要素中符合组织行为学（POB）标准的积极心理能力，包括自我效能、希望、乐观和韧性四维结构的构想，得到了大量的研究证实。而由于自我效能的动态性和不可观察性，许多学者采用的是包括希望、乐观和韧性的三维结构。① 不同的心理资本结构要素，构成了不同的心理资本测量量表。基于四维结构的心理资本，Luthans 和 Youssef 分析了可能包含的 11 个心理资本的成分。它们是创造力和智慧（认知层面），幸福感、沉浸体验和幽默（情感层面），感恩、宽恕、情绪智力和精神性（社会层面），真实性和勇气。这些成分不同程度地符合 POB 的可测量、可开发、与绩效相关的标准。②

目前，心理资本的测量主要有：自我报告法、观察法或专家评价法和结果变量的测量等三种方式。测量工具比较有代表性的有 Luthans 等人 2005 年编制的心理资本量表，有 Luthans 和 Avolio 等人 2007 年编制的心理资本问卷，又称 PCQ；还有我国学者（柯江林等，2009；吴伟炯等，2012；肖雯，李林英，2010）基于本土心理资本内容结构而编制的心理资本量表，等等。③总之，国外学者习惯采用三维或四维的心理资本结构要求编制量表，国内学者大多编制本土要求的测量量表。本研究采用积极心理资本量表，同时纳入"核心自我评价（core self-evaluations，CSE）"。教师积极心理资本量表目录包括希望、自我效能感、坚韧或韧性、乐观、感恩、情商、利他和自谦。"核心自我"的四种核心特质是自尊、控制点、神经质和一般自我效能，作为核心自我评价的四个维度。核心自我评价采用杜建政、张翔等人 2007 年编制的"核心自我评价量表（core self-evaluations scale，简称 CSES）"。通过检测"新入职教师"个体的自我效能、希望、乐观、韧性和自我评价五方面的基本情况，把握"新入职教师"群体的心理资本存量。这一检测，同样存在相应的前提假设。

假设 1："新入职教师"心理资本每一个变量，都与他们未来的工作绩效显

---

① 许萍. 心理资本：概念、测量及其研究进展[J]. 经济问题，2010（2）：34-38.

② 王雁飞，朱瑜. 心理资本理论与相关研究进展[J]. 外国经济与管理，2007（5）：32-39.

③ 熊猛，叶一舵. 心理资本：理论、测量、影响因素及作用[J]. 华东师范大学学报（教育科学版），2014（3）：84-92.

著相关，而且，诸如自我效能、希望、乐观、韧性和自我认知结构的心理资本与他们的工作绩效之间的正相关关系更强。

假设2："新入职教师"心理资本与其工作满意度和组织承诺显著正相关，而且，与人力资本和社会资本相比较，心理资本对"新入职教师"未来的工作态度的影响作用更大。

假设3：与货币资本和人力资本一样，教师心理资本是可以进行开发、培养和管理的。调节、培养和管理"新入职教师"的心理和情绪，减轻他们的心理压力，有助于持续调动乡村教师的工作态度，深度挖掘乡村教师的工作潜力。

上述的三个假设，实际展开的是对教师心理资本的研究过程。2020年7月，教育部等六部门联合颁发的《关于加强新时代乡村教师队伍建设的意见》明确指出：培育乡村教师爱生优秀品质，厚植乡村教育情怀。因此，对乡村教师特别是乡村新入职教师心理资本的研究，有着特别重要的意义。

四、知识与技能：新入职教师人力资本状况

本研究首先要揭示的是，即将进入教师队伍行业的青年学子自身所拥有的教育身份或教育中所获得的人力资本，分析其特征，探讨其背后的原因，评估这类群体进入教师队伍后其专业发展的潜力与可能性，在回应"如何吸引高素质人才进入教师队伍"等社会呼吁的同时，讨论乡村教师选拔方式变化引发的社会流动或者新入职教师人力资本所表达的社会学意义。

（一）人力资本变量界定

本研究的人力资本变量要素包括个人基本信息、求学阶段学习状况、知识与能力掌握情况、职业意愿及未来规划四个方面。个人基本信息观测点包括：性别、年龄阶段、入职学历等，求学阶段学习状况包括毕业就读学校层次、是否为师范生、学习成绩情况、担任学生干部等，知识与能力掌握情况包括专业知识掌握和实践能力掌握的情况等，意愿及未来规划主要考察新入职教师毕业求职时是否有从教的意愿，从教后职业对自己未来的发展规划意向等。表1、表2、表3、表4和表5，就是对乡村新入职教师人力资本存量的统计数据，以此为依据，分析乡村新入职教师人力资本的特征以及所蕴含的教育学和社会学意义。

表 1　　　　　　　　　新入职教师个人基本信息（$N=12394$）

类别变量	变量取值	频数	百分比
1. 性别	A. 男	2420	19.5
	B. 女	9974	80.5
2. 年龄阶段	A. 20~25 岁	9335	75.3
	B. 26~30 岁	3059	24.7
3. 入职学历	A. 中师	221	1.8
	B. 大专	1879	15.2
	C. 本科	10202	82.3
	D. 硕士研究生及以上	92	0.7

表 2　　　　　　　　新入职教师个人求学阶段学习状况（$N=12394$）

类别变量	变量取值	频数	百分比
1. 毕业就读学校层次	A. 中师	262	2.1
	B. 大专	2181	17.6
	C. 三本	4883	39.4
	D. 二本	4887	39.4
	E. 一本	181	1.5
2. 是否为师范生	A. 是	8215	66.3
	B. 否	4179	33.7
3. 学习成绩情况	A. 前 5%	2145	17.3
	B. 前 6%~20%	7371	59.5
	C. 前 21%~50%	2375	19.2
	D. 后 20%	503	4.1
4. 担任学生干部	A. 很少	1749	14.1
	B. 较少	2587	20.9
	C. 一般	4293	34.6
	D. 较多	3152	25.4
	E. 非常多	613	4.9

表3　　　　新入职教师专业知识与专业能力掌握情况($N=12394$)

变量取值	频数(知识/能力)	百分比(知识/能力)
A. 很差	28/41	0.2/0.3
B. 较差	68/231	0.5/1.9
C. 一般	3936/4135	31.8/33.4
D. 较好	6853/6288	55.3/50.7
E. 很好	1509/1699	12.2/13.7

表4　　　　新入职教师选择教师的职业意愿($N=12394$)

变量取值	频率	百分比
A. 非常愿意	3662	29.5
B. 比较愿意	6266	50.6
C. 无所谓	844	6.8
D. 不太愿意	1505	12.1
E. 非常不愿意	117	0.9

表5　　　　新入职教师的未来规划($N=12394$)

规划情况	频率	百分比
A. 转行，离开教育	245	2.0
B. 去较好学校工作	2851	23.0
C. 继续留在任教学校	3902	31.5
D. 进修深造	4995	40.3
E. 其他	401	3.2

(二)人力资本的主要特征

教师人力资本特征是教师从事教育事业过程中可被观察到的外显表征，包括教师一般性人力资本特征和专用性人力资本特征。[①] 前者是教师入职条件包

---

① 杨素红. 教师人力资本对学生学业成绩的影响——基于西部五省区农村初中的教育生产函数研究[C]. 2010年中国教育经济学年会论文集，2010：1395-1408.

括学历、任职资格等，后者是教师入职后形成累积的教龄、职称等。乡村教师人力资本的特性，除具有一般人力资本特点外，还具有自身更为鲜明的特征。

1. 学历结构

中专(含中师)毕业生占 4.8%、大专毕业生占 30.2%、本科毕业生占 59.5%、硕士研究生毕业生占 4.8%。其中，新入职教师队伍中，本科学历以下的教师占 35.0%，本科学历教师中，一本占 12.7%、二本占 36.7%、三本占 12.4%。县官员将证实，我国中小学校拥有硕士研究生学历的教师数明显低于 OCED 国家水平，城市学校硕士研究生和本科学历教师比例高于农村教师；教师学历与学生学业成绩正相关；教师学历结构对农村学校学生成绩的边际效益远远高于城市学校。① 以此看来，提高乡村教师的学历是促进城乡教育均衡和教育公平的重要手段。

2. 年龄结构

被调查教师的年龄在 20～30 岁，其中，20～25 岁教师占 75.3%，26～30 岁教师占 24.7%。"十二五""十三五"期间，国家在补充、稳定乡村教师队伍、扩大规模，提高待遇等方面采取了一系列政策举措，乡村教师队伍的年龄结构发生了巨大变化，越来越多的年轻教师进入乡村学校。年轻教师已成为我国乡村教育发展中的一支有潜力、有热情、有干劲的后备力量，但年轻教师从教经验相对不足也是其劣势所在。同时，由于农村学校经费不足、位置偏远、交通不便等原因，入职后年轻教师的人力资本激励和提升的空间受到影响，也影响教师职业成就感、幸福感的获得，影响他们扎根乡村教育的意愿。

3. 受教育背景

师范专业毕业占比 66.3%，非师范毕业占比 33.7%。近年来，教师资格考试制度的改革拓宽了教师来源渠道，淡化了师范生与非师范生的区别，致使越来越多的非师范高校毕业生通过教师资格考试，进入乡村教师队伍。研究发现，乡村学校非师范入职教师的专业性堪忧，表现在：学科知识和教育教学知识缺失，教学设计、教学组织实施和教学激励评价等专业能力不足；② 师范毕业生的身份认同程度显著高于非师范毕业生，并且在学科专家和培育者身份维

① 姚昊，马立超. 教师学历结构对学生成绩的影响效应及机制——基于 PISA 2018 数据的实证分析[J]. 教育学术月刊，2021(4)：74-81.

② 周晔，赵宁. 农村小学非师范初任教师的专业性问题、成因与对策[J]. 教师教育研究，2020(4)：104-110.

度上存在显著差异。① 教育是育人的事业，对于非师范毕业生来说，如何在现有的岗位实践中，锻炼并提升自身的专业性，需要相关的教师教育主体各负其责。

4. 性别结构

数据显示，女教师数占比是 80.5%，男教师占比 19.5%。依据中小学生身心发展特点及教师工作性质，不同学段的教育教学工作，对教师性别结构有不同需求。小学阶段，小学生好奇心和依赖性强，敏感，稳定性差，自控力不足，需要教师细致观察和身心关怀，更多的女教师比较适合。初中阶段，学生处在开始脱离儿童群体而又尚未进入成人行列的过渡期，是半幼稚和半成熟、独立性和依赖性、自觉性和冲动性错综复杂的时期，对学生进行知识训练的同时，开始注重学生的能力培养，均衡的男女教师比例比较合理。这一情况不仅在乡村学校，在我国整体义务教育学段的教师，性别结构均未达到合理状态（见表6）。对比来看，乡村教师性别结构失衡的现象更为严重。

表6　　　　　　　　我国义务教育分学段女教师比例(%)

年份	小学	初中	平均比
2018	68.75	56.78	62.77
2017	67.19	55.64	61.42
2016	65.34	54.49	59.92
2015	63.73	53.53	58.63
2014	62.13	52.58	57.36
2013	60.67	51.70	56.19
2012	59.58	50.92	55.25
2011	58.68	50.13	54.41
2010	57.95	49.48	53.72
2009	57.11	48.81	52.96
2008	56.36	48.17	52.27

① 雷万鹏. 师范与非师范毕业生教师身份认同差异及政策启示[J]. 国家教育行政学院学报，2021(2)：86-95.

续表

年份	小学	初中	平均比
2007	55.73	47.50	51.62
2006	55.23	46.97	51.10
2005	54.79	46.45	50.62
2004	54.22	45.88	50.05
2003	53.56	45.29	49.43

数据来源：中国教育统计年鉴。

5. 知识与能力

新入职教师对自身知识与能力自我诊断，较好层次以上的，分别占 67.5%和64.4%，较差层次以下的，分别占0.7%和2.2%，即：乡村教师专业发展处于一个中等水平，专业知识掌握程度偏低并且所倚重的依然主要是学科知识；专业能力方面，乡村教学点教师发展水平显著低于乡镇中小学教师。同时，部分本科非师范学历教师，是出于无奈才"沦落"到乡村学校，导致其在学校归宿感和专业幸福感方面的体验明显较弱。由此，乡村教师专业知识掌握和专业能力发展还有很大的进步空间，还需要相关的政策支持。①

（二）人力资本的意义阐释

据上数据，新入职教师人力资本存量已成为影响乡村教师选拔聘任过程中甄别、选择的核心因素。在教师发展层面，对人力资本存量不高的教师，其后续成长和发展中的内在潜力需要不断激发和拓展。

首先，新入职教师学历结构中，非本科及以下学历层次毕业生就占 35.6%。学历结构偏低，必然乡村教育的发展质量。另外，占有64.4%的本科及以上教师的人力资本，也存在一个价值实现和价值扩张的问题，其效能的发挥，取决于外部环境和教师对外部环境的反应。或者说，只有通过合理配置、激励机制、团队协作等，乡村教师人力资本效能的充分发挥，才能得以实现。

其次，高素质人才进入乡村教师队伍仍然面临许多问题，乡村学校的人力资源存量不足、不强的局面将在较长时期内维持下去。客观上，农村产业发展

---

① 李森，崔友兴. 新型城镇化进程中乡村教师专业发展现状调查研究——基于对川、滇、黔、渝四省市的实证分析[J]. 教育研究，2015(7)：98-107.

的有限性和农村社会发展的相对滞后，影响了优秀人才的进入和稳定。而城镇化进程中农民身份的变化，使得部分农民习惯了城市的生活节奏，其下一代的农村情感或乡土情结逐步淡化和消失。因此，有必要多措并举，多点发力，在人才培养、编制优化、评价创新、待遇提高、激励强化和轮岗交流等方面，鼓励引导优秀人才下乡任教；同时，深化乡村教师管理改革，深入推进县域内学校教师"县管校聘"，推动教师规范有序流动，打破教师交流轮岗管理瓶颈，优化教师资源配置，提升乡村教师职业供给力和职业保障力，促进义务教育学校均衡发展。

再次，教师选拔蕴含着教育在社会分层中的基础性意义。上述数据表明，占35.6%的中专(含中师)和专科毕业生，占64.4%本科及以上毕业生进入教师行业，本身就意味着新入职教师能够凭借对人力资本的占有而改变自己的阶层处境，因而成为了当前我国市场经济改革条件下社会分层和流动的合理依据。根据这一阐释，社会生活中的个体，自然会建立起这样一种信念，即每个人都可以通过自身努力、知识学习、技能训练、能力培养和机会选择，都有可能改变自己的生涯轨迹和社会处境，以实现自己的理想和抱负。

但是，仅仅从人力资本存量或总量角度分析社会分层所造成的职业和收入的差异是远远不够的，还必须细化到教育、技能和边际效益将人力资本的受教育年限、层次和程度等划分为初等、中等和高等人力资本，即异质性人力资本，以探讨异质性人力资本对社会分层的影响。因此，新入职教师的受教育类型和程度上的差异，体现的是其职业的、收入的、消费或生活方式和主观认同的差异或者是社会分层的结果。其主要原因是人力资本外部性和配置效应以及不同行业在不同市场环境下的异质性劳动力的市场需求量的不同，拉大了行业的收入差距和职业的社会地位，进而形成不同的受教育类型、程度间所产生的社会分层。同时，乡村教师队伍还存在结构性缺员较为突出、素质能力有待提升、发展通道相对偏窄、职业吸引力不强等问题，又是不争的事实。[①] 如何保障县域内教师的平均工资不低于当地公务员的平均收入水平，让教师职业的吸引力和竞争力更强，从而吸引更多优秀人才进入教师队伍，对于大多数义务教育阶段学校尤其是广大农村学校而言，仍是一个亟待解决的难题。转型期中国，构建社会公正合理基础上的分层和流动，避免社会优势集团实现的阶层再

---

① 教育部等六部门《关于加强新时代乡村教师队伍建设的意见》。

生产的社会屏蔽与社会排他，避免教师选拔筛选中既有社会阶层或社会秩序的复制，让教师职业的吸引力和竞争力更强，从而吸引更多优秀人才进入教师队伍，促使教师在获得资本基础上的专业发展，是当前乡村教育改革发展中必须面对的现实课题。

五、地域与身份：新入职教师社会资本积累

新入职乡村教师的社会资本也是本研究中需考察的另一个指标。本研究设定的社会资本，是指"新入职教师"群体先在的地域、父母身份及其教育程度、家庭收入等状况，以此来考察新入职教师社会资本积累及其所产生的影响。这种由家庭、家族等血缘关系所形成的关系网络，是高校毕业生在求职并被选拔进入教师职业过程中的社会资本之一，也是乡村新入职教师社会资本的主要内容。

(一)社会资本的先在积累

新入职教师社会资本的先在积累，是指由其所在的家庭以及家庭成员建立的关系网络及其行为表征，是嵌入在持续稳定的家庭社会网络关系中的一种资源。根据法国社会学家布迪厄的观点，这些实际的或潜在的资源集合，是新入职教师与自己家庭生活中那些相互熟识、认可并具有制度化的关系网络所拥有的联系表现出来的。这种持久稳定的家庭背景和社会关系，不仅是社会结构的组成部分，同时也是新入职教师的一种个人资源。表7、表8、表9、表10和表11，就是从新入职教师的父母生活所在地域情况、新入职教师高中就读的学校情况、父母亲的学历情况、父母亲的职业情况、家庭的月收入五个方面，考察新入职教师的家庭社会资本。

表 7　　　　　新入职教师父母生活所在地域情况 ($N = 12394$)

变量名称	频率	百分比
A. 乡村	4847	39.1
B. 乡镇	2548	20.6
C. 县城	2638	21.3
D. 地级市城市及以上	2361	19.0

表 8　　　　　　　　　　新入职教师高中就读的学校情况（$N = 12394$）

变量名称	频率	百分比
A. 一般高中	5064	40.9
B. 县级重点高中	4424	35.7
C. 省级重点高中	1707	13.8
D. 中职	1199	9.7

表 9　　　　　　　　　　新入职教师父母亲的学历情况（$N = 12394$）

变量名称	频率（父/母）	百分比（父/母）
A. 初中及以下	7078/7606	57.1/61.4
B. 高中（中专）	3590/3216	29.0/25.9
C. 大专	1567/1171	12.6/9.4
D. 本科及以上	159/401	1.3/3.2

表 10　　　　　　　　　　新入职教师父母亲的职业情况（$N = 12394$）

变量名称	频率（父/母）	百分比（父/母）
A. 工人	1167/2777	9.4/22.4
B. 农民	5542/5151	44.7/41.6
C. 私营或个体经营者	1979/1237	16.0/10.0
D. 商业服务人员	125/140	1.0/0.1
E. 公务员	312/70	2.5/0.6
F. 军人	31/18	0.3/0.1
G. 教育、医务等专技人员	1186/658	9.6/5.3
H. 企事业管理人员	238/98	1.9/0.8
I. 进城务工人员	310/189	2.5/1.5
J. 其他职业	1504/2056	12.1/16.6

表 11 新入职教师家庭的月收入（元）情况（$N=12394$）

变量名称	频率	百分比
A. 2000 及以下	1197	9.7
B. 2001~3000	1619	13.1
C. 3001~4000	1945	15.7
D. 4001~5000	1833	14.8
E. 5001~6000	1922	15.5
F. 6001 以上	3878	31.3

（二）社会资本的主要特征

社会资本在乡村教师选拔过程中发挥了极大的作用。尤其是在"关系型社会"下的中国，社会资本已经渗透到乡村教师选拔过程的各个维度，并在新入职教师的就业信息、职业选择（决策）和未来发展这三个方面对乡村教师选拔产生深刻的影响。与人力资本一样，教师选拔过程中社会资本的嵌入，也是无形的，但它是基于家庭的社会纽带的普遍存在，是对中国特定社会结构和政治结构的内生反应。中国传统社会的整个历史中，乡土性都是其典型的特征，它对应的组织形式就是以家庭为基本单位的社会"差序格局"，亦即个人以家庭、家族（即扩大了的家庭）为中心进行生产、消费、交易和选择，这种选择往往是关系型、互联的；是嵌入在所属的社会关系中的。

但是，随着经济的发展和人力市场范围的不断扩大，乡村教育人才选拔中"关系型"交易的代价将会越来越大，而"规则型"交易的方式、方法将显得越来越重要。这是因为，"关系型"交易的过程，"局外人"参加交易的成本将会增加，必将构成滋生社会腐败的土壤，并渗透到社会生活中人的思想观念和日常行为模式之中。而在"规则型"交易下，先期用于交易制度建设的成本投入，使得规则型交易更具规模，交易量越多，交易成本就越低。随着我国市场经济的发展和教育法治化进程的进一步加快，从"关系型社会"到"规则型社会"的转变，是我国教育治理必须跨越的"大转型"，是乡村教育走向现代化社会的关键。只有这样，乡村教师入职选拔才就会走出一条冲破了原有的社会关系网络和权力结构羁绊的，公正的、公平的、健康的市场化道路。问题是，既然

"社会资本的丰富程度深受制度供给的非均衡性与社会结构的分层性限制"①，那么，社会场域中新入职教师先期积累和转换的社会资本，不仅影响着他们在就业信息的获取、职业选择的决策，而且也影响着他们社会地位和职业能力的获得与提升。

统计数据表明，新入职乡村教师队伍中：(1)59.7%的教师出生地在农村或乡镇；(2)40.9%的教师在中学阶段就读于一般高中，而不是县级重点或省级重点高中；(3)57.1%的教师父亲学历在初中及以下，母亲学历在初中及以下的占61.4%，父母亲只有高中学历的分别占29.0%和25.9%；(4)父母亲职业是农民的分别占44.7%和41.6%，是工人分别占9.4%和22.4%，是私营或个体经营者的分别占16.0%和10.0%；(5)家庭月收入在2000元及以下的占9.7%，2001~3000元占13.1%，3001~4000元占15.7%，4001~5000元占14.8%，家庭收入在5000元以下的占68.7%。由此判断，新入职教师的社会资本，具有如下特点：

第一，在"规则型社会"中，尽管乡村教师选拔过程具有公开、公正和公平性的特性，但是，乡村教师选拔结果呈现的仍然是：优势与中间家庭出身的群体进入乡村教师队伍的比例偏低，劣势与农村家庭出身的群体进入乡村教师队伍的比例偏高。也就是，受到城乡户籍出身的影响，城乡出身的大学毕业生在获得相同教育的情况下仍然存在着就业差异，这种影响会随时间发生变化会发生持续的交互影响。尽管乡村教师选拔过程的公开平等，但对城市家庭子弟和农家子弟却是不公平和不平等的，农村家庭背景的大学毕业生，其入职选拔过程在自身资源或社会资本的角逐中处于劣势。

如何解释这一结果？有学者将社会学家默顿(Robert K. Merton)的"马太效应"、组织与市场研究文献中的"首发优势""路径依赖式的回报递增"以及社会学领域的"声望效应"和"光环效应"，组合统称为"累积优势理论"(the cumulative advantage theory)。② 其核心思想是，某一个人或群体相对于另一个人或群体的优势(或不平等)随时间而增长或累计。作为一种不平等现象和机制，累积优势意味着城乡出身的大学毕业生在就业选择上的不平等确实存在，

① 周守军，袁小鹏. 农村教师的社会资本及其社会地位[J]. 教育发展研究，2010(23)：38-41，62.

② 李骏. 城乡出身与累积优势：对高学历劳动者的一项追踪研究[J]. 社会学研究，2016(2)：57-81，242.

并会随时间而递增而具有数量上的"扩大效应"。这种累积优势的不平等程度，主要源于城市家庭子弟和农家子弟的家庭背景因素如父母教育程度、父母职业和家庭经济收入等。因而，在社会资本的角度，城市家庭背景大学毕业生的求职过程，更多地凭借了家庭的人际关系网络，更多地了解某项工作的职业前途以及是否适合自己。而农村家庭背景大学毕业生，由于其社会资本的累积相对较弱，他们更多地借助于招聘会、求职网站等市场化的公开渠道。在我国乡村教育教师需求量大、工作条件艰苦的背景下，这也解释了为何乡村教师队伍总是人才缺口大、代课教师多、队伍不稳定、流动性高、流失严重等问题的存在。

第二，新入职教师的家庭社会资本占有量不高，对其之后的职业成功将会产生消极影响。农村户籍出身的大学毕业生，在初期工作上欠缺的社会资本，使其晋升机会和发生过度教育的可能性，都比城市户籍的大学毕业生更高。这种差异，部分解释了城乡户籍的大学毕业生在后期工作收入和就业质量上的差异。这表明，农村户籍出身大学毕业生自身社会资本所带来的相对劣势，不仅会随时间推移在程度上具有"扩大效应"，还在其运作过程的机制上具有"中介效应"。其他研究也表明，家庭背景对接受高等教育的相对机会及受教育结果并不均等，[①] 所接受的高等教育数量和质量上存在差异。[②] 意味着，城乡户籍的毕业生他们接受高等教育所累积的人力资本会形塑毕业生的就业选择和后续的职业发展，同时，家庭背景中的户籍所在地、父母职业、父母教育程度和家庭经济收入等构成的社会资本及其组合，也会形塑毕业生的就职意向和后续的职业生涯发展，并在历史事件的挤压下成为社会分流机制的重要一环。由此看来，这种差异，对出身于农村社会新入职教师的职业发展将会受到影响。

美国组织学教授韦恩·贝克（Wayne Baker）曾说：投资社会资本意味着投资成功。在乡村教师个体角度，由于社会网络资源的含量随着个体年龄和从教阅历的增加而增加，在教师的职业生涯中，教师投入的时间、精力、情感和物质资本，都会通过社会互动不断追求更高的社会资本含量。在保证异质性社会资源网络的前提下，教师通过删减重复节点以减少冗余信息带来的成本，实现

---

① 文东茅. 家庭背景对我国高等教育机会及毕业生就业的影响[J]. 北京大学教育评论，2005(3)：58-63.

② 杜桂英. 家庭背景对我国高等教育入学机会的影响——基于 2009 年高校毕业生的调研报告[J]. 国家教育行政学院学报，2010(10)：78-84，5.

社会网络结构的不断优化。另外，教师的生涯历程，就是在基于血缘关系和亲缘关系的基础上，不断地扩大自身的"信任半径"、打破血缘、地线的人际关系隔阂，实现一种从自我中心的社会网络（又称内聚式网络）向开放式社会网络的超越，通过诚实、互惠的合作规范，采取一种利他主义的行为，以有效地满足自己的愿望和自身的发展。根据林南的观点，资本是在社会关系中获得的，其中的人力资本由个人所拥有的自愿组成，个人可以自由地、不需要补偿地使用和处置他们，而社会资本是嵌入在社会网络中的资源，是行动者在行动中获取和使用并期望在市场中得到回报的社会关系投资。① 林南还区分了接触的社会资本和动员的社会资本，前者即行为者能够接触到的社会关系和社会网络资源，而后者是指行为者能够影响、使用和动员的社会关系和社会网络资源。这样，就存在着一个社会资本不平等的问题，并在资本欠缺和回报欠缺两方面都有所反映。

很明显，不同家庭背景毕业生的社会资本是不平等的，这种不平等是由于资本本身欠缺和资本回报欠缺共同作用的结果。不平等的社会资本与大学生求职行为及其后续职业生涯的地位强度、初始工作、教育提升、发展程度的地位获得、成就获取有密切关系，农村户籍毕业生在社会资本和资本汇报上都遭受着资本欠缺，但城市背景的毕业生能够部分地转移这种欠缺，很大程度上存在着能利用社会网络的"强关系"来获取社会资本并有效弥合这些差距的可能。对社会资本欠缺的新入职教师而言，一方面，它影响教师个人能力的发展，因为它需要投入更多的物质和人力资本数量，以便于增加目标实现的机会；另一方面，它又影响了教师自己的职业归属感、专业认同和职业满意度，自然也影响教师的乡村教育生活。从整个乡村学校组织而言，一个拥有丰富社会资本存量的乡村学校，能够为教师专业发展提供更多的信息与资源、更大的发展空间和更高质量的合作学习机会。因此，对于新入职教师的社会资本投资就显得意义非凡了。

(三)社会资本的阶层痕迹

社会分层是社会成员在社会生活中由于获取社会资源的能力和机会不同而呈现出高低有序的不同等级、不同层次的现象和过程。作为一种固有的现象和

---

① 林南.社会资本：关于社会结构与行动的理论[M].张磊，译.北京：社会科学文献出版社，2020：3-57.

过程，社会分层的本质是人群之间的关系和人群占有资源的关系，[①] 是对资源的支配与占有体现出来的社会关系，它是制度化了的社会成员之间产生的一种结构性不平等，是社会资源和利益包括财富、收入、声望、教育机会在社会中的不均等分配。"关系"是中国社会的基本符号之一，特别是传统的关系型社会强化了社会分层，成为社会资源配置与利益分配的重要途径。而20世纪50年代建立的户籍制度，一直深刻地形塑并推动着中国社会的分层体系。有学者研究认为，当前中国社会分层出现的资源聚集效应，形成了资源支配权聚集的两种不同方向，即公共资源私人经营和私人资源公共经营，而关系型社会下的社会分层与劳动力市场的分割，促使资源占有者之间签订一种互利的关系合约或隐性契约，并通过关系化与制度缺陷的结合，强化形成了一个强大的资源和利益占有者共同体，使得原有的资源和利益优势阶层具有了内生强化的机制。[②]

基于"关系型社会"的社会分层，决定了劳动力市场劳动资源配置的功能遭到削弱。城乡户籍毕业生的职业选择和就业流向，不仅取决于他们的市场竞争力，如人力资本存量、道德素养、学习能力和沟通合作能力，还受到所处社会阶层和家庭背景的影响。一定程度上，家庭背景比人力资本、知识、技能、能力和职业态度还要重要。这说明，乡村教育劳动力市场也在被社会分层格局左右，并且发生了明显的市场分割现象。这种结果的极端化，表现为乡村教育劳动力市场的分割，也是整个城乡劳动力市场分割中的两极。由此可推知，乡村教育劳动力市场的分割已处于多极化状态，并随着社会分工、价值观念、生活方式等的变动，加剧了社会分化，中国社会层级化的表现已变得十分复杂。

总体来讲，农村家庭背景的新入职乡村教师的社会资本，深受乡土社会中的社会信任、关系网络、互惠规范的影响。我国传统农村是一个基于血缘关系、亲缘关系、地缘关系为纽带的熟人社会。在这样的社会中，血缘特性、熟人特性和差序格局构成了其社会资本的乡土性特征，并形成农村社会所特有的社会结构和人际关系的特点。成长于这一社会关系中的乡村教师，由于其对社会资源占有的有限性，他们在社会互动中深刻体会到来自社会"差序格局"的约束，他们需要付出更多、更大的努力才能与社会优势阶层发生异质互动。而建立在社会成本基础之上的个人所得，表现的是劳动力市场的进一步分割带来

---

① 李强. 当前我国社会分层结构变化的新趋势[J]. 江苏社会科学, 2004(6)：93-99.

② 姜广东. 社会分层及其劳动力市场效应[J]. 经济与管理, 2012(12)：5-12.

的效率损失。同时，来自农村家庭而被选拔录取的新入职教师，其社会资本具有低度增殖性，很难对社会产生强大的吸引力与感召力，也很难对社会产生强大的话语权力和支配力；在社会资本转换中，乡村教师在获取社会认同与支持的同时，也是为了保障基本的生存资本。表面上，乡村新入职教师，表现为下层社会精英向上层流动的一般过程，但其现在的社会位置和社会地位，也留下了相应的阶层痕迹。

六、效能与希望：新入职教师心理资本存量

如果说人力资本和社会资本是个体获取竞争优势的重要源泉，那么心理资本则是创造竞争优势的基础动力。一般来讲，心理资本是个体在成长和发展过程中表现出来的各种积极心理能力的集合体，具有投资性和收益性。所谓投资性是指心理资本可以有意识地去获得、保持和提升，所谓收益性是指开发并有效管理的心理资本，能产生提升工作绩效的能力。研究表明：个体的心理资本与职业成就呈正相关，① 它不仅会影响个体自身的心理健康，还会影响到个体的工作表现和职业成就。因为，心理资本是继人力、社会资本之后促进职业成功的第三势力，它在突破人力资本和社会资本等传统思维方式的同时，对于深刻理解乡村教育中的新入职教师具有极其重要的意义。由此推断，新入职教师的心理资本，不仅会影响教师心理健康、工作表现，还会对学生心理发展和学业成绩等产生影响。对新入职教师心理资本评估，既要考查新入职教师群体的心理资本存量，还要具体分析这些既有存量背后的影响因素及其心理资本投资和收益的后续可能。

（一）新入职教师心理资本存量

1. 新入职教师核心自我评价

核心自我评价在对教师的人格研究中受到重视，原因是其与教师的职业认同、自我评价、心理韧性和职业倦怠之间有着密切的相关，因而核心自我评价，也可以作为新入职教师心理资本存量的一个验证性分析因素。核心自我评价的概念是在核心评价理论的基础上提出的。所谓"核心评价"，是人们潜意识所持有的最为基准的评价，而基准意味着个体对某一特定具体事物的评价都

---

① 任皓等. 心理资本对企业员工职业成功的影响——职业承诺的中介效应 [J]. 心理科学，2013(4)：960-964.

受其影响。① 这一特定事物的评价，可以个体对自己的评价、对他人的评价和对现实的评价，它涉及个人生活的三个领域，即自我、他人和现实。其中，个体对自己的核心评价，就是核心自我评价，它是一种更深层次的、更为基础的评价。心理学家 Judge 和 Bono 将"核心自我评价"界定为：个体对自身所持有的能力和价值的最为基准的评价。② 这种基准，必须具有评价性、基础性、广泛性这三个条件。因此，Judge 和 Bono 将自尊(self-esteem)、自我效能感(generalized self-efficacy)、神经质(neuroticism)和控制点(locus of control)这 4 种人格特质作为核心自我评价的维度。自尊是人格自我调节结构心理成分，自尊是通过社会比较形成的，是个体对其社会角色进行自我评价的结果。自尊维度的评价是个体对自己的认可以及个体认为自己有能力、有意义和有价值的程度。自我效能感是个体行动的过程中对自己是否具备处理和应对一般性事物能力所进行的推测、判断与评价。根据心理学家阿尔伯特·班杜拉(Albert Bandura)的理论，自我效能感是个体对自身能力自信程度的评价，是一种效能期望的心理现象，因此，核心自我评价中的自我效能感就是个体对自己能够做到多好的判断。神经质是人格特质的"大五模式"中的一个因素，是人格因素的情绪特质，表现为个体对感知自身情绪波动和调节自己情绪能力的评价。控制点也称控制源，是个体认识自己能够控制生活中将要发生事件的程度，反映个体对生活中的事情是由内部控制点(源)还是外部控制点(源)的评价。这样，自尊、自我效能感、神经质和控制点，构成了新入职教师核心自我评价的四个维度。表 12 是新入职教师的核心自我评价的测评数据，反映的是新入职教师核心自我评价的基本状况。

表 12　　　　　　　新入职教师的核心自我评价(CSES)情况统计

	N	范围	最小值	最大值	平均值	标准差	方差
CSES 均分	12394	3.30	1.70	5.00	3.84	0.547	0.30
CSES 总评	12394	33.00	17.00	50.00	38.43	5.473	29.954

① 吴超荣，甘怡群. 核心自我评价：一个验证性因素分析[J]. 北京大学学报(自然科学版)，2005(5)：622-627.

② Judge T. A. The dispositional causes of job satisfaction：A core evaluations approach[J]. Researchin organizational behavior, 1997(5)：151-188.

根据对新入职教师核心自我评价的数据统计，教师核心自我评价均分的最小值是 1.70，最大值是 5.00，均值为 3.84，标准偏差为 0.547；总评分最小值是 17.00，最大值是 50.00，均值为 38.43，标准偏差为 5.473，方差是 29.954。这两个结果表示，教师的总体自我评价较高（M=38.5），问卷总体得分在 10~50 分之间，样本得分高于总分的 75%，五级计分中，总体得分等级达到 4 级。

2. 新入职教师积极心理资本

按照 Luthans、Youssef 和 Avolio 等人的观点，心理资本超越了人力资本和社会资本是一种能够被有效开发和管理，并能够对个体的绩效产生重要影响的核心积极心理要素。[①] 新入职教师的心理资本问卷主要是对八种积极心理力量的评估，它们分别是：希望、自信（或自我效能感）、坚韧或韧性、乐观、感恩、情商、利他和自谦。其中，希望（hope）、自我效能（efficacy）、韧性（resiliency）和乐观（optimism）这四个英文单词的首字母组合成"Hero"，即事务型心理资本。这是组织行为学家们所倡导的积极组织行为，即每个人努力去打造自己内在高心理资本，它象征着一个人内心是一个强大、勇敢的、智慧的英雄——"Hero"。在积极心理学中，新入职教师的自我效能感往往是教师自己教学动机的激发，对课程教学资源的认知并且在一定的教育环境中采取必要行动来完成教育教学行为的能力。这是教师教学信念和信心的表现。具有这种信念和信心的教师，会选择挑战性的任务，自我激励、自我强化并且努力去实现自己的教育教学目标，即使是遇到危机和障碍，也会坚定自己的信念和信心，积极地乐观面对。而希望，就是基于成功、路径和意志力三者之间互动而形成的积极动机状态。教育领域的成功，更多的是需要充满希望的教师，而不是被要求的教师，因而需要教师有对完成教学目标的决心并具备实现这一目标的方法、策略或能力，一旦出现"路径阻塞"，充满希望的教师总是创造性地找到可替代的路径以达成目标。乐观实质上是一种归因方式：有乐观精神的教师，会将积极的教学事件归因为内在的、稳定的、一般性的原因，而把那些消极的教学事件归因为外在的、不稳定的和特殊的原因。因此，乐观反映的是新入职

---

① Luthans F., Avolio B. J., Avey J. B., Norman S. M. Positive psychological capital：Measurement and relationship withperformance and satisfaction[J]. Personnel Psychology, 2007, 60：541-572.

教师能积极地对待教学结果和归因的心理资本，它包括教学中的积极情绪、积极动机积极面对困难和对未来的积极预见。坚韧或韧性是新入职教师在逆境、冲突、失败甚至一些积极教学事件，如教学上的成功、对学生责任的增加同事的认可等情景中迅速回复的心理能力，对于提升教师个人的教学能力和社会的人力资本有重要的指导意义。大量的研究表明，无论是希望，还是自我效能感、乐观和坚韧都是可以被测量的，并且与教师的教学绩效密切相关。表 13是新入职教师事务型心理资本及其组织行为等级的情况。

表 13　　　　　　　　新入职教师事务型心理资本状况（$N = 12394$）

类别变量	变量取值	频数	百分比
Hero 总体	偏低	7723	62.3
	中等	4671	37.7
希望	偏低	6399	51.6
	中等	5995	48.4
自信	偏低	5764	46.5
	中等	6629	53.5
坚韧	偏低	4403	35.5
	中等	7991	64.5
乐观	偏低	5840	47.1
	中等	6554	52.9

在心理资本的本土化研究中，我国学者柯江林等人，根据人群特征及文化环境的影响在不同职业群体的表现，将心理资本划分为一个具有"二阶双因素"的结构，这一结构涵盖了事务型心理资本与人际型心理资本。[①] 事务型心理资本与西方学者划分的心理资本维度基本相似，具有跨文化的有效性，因而包括自信、乐观、希望和一般自我效能感。但是，由于在中国文化背景下的人际关系与西方的人际型心理资本有着重大的差异，它将孤立的个体事务推向了联系的群体互动，并与社会普遍推崇的价值规范有关。因而，诸如谦虚沉稳、

① 柯江林，孙健敏，李永瑞. 心理资本：本土量表的开发及中西比较[J]. 心理学报，2009(9)：875-888.

包容宽恕、尊敬礼让与感恩奉献等，就具有了较强的中国本土特色。也就是说，中西方心理资本的构成维度具有差异性。中国本土的心理资本构成既包括了自信、乐观、希望和一般自我效能感，还包括像谦虚、沉稳、包容、礼让、感恩、进取、勇敢等因素。所以，人际型心理资本是西方心理资本构成在中国情景下的应用盲区。为此，本研究将感恩、情商、利他和自谦，划分为事务型心理资本和人际型心理资本的内容，用英文首字母组成"Team"，又称人际型心理资本。也就是说，"Hero"描述的是新入职教师个体层面的成长和发展，而"Team"将新入职教师心理资本的概念从个体层面拓展到了团队层面，是新入职教师心理资本在团队层面上的表现。表14是新入职教师人际型心理资本状况。

表 14　　　　　　新入职教师人际型心理资本状况（ $N = 12394$ ）

类别变量	变量取值	频数	百分比
Team 总体	偏低	2086	16.8
	中等	10308	83.2
感恩	偏低	1138	9.2
	中等	11256	90.8
情商	偏低	3235	26.1
	中等	9159	73.9
利他	偏低	2144	17.3
	中等	10250	82.7
自谦	偏低	994	8.0
	中等	11400	92.0

(二) 新入职教师心理资本分析

相关研究表明，教师核心自我评价与职业认同具有显著相关，其中，教师的工作价值观、组织支持感在教师核心自我评价与其职业认同的关系中，起着中介或调节作用。[①] 教师核心自我评价与教师心理韧性、工作压力之间显著相

①　杨玲. "核心自我评价"对中小学教师职业认同的影响 [J]. 教师教育研究，2015 (2)：49-53，106.

关，核心自我评价能很好地预测工作压力并在教师的心理韧性与工作压力的关系起着中介作用。[①] 在教师离职倾向比较高的情况下，教师的核心自我评价处在中等水平，或者是，教师的核心自我评价对教师离职倾向影响中起中介作用，因为它对教师的离职倾向显著相关并能预测教师的离职倾向。[②] 教师的核心自我评价对其工作倦怠及其应对方式中起着中介作用。起作用方式就是：教师核心自我评价直接通过积极应对和消极应对的方式，间接地影响教师的情感耗竭和人格解体并降低成就感，因而对教师情感耗竭、人格解体、成就感都有显著负向预测。[③] 教师的核心自我评价的积极因子与消极因子能很好地预测心理幸福感，但存在性别区分和中小学教师的层次之别：即女性教师幸福感得分显著高于男教师，小学教师心理幸福感得分均显著高于中学教师。[④] 由此可见，教师的核心自我评价与教师的职业认同、工作压力、教师队伍稳定、职业倦怠、幸福感等，都有着密切的相关。根据统计数据，新入职教师的总体自我评价较高($M = 38.5$)，总体得分等级达到 4 级，反映了教师在个体职业自尊、自我效能感、神经质和控制点等方面有着较好的水平，也就是新入职教师群体的自我评价水平高，而单个特质的增益性较高，预示了新入职教师在成为我国乡村教师队伍的新生力量的同时，乡村教育的未来希望和发展前景。但如何保护好新入职教师良好的自我评价，促进教师职业认同、稳定教师队伍和增强职业幸福感等方面，还需付出大量的努力。

心理资本是一种重要的个体资源，是教师专业发展的潜在的积极力量，它引发并推动着新入职教师的专业成长。本次的样本调查，主要评估了新入职教师的 8 种积极心理力量，即希望、自信、坚韧、乐观、感恩、情商、利他、自谦。其中，新入职教师心理资本的希望等级中，偏低占比是 51.6%，中等等级占 48.4%；自信的等级中，偏低占比是 46.5%，中等等级占 53.5%；坚韧的等级中，偏低占比是 35.5%，中等等级占 64.5%；乐观的等级中，偏低占

①　杨玲，巫文胜. 小学教师心理韧性、核心自我评价与工作压力的关系[J]. 湖南师范大学教育科学学报，2013(1)：99-103.

②　桑青松，卢家楣，胡芳芳. 幼儿教师核心自我评价、社会支持与离职倾向关系[J]. 安徽理工大学学报(社会科学版)，2012(4)：96-102.

③　孙配贞，郑雪，许庆平，余祖伟. 小学教师核心自我评价、应对方式与工作倦怠的关系[J]. 心理发展与教育，2011(2)：188-194.

④　许思安，杨晓峰. 核心自我评价：教师心理幸福感的重要影响因素[J]. 中国特殊教育，2009(3)：90-96.

比是 47.1%，中等等级占 52.9%。这是新入职教师事务型心理资本的等级得分。而在人际型心理资本的等级中，感恩等级偏低占比是 9.2%，中等等级占 90.8%；情商等级偏低占比是 26.1%，中等等级占 73.9%；利他等级偏低占比是 17.3%，中等等级占 82.7%；自谦等级，偏低占比是 8.0%，中等等级占 92.0%。总体上，新入职教师事务型心理资本中，等级偏低占比 62.3%，中等等级占比 37.7%，而新入职教师人际型心理资本等级偏低占比 16.8%，中等等级占比 83.2%。

如此看来，教师的心理资本总分及各个维度等级最高分均低于 5 分。而根据评判标准，得分在 1.0~4.0，心理资本偏低，得分在 4.0~5.0，心理资本趋于中等，得分在 5.0~6.0，则教师拥有的心理资本较高。因此，新入职教师心理资本的总体等级在中等及以下，群体心理资本总体评价水平不高，其中的自我效能、希望、乐观、韧性存在个别差异。在事务型和人际型心理资本的总体得分中，新入职教师事务型心理资本偏低比例达 62.31%，只是人际型心理资本的得分趋中，得分为 83.2%，预示了新入职教师的心理资本存量，不容乐观。问题是，在新入职教师心理资本总体情况不佳的背景下，需要对新入职教师心理资本影响因素进行分析，维护和促进教师的心理健康，重视新入职教师心理资本的干预、开发和利用并寻找其具体的策略。

理论上，心理资本作为个体的一种潜在积极心理力量，其影响因素非常多，不仅有新入职教师个体自身的生理与心理特征方面原因，同时也有其家庭、同伴群体、乡村教育环境和各种生活事件特别是教学生活事件等因素的影响。但是，对影响教师心理资本的整体因素进行全面系统实证研究的难度大，现有的研究也只是分析了几个相关变量对教师心理资本的影响。其中，Avey 研究了影响心理资本的个体差异、领导、工作设计、人口统计学特征这四类前因变量。① 这是一项开创性的实证研究。其后，Luthans 等人列举了影响心理资本因素，有人口统计学特征、人格特质、工作特征、组织氛围和领导，特别是个体所处的组织氛围因素，当个体受到组织支持的水平越高时，其心理资本

① Avey J B. The left side of psychological capital: new evidence on the antecedents of PsyCap[J]. Journal of Leadership & Organizational Studies, 2014, 21(2): 141-149.

的水平也越高。① Luthans 等人的研究结论得到了中国学者的研究支持。如中国香港学者 Ngo 的研究表明，性别角色导向中高阳刚气质和高阴柔气质对心理资本的影响效应更大。② 中国大陆学者更偏重检验与组织行为学相关的人格特质以及组织领导和组织氛围对个体心理资本的影响。张铭以个体为基点，根据心理资本的影响源及其研究累积，将心理资本的影响因素归纳个体、领导与干预、组织与环境这三类因素。③ 熊猛等学者认为，影响心理资本的因素，即心理资本的前因变量有个体特征和组织环境这两个变量。个体特征变量主要包括人口学变量、人格特质和自我强化，而组织环境变量是影响心理资本的重要因素包括组织支持、工作挑战性、领导风格、教养方式和压力生活事件等方面。④ 总的来说，影响教师心理资本的主要因素教师的人口学特征、社会教育环境、教学工作的挑战性、学校组织的支持和教师自身的情绪管理水平等。为此，分析乡村新入职教师心理资本的影响因素，在现行教育环境条件下，探讨乡村教师心理资本内涵的验证与扩展，优化教师心理资本管理，充分发挥教师心理资本在乡村学校人力资源管理中的重要作用，依然是我国乡村教师补充政策过程中必须重视的一个现实课题。

心理资本是一种状态值，可测量、可开发、可有效管理。⑤ 如何干预并有效开发新入职教师心理资本？首先要明确的是乡村教师的工作环境条件和工作的性质与特点。由于长期的城乡二元结构，城乡差距的存在是客观的。与城市学校相比，乡村学校无论是在硬件设施还是师资力量等教学资源，存在着较大的差距。简陋的居住环境、艰苦的生活条件，多门课程的教学任务，对农村学

---

① Luthans F., Youssef-Morgan C. M. Psychological capital：an evidence-based positive approach[J]. Annual Review of Organizational Psychology and Organizational Behavior, 2017, 4 (1)：339-356.

② Ngo H. Y., Foley S., Ji M. S., et al. Linking gender role orientation to subjective career success：the mediating role of psychological capital[J]. Journal of Career Assessment, 2014, 22 (2)：290-303.

③ 张铭. 心理资本影响因素研究回顾及拟议框架[J]. 商业经济与管理, 2017(12)：24-34.

④ 熊猛，叶一舵. 心理资本：理论、测量、影响因素及作用[J]. 华东师范大学学报 (教育科学版), 2014(3)：84-92.

⑤ 周宇柯，黎倩，周二华. 中小学教师的心理资本开发[J]. 人民教育, 2015(21)：56-59.

生在学习、生活、心理和性格等方面的关心，工作繁杂。这些问题，并且在文化交流不对等的情况下，使得经过层层选拔后入职乡村教育的教师处境艰难，成为我国教师队伍群体中的一个尴尬的边缘群体。这些，自然会影响教师的工作心情和教学质量。另外，教师所从事的教学工作，其中的科学性和艺术性的双重性质，应该能够使教师在工作中获得一种极大的心理满足，更加激发教师进行探索和创造的热情，但这只是教育学理论上的一种想象。现实中的教师包括新入职的新老师，在教育教学过程中，容易对教学工作产生一种疲惫无力感和厌倦感。原因可归结为三个方面：一是乡村教师从事的是"发展乡村教育，帮助乡村孩子学习成才，阻止贫困现象代际传递"的时代使命，责任重大，相应地需要教师具备应有的职业精神、业务素质和工作能力。当新入职教师感觉到自身的素质能力满足不了社会的要求和期望时，就会产生对教师职业的不胜任感，并演变成对教师职业的无力感和厌倦感。二是乡村教师的教育教学工作繁杂，在新入职教师心理准备不足的前提下，许多新入职教师一开始就感觉到不堪重负、身心疲惫。三是当前社会中的一些消极因素以及乡村教师地位、待遇偏低，必然造成新入职教师对乡村教育和乡村教师职业和身份的认同感和成就感差，从而产生心理资本偏低的现象。相关研究表明，采取内省反思、小组讨论、团体活动结合[1]，或者采用小组讨论的团体辅导方式[2]，适用于对教师的心理资本干预并有助于干预效率的提升。在管理和开发乡村新入职教师的心理资本上，存在直接和间接的两种模式。[3]其中，最直接的模式就是对教师心理资本的干预，例如，通过设计一种发展性的团体辅导活动，以唤醒和改善教师内心原存的积极心态，培养教师的积极乐观的自我认知和应对方式。而间接的模式主要是乡村教育和乡村学校组织环境和制度的变革，包括学校文化的建设、教师专业发展共同体的构建和对乡村教师的赋权增能等。目的在于，增强教师自我效能感、提升其希望水平、培养乡村教师面对乡村教育、乡村学生的乐观态度和发展面对困难和挫折的韧性程度。或许，这是我国乡村教育和乡村

---

　　① 赵有璐. 心理资本降低小学教师职业倦怠的干预研究[D]. 锦州：渤海大学，2018.

　　② 毛晋平，刘赛花，周情情. 中小学教师心理资本的干预研究[J]. 教师教育研究，2016(5)：98-103.

　　③ 都丽萍. 开发心理资本：培养高质量教师的新路径[J]. 中国教育学刊，2020(10)：94-96.

学校高质量教师培养的路径选择。

（三）新入职教师心理资本传染

教师心理资本传染及其效应，是指学校组织中教师之间的心理资本相互影响的过程，是心理资本在学校组织成员之间的一种扩散现象。在乡村新入职教师职业发展的适应期，其所拥有的心理资本，是教师调动其自身积极心理力量以应对面临的各种心理困惑和现实问题，形成组织心理契约的重要心理资源，也是新入职教师社会分层的主观判断赖以形成的心理因素。

教师是乡村教育最重要的人力资源，是乡村学校办学的主体力量。乡村教师发展直接影响着乡村教育质量及人才培养质量的提升，关系到让每个乡村孩子都能接受公平、有质量教育的目标实现。乡村教师发展离不开其教师作为"人"的发展，离不开教师心理资本的支撑，对乡村教师心理资本重视和研究，应成为乡村教师队伍建设的有机组成部分。问题是，在新入职教师心理资本存量不高的情况下，在采取相应的措施，干预、开发和管理教师心理资本的同时，需要认识教师心理资本影响教师专业发展的作用机制和内在原理，便于以更明确、更具体的措施和手段，有针对性地开展对新入职教师心理资本的干预和开发。这是心理资本对新入职教师后续专业发展的影响，也是对教师社会分层主观判断的传染。

整体上说，教师心理资本的四大因素，其中的自我效能、希望、乐观和韧性都与教学工作的绩效有显著的相关。与其他相关的实证研究一致，心理资本较高的教师，对自身教学能力的认识，比较全面和客观，对教学工作有计划，也会为自己的教师职业生涯发展设定目标，并将目标具体化和操作化，因而能综合考虑目标实现过程中的风险和规避风险可资利用的资源，寻找多种途径，在逐步实现具体目标的过程中进而实现预设的生涯发展目标。当面临困难和挫折时，心理资本高的教师，倾向于客观地分析和积极地面对，善于从困难和挫折中学习，坚忍不拔、坚持不懈、勇往直前，继而使得自身心理资本产生螺旋式上升，进而对教师的教学工作绩效和教师自身的专业发展产生积极的影响。反之亦然。

事实上，心理资本的这种作用，是通过教师的人力资本和社会资本来实现的。如上所述，新入职教师的人力资本和社会资本，是教师专业发展的潜在能力，而其心理资本则是将教师专业发展的潜在能力转化为现实能力的基础。也就是，新入职教师心理资本、人力资本、社会资本的协同集约，或者是心理资本的潜在影响，传染和浸润了教师的人力资本和社会资本，进而影响教师专业发展的整体风貌及其个性特征。这样，心理资本就不再局限于教师个体能力的范畴，而是一个更高层次的概念，其中所包含的能量也不仅仅以累加的方式发挥，而是以协同、传染的方式所产生的效应。比如：对乡村教师充满希望和情怀的教师，也就一个拥有实现目标所需动机和工作积极性、责任感的教师，同样，他(他们)克服困难的动力更强，性格也就更有韧性。另外，一个自信的新入职教师，他可以把对乡村教育的情怀、希望、乐观和韧性，迁移并运用到乡村教育教学中的具体任务中去。特别是，当乡村学校组织建立起一种积极的育人氛围时，教师的心理资本会通过一种"传染效应"影响到学校中的每一位教师；一旦具备这种心理性格，积极的、向善与合作的乡村学校文化便会迅速地形成并反过来影响或增强教师个体和群体的心理资本。当这种心理资本增强的累积效应越大越大时，又会通过扩散或者社会传染效应对其他人产生影响。

心理资本也是教师心理契约得以形成的重要源泉。学校组织中教师的心理契约是教师感受到的所在群体对自身的信赖和期望，从而形成的对群体的信任、忠诚和期望程度。心理契约在学校组织成员之间心理上的信任与合作基础上，通过传染效应，不断扩散，逐步强化教师群体间相互依赖与期望，最终形成教师群体与教师个体间的默契、承诺和期望。心理契约是教师对教师群体的归属感和忠诚度的反应，是联系教师与组织之间的心理纽带，也是影响教师行为和态度的重要因素。对新入职教师而言，它非常有利于乡村教师的身份认同，增强他们的心理适应性和心理凝聚力。不仅如此，这种基于群体心理资本的心理契约，会不断地引导和规范乡村教师的教育教学行为，久而久之，就转变为乡村教师群体成员愿意遵守的教学规范。这种规范强调乡村教师群体间的彼此信任、合作，强调彼此的信心，强调彼此的认同，减少了破坏性冲突在群体内的发生频率，从而促使一种和谐的、健康的、建设性群体关系和乡村教师文化的逐步产生。在这种氛围中的乡村教师，其工作能力、工作绩效必然得到增强，反过来，又不断改善新入职教师的心理适应和心理资本，从而形成一个良性的心理循环。

心理资本也是社会分层赖以形成的心理因素，它通过传染效应促使乡村教师心理契约的形成、流动与固化，进而影响社会分层。在社会分层的主观判断中，心理资本是社会分层结构和分层机制在主观层面的心理事实。而社会学的研究揭示，社会分层不仅可以通过客观的指标进行划分，还可以通过社会分层主体的自我认定进行归类，也就是社会分层主体根据某一类标准，对自己阶层归属做出主观认定，结果是将自己归属于社会分层体系中的某一层，即"阶层认同"。① 研究发现，不同于西方社会阶层"中层认同"，中国社会阶层认同相对偏低，② 并且，与经典的"地位决定论"相悖，受教育程度、所从事职业以及个人收入等客观的社会分层指标，对中国社会大众主观阶层地位的解释力往往有限。③

本研究没有设计新入职教师主观阶层地位的调查，但在对新入职教师人力资本、社会资本和心理资本的调查分析中，仍然可以推演并得出新入职教师主观阶层地位相关的判断和解释：一是在新入职教师的教育背景、收入、职业地位之间，往往存在不一致的现象，使得教师可能身处多重叠加的角色认知冲突，进而使其阶层地位的认同模糊。这种冲突，对乡村教师的教育教学投入和乡村教师队伍的稳定，产生了巨大的影响。二是根据对新入职教师人力资本、社会资本、心理资本的调查，新入职教师总是综合其"过去"和"现在"的社会地位来评价其当前的社会地位。表面上，乡村教师选拔过程中所产生的新入职教师社会经济地位的相对变动，体现的是一个社会流动中的上升过程，事实上，在社会剧烈变迁的背景下，新入职教师对这种流动过程的主观感知，其中教师个体的"阶层轨迹"，包括其原生家庭（或父母）的代际关系及其社会地位，也是影响其当前社会地位主观评价的重要因素。三是新入职教师社会地位的主观感知，又是参照他人的社会地位而获得的。例如，由于大学生就业过程充满了选择性，在我国教师经济地位和社会地位不断改善的背景下，大学生就业过程中，总会参照社会其他群体的社会地位。因此，乡村教师的入职选拔，也能吸引众多的大学毕业生包括优秀大学毕业生的积极报考，客观上为我国乡村教师队伍素质结构的改变和我国乡村教育高质量发展，创造了条件。但是，如果一个社会的社会贫富差距过大，不同阶层或群体的获益程度不同，总有一部分

---

① 卢福营，张兆曙. 客观地位分层与主观地位认同[J]. 中国人口科学，2006（3）：38-43，95.

② 董运生. 地位一致性与阶层结构化[J]. 吉林大学社会科学学报，2007（1）：151-155.

③ 刘欣. 相对剥夺地位与阶层认知[J]. 社会学研究，2002（1）：81-90.

人在社会经济生活和发展机遇上处于相对剥夺的状态。① 在城乡教育发展不均衡问题不能有效解决的情况下，当乡村教师的经济待遇得不到满足，社会地位得不到保障的时候，处于相对剥夺状态的乡村教师，也会倾向于低估其社会的阶层地位，从而在乡村教育岗位吸引、乡村教师队伍稳定和教学质量提升等方面，产生消极的影响。

七、结语

让我们再从乡村新入职教师资本评估的经验重回与布迪厄和韦伯的对话。在对选拔对象进行评估或测评的过程中，支配入职申请人的选拔机会和成功可能的，不是一种资本，而是三种资本：人力资本、社会资本和心理资本。本研究通过对乡村新入职教师资本评估所获取的证据，演示了一个在中国社会秩序、社会阶层分化的结构性变化中，乡村教师选拔过程的图景；通过对一个由国家制度、社会氛围、文化和心理所构成的社会秩序分析，辨识了进入乡村教师队伍的社会成员的身份、家庭、教育背景和自身的心理因素的影响和渗透。这一选拔与筛选的过程，就是拥有不同身份、家庭、教育背景和心理能力因而拥有不同资本的新入职教师，在社会资源角逐中的结果，因而复制了既有的社会秩序：承载着一个竞争性的身份团体，表征了一类差异性的教育资源，积淀于不同的文化传统并体现出各自的职业认同和自我效能与希望。其结果，不同的人力资本、社会资本和心理资本转换后，形成了新入职教师专业成长及其教育智慧生成的过程。

由此，我们不得不带着"资本"走进"分层"领域。既然一定社会中的人力资本、社会资本和心理资本，呈现的是一种分层状态。那么，在社会学意义上，社会生活不同个体的不同的资本存量，决定了其职业选择的不同的兴趣和动机，进而建构出不同的阶层认同。也就是，不同资本存量的成员，总是在各自阶层资本的引导和约束下，带着自己特有的阶层秉性，进入社会生活的不同场域，并通过选择不同的职业生活来表明自己的阶层身份和阶层认同。在教育学意义上，新入职教师的人力资本、社会资本和心理资本，又是一种发展性的资本，具有预测新入职教师专业发展程度和发展水平的功能，从而构成新入职

---

① 范晓光，陈云松. 中国城乡居民的阶层地位认同偏差[J]. 社会学研究，2015(4)：143-168，244-245.

教师队伍结构、敬业精神、教学投入、教学质量等客观发展指标的基础。简言之，人力资本、社会资本和心理资本作用于新入职教师专业发展的机制在于其内在的认同和外在的支持。越具有优质的资本的新入职教师，其专业发展的程度和水平就可能越高。这种内在的认同和外在的支持的载体就是人力资本、社会资本和心理资本的各种表现形式或者外显指标。在心理学意义上，根据上述的判断和解释，可以衍生出乡村教师选拔过程中被选拔教师对乡村教师职业的认同。基于这种认同，新入职教师产生了对其职业角色的认知、体验和相应的教育教学行为，从而引发教师在其专业发展过程中的组织承诺、心理授权、工作绩效和工作满意度等方面，都将得到不同程度的强化和提升。只有如此，培养和造就一支热爱乡村、数量充足、素质优良、充满活力乡村教师队伍的建设目标才能实现。

附录 2

乡村新入职教师质量发展的实证研究

——基于 7000 余名乡村教师的调查证据

摘要： 本研究以我国中西部地区 2010 年以来任职并有 4~9 年教学工作经历的乡村教师为对象，依据教师质量发展理论框架设计调查。根据调查证据，从教师个人发展维度检测这一群体入职后的一段时间中，作为自然人的教师所拥有的资本水平；从教师社会发展维度呈现这一群体作为社会人的教师自身内在规定和内在需要之间的吻合程度；从专业发展的维度，关注这一群体作为职业人的教师在专业标准框架下的发展状况。本研究聚焦于乡村教师质量发展，表明乡村教师质量发展不应简单化约为数量增长、层次提升或结构优化，而在于其所蕴含的发展潜能、社会认同、专业能力。这应该是乡村教师发展的根本要义。

关键词： 乡村教师　质量发展　潜能　认同　能力

党的十九大报告提出，"努力让每个孩子都能享有公平而有质量的教育"。这为我国基础教育的改革和发展提出了更高的要求。中华人民共和国成立 70 多年来，我国基础教育事业取得了举世瞩目的巨大成就。教育部公布的《2020 年全国教育事业发展统计公报》显示：学前教育毛入园率从 1950 年的 0.4% 提高到 2020 年的 85.2%，比上年提高了 1.8 个百分点；而在 1949 年和 2020 年两个年份的统计数据比较显示，小学净入学率从 20% 提高到 99.96%，专任教师学历合格率 99.98%，生师比 16.67：1；初中阶段毛入学率从 3.1% 提高到 102.5%，初中专任教师学历合格率 99.89%，生师比 12.73：1；高中阶段毛入学率 91.2%，比上年提高 1.7 个百分点，普通高中专任教师学历合格率 98.79%，生师比 12.90：1。[①] 这意味着，我国基础教育已经完成了从人人"都上学"、人人"有学上"到人人"上好学"的转

---

① 教育部. 2020 年全国教育事业发展统计公报 [EB/OL]. 2021-08-27. http：//www. moe. gov. cn/jyb_sjzl/sjzl_fztjgb/202108/t20210827_555004. html.

变。幼有所育，学有所教，折射出人民群众对美好生活的向往和对未来的企盼。21 世纪以来的我国基础教育改革发展，从基本均衡到优质均衡，从教育机会公平到追求有质量的教育公平，构成了中国基础教育的主旋律。步入新时代，人民群众的获得感成为基础教育重要的价值取向，均衡发展、质量提升成为中国基础教育事业发展的新坐标。[①]

　　基础教育是教育的基础，而教师是基础中的基础。教师是基础教育过程的重要资源之一，教师质量在很大程度上决定着人民群众向往和期盼"上好学"愿望的实现。在当前甚至未来一段很长的时期内，在关注充足地补充教师数量的同时，如何提升基础教育阶段教师补充及其发展的质量，将成为我国教育发展进程中亟待解决的问题。但就目前的情况来看，我国基础教育阶段教师发展质量，在个人发展、社会发展和专业发展水平等方面存在诸多方面的差距。这种差距不仅表现在教师发展外在特征所体现的数量、层次和结构等，如性别、年龄、学力、职称等方面，还表现在教师发展的内在特征所体现的个人、社会和专业的质量，如教师的自我理解、社会认同和教师信念、专业知识与能力等方面。基础教育阶段教师发展质量存在的差距，损害了教育过程的公平性和受教育者接受教育的权利、义务和自由，也损害了我国基础教育高质量发展目标的实现，人民群众向往和期盼"上好学"愿望就会落空，必须认真对待。与此同时，学界关于乡村教师的质量发展，利用政府政策和典型案例进行宏观的定性分析研究较多，但通过指标体系和模型的建构对乡村教师质量发展水平进行测度的微观实证研究相对较少。本研究选取近年来新入职教龄在 4~9 年的乡村教师为对象，依据本课题研究的教师质量发展模型，对其发展质量的状况进行调查并分析。

一、研究背景

(一)政策背景

　　教育是一种政策性存在。教育的所有活动，多少都打上了政策的印记。乡村教师发展与教育政策有着深刻的关联，教育政策对乡村教师发展起着特别重要的影响与作用。这种影响与作用是多样的，也是复杂的。中华人民共和国成

---

　　① 王家源. 夯实千秋基业 聚力学有所教——新中国 70 年基础教育改革发展历程[N]. 中国教育报，2019-09-26(01).

立伊始，《中国人民政治协商会议共同纲领》就明确规定国家的教育性质是"新民主主义的，即民族的、科学的、大众的文化教育"。而国家学制改革所确立的"教育为工农服务的方针"，在保障乡村教育发展的同时，也为乡村教师发展提供了政策空间和多种可能。1956—1966年是我国全面建设社会主义阶段，也是国家政治平稳、经济发展最快的时期。这一时期，国家确立了广大教育工作者的身份、性质及其工作任务。教师是知识分子的一部分，是国家教育事业的奠基力量，因此要引导教师特别是农村地区的教师，通过函授教育等形式不断提高学历，为社会主义建设作更大的贡献。但是，随着反右运动的开展，以教师为代表的知识分子受到明显影响，被列为思想改造对象。"文化大革命"十年的极"左"路线，严重影响了乡村教师队伍的建设和发展。教师作为反动知识的代表被视为"臭老九"，很多优秀教师被赶下讲台，到农村劳动。这一时期的政治气候变化巨大，教师总是处于被动的地位，教师的主体性、主动性和创造性被忽视。

党的十一届三中全会的召开使教师的地位发生了巨大改变。邓小平提出的"尊重知识，尊重人才"倡议被广泛接受，教师成为工人阶级的一部分。自此，教师的作用受到肯定，政治地位不断上升。随着改革开放步伐的加快和国家、地方经济实力的逐步提高，国家对乡村教师政策做了许多重要调整。1980年6月13号召开的第一次全国师范教育会议，重新确立了我国教师培养的三级体制，即高等师范本科培养高中教师，专科培养初中教师，中等师范培养小学和幼儿园教师。这对弥补当时乡村教师队伍数量的不足，提高乡村教师素质，有着重要的意义。1985年5月颁布的《中共中央关于教育体制改革的决定》首次提出，要"建立一支有足够数量的、合格而稳定的师资队伍"，并对现有的教师进行认真的培训和考核，把发展师范教育和培训在职教师作为发展教育事业的战略措施。1986年颁布的《义务教育法》是我国农村义务教育发展的新的政策目标。在教师发展上，《义务教育法》明确指出：教师享有法律规定的权利，履行法律规定的义务；全社会应当尊重教师；教师应当取得国家规定的教师资格；国家鼓励高等学校毕业生以志愿者的方式到农村地区、民族地区缺乏教师的学校任教，等。可以说，这两个文件，基本奠定了我国改革开放以后基础教育教师包括乡村教师发展的政策法律基础。"振兴民族的希望在教育，振兴教育的希望在教师。"1993年的《中国教育改革和发展纲要》，再次明确了教师队伍建设重要的战略地位。1998年颁布的《面向21世纪教育振兴行动计划》和

1999 年颁布的《中共中央国务院关于深化教育改革全面推进素质教育的决定》，揭开了全国中等师范学校和专科师范学校大规模升格的序幕。我国教师发展的政策形势又将发展重大的变化。

"政策是政府的运作手段。"①21 世纪以来，中国改革开放的进程进入了一个以社会政策带动发展的新的历史时期，重视教师的发展，特别是将教师质量提高到前所未有的高度。党的十六届三中全会提出了坚持以人为本，树立全面、协调、可持续的科学发展观。而肇始于 21 世纪初的基础教育课程改革，为教师发展提供实践舞台，教师与课程改革共同成长。基础教育一线教师队伍包括乡村教师都在这场变革中找到自己的位置，发出自己的声音。② 党的十八大以来，通过建构"以人民为中心"的发展思想，围绕改善民生和社会治理，党中央提出了一系列新思想、新内容、新战略、新政策。"社会政策思维在中国公共治理领域中进一步强化，社会政策进一步实现纵向整合，并呈现出在一些领域重点突破的局面，以人民为中心的社会政策范式正式成型。"③2015 年 6 月，国务院办公厅颁布《乡村教师支持计划（2015—2020 年）》（以下简称《计划》），将乡村教师队伍建设摆在优先发展的战略地位。对于乡村教师队伍建设领域存在的问题，《计划》从乡村教师补充、待遇、编制、培训、流动、荣誉、职称、能力提升等多方面对乡村教师进行政策倾斜，以提高乡村教师的职业吸引力和乡村教育的质量。据调查，《计划》实施以来，乡村教师的来源渠道得到拓宽，乡村教师工作生活待遇有所改善，乡村教师职业发展的活力不断增强，乡村教师辛勤劳动得到了充分肯定，教师"下不去、留不住、教不好"的局面得到扭转。④ 2018 年以来，党和国家相继颁发《关于全面深化新时代教师队伍建设改革的意见》《教师教育振兴行动计划（2018—2022）》《关于实施卓越教师培养计划 2.0 的意见》《中共中央国务院关于学前教育深化改革规范发

---

① 吴锡泓，金荣枰. 政策学的主要理论[M]. 金东日，译. 上海：复旦大学出版社，2005：442.

② 石鸥，段发明. 课程改革：教师专业发展的新契机[J]. 中国教育学刊，2004(8)：32-35.

③ 黄博函，岳经纶. 新中国社会政策 70 年的演进、成效与挑战[J]. 社会工作，2019(5)：39-51.

④ 付卫东，范先佐.《乡村教师支持计划》实施的成效、问题及对策——基于中西部 6 省 12 县(区)120 余所农村中小学的调查[M]. 华中师范大学学报(人文社会科学版)，2018(1)：163-173.

展的若干意见》《中共中央国务院关于深化教育教学改革全面提高义务教育质量的意见》和《关于加强新时代乡村教师队伍建设的意见》(以下简称《意见》)等文件,对我国乡村教师队伍建设进行系统规划。这些顶层设计,标志着我国乡村教师队伍建设事业迈入全面提高教师质量的新时期。

(二)现实背景

众所周知,中国教育最大的分母在农村,最薄弱的环节也在农村。据东北师范大学中国农村教育发展研究院发布的《中国农村教育发展报告2019》(以下简称"报告2019"):2017年全国义务教育学校数(含教学点)为321901所。其中,城区为41196所、镇区为79072所、乡村为201633所,农村(指"大农村",含镇区和乡村,下同)义务教育学校数占87.20%。全国幼儿园数有254950所。其中,城区78961所、镇区85807所、乡村90182所,农村幼儿园数量占比达69.03%。农村学校(含幼儿园,下同)仍是我国覆盖面最广的基层教学单位。随着我国乡村振兴战略的实施,乡村教师的质量发展成为未来乡村教育发展的重中之重。目前,我国乡村教师补充呈现不断递增的趋势。从2007年起,我国实施6所教育部直属师范大学师范生免费教育试点,到2018年公费师范生"改版升级",累计招收公(免)费师范生超过11万人,其中90%的毕业生到中西部省份中小学任教。这一政策带动了28个省(自治区、直辖市)实施地方师范生公(免)费教育,每年培养补充4万余名毕业生到农村中小学任教。①

湖北省从2012年始,创造性开展省级统筹农村教师补充新机制改革,到2016年推出"黄金十条"为乡村教师加油。截至2018年,湖北各级各类学校专任教师59.9万人,其中乡村教师8.9万人,新机制教师规模保持在3.1万人左右。② 为盘活存量,湖北省从2014年开始推进"县管校聘"改革,推动教师由"单位人"向"系统人"转变,要求城镇学校新入职教师5年内须到乡村学校或城镇薄弱学校任教1年以上。2020年5月,湖北启动教师教育综合改革实验区建设,计划到2025年,建设10个左右省级教师教育综合改革实验区。③

---

① 朱旭东,赵英.为建设教育强国提供"第一资源"[N].中国教育报,2019-11-21(06).

② 夏静,张锐.湖北:让乡村教师安心从教[N].光明日报,2019-10-24(04).

③ 张春铭.奠基乡村振兴之路——湖北省加强乡村教师队伍建设纪实[N].中国教育报,2021-08-23(01).

湖南省岳阳市自 2012 年以来，通过公开招考、引进高层次教育人才、招聘"特岗教师"、安排公费定向师范毕业生等方式，7 年共补充新教师 12036 名，其中 85% 安排到农村薄弱学校任教。[①] 北京市采取多种措施，持续实施拓展中小学教师来源行动计划，每年增加 2250 名师范生培养指标，实施乡村教师"特岗计划"，捆绑非京籍生源毕业生指标，每年面向全国招聘 350 余名紧缺学科乡村教师，非师范毕业生到乡村学校任教满 5 年后给予 4 万元一次性补助，吸引优秀毕业生到乡村学校任教。完善交流激励机制，设置中小学特级校长流动到乡村学校任职专项指标，将到乡村学校任教 1 年以上作为申报高级职称的必要条件，3 年以上作为选任中小学校长的优先条件，吸引优秀人才向乡村学校流动。[②] 四川省广安市实施乡村教师定向补充计划，通过定向培养省属公费师范生、招录(聘)"特岗教师"、定向培养"一专多能"教师等，多个渠道持续壮大乡村教师队伍。截至 2019 年 9 月，公开招聘乡村教师 965 名、"特岗教师"120 名，选聘省属公费师范生 83 名，补充贫困地区教师和乡村学校薄弱学科教师。开展县域内教师交流 1500 余人次，选派 83 名具有中级以上职称教师到边远乡村学校支教，保持乡村教师队伍活力。[③]

　　乡村教师队伍数量的补充，并不等于其质量的发展。不可否认的是，乡村教师的存在，他们不仅仅是在教化乡村孩子，也在承担着在偏远山村传播现代文明、传承社会主流文化、传递国家意志的重要使命。但是，受城乡发展不平衡、交通地理条件不便、学校办学条件欠账多等影响，面对新形势新任务新要求，我国乡村教师队伍还存在结构性缺员较为突出、素质能力有待提升、发展通道相对偏窄、职业吸引力不强等问题，这些问题制约了乡村教育持续健康发展。据调查，乡村教师专业发展处于中等水平，其中专业知识、教学科研和专业能力有待提升，专业知识亟待加强，特别是教龄在 2 年及以下的乡村教

---

　　① 　阳锡叶 . 湖南两年时间大班额比例下降 22.7 个百分点，超大班额实现清零——消除大班额跑出"加速度"[N]. 中国教育报，2019-12-7(01).

　　② 　刘宇辉 . 进一步加强新时代乡村教师队伍建设，推动首都教育优质均衡发展[EB/OL]. 2020-09-04. http://www.moe.gov.cn/jyb_xwfb/moe_2082/zl_2020n/2020_zl47/.

　　③ 　四川省教育厅 . 四川省广安市大力加强乡村教师队伍建设[EB/OL]. 2019-09-12. http：//www.moe.gov.cn/jyb _ xwfb/s6192/s222/moe _ 1755/201909/t20190912 _ 398907.html.

师。① 有 1/3 的教师课时负担重，呈超负荷状态，自主发展时间极有限；② 有 38.5% 的乡村教师对工作的态度一般，11.3% 的乡村教师不热爱本职工作，41.1% 的农村教师会惩罚学生，个别教师会采用体罚的方式管教学生，40% 以上的教师认为最需补充的是学科知识，而不是教育教学等知识。③ 乡村幼儿教师队伍水平不高的表现更加明显：趋向年轻化，性别与年龄结构不合理，工作压力大，培训机会少，流动性大。④ 有学者研究指出：乡村教师尽管有着较为强烈的专业发展吁求，但其自主发展动力不足，成效不明显，多止步于低水平的重复与循环；⑤ 乡村教师缺乏来源于内部的自我发展动力，有量的增长，但没有质的改变，陷入了"内卷化"的困境。⑥ 这些事实说明，乡村学校教师包括新入职教师的发展状态还存在这样那样的问题，如何增强教师吸引力，均衡城乡教师的发展水平，吸引、保留并提高乡村教师质量，聚焦教师培训、补充及乡村教师短板等薄弱环节，仍然是现阶段乡村教育发展中的难点。因此，从发展角度出发，2020 年 7 月 31 日教育部等六部门颁发的《意见》要求，要紧紧抓住乡村教师队伍建设的突出问题，通过城乡一体、区域协同、定向发力、精准施策等措施，大力推进乡村教师队伍建设高效率改革和高质量发展，激发乡村教师奉献乡村教育的内生动力，增强乡村教师职业发展的活力，促进乡村教师发展由数量补充向质量发展的转型，促进乡村教育的高质量发展。

二、研究设计

美国社会学家艾尔·巴比（Earl Babbie）认为，一个设计完好的问题本身，

① 李森，崔兴友. 新型城镇化进程中乡村教师专业发展现状调查研究——基于对川、滇、黔、渝四省市的实证分析[J]. 教育研究，2015(7)：98-107.

② 赵志纯，吕筠. 农村中小学教师课时量的调查研究[J]. 中小学管理，2007(9)：28-29.

③ 王淑宁. 农村教师专业发展困境及支持体系构建[J]. 教学与管理，2019(6)：52-55.

④ 梁燕飞，李香玲. 教育公平视野下农村幼儿教师队伍建设的困境与建议[J]. 教育观察，2019(34)：119-121.

⑤ 石耀华. 农村教师专业发展的"内卷化"困境与消解[J]. 教育科学研究，2015(10)：72-76.

⑥ 周凤霞，黎琼锋. 农村教师专业发展的"内卷化"困境及其破解路径[J]. 教育导刊，2019(9)：57-61.

就包含了它的答案。而一个好的研究设计，必须尽量明确要发现的东西，同时必须采用最好的方法进行研究。① 依据上述政策和现实背景，本研究是对我国乡村教师发展质量现状进行的实证调研。为此，必须首先讨论"教师质量发展"的相关理论问题，构建"教师质量发展"理论假设，在此基础上，设计"乡村教师质量发展"调研方案。以下，从"教师发展"和"教师质量发展"两个方面进行讨论，同时构想出"乡村教师质量发展"的研究模型。

（一）理论建构

理论是对生活某一方面有关事实与规律的系统性解释。理论是被创造出来的研究范式，是用来组织观察的出发点和推理的参考框架。理论构建就是通过经验研究，以可验证的方式对某类社会现象作出系统性、学术性的解释。"没有理论，人们就不能进行经验研究。没有发人深省的理论，无止境的、多种多样的社会现实，就永远是混沌一团。"②概念和概念体系又是构建理论的基本单位，任何研究都要从概念的界定开始，概念的界定总是与研究的性质和范畴相关联，并决定着研究的思路与研究的逻辑。

本研究所进行的"乡村教师质量发展"属于"教师发展"领域的个案研究，这一研究首先要从"教师发展"的概念界定开始。以这一概念为基础，搭建一个理论框架，依据框架设定相应的方法并选择合适的研究手段，调查研究对象，分析研究中所搜寻到的资料，提炼、归纳和解释并形成研究结论。

1. 作为理论框架的教师质量发展

教师发展本质上是教师个体成长的历程，是教师不断接受和更新知识、不断增长专业技能、发展专业情意的动态过程。但学界对"教师发展"的界定颇具歧义。总的来看，学界均将"教师发展"作为一个研究视域，由于各自研究视域的不同，形成了对"教师发展"不同意义的理解。正是多样化理解的差异，制约了实践中的教师发展的差异，影响了教师专业发展的成熟程度或者质量，也决定了学校变革和学校发展的广度和深度。这些视域有哲学的研究（谢延

---

① 艾尔·巴比.社会研究方法[M].邱泽奇，译.北京：华夏出版社，2005：85-86.
② 克劳斯·冯·柏伊姆.当代政治理论[M].李黎，译.北京：商务印书馆，1990：244.

龙，2011①；张华，2014②；岳欣云，2018③），也有心理学的研究（苏虹，2003；④ 孟宪宾，鲍传友，2004⑤），还有教育学的研究（钟启泉，2003⑥；卢乃桂，操太圣，2007⑦；朱旭东，2007⑧ 饶从满，2009⑨）和社会学的研究（周艳，钟海青，2004⑩；卢乃桂，操太圣，2007）以及管理学的研究（张兆芹，罗玉云，2005⑪）等。尽管如此，学界包括实践一线的教师，更倾向从专业的层面理解，或者说，"教师发展"就等同于"教师专业发展"的话语表达。实际上，教师专业发展应包含"专业性"职业和"专业化"成长这两个方面的发展。教师专业性主要指教师个体的、内在的专业化提高，而教师专业化更多是指教师职业具有自己独特的职业要求和职业条件，有专门的培养制度和管理制度。前者是教育学议题的教师发展，后者是社会学议题的教师发展。这两个不同的思维角度是随着教师专业发展研究进程而不断明晰，并构成教师发展是否健康有效的基础性问题。

社会学议题的教师发展，往往是从教师角色这个概念开始讨论的。所谓"教师角色"，是指教师在所处的角色伙伴互动的社会情境中，基于其特殊的身份、地位，而被期望及实际表现的行为或特质。这一角色的内涵实际上同时涵盖了角色扮演者"被期望的行为"（或"角色期望"）与"实际表现的行为"（或

---

① 谢延龙，周福盛．教师发展的生存论转向[J]．中国教育学刊，2011(8)：68-70．

② 张华．论教师发展的本质与价值取向[J]．教育发展研究，2014(22)：16-23．

③ 岳欣云．教师发展的最高境界：教师生命自觉[J]．华东师范大学学报（教育科学版），2018(2)：117-122．

④ 苏虹．新教师专业成长中的"高原现象"分析与对策[J]．现代教育论丛，2003(4)：48-53．

⑤ 孟宪宾，鲍传友．变革中的教师焦虑与教师专业发展[J]．外国教育研究，2004(11)：47-50．

⑥ 钟启泉．"教师专业化"的误区及其批判[J]．教育发展研究，2003(4-5)：120-123．

⑦ 卢乃桂，操太圣．中国教师的专业发展与变迁[M]．北京：教育科学出版社，2007：1-9．

⑧ 朱旭东，周钧．教师专业发展研究述评[J]．中国教育学刊，2007(1)：68-73．

⑨ 饶从满．教师发展若干基本问题辨析[J]．中国教育学刊，2009(4)：83-86．

⑩ 周艳，钟海青．社会意义的高校教师专业发展[J]．广西师范学院学报（哲学社会科学版），2004(2)：79-83．

⑪ 张兆芹，罗玉云．学习型组织理论视角下的教师专业发展[J]．课程·教材·教法，2005(11)：72-77．

"角色行为")的内容。"角色期望"的性质是规范的、应然的,是教师在一定的社会互动情景中被期望的表现;"角色行为"的性质则是居于教师地位者履行其职责的实际行为表现。但"教师角色"的定位,还不足以涵盖教师作为"社会人"或教师社会发展的全部内容。在中国,政治与文化传统赋予了教师多重隐喻,其中,"教师是社会行为规范的代表,是学生效仿的楷模"的观念根深蒂固,教师被认为总是作为社会的代表来进行教育工作的。这是对"教师是谁"的社会定位。为此,加拿大学者哈格里夫斯和富兰(Hargreaves&Fullan)曾说:"教师发展的过程和成功在很大程度上取决于它发生的背景。这个背景的性质既可以成就也可能会毁掉教师发展努力。因此,理解和关注教师发展的生态学应该成为教师、管理者和研究者的重要优先事项。"①德国社会学家、哲学家齐美尔(Georg Simmel)认为:"个人的活动只有通过人与人的相互作用或者互动才能实现,而这种相互作用或互动的方式就是社会形式。"②因此,有必要宣称,教师发展依赖于作为"社会人"的发展,依赖于所享有的一定社会的政治、经济、文化和政治公民身份的程度,依赖于社会机体运作、发展过程中满足教师自身的内在规定的一切特性。在这一条件下,教师的质量发展反映的是同一时代背景下一定社会的整体品格,是社会机体的实际状况与教师自身内在规定和内在需要之间的吻合程度,并且,这种吻合总是通过教师个人的自主活动建构的。

　　教育学议题的教师专业发展,关注的视角在于教师作为在学校中、课堂内担负教导学生及提供教学服务的工作者的角色,希望在具体的教学情境中探寻教师专业提升的可能。教师的专业知识、专业技能、专业信念、专业动机、专业态度、专业情感、专业期望和专业发展意识等方面从低到高的发展过程,逐渐符合教师专业人员标准的过程称之为"教师专业发展"③。这些方面构成的结构又称为教师的专业结构。但这种"专业结构"只能是教师质量发展的内在表现或者是作为衡量教师质量的维度之一。衡量教师质量的另一个维度是其外在表现。教师质量的外在表征,主要体现在教师的职称、学历(包括第一学历和

　　① Hargreaves A., Fullan m. Understanding Teacher Development[M]. New York: Teachers College Press, 1992: 13.

　　② [德]齐美尔. 社会学: 关于社会形式的研究[M]. 杨善华等, 译. 北京: 华夏出版社, 2000: 11.

　　③ 宋广文, 魏淑华. 论教师专业发展[J]. 教育研究, 2005(7): 71-74.

最后学历）、性别、年龄、专业对口率、骨干教师的占有情况以及教师工作繁重度等。① 沿着这一思路，测量教师发展的程度和实际情况，就可以从外在表现和内在表现两方面涉及其相应外显指标和内隐指标。尽管这两个维度不能完全代表教师质量发展的全部，但相对于学历、年龄、职称等显性的指标而言，内在指标和外在指标的结合确实能较全面地反映教师的发展状况。随着教师教育改革的推进和各级各类学校变革项目的启动，教师专业发展的重要性日益凸显。2012 年，教育部颁发《幼儿园教师专业标准（试行）》《小学教师专业标准（试行）》和《中学教师专业标准（试行）》（以下统称《专业标准》），提出"学生（幼儿）为本""师德为先""能力为重""终身学习"的基本理念，从教师的"专业理念与师德""专业知识"和"专业能力"这三个维度，规范教师的教育教学行为，引领教师的专业发展，并作为教师培养、准入、培训、考核等工作的重要依据。可以说，"专业标准"是国家对幼儿园、小学和中学专业素质的基本要求，是教师开展教育教学活动的基本规范，是教师专业化的重要保障，是教师质量发展的基本准则，在我国教师队伍建设中具有基础性、先导性和全局性的作用。

但是，对"教师发展"的讨论，远不止上述两方面的内容。一直以来，教师发展研究的主线是"教师作为教师"所涵盖的内容，而"教师作为人"的相关内容却被忽略了。教师首先是一个具有自觉身体意识的人，教师的职业行为具有意识的自觉性特点。但"人不是附在机体上一种心理现象，而是有时表现为有形体的、有时投向个人行为的存在的往复运动"②。教师发展的实践"关涉人生的意义与价值，表达着人作为一个整体的性质"③。教师总是以身体"在场"的状态实现的发展。这意味着教师发展是对教师身体知觉的发现，是教师发展对身体体验的关注和引领，更是教师发展对人的生命本质的重新认识。教师自身的教育实践和教师作为人及其拥有的价值观、信念和态度紧密相连，仅仅从"教师作为教师"所应有的专业知识、技术和能力，并不能完整地理解和把握教师发展，更不能把握教师的质量发展，必须将视野扩展到教师个人之整体的

---

①　张源源.我国省域内城乡小学教师质量差异的实证研究——以中部 J 省为个案[A].邬志辉.中国农村教育评论 2013[C].北京：北京师范大学出版社，2013：48-49.

②　梅洛-庞蒂.知觉现象学[M].姜志辉，译.北京：商务印书馆，2012：124.

③　亚里士多德.尼各马可伦理学·译注者序[M].廖申，译.北京：商务印书馆，2003：21.

层次。英国教育学者尼亚斯(Nias J.)围绕"教学与自我"的问题开展研究,提炼出教师自我分为"本质自我"和"情境自我"的分析框架,将教师的"个人发展"与"专业发展"联系起来,探讨教师个人作为整体的发展。① "本质自我"就是教师"作为人的教师","情境自我"就是教师"作为教师的教师"。教育是属人的活动,教育的最基本问题是人的问题。教师首先是一个"人"的存在,一个自然人的生命存在。生命是身心两方面的总和,只有教师以身体"在场"的心理发展,才能形成教师富有生命力的发展模式。因此,对作为"教师之所以为人"的回答规范着应然的教师发展理念,左右并制约着实然的教师发展质量。同时,对作为"本质自我"的教师发展,也标示着教师发展的实践样态和差异所在。

综上,教师是作为整体的人的身心发展,依赖于人的经验及身体与一定社会政治、经济和文化环境的相互作用。② 教师的发展过程或者教师质量的整体发展,就是"一个正在发生的个人、专业和社会性发展的过程,一个任何一个侧面的发展都不能单独先行除非其他侧面也得到了发展的过程"③。

2. 作为分析工具的教师质量发展

本研究基于这样一种假设,一方面,教师质量发展理论可以提供教师发展实务所需的知识或技术;另一方面,作为"个人、专业和社会性"发展的三维理论定位的知识,对乡村教师质量发展具有促进的功能,以有别于其他一般理论的独特性。以下以教师质量发展理论为基础,将其进行操作化分解,使之成为一种有价值的分析工具。需要说明的是,教师质量发展不仅是一个理论范式,一种发展理念,同时也是一种研究理路。作为分析工具,教师质量发展主要包括质量发展的基本命题、构成要素、观测指标及其指标体系这三方面内容。

(1)教师质量发展的基本命题。运用"命题"进行理论建构是教育理论的显著特色。当代德国著名教育学家布列钦卡(WolfgangBrezinka)曾将教育命题分

① Nias J. The definition and maintenance of self in primary teaching[J]. British Journal of Education, 1984, 5(3):267-280.
② 麻彦坤,赵娟. 具身认知:心身关系的新思考[J]. 徐州师范大学学报(哲学社会科学版), 2010(5):138-142.
③ Bell B., Gilbert J. Teacher development as professional, personaland social development[J]. Teaching and Teacher Education, 1994, 10(5):483-497.

成三类：其一是教育现象的律则，属教育科学范围；其二是从哲学观点分析；其三是提供教育工作者指导的实用性命题系统，是实践教育学研究的范围。①根据教师质量发展的个人、专业和社会性发展维度要求和布列钦卡的命题分类，教师质量发展可提炼为三个命题。它们分别是：

命题 1：教师质量发展是一个正在发生的个人、专业和社会性发展过程；

命题 2：理解教师质量发展的三个视角，即人类学、社会学和教育学视角；

命题 3：乡村教师发展与教育政策有着深刻的联系，教育政策对乡村教师发展起着特别重要的影响与作用，这种影响与作用是多样的也是复杂的。

命题往往是判断(陈述)指所表达的语义，实际上是一个理论建构的过程。目的在于通过经验科学，来提升教师质量发展理论的学术性。作为一种构想，本研究的三个命题，用于指导教师质量发展的实证研究。

(2)教师质量发展的结构要素。图 1 是教师质量发展的分析模型，其中，教师的个人发展、社会发展和专业发展构成了这一模型的三个要素。三个要素既相区别，又相联系，构成了教师质量发展的一个整体结构。

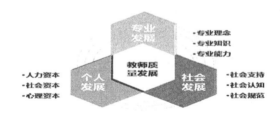

图 1　教师质量发展模型图

教师首先是一个"人"的存在，其发展理应植入教师的主体性蕴含的内涵与表现的高度。教师质量发展结构的个人要素首先确定的是教师发展的主体性质，并将教师发展视为教师自身资本累积中的一个主体参与、主动学习的成长过程。"本质自我"的教师个人发展，心理学上是以"身心"两方面进行测度的，本研究以教师个人所拥有的人力资本、心理资本和社会资本这三方面的资本来衡量。其缘由：一方面，人力资本、社会资本和心理资本是教师个人从事教育

---

① 简成熙. 哲学、教育理论和教育研究范式之关系[J]. 教育学报，2017(4)：3-17.

教学的职业前提，也是教师胜任教学工作岗位，为学校、为学生赢得核心竞争优势的三种职业胜任力；另一方面，教师所从事的职业能满足教师在经济、心理和社会三个层面的需求，能积极地提升教师自身的人力资本、社会资本和心理资本的发展，实现其个人的职业成功。因此，从个人发展的维度检测作为自然人的教师所拥有的资本因素，以此揭示教师所经历的发展进程及其专业意识、专业信念、专业行为的能力得以改进过程的自我定位、自我理解和自我优势。

人的本质是社会性生物。教师的"社会性"也是教师质量发展理论起点。教师质量发展的结构因素又立足于"社会性"，认为相互作用的教师个体是一种社会存在，而不是一个个原子式的孤立的存在。教师的社会质量发展依赖于其所在时代所享有的社会、经济、文化生活和政治公民身份的程度，是在促进教师个人幸福和提高个人潜能条件下，教师参与社会政治、经济、文化和专业生活的能力。这一能力的形成，可以通过建构性、条件性和规范性因素进行分析。[1]

具体来讲，第一，教师的发展活动，是在一定的社会环境下发生的，社会环境因素就成为教师质量发展的"条件性因素"。它包括社会经济保障、社会信任、人际关系和社会赋权。第二，教师的质量发展，总是通过教师个人的自主活动而建构的，因此，分析教师质量发展，就要对教师个人能力、社会认知、社会反应这些建构性因素进行分析。第三，由于教师发展中的个人建构，势必以一定的社会规范为导向，以其所处的社会情境构建的身份认同为基础，因此，教师质量发展还需研究其发展过程中所具有的价值导向、规范、行动动机和其所遵从的准则。总之，从教师"社会性"维度进行研究，以呈现这一群体作为社会人的教师所遵循的价值导向和行为准则并由此衍生的身份认同和教师信念。

"教师作为教师"是教师质量发展分析的第三个维度。无论是作为人的发展，还是作为教师的发展，都是教师发展的两个不同又密切相连的两个维度。英国学者伊文斯(Evans L.)将教师发展界定为教师的专业性和教师的专业地位被认为可能得以提升的过程。这一过程可以是持续的，也可以是已经发生并且

---

① 林卡. 社会质量理论：研究和谐社会建设的新视角[M]. 中国人民大学学报，2010(2)：105-111.

完成，它包括态度性发展与功能性发展这两个方面。① 前者是指教师对待其工作的态度得以改变的过程，更多地与教师作为一个人的发展相关，后者是指教师的专业行为得以改进的过程，即教师是作为一个专业人员的发展。目前，教师专业发展的含义广泛，既包括教师专业发展的结果，即获得履行教育教学职责的知识、能力和品性，也包括强调教师专业发展的过程，即教师的终身学习、行动研究和反思性实践，还包括教师专业发展范式的转变，即从通过外在的支持力量转移到为教师创设发展的时间和空间，培育有利于教师主动发展的环境，让教师通过反思性实践参与到专业发展项目和教学实践来规划个人专业成长的过程。本研究依据"专业标准"的框架，在教师专业发展的维度，关注这一群体作为专业人的教师在专业标准框架下的知识和能力发展水平以及其后资本转换的实践智慧。

（3）教师质量发展的观测指标。为将教师质量发展的命题与结构要素应用于本课题的研究，需要将教师质量发展的结构要素进行分解，以确定其相应的观测指标。本研究确定指标体系的逻辑顺序是：①深入研究"教师质量发展"的本质，确定测量的三个维度，即个人发展、社会发展、专业发展；②界定个人发展、社会发展、专业发展维度的内涵；③明确这三个维度所指涉的主、次领域形成其一级、二级指标；④发展测量指标。

如表1所示，个人发展中的人力资本二级指标，主要设置教师的教育资本中的8个指标，以测评教师入职前所收到的教育状况；设置社会资本的二级指标，主要包括选择教育职业时的家庭背景、父母职业和收入、社会关系等7个指标；心理资本的指标设置根据教师心理资本量表进行。② 社会发展维度设置四个一级指标。其中"社会支持"指标通过教师生存状态的6个指标进行测评；社会认知往往反映在教师的身份认同上，因此在教师身份认同上设置10个指标测评；一定社会的规范程度，反映在教师身上的工作信念和专业态度上，为此，设置了13个测评指标。教师专业发展的测评，本研究对教师的"专业标准"进行改造，设置了5个一级指标，78个二级测评指标。本研究运用表1中

---

① 饶从满. 教师发展若干基本问题辨析[J]. 中国教育学刊，2009(4)：83-86.

② 说明："附录1"已经对新入职教师的社会资本和心理资本进行了测评和分析，本报告只对入职3年以上的乡村教师人力资本进行评估分析。由于篇幅限制，本报告不再赘述，但"附录1"的数据和分析在本报告对教师质量发展的分析，仍然有参考价值。

的教师质量发展指标体系,对研究对象的发展状况进行了实证研究,目的在于明晰乡村教师质量发展的基本框架,以此为基础,推动社会各界对乡村教师发展及其相关政策议题的讨论。

表1 教师质量发展指标体系

维度	内 涵	一级指标	二级指标	指标数
个人发展	教师个体所拥有的资本(人力、社会和心理)的情况	人力资本	10个	47个
		社会资本	7个	
		心理资本	32个	
社会发展	建立在被认可的身份、价值、规范基础上的社会关系程度与教师参与社会生活的能力	社会支持	6个	30个
		社会认知	10个	
		社会规范	13个	
专业发展	指教师的专业性和教师的专业地位持续不断的提升过程	专业知识	13个	78个
		专业能力	28个	
		专业精神	5个	
		专业态度	11个	
		专业成长	21个	
总　计		11个	157个	

3. 调研方案

本研究调研对象主要是我国中西部地区2010年以来任职的乡村教师。本研究采用2010年国家统计局《统计用城乡划分代码》,将镇区(含镇中心区、镇乡结合区、特殊区域)、乡村(含乡中心区、村庄)教师,统称为"乡村教师"。其中的"教师"是指有4~9年教学工作经历的教师。这一年龄段教师,是当前我国乡村教育发展的一股中坚力量,也比较能代表乡村教师的发展水平。在我国"国培计划"项目中,对有4~9年教龄的教师培训,称为"青年骨干教师"培训,所以,以下对调研对象统称"乡村青年骨干教师"。

本研究主要选择问卷调查的方式获取乡村教师发展质量的相关信息。问卷主要是自编问卷。自编问卷征询相关专业人员和一线教师的意见并进行预调查,形成修正后的问卷。问卷涉及三大部分,118个单项选择题。第一部分有

10 小题, 用于测量教师自身的资本情况。第二部分内容包括教师的生存状态、社会认同和社会规范, 29 小题, 用于测量教师的社会发展。第三部分包括教师专业知识、能力、精神、态度和成长等, 79 小题, 用于测量教师专业发展状况。

课题组成员在湖北、河南、广西等地进行调研。调研样本采取随机抽样和非随机抽样相结合原则进行选择。调查对象选择了 2016—2020 年参加"国培计划""乡村青年骨干教师培训项目"的教师。这些教师有 4~9 年工作经历的一线教师, 有一定的非随机性。同时, 调查组根据便利原则随机选择调研目的地。调查样本与本研究的目标之间, 有同质性, 可以真实地代表并反映总体的情况。发放问卷 7694 份, 问卷回收整理后保留有效答卷数 7293 份, 有效率为 94.7%。数据分析主要采用 SPSS Statistics17.0 进行处理。

三、结果呈现

(一)个人发展质量

教师是人, 教育是人的教育, 教育是一种"育人"的活动, "育人为本"是教育内在的价值旨归。作为人的教师, 以具备一定的育人能力为前提, 才能更好地承担为社会"培养人""塑造人"的根本任务。而教师应具备的育人能力, 首先是源于教师自身的发展。这种发展包括教师的出生地、性别、年龄、教龄、学历、教师资格、职称以及个人知识能力等。

对教师资本的调查(见表 2、表 3、表 4、表 5、表 6), 目的在于掌握教师个体所拥有资本的基本情况, 了解我国乡村教育吸引优秀人才从教的基本面貌。

表 2　　　　乡村青年骨干教师个人的基本信息($N=7293$)

类别变量	变量取值	频数	百分比
1. 性别	A. 男	2732	37.5
	B. 女	4561	62.5
2. 年龄	A. 25 岁以下	645	8.8
	B. 26~30 岁	6638	91.2
3. 教龄	A. 不满 4 年	1661	22.8
	B. 4~9 年	5632	77.2

表3 乡村青年骨干教师入职时学历统计（$N=7293$）

类别变量	变量取值	频数	百分比
1. 学历类型	A. 非师范类	1482	20.3
	B. 师范类	5811	79.7
2. 学历层次	A. 高中	158	2.2
	B. 中专	1377	18.9
	C. 大专	2497	34.2
	D. 本科	3245	44.5
	E. 硕士研究生及以上	16	0.2

表4 乡村青年骨干教师职称情况统计（$N=7293$）

变量名称	频率	百分比
A. 无职称	432	5.9
B. 初级职称	3317	45.5
C. 中级职称	3544	48.6

表5 乡村青年骨干教师个人知识能力情况统计（$N=7293$）

类别变量	频率	百分比
A. 很差	12	0.2
B. 较差	128	1.8
C. 一般	3051	41.8
D. 较好	3388	46.5
E. 很好	714	9.8

表6 乡村青年骨干教师身心状况统计（$N=7293$）

变量取值	频数	百分比
A. 身心疲惫	3589	49.2
B. 困惑、不自信	1453	19.9
C. 无所谓，心情平静	1042	14.3
D. 情绪饱满，精力旺盛	1209	16.6

一定程度上，教师的个人发展质量意味着教师自身所拥有的资本储量，反映的是教师入职以来的人力资本、社会资本和心理资本的获得和变化。这种获得和变化，是由教师个人和教师所在学校以及社会提供的，并以教师个体对自身所具备的"知识能力"的自我评价、自我判断来衡量教师的质量发展。同时，教师的个人发展，是教师社会发展、专业发展的前提和基础，作为其专业发展的潜在因素，影响并制约着教师社会发展和专业发展的方向和水平。然而，由于历史与现实的诸多原因，在我国许多乡村学校，教师队伍普遍存在着数量不足、教师性别失衡、学历不达标、资格不达标、素质不高、队伍不稳定等问题。这些问题直接影响着我国乡村教育振兴目标的实现，影响着义务教育的普及与提高，影响着社会的公正、公平与稳定。因此，如何吸引并引导优秀人才向乡村学校流动，仍然是我国乡村教师队伍建设必须面对的一个重要问题。

（二）社会发展质量

教师的社会发展质量，是教师发展质量的第二个维度，是建立在被认可的身份、价值、规范基础上的社会关系程度与教师参与社会生活，特别是教育生活的能力。教师的社会质量发展，依赖于一定社会的政治、经济、文化生活和政治公民身份的程度，并通过建构性、条件性和规范性因素，促使教师在参与社会政治、经济、文化生活和学校教育教学生活的过程中展现。为此，本研究对教师质量发展的调查，从社会支持、社会认知和社会规范这三个方面进行设计。以下就是教师社会发展质量的调查结果，显示的是教师的生存状态、身份认同和专业认同的基本情况。2020 年 7 月 31 日颁发的《教育部等六部门关于加强新时代乡村教师队伍建设的意见》（教师〔2020〕5 号），明确指出，培育乡村教师爱生优秀品质，特别关注留守儿童、特殊困难学生，帮助学生健康成长。为此，从教师的生存状态、身份认同和专业态度这三个维度开展研究，以揭示教师在社会支持、社会认知和社会规范等方面的发展质量，对乡村教师的质量发展有着重要的意义。

教师的生存状态，反映的是社会支持结果或一定社会政治、经济、文化、政策支持下教师的物质生活、精神生活和心理状态的具体表现。教师的生存状态是在一定的社会支持条件下的教师社会地位的一种体现，一定程度上反映了乡村教育发展的状况和存在的问题。从乡村教育发展的角度，教师的生存状态直接制约了乡村教育教学质量和人才培养质量的提高。而在教师社会质量发展的层面，教师的社会质量发展，涵盖的是条件性、建构性和规范性这三大因素。

其中，条件性因素即教师的社会经济保障、社会信任、人际关系和社会赋权维度，是整个教师发展"社会质量"概念中最为重要的部分，这四个维度形成了教师社会质量发展测量工具的具体操作指标。社会经济保障设计了教师的工资收入水平和工资状况在满足生活需要的程度这 2 个问题，提供的是乡村教师工资福利所保障的基本生存安全的判断。社会信任的主题是即通过赋予教师合理、适当的工作量，所形成的教育秩序。该维度设计了教师工作量方面的问题，以判断乡村教师在教育教学工作中的社会需要和信任程度。人际关系人与人通过交往与作用形成的直接心理关系。该维度设计了教师工作的压力源和教师心理状态这 2 个问题，以判断教师在人际交往中社会适应程度。社会赋权是指通过社会参与和社会融合的增进，保障教师权利，提升职业兴趣，以推动教师教育行动能力和获得感的提高。该维度设计了教师教学工作能力所获得的成就感问题，以判断社会赋权后的心理感受和教学工作的自我体验。教师的社会条件支持，是教师发展的"生存关注"阶段。这一阶段的教师比较关注自己的生存适应，包括如何控制学生，如何处理人际关系和如何对待他人的评价与态度，在寻求相应社会支持的同时，克服自己的不适应和紧张。表 7、表 8 和表 9 是教师社会支持质量情况统计。

表 7　　　　　乡村青年骨干教师收入及生活满足情况统计($N=7293$)

类别变量	变量取值	频数	百分比
1. 平均月工资	A. 2000 及以下	105	1.5
	B. 2001～2500	841	11.5
	C. 2501～3000	1989	27.3
	D. 3001～3500	2379	32.6
	E. 3501 及以上	1979	27.1
2. 生活需要满足度	A. 能且有少量结余	634	8.6
	B. 基本满足没结余	2914	40.0
	C. 过得紧巴巴	2741	37.6
	D. 根本无法满足	1004	13.8

表 8　　　乡村青年骨干教师工作负担与工作成就感情况统计($N=7293$)

变量名称	变量等级	频率	百分比
1. 工作负担感	A. 很重	1625	22.3
	B. 比较重	4340	59.5
	C. 一般	1271	17.4
	D. 比较轻松	57	.8
2. 工作成就感体会	A. 成就感强烈	718	9.8
	B. 成就感一般	5052	69.3
	C. 成就感低落	1097	15.0
	D. 完全没有成就感	426	5.8

表 9　　　　　乡村青年骨干教师工作压力源情况统计($N=7293$)

变量名称	变量属性	响应		个案百分比
		个案数	百分比	
压力源	孩子的安全	3879	15.9%	53.2%
	教学活动的组织	4160	17.0%	57.1%
	同事间的人际关系	1142	4.7%	15.7%
	领导所分配的工作	4173	17.1%	57.3%
	自身的专业发展	3337	13.7%	45.8%
	工资待遇低	4250	17.4%	58.3%
	家长的要求高	2402	9.8%	33.0%
	其他	1071	4.4%	14.7%
总计		24414	100.0%	334.9%

　　建构性因素是教师对自己个人能力、社会认知、社会态度等因素主动建构所形成的身份认同。所谓教师的"身份认同"，是指教师的社会身份认同(social identity)，是教师个体关于自己归属某个特定的社会群体的知识以及作为群体成员所拥有或伴随的情感体验和价值意义。教师的"身份认同"是教师在社会发展中社会认知的核心内容，是教师从其所属的教师群体的社会类别中推衍的自我形象内容，因而是教师社会发展的自我概念、自我评价和自我归属，如自

尊、地位、声望的自我归纳。积极的身份认同,有助于教师的专业发展,而消极的身份认同影响教师的工作积极性、教学投入和发展水平。教师的社会身份认同,是教师发展进入的"情境关注"阶段。表 10 和表 11,是乡村青年骨干教师对学校环境、教师职业、教师角色、服务对象、教学工作、自身发展、工作成就和教学改革等认同情况的统计。

表 10　　　乡村青年骨干教师的社会身份认同情况统计(一)($N=7293$)

类别变量	环境认同($N/\%$)	职业认同($N/\%$)	角色认同($N/\%$)	学生认同($N/\%$)
A. 完全不符合	494/6. 8	152/2. 1	208/2. 9	40/. 5
B. 比较不符合	1246/17. 1	366/5. 0	554/7. 6	90/1. 2
C. 一般	1019/14. 0	1090/14. 9	1087/14. 9	298/4. 1
D. 比较符合	3775/51. 8	3304/45. 3	2895/39. 7	2220/30. 4
E. 完全符合	759/10. 4	2381/32. 6	2549/35. 0	4645/63. 7

表 11　　　乡村青年骨干教师的社会身份认同情况统计(二)($N=7293$)

类别变量	教学认同 ($N/\%$)	自身发展认同 ($N/\%$)	工作成就认同 ($N/\%$)	改革认同 ($N/\%$)
A. 完全不符合	56/0. 8	82/1. 1	258/3. 5	85/1. 2
B. 比较不符合	251/3. 4	370/5. 1	643/8. 8	234/3. 2
C. 一般	990/13. 6	1572/21. 6	2589/35. 5	822/11. 3
D. 比较符合	4244/58. 2	3845/52. 7	2849/39. 1	3238/44. 4
E. 完全符合	1752/24. 0	1424/19. 5	954/13. 1	2914/40. 0

规范性因素是教师以一定的社会规范为导向所形成的一种专业态度和专业行为。教师个体工作认同或专业态度的建构,以其所处的教育情境构建的身份认同为基础并直接影响教师的专业行为。稳定的专业态度和正确的专业行为,体现的是教师在社会发展中的专业规范程度,促使教师从心理上接纳教学工作并决心为乡村教育做出自己的贡献。这意味着教师发展,已经进入一个"任务关注"阶段。这是教师发展过程中诸方面稳定、持续发展的时期。随着基本"生存"知识、技能的掌握,教师自信心日益增强,由关注自我的生存到更多

地关注教学的需要，由关注自我的身份到关注学生的发展，因而表现出发展过程中自我的质量提升和价值体验。表 12 和表 13 是乡村青年骨干教师专业规范的统计。

表 12　　乡村青年骨干教师的专业规范情况统计(一)(N=7293)

类别变量	专业意识 (N/%)	专业价值 (N/%)	教学设计 (N/%)	课堂教学 (N/%)	教学方法 (N/%)	学生管理 (N/%)
A. 完全不符合	76/1.0	40/0.5	40/0.5	58/0.8	32/0.4	36/0.5
B. 比较不符合	225/3.1	226/3.1	373/5.1	229/3.1	173/2.4	154/2.1
C. 一般	608/8.3	844/11.6	1335/18.3	848/11.6	1032/14.2	798/10.9
D. 比较符合	3408/46.7	3964/54.4	3906/53.6	3699/50.7	4018/55.1	3775/51.8
E. 完全符合	2976/40.8	2219/30.4	1639/22.5	2459/33.7	2038/27.9	2530/34.7

表 13　　乡村青年骨干教师的专业规范情况统计(二)(N=7293)

类别变量	教学交流 (N/%)	教学评价 (N/%)	学生反馈 (N/%)	教学反思 (N/%)	教学成长 (N/%)
A. 完全不符合	61/0.8	40/0.5	44/0.6	38/0.5	86/1.2
B. 比较不符合	180/2.5	226/3.1	112/1.5	262/3.6	179/2.5
C. 一般	881/12.1	844/11.6	727/10.0	1190/16.3	723/9.9
D. 比较符合	3697/50.7	3964/54.4	3801/52.1	3965/54.4	3237/44.4
E. 完全符合	2474/33.9	2219/30.4	2609/35.8	1838/25.2	3068/42.1

(三)专业发展质量

2012 年，我国颁发的幼儿园、中小学教师《专业标准》，是国家对合格教师专业素质的基本要求，是教师实施教育教学行为的基本规范，是引领教师专业发展的基本准则，是教师培养、准入、培训、考核等工作的重要依据。教师的专业发展质量，就是在《专业标准》基本理念和内容要求的引领下的发展质量。依据《专业标准》的整体框架，本研究编制教师专业发展质量调查问卷。内容涵盖教师知识、教师的专业能力、专业精神、专业态度和专业成长这 5 个方面。

其中，教师知识是教育实践经验系统总结、提升与凝练的认识，也是教师在教学情境中，为了达到有效教学所应具备的一系列经验、理解、知识、技能与特质。教师知识的概念是教育学领域中一个最为重要的概念，因而学界对教师教学应具备的知识内容、结构和范畴，进行了相当多的研究。1986 年，美国斯坦福大学舒尔曼(Lee S. Shulman)教授对教师的知识分类进行了研究，并提出了 7 种类型的知识，即一般教学知识、关于学生的知识、学科知识、教学内容知识、其他内容知识、关于课程的知识以及教育目标的知识。[①] 我国学者辛涛、申继亮、林崇德等学者将教师的知识分为四大类，即本体性知识(学科知识)、条件性知识、实践性知识和文化知识。[②] 根据《专业标准》的内容和要求，本次调查将教师知识结构划分为学科知识、教育教学知识和通识性知识并设计了 13 个问题选项。表 14 和表 15，是乡村青年骨干教师专业发展水平满意度、专业知识情况的统计。

表 14 　　　乡村青年骨干教师专业发展水平满意度情况统计($N = 7293$)

类别变量	频率	百分比	有效百分比	累积百分比
A. 完全不符合	86	1.2	1.2	1.2
B. 比较不符合	485	6.7	6.7	7.8
C. 一般	3303	45.3	45.3	53.1
D. 比较符合	2768	38.0	38.0	91.1
E. 完全符合	651	8.9	8.9	100.0
总计	7293	100.0	100.0	

表 15 　　　　　乡村青年骨干教师知识情况统计($N = 7293$)

类别变量	学科基础知识($N/\%$)	教育教学知识($N/\%$)	通识性知识($N/\%$)
A. 完全不符合	32/0.4	12/0.2	98/1.3

① L. S. Shulman. Knowledge and teaching: Foundations of the new reform [J]. Harvard Educational Review, 1987, 57(1): 1-22.

② 辛涛，申继亮，林崇德. 从教师的知识结构看师范教育的改革[J]. 高等师范教育研究，1999(6): 12-17.

类别变量	学科基础知识(N/%)	教育教学知识(N/%)	通识性知识(N/%)
B. 比较不符合	304/4.2	153/2.1	693/9.5
C. 一般	2142/29.4	2147/29.4	3065/42.0
D. 比较符合	3772/51.7	3679/50.4	2769/38.0
E. 完全符合	1043/14.3	1302/17.9	668/9.2

《中华人民共和国教师法》明确将教师定位为：履行教育教学职责的专业人员，承担教书育人，培养社会主义事业建设和接班人、提高民族素质的使命。而教师的专业能力，就是教师从事教书育人工作所需要的各项能力，它是教师完成教育教学工作，保证其条理性、系统性和有效性的重要因素。由于教师专业劳动的复杂性，决定了教师顺利完成教书育人的任务和使命，需要具备多项专业能力的完备结合，反映的是教师在教学情境中，为达到有效教学、促进学生发展所具备的专业素质和能力结构。但是，乡村教师的成长，需要经过一个复杂的认知、情感过程，是一个高度的心智与情意活动，乡村教师的个体知识经验、对乡村教育的情感态度以及教师信念的形成及其行为差异性，更决定了其专业能力的复杂性与个体性。它需要拥有一套特殊的知识技能体系，包括对乡村社会的认知所形成的乡土知识技能，以有别于城市教师。这套建立在心理学、教育学、社会学、哲学等基础上的知识技能，需要经过专门的职业训练和职业体验。在这个过程中，形成教师的职业认同、职业认知、职业技能与能力和职业实践活动，决定了教师的专业水平并促使其专业能力的形成呈现一种动态的发展趋势。

为此，本研究中的教师专业能力，包括教师的课程设计能力、教学设计能力、课堂教学能力、教学评价能力、教学组织能力、班级组织与调控能力，共设计 28 个问题选项。表 16 和表 17 是乡村青年骨干教师专业能力情况的统计。

表 16　　乡村青年骨干教师专业能力情况统计(一)(N=7293)

类别变量	基本功(N/%)	教学设计(N/%)	课堂教学(N/%)	教学评价(N/%)
A. 完全不符合	32/0.4	20/0.3	98/1.3	74/1.0
B. 比较不符合	284/3.9	127/1.7	162/2.2	201/2.8

续表

类别变量	基本功（N/%）	教学设计（N/%）	课堂教学（N/%）	教学评价（N/%）
C. 一般	2084/28.6	2185/30.0	1310/18.0	1485/20.4
D. 比较符合	3281/45.0	2997/41.1	3592/49.3	3441/47.2
E. 完全符合	1612/22.1	1964/26.9	2131/29.2	2092/28.7

表 17　　乡村青年骨干教师专业能力情况统计（二）（$N=7293$）

类别变量	班级管理（N/%）	学业辅导（N/%）	关心学生（N/%）	师生关系（N/%）
A. 完全不符合	112/1.5	16/0.2	16/0.2	24/0.3
B. 比较不符合	174/2.4	143/2.0	177/2.4	149/2.0
C. 一般	1511/20.7	1675/23.0	1284/17.6	1043/14.3
D. 比较符合	3421/46.9	3010/41.3	3533/48.4	3561/48.8
E. 完全符合	2075/28.5	2449/33.6	2283/31.3	2516/34.5

教师的专业精神，是教师基于教育需要与教师劳动特点形成的，以教师专业认同为基础，在专业信念、专业思维和专业追求等方面的精神风范体系，是教师在教育教学过程中持有的一种价值取向和价值追求。专业精神的培养是乡村教师专业成长的必由之路。根据教师《专业标准》，乡村教师专业精神是教师对乡村教育事业所持有的专业理念、师德规范和教育情怀的有机结合。专业理念是指教师对乡村教育事业的理解与认识。这种专业理念反映了乡村教师在从事乡村教育事业时的价值观。这种专业理念使乡村教师达到一定的精神境界，并为其教育实践提供有效的方法论支持。师德规范表达的是教师所特有的职业义务、职业责任以及职业行为上的道德准则。它是一种职业规范，受到社会的普遍认同，它又是历史积淀和现实社会需要的产物，通常表现为教师的教育观念、生活习惯、理想信念等。教师情怀是教师对教育事业的一种深沉、持久、难以割舍的感情。教育情怀往往包含塑造人、培养人的使命感，拥有教育情怀的教师是高尚的，他们有自己对教育的独特感受和理解，会在教育过程中投入真诚的感情。

专业精神是乡村教师专业发展的灵魂和动力，它直接影响教师的教育观念和教学行为。只有具备了良好的专业精神，教师才能不怕环境的艰苦，不惧劳动的辛苦，任劳任怨，自觉自愿为乡村教育事业而努力工作。为准确掌握乡村教师的敬业奉献精神和探究创新精神的基本情况，本次调查设计了6个问题选项。表18是乡村青年骨干教师专业精神情况的统计。

表18　　　　　　　　乡村青年骨干教师专业精神情况统计

类别变量	敬业与奉献精神(N/%)	探究与创新精神(N/%)
A. 完全不符合	48/0.7	84/1.2
B. 比较不符合	192/2.6	227/3.1
C. 一般	1184/16.2	1530/21.0
D. 比较符合	3391/46.5	3504/48.0
E. 完全符合	2478/34.0	1948/26.7

　　态度是一定主体对特定对象，根据自身的认知、情感和意向需要进行价值判断后的反应倾向。教师的专业态度就是教师对其职业的认识倾向的一种反应，是教师在一定的专业意识支配下，对其所从事的教育教学活动的认识、评价和行为倾向，由教师的专业认知、专业感情及其专业意向这三部分有机构成的意义结构。其中，教师的专业认知，是教师专业态度的基础，包含着教师的专业观念与专业知识。在这种意义上，改变了教师的态度也就改变了教师的观念。教师的专业情感既属于专业精神的内容，也是教师专业精神形成过程所持的态度体验。教师专业情感通常是教师采用一定的价值标准对自己的教育教学行为进行评价时产生的情绪、情感体验，表现出一种尊重或轻视、同情或排斥、喜欢或厌恶、幸福或痛苦等的情绪、情感体验。态度还有意向成分，是对态度对象的反应倾向。而教师的专业意向，是教师在教育教学实践过程中，形成的对待教育教学的基本倾向于行为方式的综合。① 总之，教师的专业态度以认知为基础，以情感为调节和纽带，所产生的一种即将行动的准备状态和外在体现。②

---

① 应湘，向祖强. 教师专业发展与学生成长[M]. 广州：暨南大学出版社，2007：158-160.

② 王惠东，熊川武. 论促进教师态度转变的方略[J]. 华东师范大学学报(教育科学版)，2004(2)：88-91.

以上述认识为基础，本研究从教师态度不同对象的角度，将乡村教师的专业态度划分为教师对待教育的态度、对待学生及学生家长的态度、对待同事的态度，设计 11 个问题选项。表 19 是乡村青年骨干教师专业态度情况的统计。

表 19　　　　　　　　乡村青年骨干教师专业态度情况统计

类别变量	对待同事(N/%)	对待学生(N/%)	对待家长(N/%)	对待教育(N/%)
A. 完全不符合	109/1.5	16/0.2	64/.9	1136/15.6
B. 比较不符合	233/3.2	126/1.7	221/3.0	1009/13.8
C. 一般	1467/20.1	734/10.1	1436/19.7	1860/25.5
D. 比较符合	3438/47.1	2987/41.0	3006/41.2	1921/26.3
E. 完全符合	2046/28.1	3430/47.0	2566/35.2	1367/18.7

教师专业的成长是教师个体不断更新知识结构、增长专业能力的过程，包括专业知识结构、专业工作水平和专业情感态度三方面的发展。乡村教育的发展离不开教师，乡村教育振兴的成败关键也在教师。因此，乡村教师的专业成长是我国乡村教育振兴的一个重要取向，是乡村教育实践中非常关注的一个主要问题。关于教师专业成长的阶段，Fuller 将教师职业生涯分为 4 个阶段：教学前关注阶段、早期生存关注阶段、教学情境关注阶段和关注学生阶段。Berliner 提出教师成长经历 5 个阶段：新手阶段、高级入门阶段、胜任教师、熟练教师、专家教师。叶澜认为，教师专业成长经历了非关注、虚拟关注、生存关注、任务关注、自我更新关注等多个阶段，每个阶段教师的自我专业发展意识均有明显变化，[①] 等等。这些研究，勾勒了一个教师专业成长的整体面貌。教师的成长过程是一个由新手到熟手，向专家型教师发展的过程。

2018 年 1 月，中共中央、国务院颁发《关于全面深化新时代教师队伍建设改革的意见》，明确提出到 2035 年，教师综合素质、专业化水平和创新能力大幅提升，培养造就数以百万计的骨干教师、数以十万计的卓越教师、数以万计的教育家型教师。2020 年 7 月，教育部等五部委联合颁发的《意见》也指出新时代乡村教师队伍建设工作的重要性，在乡村教育振兴背景下提出乡村教师队

① 叶澜. 教师角色与教师发展新探[M]. 北京：教育科学出版社，2001：278.

伍建设的新要求，明确了加快乡村青年教师成长步伐，促进乡村教师专业成长的基本任务。根据《专业标准》要求，新时代背景下乡村教师专业成长突出体现在专业理念与师德、专业知识、专业能力三个方面。

教师专业成长是一种动态的以教师的专业品质、专业知识、专业能力为线索的发展过程，是内因与外因共同作用的结果。为此，本调查的教师专业成长内容，包括知识结构更新、同伴互助、专业引领、教育教学反思，并共设计21 个问题选项。表 20 是乡村青年骨干教师专业成长情况的统计。

表 20　　　　　　　　　乡村青年骨干教师专业成长情况统计

类别变量	知识更新 （N/%）	同伴互助 （N/%）	交流培训 （N/%）	专业引领 （N/%）	教学反思 （N/%）	学校支持 （N/%）
A. 完全不符合	177/2.4	188/2.6	2140/29.3	24/0.3	2469/33.9	2467/33.8
B. 比较不符合	276/3.8	199/2.7	1382/18.9	138/1.9	1986/27.2	1399/19.2
C. 一般	1778/24.4	1158/15.9	1754/24.1	1192/16.3	1294/17.7	1651/22.6
D. 比较符合	3111/42.7	3229/44.3	1251/17.2	3374/46.3	1082/14.8	1198/16.4
E. 完全符合	1951/26.8	2519/34.5	766/10.5	2565/35.2	462/6.3	578/7.9

四、分析与讨论

（一）教师个人发展质量

教师的人力资本存量包括教师的性别、年龄、教龄、职称、学历、专业以及教育教学知识与能力状况等方面的内容。这些内容反映了教师队伍的结构及其专业素养，很大程度上决定教师队伍的质量，决定着教育教学的质量。

1. 教师的性别结构

按照生态学的观点，从有利于教师队伍稳定的角度来看，教师队伍的性别结构的理想状态是男女教师比例相当。被调查教师中，男性教师占比 37.5%，女性教师占比 62.5%，女性教师的比例超男性教师 25 个百分点。教师队伍中的性别失衡情况依然存在。

2. 教师的年龄结构

本次调查的对象以新入职 3 年以上的教师为主，所以在教师的年龄结构状态上，均以青年教师为主。"十二五""十三五"期间，我国中小学教师的教师年龄结构不断优化，中青年教师成为中小学的主体。本次调查对象以青年教师为主，25 岁以下占比 8%，26~30 岁教师占比 91.2%。青年教师是我国乡村教育的生力军和骨干力量，关系着学校发展的未来，关系着人才培养的未来，关系着乡村教育事业的未来。

3. 教师的教龄结构

教师教龄与教龄津贴、评职晋级和教师荣誉密切相关，关系到广大教师的切身利益。本次调查，教龄不满 4 年占比 22.8%，4 年到 9 年占比 77.2%。这类教师，无论是在乡村教师队伍的稳定，还是在乡村教师和乡村教育质量发展等方面，都处在其专业成长的一个关键时期。

4. 教师的职称结构

职称是专业技术人员的专业技术水平、能力以及成就的等级称号及其标志。数据表明，无职称、初级和中级教师占比分别为：5.9%、45.5%、48.6%。一定意义上，职称是教师发展的原动力，但当前我国乡村教师职称结构已经严重制约乡村教师的质量发展。

5. 教师的学历结构

学历结构是教师队伍中所具有的各层次学历构成和分布状况。调查对象中，高中/中专起点教师占比 21.1%，大专起点教师占比 34.2%，本科起点教师占比 44.5%，硕士研究生及以上教师占比 0.2%。"十二五""十三五"期间，我国教师学历结构总体上不断改善，高学历教师比例增加。乡村教师队伍中的本科起点教师比例较高，但是，随着我国新修订《教师法》的颁布，乡村教师的学历提升空间仍然较大。

6. 教师的专业结构

教师的专业结构是指教师所接受的学科和专业教育的比例构成，包括教师大学阶段的师范类或非师范类的学科、专业背景。其中，非师范类教师是乡村教师队伍中的一个特殊群体，其专业成长对乡村教师的专业化实现有着深远的影响。调查对象中，师范类毕业教师占比 79.7%，非师范类教师占比 20.3%。总的来看，师范类教师是乡村教师中的主体。

7. 教师的知识与能力

教师对自身适应教育教学需要的知识与能力的判断，是教师专业发展的自我觉醒的开始。从表 5 可以看出，教师个人对自身专业知识能力的自评为较差的占 2.0%，一般占 41.8%，较好的占 56.3%。教师专业成长，是一个内在觉醒和不断完善的过程。在乡村教育振兴背景下，只有外在驱动与内生力量的共同作用，乡村教师专业知识与能力的形成与发展，才能得以实现。

8. 教师的身心状况

教师的身心状况与教师的职业满意度和工作幸福感相关，是提高乡村教育质量的基础保障，是保持乡村教师队伍和教育事业生机与活力的重要支撑。但是，49.2%教师身心疲惫，19.9%教师困惑而不自信，无所谓式的心态平静教师占 14.3%，只有 16.6%教师情绪饱满，精力旺盛。这些数据再次提示：社会各界应重视教师的身心健康问题，并唤醒乡村教师的身心健康意识。

(二) 教师社会发展质量

1. 教师发展中的社会支持

教师发展的社会支持，提供对教师发展进入"生存关注"阶段的基本判断。一直以来，乡村教育研究主要是围绕乡村教师"如何教""如何补充"和"如何培养"的主题展开，忽略了乡村教师"意味着什么"和"应该如何生存"的取向。其蕴含的假设：乡村教师不是具有乡村教育改革"正能量"的推动者，而是"负能量"的阻碍者。因此，优化教师发展的社会环境，关注教师发展中的社会支持，对促进乡村教师质量发展具有举足轻重的作用。

表 7 的数据表明：乡村青年骨干教师月工资 2500 元以下的占 12.9%，2501~3500 元的占 59.9%，3501 元以上占 27.1%；工资状况能满足且有少量结余只占 8.6%，能满足但没有结余占 40%，占 51.4%的教师满足程度低。占 81.8%的乡村教师工作负担普遍重，而在工作中能体会到成就感的不到 80%，成就感低落乃至完全没有成就感的教师占到 20.8%。压力是教师最普遍的心理和情绪上的体验。乡村教师的压力来源是多方面的，这些压力都会对教师的发展产生重要影响。提高乡村教师社会发展质量，需要认清其中的压力源头并采取有效措施，合理消解教师的压力，才能避免因为压力过大所发生的职业倦怠等现象。

2. 教师发展中的社会认同

教师的社会身份认同，是教师发展进入"情境关注"阶段的表征。作为教师社会认知的核心内容，它是教师从其所属群体的社会类别中推衍的自我形象内容，是教师社会发展的自我概念、自我评价和自我归属，如自尊、地位、声望的自我归纳。积极的社会身份认同，有助于教师的专业发展，而消极的社会身份认同，影响教师的工作积极性、教学投入和发展水平。

比较而言，乡村教师的社会身份认同，对自身工作成就的认同最低，依次是对学校环境、自身发展、教师角色、教师职业、教学工作、教学改革和学生认同。教师工作成就感低，原因是多方面的，如教师发展中的社会支持条件不足、教龄短、成就动机低等。从表 10 和表 11 可以看出，近 50% 的教师成就需求低，而成就需求又是与教师所处的乡村经济、文化、环境、社会风气等因素有关，并影响教师社会发展中的专业规范程度。另外，分别有 33.9%、37.8%、25.4%、22.0%、17.8% 的教师对乡村学校环境、自身未来发展、教师角色、教师职业、教学工作等的认同度或幸福体验不高。即便如此，仍然有 84.4% 的教师支持教学改革，占 94.1% 的教师认为教育是帮助乡村孩子成长发展，阻止乡村社会贫困现象代际传递的千秋大事。这意味着，乡村教师已经自主建构了相应的乡村教育的社会认知和社会反应。这种能动性建构，决定教师社会质量发展的机会和产出。

3. 教师发展中的社会规范

教师发展中的社会规范，是其作为社会生活成员的社会规范程度，它是决定教师专业发展方向的根本问题，并体现于教师的专业态度和专业行为。前者包括教师的专业理想、专业情操和专业性向，或者则是对教师专业的认识、评价、情感和态度等心理过程的行为反映，是教师专业活动目标达成的基础。教师发展中的社会规范程度，意味着教师发展进入"任务关注"阶段的程度，因而表现出发展过程中自我的价值体验和质量提升。

表 12 和表 13 的数据表明，乡村教师发展中的社会规范程度较高，符合度从低到高依次为：学生反馈占 87.9%、专业意识占 87.5%、学生管理占 86.5%、教学成长占 86.5%、专业价值占 84.8%、教学评价占 84.8%、教学交流占 84.6%、课堂教学占 84.4%、教学方法的运用占 83.0%、教学反思占 79.6%、教学设计占 76.1%。其中，学生反馈规范程度最高，其次教师专业意识，最低的是教学反思。由于社会质量是附着于"时代"内容的，[1] 随着党和国家对乡村教育重视程度的不断提高，我国乡村学校办学行为的规范性和乡村教师教育教学的规范程度也不断提高。问题是：社会规范中的社会公正、平等观念和人的尊严等，都具有很强的意识形态意义，并且，教师社会发展的三大因

---

① 吴忠民. 论社会质量[J]. 社会学研究，1990(4)：12-21.

素不是孤立的，它们之间可以相互反映。因此，对教师发展中的社会规范程度的判断，必须相互依赖以便于进行整体分析。

(三)教师专业发展质量

教育是面向未来的事业，乡村教师是发展更加公平更有质量乡村教育的基础支撑，是推进乡村振兴、建设社会主义现代化强国、实现中华民族伟大复兴的重要力量。"十四五"期间，我国乡村教师队伍建设的主要任务，就是要努力造就一支热爱乡村、数量充足、素质优良、充满活力的乡村教师队伍。因此，乡村教师专业发展与我国乡村振兴战略的实现息息相关、休戚与共，它承担着为乡村振兴提供优质教育、构建活力文化、造就现代农民的时代使命。

1. 专业发展满意度

教师对自身专业发展水平的满意度，完全不满意的占 1.2%，比较不满意的占 6.7%，持一般性满意水平为 45.3%，比较满意和完全满意的占 46.9%。总体上，教师专业发展水平较满意的人数不到一半。

2. 教师的知识状态

教师知识是教师有效教学应具备的经验、理解、知识、技能与特质，是教师专业发展的重要维度。但是，乡村教师的知识基础比较薄弱，学科基础知识、教育教学知识和通识性知识的掌握在一般及以下的，分别占 34%、31.7%、52.8%，掌握较好的比例都没有达到 70%，甚至不到 50%。在主体性意义上，教师知识需要的是，"多元主体对自己的假设和信念不断地批判和重构，以帮助教师在稀疏平常的工作中创造教育性事件"。[①] 显然，乡村教师的知识储备和知识状态，已难以应对急剧变化的乡村教育教学情境。

3. 教师的专业能力

教师专业能力包括教师的教学基本功、教学设计、课堂教学、教学评价、班级组织与调控、学业辅导、关心学生和师生关系的建构等，是教师实现课程教学目标的首要保障。表16和表17的数据显示，乡村教师专业能力的符合度依次为：67.1%、68.0%、78.5%、75.9%、75.4%、74.9%、79.7%、75.9%，都没有达到较好的水平。其中，教师的基本功和教学设计能力偏低。

---

① 魏戈，陈向明. 主体性的浮现：教师实践性知识的教育性意义[J]. 教育学报，2019(4)：72-79.

值得注意的是，教师专业能力具有动态性特征，[①] 它不只是一种可以观察、量化外在行为，更不是脱离教学情境的条文规定。教师专业能力的发展，既依靠教师自主精神的萌发，也需要政策设计与制度保障来加速其形成与不断更新。

4. 教师的专业精神

教师专业精神是教师对教育事业的独特情怀和境界，是教师专业发展的内驱力并决定教师的行为。表18的数据表明，乡村教师的敬业与奉献精神、探究与创新精神的符合度分别为80.5%、74.7%。但是，仍然有部分教师将自己的专业工作当作一种谋生手段，对待教育教学工作敷衍懈怠，得过且过，教师的专业精神已有衰微预势，因而有必要在培养"教师的职业认同、美德和使命感"的实践中，重塑缺失的教师专业精神。

5. 教师的专业态度

教师的专业态度是以认知为基础，以情感为调节和纽带，所产生的一种即将行动的准备状态和外在体现，[②] 表现为教师对待教育、对待学生及学生家长和对待同事的态度。正确的专业态度，是乡村教师专业引领的着眼点与起点。从表19可以看出，乡村教师专业态度的符合度存在差异，其中，对待学生的态度为88.0%，对待学生家长的态度为76.4%、对待同事的态度为75.2%，对待教育的态度为45.0%。显然，教师对待教育态度的符合度比较低，意味着乡村教师的离职意向比较高，教师队伍的不稳定倾向非常明显。

6. 教师的专业成长

教师专业成长是以教师专业品质、知识、能力为线索的发展过程，是内因与外因共同作用的结果。教师专业成长包括教师的知识更新、同伴互助、外出培训、专业引领、教学反思和学校等力量的支持。尽管乡村教师专业成长中的专业引领符合度达到81.5%，但是，其他内容的符合度较低，比如，教师的外出培训、教学反思、学校支持等内容的符合度分别只有27.7%、21.1%和24.3%。这说明，乡村教师倾向于通过校内外优秀教师的学习和指导而获得发展，但在外在支持和内在自觉，却存在着严重的不足。

[①]　吴欣. 论中小学英语教师专业能力[J]. 课程·教材·教法，2021(1)：110-117.

[②]　王惠东，熊川武. 论促进教师态度转变的方略[J]. 华东师范大学学报(教育科学版)，2004(2)：88-91.

五、对策与建议

(一) 乡村教师资本的开发与利用

本研究中的教师资本，包括教师的人力资本、社会资本和心理资本。对教师的人力资本、社会资本和心理资本激励与约束问题的研究，学界已经得出了大量的研究成果。根据本研究的调研数据与分析，乡村教师的质量发展，需要从数量补充、校本培养和资本管理等，开展乡村教师资本的开发与有效利用。

第一，数量补充。数量是质量的前提，质量是数量的提升。只有补充了足够数量的教师，乡村教师资本的开发与利用才能顺利进行，建设一支素质优良、甘于奉献、扎根乡村教师队伍的目标才有可能实现。

21世纪以来，我国乡村教师的补充格局发生了重大变化，党和国家出台一系列政策法规已满足解决乡村教师从数量紧缺到质量提升的问题。从2001年《国务院关于基础教育改革与发展的决定》开始，从师范教育结构的调整到教师聘任制，再到教师资格准入制度，从制度和法律层面上为乡村教师的补充问题提供了政策保障。2002年《国务院办公厅关于完善农村义务教育管理体制的通知》中明确提出乡村教师必须具备相应教师资格，吸引高校毕业生到农村任教，公开招聘，择优录取，清退代课教师。2003年国家组织实施大学毕业生支援农村教育志愿者计划；2004年加强农村中小学编制管理，改革教师教育模式；2005年巩固和完善农村中小学教师工资保障机制，推行城市教师、大学毕业生到农村支教制度；2006年"三支一扶"计划，完善农村教师工资经费保障机制，建立健全鼓励城镇教师、大学毕业生到"农村支教"和"特岗教师"制度；2007年启动实施"农村义务教育阶段学校教师特设岗位计划"；2008年实施城镇教师到农村任教服务和定期交流制度；2009年"硕师计划"；2011年推进师范生免费教育；2012年实行城乡统一的中小学编制标准，健全城镇教师支援农村教师制度，完善鼓励支持新任公务员和大学生志愿者到农村学校支教的政策，扩大实施"农村学校教育硕士师资培养计划"和服务期满"特岗教师"免试攻读教育硕士计划；2014年义务教育教师队伍"县管校聘"管理改革；2018年实施教师教育振兴行动计划；2019年中国特色教师教育体系的构建。所有这些政策措施的出台、颁布与实施，为乡村教师数量补充，提供了有力保障并取得了巨大成效。

以"特岗教师"岗位制度为例，2017年至2021年，全国招聘"特岗教师"分别为 8.0 万名、9.0 万名、10.0 万名、10.5 万名、8.4 万名，五年间，共计招聘 45.9 万名"特岗教师"。而在"特岗计划"的完成情况和"特岗教师"的留任情况，据教育部办公厅《关于 2018 年农村义务教育阶段学校教师特设岗位计划实施情况的通报》(教师厅函[2019]1 号)，2018 年全国计划招聘"特岗教师"9 万人，实际招聘到岗 8.52 万人，计划完成率为 94.7%，分布在 22 个省份的 3.78 万所农村学校，其中，乡镇中学占 32.5%，乡镇小学占 33.9%，村小占 26.6%，教学点占 7.0%。新招聘教师中，具有本科及以上学历的 6.31 万人，占总数的 74.1%。新招聘教师的留任情况，2015、2016 和 2017 年，全国分别招聘"特岗教师"6.73 万人、6.81 万人和 7.69 万人，2018 年分别在岗 6.08 万人、6.43 万人、7.49 万人，在岗率分别为 90.2%、94.4% 和 97.4%。问题是：我国"特岗教师"的招聘计划完成率仍然没有达到 100%，部分省份的招聘计划完成率不高，个别省份已连续三年完成率较低，同时也存在"特岗教师"的稳定性较差，服务期间在岗率和服务期满留任率仍然没有达到要求。特别是一些紧缺学科如音乐、美术等岗位报名人数较少，"特岗教师"队伍中男女比例失衡现象比较突出。

由此看出，即使是在地方政府同时实施了相应的补充政策情况下，我国乡村学校存在的教师数量不能满足正常的教育教学需求仍显不足，这种不足的问题仍在延续。为此，采取有力措施，贯彻执行《中共中央国务院关于全面深化新时代教师队伍建设改革的意见》和《教育部等六部门关于加强新时代乡村教师队伍建设的意见》等政策要求，补充足够数量的乡村教师，满足乡村学校正常的教育教学需求，仍然是今后一段时间我国乡村教师高质量发展的重要任务。

第二，校本培养。近年来，我国乡村教师在数量补充上，取得了一定的成绩和资本优势，但由于多种客观原因和一些不合理的制度安排，造成乡村教师资本的贬值和创新能力不足；而提升乡村教师资本的首要措施则是教师的校本培养。

教师的校本培养(school-based training)，是基于教师的"校本学习"和"校本培训"的总称，是在教育行政部门、大学的规划指导下，由中小学校组织领导，教师任职学校自主开展，紧密结合学校工作实践，以提高学校教育教学质量、促进教师专业发展和职业修养为目的的教师在职培养形式。教师的校本培养具有立足于工作岗位、针对性强以及教师发展与学校发展统一的特征，它是教师职业培养主体和培养责任由大学向中小学转移的改革要求。

20世纪70年代，为了解决大学及教师教育机构对在职教师展开的培养与实践相脱节严重的问题，英国、美国等国家纷纷探索教师在职培养的新形式，以中小学教师任职学校为基地的教师在职培养形式——校本培养进入了理论研究者和实践研究者的视野。1972年，英国发表《詹姆斯报告》，提出师范教育的三个连续环节中第三个环节在职培养最为重要，教师参加教学实践活动的时间最长，因此校本培养在中小学阶段要备受关注。20世纪80年代末，英国谢菲尔德大学教育学院提出了中小学在职教师的"六阶段校本培养模式"。20世纪80年代中期，美国建立了专业发展学校（Professional Development School），它是美国探索校本培养的产物。教师专业发展学校不是一所新学校，而是大学指导与合作下的中小学，它将受训教师的职前培养、在职培养与就职中小学校的发展融为一体。1989年，欧洲教育协会对校本培养这样界定：源于学校需要、满足教师工作需求、由教师任职学校发起组织的一种校内教师培养活动。进入21世纪后，针对传统方式培养教师不能满足学区需求的现实，美国提出了一种新的教师培养模式——城市教师驻校模式（Urban Teacher Residency，UTR）。经过十几年的探索，这一模式取得了显著成果，被誉为美国教师教育的第三条道路。1996年，教师校本培养的价值在召开于日内瓦的国际教育大会第45届会议上得到了认可和强调。其后，校本培养还被介绍到东南亚等国家，成为世界性的研究课题。

在我国，20世纪80年代，上海、四川、湖北、吉林等地先后开始新入职教师校本培养的探索，90年代，在国际潮流的推动下，我国校本培养的理论和实践研究逐渐蓬勃发展起来。1999年9月，为贯彻落实第三次全国教育工作会议精神和国务院批转的《面向21世纪教育振兴行动计划》，教育部决定在全国范围内实施"中小学教师继续教育工程"，随后印发的《中小学教师继续教育工程方案（1999—2002年）》明确指出："中小学是教师继续教育的重要基地，……各中小学都要制定本校教师培训计划，建立教师培训档案，组织多种形式的校本培训。"我国学者郑金洲深入解释了"校本"的内涵，他认为："校本"是以学校为本，以学校为基础，以学校为阵地，以学校为主体开展的教学研究与教育科研融合在一起的青年教师培养活动。校本培养的方式，有师徒结对、校际合作、自我反思、课例研修、课题研究等，其目的在于教师所在学校，通过研讨式、交互式和参与式等活动，最大限度地促进教师教育教学能力的提升。

总的来讲，无论是基于教师的"校本学习"还是"校本培训"，教师的校本培养，立足于学校，以学校为阵地，充分考虑教师的需求，挖掘学校所存在的种种潜力，探索教师发展的特点与规律，在创新并丰富教师发展理论和方法的同时，探索教师职业培养责任由大学向中小学转移，促使师范院校尊崇中小学在教师教育中的主导地位，努力让自身理论智慧与中小学实践智慧融合在一起。这是新时代师范院校自身的生存与发展之道，也是促进教师教育改革发展的内在源泉。

第三，资本管理。首先是对乡村教师的人力资本管理。哈佛大学教授詹姆斯对人力资本的激励问题的理解是：倘若没有激励，一个人潜能的发挥不超过 20%~30%，如果加以合理的激励方法，一个人的潜能就可能发挥到 80%~90%。其间幅度差距达 60%。教师是乡村学校教育教学工作的重要资源和主导力量，教师的潜能开发和积极性发挥影响乡村教育的质量和效能。新时期乡村教师队伍整体结构和专业素养的提升，对其人力资本进行管理就成为必然。其次是对乡村教师的社会资本管理。社会资本是将一定社会群体成员以认知为基础并联结在一起的、可动员性的资源。[1] 它是由构成社会结构的要素组成，存在于社会人际关系和结构之中，表现为一定领域的社会义务与期望、信息网络、规范、权威和社会组织关系。[2] 社会资本强调的合作、互信与共享，将乡村教育赖以发展的自然资源、物质基础、人力资源等要素有机地联系起来。乡村教师也只有将自身存量的资源注入社会资本网络中，才能形成自身发展的动力资源。这就要求乡村教师在合作、互信和分享的基础上，建立专业发展的动力机制、保障机制和效用机制，提升专业发展的效率，实现其质量发展。再次是对乡村教师的心理资本管理。心理资本是教师拥有的积极心理状态，也是专业发展中不可忽视的心理资源。丰富的心理资本存量，有利于教师应对各项复杂的、艰苦的环境的压迫，缓解教师职业倦怠、提高教师工作满意度、增加教师教学投入。通过有效管理乡村教师的心理资本，实现乡村教师心理资源增值，从而激发乡村教师内在的工作活力和发展动力，显得尤为必要。但是，我

---

① 布尔迪厄. 文化资本与社会炼金术[M]. 包亚明，译. 上海：上海人民出版社，1997：202.

② 科尔曼. 社会理论的基础：上[M]. 北京：社会科学文献出版社，1999：357-367.

国乡村教师的管理，仍然存在以效率主义、功利主义、管理主义为主的管理倾向，阻碍了乡村教师的专业发展。① 为此，开发和利用教师的心理资本，必须重视人文关怀，尊重教师权利，倡导民主参与和民主监督，通过一定的激励和约束机制，开发教师的心理资本，充分保护教师的工作热情、对教育事业的憧憬和自我效能感，由此来激发乡村教师的心理需求和动机，培养乡村教师对教育教学工作的积极性和主观能动性。

(二) 乡村教育治理的转型与质量

乡村教育治理转型是乡村教师社会质量发展的重要保障。当前我国正处于结构调整和社会转型的关键时期，乡村教育治理的转型已成为进入新时代的重要现实命题。受基础薄弱、资源不足、学生流失等客观因素影响，传统的乡村教育治理一直遵循补偿性模式展开，主要依赖国家政策支持、先进教育理念输入和优秀人才资源引进等外源性供给方式来改善乡村教育发展的弱势性。这种治理模式顺应了乡村教育发展变迁，短期内保证了乡村教育发展的基本质量，但这种模式已然无法适应当下复杂性乡村社会的现实需求，不确定性的社会风险充斥于乡村教育行动空间之中，内生出诸多治理困境，削弱了乡村教师的社会发展质量。

这种治理困境，表现为：(1) 乡村教师个体发展与社会发展关系的失衡。乡村教师补充在追求片面式的数量补充和学历增量，引致了乡村教师发展的"扭曲效应"，出现了数量补充不足和学历层次虚高的行动窘境。这种仅立足于乡村教育稳定的现实需要的教师发展，建立在对乡村教师社会本体行动区位忽视的基础之上，致使乡村教育只是以一种"被治理"的态势存在于乡村教育的行动空间之中，同时，乡村教师由于其自身的自主性专业发展动力不足而处在一种"被专业"的生存状态。(2) 内生出所谓的"逆向激励效应"并呈现出一种"悖论"：一是在国家教育治理和社会发展过程中，补充的新入职教师的工资福利待遇和生活质量得到持续改善；反之，教师的职业幸福感与满意度并未与之相互提升，教师群体和社会民众的怨恨情绪时有发生。尽管在政策支持下的乡村教师生活质量获得了提升，但却未能改善教师的社会幸福感，甚至在某种意义上，乡村教师的幸福指数是呈现下降趋势。(3) 乡村教育治理的效度受

① 陈振华. 中小学教师管理制度建设：问题与改进策略[J]. 教育研究，2015(9)：99-103.

限。一方面，当前我国乡村教育治理的创新，正处在改革的深水区与攻坚阶段，改革开放以来的乡村教育改革已经将"好改"都改革了，而剩下的乡村教育的社会治理自然成为"难改"之结构性障碍。也就是，当乡村教育治理的行动无法有效化解城乡之间教育发展的不均衡社会矛盾时，乡村教育的秩序面临解构，乡村教育风险发生的可能亦会累积，乡村教师的质量发展也会受到影响。另一方面，随着城镇化改革的进一步推进，乡村教师的教育观念和价值追求，将会发生诸多的断裂，进而形塑出多元化的教育追求和多变性的教育价值观。而当市场要素嵌入所裹挟的价值选择逻辑侵蚀乡村教育发展的行动时，乡村教育治理的效度亦会遭受阻力，严重断裂了乡村教师社会质量发展的有序提升，治理"失灵"图景也有可能发生。因此，乡村教育治理的社会性在于：在努力提升乡村教师工资待遇的同时，应当尽力去增加乡村教师的社会认知和社会规范等的增量，从而促成乡村教师社会良心的觉醒，使其专业生活兼具"责任和尊严"的社会特征，更加内含有高质量的教育生活。也就是，新时代乡村教育治理，要求在重视教师个体及其专业发展的同时，还需重视教师社会性的实际需求和发展中的社会质量。

这一转型的行动逻辑，契合当下我国乡村教育振兴的时代主题，凸显的是乡村教师个体潜能的挖掘和职业福祉的提升，彰显乡村教师发展的社会性主体功能，映射乡村教师个体发展与社会发展的内生、互构和共生的关系。但是，乡村教师发展社会性主体功能的有效发挥，必须同时形成一种以乡村教师社会质量发展为线索的乡村教育治理模式。这一模式要求通过教师发展的条件性、建构性和规范性，共同构成出乡村教师社会质量的三维框架（见表 21）。

表 21　　　　　　　　　　教师质量发展的三维框架要素

条件性因素	建构性因素	规范性因素
社会行动维度	人力资源维度	道德意识形态维度
社会经济保障	个体保障	社会公平（平等）
社会凝聚	社会认知	社会团结
社会包容	社会反应	平等价值
社会赋权	个体的能力	人的主体尊严

乡村教育治理的转型与创新，昭示了乡村教师从传统的专业发展为主导逻

辑嬗变到以教师个人发展、社会发展和专业发展相结合的新模式。这种模式不仅蕴藏着教师发展逻辑的丰富性，而且还呈现着乡村教师发展的心理过程。但教育实践的意义和本质并不隐藏在教师行为背后，而就在教师行为当中，在教师的一切行为当中，而且是可以在它原初的心理本源上被"自身式地给予"和"直观地明见"。也就是，乡村教师发展是一个过程，是教师的专业性和（或）教师的专业地位被认为并得以提升的过程，是乡村教师专业的角色引导、社会比较、心理强化、专业认同的演化过程，是一个不断完善、丰富和发展的自我建构的心理体系，是教师个体内在需要与教师专业实践相互作用的结果。

乡村教师发展社会质量的表现：就是要有较为充沛的精力，有较强的竞争意识，有积极进取的精神，敢于追求学术真理，具有高度的责任感等。这种表现，能够促使乡村教师在职业动机、职业价值观、职业态度等方面发生思想上的重大改变，特别是教师对其所从事职业的内在认可或认同。具体来讲，乡村教师专业认同是按照四个层次演进：一是把乡村教育看作是社会对乡村教师角色的规范和要求，二是当作其职业责任的活动，三是出于职业良心的活动，四是体验到一种职业乐趣和幸福。它具有与教师专业紧密相关的结构和发展进程，是乡村教师与其专业内心保持一致和平衡的程度。前两种是一种"他律"的要求，后两者是"自律"的取向。这种由"他律"到"自律"的转变，体现的是教师个体主动的、有意识的、积极的心理体验。只有具备了这种认同的心理体验，教师才有可能以主体的态度生发自身的专业成长，才能够在自己的职业领域取得相应的成就。

（三）教师质量发展的路径与超越

教师从初入职场的新手，发展成为一名深受爱戴的教育专家，这个过程是教师成长发展的胜利过程，是教师专业发展的成功过程。然而，这个胜利和成功的取得并不是一蹴而就的。随着工业 5.0 时代的到来，教育进入了新的发展时期。学生学习个性化样态的不断丰富越来越冲击着乡村教师的专业成长。如何突破乡村教师"被专业"成长，帮助乡村教师走出专业成长的迷茫和困境，激发乡村教师专业成长的内驱力，实现乡村教师"自专业"成长的觉醒，是乡村教师质量发展和乡村教育治理应该深入思考的问题。

发展是教师职业生涯的永恒主题，也是乡村教师追求的目标。乡村教师质量发展的路径，就是乡村教师基于自己从现在和未来的工作中得到成长、发展和获得满足的强烈愿望和要求，而在自己的职业生涯中顺利成长和发展的过程。这一过程，可以是其职业内部的向上晋升，也可以是向内的专业水平拓展，还可以是寻求职业向外的发展或偏向左右的职能岗位转换。无论是哪一种方式，都是教师职业计划的实施过程。新时代的乡村教师发展是实现更加公平更有质量乡村教育的基础支撑，是推进乡村振兴、建设社会主义现代化强国、实现中华民族伟大复兴的重要力量。追求建设一支热爱乡村、数量充足、素质优良、充满活力的乡村教师队伍，是当前乡村教师队伍建设的总体要求。在微观或实践层面，乡村教师发展路径，主要有四种主张。第一，教师质量发展是由专家或理论研究所设计的规范与路径。第二，由教师自身的实践经验和想象对专业发展的推动作用。第三，依靠外部政策的推动，即是从外部关注的维度，包括国家政策、社会氛围、家庭资本、同伴协作等方面关注的发展。第四，教师发展的内在的、主导性因素的促进，或者是教师专业的能动的自主发展。这种发展是以教师专业理想与教育信念为支撑的发展愿望与内在动力，通过发展路径的设计与实施的一个可持续发展的动态过程，遵循的是专家引领和外部支持的理论逻辑和专业经验积累实践逻辑的统一。但是，乡村教师质量发展的不同主张，能否避开发展过程中的路径依赖，在超越理论者的实践意识与实践者的理论意识的对立中，选择并推进乡村教师的质量发展，以完成乡村教师入职后的精神蜕变、自我认同和赋权增能，实施"共同体"性质的乡村教师精神成长。也就是，摆脱乡村教师质量发展的路径依赖，在于寻求一个基于学生成长发展的教师专业实践的原点和支撑。这一原点和支撑的寻求，基本上包括以下三个方面的内容。

　　一是寻求一个凸显教师"主体"、彰显乡村教育"情境"、根植"乡土"知识的价值逻辑。这实际上是乡村教师质量发展知识论基础的合法性寻求。美国人类学家格尔茨(Clifford Geertz)在其理论分析中，提出了一个如何"理解他人的理解"的问题。他反复提示并敦促，只有从当地人的视角出发理解地方文化，才能正确地解释地方文化。① 所谓"地方性知识"与现代知识相对应，是乡村社会在自己生存、延续和发展过程中所形成的、具有自己独特内容和形式的知识体系，是与"深描、阐释、情境、本土"等理论一道共同搭建的知识体系。② 乡

---

① 克利福德·格尔茨. 文化的解释[M]. 北京：译林出版社，1999：27.
② 莫愁. 从格尔茨"地方性知识"理论出发阐释民俗学关键词"地方性"[J]. 温州大学学报(社会科学版)，2020(3)：47-53.

村教师质量发展所秉持的乡土知识的立场，意味着教师专业自主发展的觉醒、认识和践行。长期以来，二元化的城乡分割，导致乡村教师发展成为一种"想当然"的教育想象，而被遮蔽的乡土知识和乡村教育情境限制了教师的实践智慧，形成教师发展的一种"无我""无根"和"无能"的状态。① 事实上，乡村教育中蕴含的乡土教育情境和乡土知识，对乡村教师而言，是其发展赖以生存的根基和教育智慧得以生成的源泉，呈现的是乡村教师发展过程中的职业认同与职业态度，包含着乡村教师对乡村文化的描述、阐释、理解与包容以及个体乡村教育认知建构的自主性和专业发展的主动性，因而可以丰盈乡村教师的精神世界、促进乡村教师人力资本、社会资本和心理资本的累积与养成、增强乡村教师教育过程中的乡土情怀。② 但是，随着我国城镇化的加速发展，乡土知识面临着被消解的危机。乡村教师乡土知识的失落，必然影响乡村教师专业发展的广度和深度。因此，乡村教育必须重拾乡村文化的尊严，在乡村文化虚化的现实中营构一种积极的文化想象空间；只有如此，乡村教师才能不断汲取、提炼和重构"具身"情境中的乡土知识中，并将其内化为富有个人特质的教育行为，培育对乡村社会的亲近与爱的情怀，进而形成自己的实践智慧和自身的专业发展。

二是践行一种以创新性实践为核心的教师生活方式。乡村教师发展必然走向实践，走向创新性的实践。实践是发展的根底，驱动并支撑乡村教师质量发展过程的展开与实现。或者说，乡村教师的发展生活，既是教师接受乡土文化浸润和滋养的过程，也是教师成长、进步和发展的实践逻辑。然而，乡村教师的教育实践并不意味着仅仅是"如何做"的技术和能力，而是如何理性地更好地生活。但能否确认教师的教育生活就是教师的操作行动及其存在的实际现象状态？显然，教师的生活无疑应该是一种更具理性的实践。这表明，乡村教师发展的生活逻辑，需要的是一种实践理性，而不是实践主义。

基于实践理性的教师发展，至少具备这三个根本特性，即合目的、合理性，合道德。③ 首先，促进乡村教师成长的实践只能是向善的行动，从事的是

---

① 谢延龙. 乡村教师专业发展的乡土知识立场[J]. 教育导刊，2018(8)上半月：24-29.

② 王中华，贾颖. 论新生代乡村教师乡土知识的建构[J]. 教育科学研究，2020(6)：85-90.

③ 金生鈜. 何为教育实践[J]. 华东师范大学学报(教育科学版)，2014(2)：13-20.

"让每个乡村孩子接受公平有质量的教育，阻止贫困现象代际传递"千秋善业。其次，只有公开地运用理性和德性的行动，乡村教师的发展才得以存在。再次，在与乡村教师发展相应的各种境况中，恰恰是对乡村孩子生命成长的考虑而不是其他。"道德性"也是我国"教师专业标准"的核心理念。教师具有合乎价值地行动的义务，要用自己的全部素养，特别是道德素养和整个人格来提供专业服务。如果教师行动失去了道德价值，意味着他所发出的行动根本就不是教育实践，或是不循规律、非全面的、功利性的"假性成长"①的实践。

三是获取一个基于学习力的教师质量生成与提升的实践保障。教师的学习力，即教师在具体的教育教学情境中展现出来的学习力量和学习能力。教师学习力是一个能量概念，描述的是教师为什么学习、学习什么、为谁学习、依靠什么学习和如何学习等关键性问题，用来探究教师成长、发展的内在机制，解释教师在学校教育生活中，如何适应变化与可持续发展而发生的学习活动和学习行为所表现出来的驱动力。乡村教师就是从中汲取能量并转化为教学行动的实践者。

聚焦教师学习力是个时代命题，它的意义远远超越了教师甚至教育本身。乡村教师学习力的价值不囿于教师自身，不仅仅是乡村教师自身能力素养的发展，它更关系到乡村教师为学生构建的课堂生活质量和对学生发展程度和水平的影响。它是乡村教师与学生、教与学、教学与发展建立关联的重要驱动力，是激活乡村教育生命的动力。乡村教师是乡村教育的重要实践主体。有较强学习力的乡村教师，需具备一定的能力素养，这种能力素养包括：一是在对所教学科知识结构具有深度认知和深刻理解基础上，在乡村教育情境中再造与运用知识的能力。二是在尊重乡村学生主体地位，唤醒乡村学生内在需求和求知渴望的同时，提升自身职业地位和劳动价值认知并以学习者的身份，促使自己能拥有一个充盈活力与生命力的教育生活。三是在主动学习、主动研究和理性反思的基础上，形成的自觉学习、自主探究、追求创新的意识、态度和习惯。

具备足够的学习力，是乡村教师专业发展的客观需要。关注并培养乡村教师的学习力，是穿透乡村教师的教学麻木感、促进其专业发展的重要驱动力量。但是，当前大多数乡村教师的学习力，还处于较为匮乏的状态，在专业实

---

① 李斌辉.教师假性成长及其克服——从教育行政角度的分析[J].课程·教材·教法，2010(6)：85-91.

践中往往表现出一种无力(或"无性")学习、应付性学习、浅表性学习和功利性学习等的样态。① 学习力的生成与提升，与乡村教师的专业自觉、乡村学校的学习文化和国家政策的供给支持等密不可分。首要前提就是乡村教师对自身专业发展及其价值的高度认同和理性实践。它要求乡村教师具有主动学习、主动发展的意识与意愿，同时还需要营造积极向上的教师文化和学习氛围，形成科学合理的政策支持体系和教师教育教学工作的保障和评价机制，提振并养成新时代乡村教师的学习力，为乡村教育振兴服务，为乡村教育现代化服务。

六、结语

总体而言，可以用三种原则性立场来看待乡村教师的质量发展：按照教师个体的生存的立场，教师个体生存中的资本状况，是教师质量发展的现实的物的载体；按照教师与社会相互作用的形式的立场，教师扮演的社会角色和担负的时代使命，是教师质量发展中社会良心和职业责任的价值追求；按照教师职业生活存在的意义的立场，教师职业生活的熟练程度、晋升方向、拓展空间和转换路径，是教师质量发展的心理和教育、科学与艺术、法的准则和感情生活的产物。

这三种立场不断地交织在一起，构成教师发展的整体的、生态的和方法上实践逻辑。以上讨论表明：运用个人发展、社会发展和专业发展观测指标，衡量教师质量发展的程度，可以反映教师发展的基本状况。本研究也表明，研究教师发展，重要的是不局限于衡量和比较通常所持有的教师在教育教学中的表现和水平，而在于辨识一定社会中的教师正在发生的个人、专业和社会性发展的真实过程，强调的是"教师作为人"和"教师作为教师"所涵盖的所有内容。由于存在的主客观差异，形成不同的教师个体与群体发展的质量。本研究聚焦于教师发展质量，表明乡村教师发展不应简单化约为数量增长、层次提升或结构优化，而在于其所蕴含的发展潜能、社会认同、专业能力。这应是新时代乡村教师发展的根本要义。

为了进行更为深入的探讨，有必要提出一系列问题并展开后续的更深层次的思考：如何通过对教师质量发展的衡定来比较教师之间、城乡教育之间、校

---

① 黄晓茜，程良宏. 教师学习力：乡村教师专业发展的重要驱力[J]. 全球教育展望，2020(7)：62-71.

际之间的质量水平，对教师发展质量的考察，能否确定乡村教育的实际状况同乡村教师内在的最佳规定要求及适应乡村教育发展最适度需要之间的吻合程度，或者，乡村教师发展是否或能否拥有不同类型的质量，或者在三个维度上的研究中能够得到什么成果，以及如何才能在有关乡村教师质量的描述性研究和解释性研究中，建立一个平衡。这些研究的成果，有利于进一步解释什么是新时代乡村教师的质量发展，如何衡量教师质量。毫无疑问，教师发展，是附着于"时代"的内容，反映的是一种社会的整体性品格。本研究，可以看到乡村教师的发展状况，会随着我国经济社会的变化而改变。这些分析有助于解释乡村教师发展在不同的代际间所存在的差别，以及其所反映出的乡村教育发展的一般趋势。

后 记

本书是湖北省高等学校哲学社会科学研究重大项目（课题编号：19ZD060）的研究成果。

乡村教师是乡村教育"活的灵魂"，是乡村学生睁眼看外部世界的"第一面镜子"。70余年的我国乡村教师发展积淀了丰富的教师补充政策经验，这些"政策经验"反映出中国农村教师补充政策发展的亮点与特色，也由此开拓出农村教师补充政策的"中国式"特色发展的道路。

"十二五""十三五"期间，我国乡村教师补充政策体系设计已基本完成，政策流线的指向目标和实施路径更加明了，意味着我国乡村教师补充进入新的历史时代。新时代乡村教师队伍建设有着新的方位、新的征程和新的使命。"十四五"期间，建设优质均衡的高质量教育体系，需重塑乡村教育和乡村教师发展新生态，以"刚性"政策管控和"柔性"制度的自觉结合，撬动乡村教育治理的现代转型。也就是，未来的政策发展，是在强化乡村教师补充问题的国家在场和社会治理政策风格的同时，充分发挥基层治理的主动和自觉，形成一个城乡学校、城乡教师共同进步、共同提升、优质均衡发展的整体格局，以彰显乡村教师补充政策发展与创新的中国意义。

本书由刘宗南主持设计并组织撰写，第一章、第六章，刘宗南撰写；第二章、第三章，章普撰写；第四章、第五章，杨兴芳撰写；附录1、附录2，刘宗南、卢会醒撰写。全书由刘宗南进行统稿。

感谢湖北省农村教育与文化发展研究中心、湖北科技学院教育学院的同仁，在本课题研究过程中的支持，感谢湖北科技学院教育学院对本书出版的经费支助，感谢武汉大学出版社沈岑砚老师的辛勤付出。

因作者水平有限，全书中存在的不足，请大家批评指正。